E. Gaar · E. Kalinka · W. Krause

Kurzgefaßte griechische Sprachlehre

8. Auflage, Nachdruck

Österreichischer Bundesverlag · Wien
Hölder-Pichler-Tempsky · Wien

VORWORT

Die 8. Auflage ist aus drucktechnischen Gründen von Seite 1 bis 153 und in der Wortkunde zu den einzelnen Übungsstücken unverändert. Die Neuerungen beziehen sich auf Folgendes: 1. Umgestaltung des Verbalverzeichnisses. 2. Einführung in die Wortbildungslehre, um die Erfassung der Wörter in ihrer Bedeutung zu erleichtern. Um die in dem Buch liegende und seit seinem Erscheinen geschätzte Möglichkeit der Einführung in die Kultur und Geisteshaltung der Griechen zu verdeutlichen, wurden weiterhin hinzugefügt: 3. Geschichte der Sprichwortsammlungen. 4. Geschichte der Fabel, beides von der Antike bis zur Gegenwart. 5. Siedlungsraum der Griechen. 6. Verfassung Spartas. 7. Attische Verfassung. 8. Kriegswesen. 9. Überblick über die Bildungsideen. 10. Die Quellen der Einzelsätze und Lesestücke. Bis auf wenige Fälle wurde versucht, dem Lehrer durch Herkunftsangabe der Zitate die Interpretation zu erleichtern. Warum sich Gaar und Kalinka nur auf die an und für sich leicht zugänglichen Angaben für das AT und NT beschränkten, ist dem Bearbeiter unbekannt, die Meinung, daß ein Philologe die Herkunft der übrigen Zitate und Stücke wisse, ist eine jener Illusionen, an der der altsprachliche Unterricht seit vielen Jahrzehnten krankt. 11. Übersicht über die vorkommenden Namen in sachlicher und zeitlicher Hinsicht, um so eine erste Einführung in die griechische Literaturgeschichte zu geben. 12. Einführung in die griechische Kunstgeschichte durch Auswahl einiger für Architektur, Plastik und Malerei typischen Abbildungen bzw. Pläne. Hiefür ist der Herausgeber zu tiefstem Dank Herrn Dr. Gerhard Langmann vom Österreichischen Archäologischen Institut verpflichtet.

W. Krause

Schulbuchnummer: **0696**

Mit Erlaß des Bundesministeriums für Unterricht und Kunst vom 15. Februar 1972, Zahl 107.849-I/4b/71, zum Unterrichtsgebrauch an den Oberstufen der allgemeinbildenden höheren Schulen zugelassen.

8. Auflage, Nachdruck

Satz und Druck: Adolf Holzhausens Nfg., Wien

Erfassungsnummer: 034 194 **(8,3)** ISBN: 3215 **01146** 8

I. Kapitel

1. Ἡ νίκη τιμὴν φέρει. 2. Χαίρω τῇ τῆς νίκης τιμῇ. 3. Ἡ στρατιὰ διὰ τὴν νίκην τῇ τῆς χώρας θεᾷ θύει. 4. Ἡ θεοσέβεια ἀρχή ἐστι τῆς σοφίας. 5. Σωκράτης[1] τὴν ἀρετὴν ὑγίειαν τῆς ψυχῆς λέγει. 6. Εἰκότως τὴν γλῶτταν πολλάκις μαχαίρᾳ εἰκάζομεν. 7. Διὰ τί οὐκ ἄρχεις (οὐκ ἄρχετε) τῆς γλώττης; 8. Τίς ἔλεγε τὴν ἀρετὴν ὑγίειαν τῆς ψυχῆς; 9. Ναυσικάα καὶ αἱ τῆς βασιλείας θεράπαιναι παρὰ τῇ θαλάττῃ σφαίρᾳ ἔπαιζον. 10. Ἔβλεπες (Ἐβλέπετε) Ἀθήνας ἀπὸ τῆς θαλάττης; — Ἔβλεπον (Ἐβλέπομεν). 11. Ἀθῆναι οὐ ταῖς τῶν στρατιῶν νίκαις διαφέρουσιν, ἀλλὰ τῇ τῶν τεχνῶν καὶ ἐπιστημῶν δόξῃ.

Περὶ τῆς ἀληθείας

Πρῴην[2] εἰς τὴν ὕλην ἔβαινον· καὶ ἐν τῇ ἐρημίᾳ γυναῖκα[3] εὑρίσκω καὶ λέγω· „Τίς εἶ[4];“ Ἡ δέ· „Ἀλήθεια.“ — „Ἀλλὰ διὰ τί φεύγεις εἰς τὴν ἐρημίαν;“ — „Οὐδεὶς[5] ἔτι τὴν ἀλήθειαν θεραπεύει· διὸ φεύγω ὑμᾶς[6] καὶ μένω ἐν τῇ ἐρημίᾳ.“

1. Übung

1. Die Künste und Wissenschaften bringen den Ländern Ruhm und Ehre. 2. Wer freut sich nicht über den Ruhm seines[1] Landes? 3. Mit Recht nennt[2] man[2] die Gottesfurcht den Anfang der Weisheit. 4. Athen ehrte die Künste und Wissenschaften. 5. Die Königin herrscht über Land und Meer (über Länder und Meere). 6. Warum flohet ihr in die Einsamkeit der Wälder?

I. [1] Sokrates. — [2] πρῴην neulich, jüngst. — [3] γυναῖκα (Akk.) eine Frau. — [4] εἶ du bist. — [5] οὐδείς niemand. — [6] ὑμᾶς (Akk.) euch.

1. [1] des. — [2] nennen sie.

II. Kapitel

1. Ἰδού[1] ὁ ἄνθρωπος.[2] 2. Πόνος πόνῳ πόνον φέρει. 3. Ἀεὶ τὸν ὅμοιον ἄγει θεὸς πρὸς τὸν ὅμοιον. 4. Ἐκ τοῦ καρποῦ τὸ δένδρον γιγνώσκεις.[3] 5. Ἐκ τῶν καρπῶν τὰ δένδρα γιγνώσκετε. 6. Λόγος ἔργου σκιά.[4] 7. Κακὸν φέρουσι καρπὸν οἱ κακοὶ λόγοι.[5] 8. Πολλοὶ τραπεζῶν, οὐ φίλων εἰσὶν φίλοι.[5] 9. Πλάτων[6] λέγει, ὅτι ἡ παιδεία τοῖς ἀνθρώποις δεύτερος ἥλιός ἐστιν. 10. Ἄγει τὸ θεῖον τοὺς κακοὺς πρὸς τὴν δίκην.[5] 11. Ἡ Αἴγυπτός ἐστι δῶρον τοῦ Νείλου ποταμοῦ. 12. Ἡ Δῆλος μικρὰ νῆσός ἐστι τοῦ Αἰγαίου πόντου. 13. Χαλεπαί εἰσιν αἱ τῆς ψυχῆς νόσοι. 14. Οὐκ ἔστι μαθητὴς ὑπὲρ τὸν διδάσκαλον.[7] 15. Ἴση καὶ ὁμοία ἐστὶν ἡ εἰς Ἅιδου ὁδός. 16. Ἰσχυρὰ ἦν ἡ τῶν νεανιῶν παιδεία παρὰ τοῖς Σπαρτιάταις. 17. Ἀγαθοὶ ποιηταὶ διδάσκαλοί εἰσι τῶν πολιτῶν. 18. Λύπης ἰατρός ἐστιν ἀνθρώποις χρόνος.[5]

Περὶ τῶν κακῶν

(Μῦθος Αἰσώπου τοῦ ποιητοῦ)

Ἀνθρώπων ἕκαστος δύο πήρας φέρει, τὴν μὲν ἔμπροσθεν, τὴν δ'[8] ὄπισθεν· μεστὴ δὲ κακῶν ἐστιν ἑκατέρα· ἀλλ' ἡ μὲν ἔμπροσθεν ἀλλοτρίων, ἡ δ' ὄπισθεν τῶν ἰδίων. Διὸ οἱ ἄνθρωποι τὰ μὲν ἴδια κακὰ ἐν[9] ὀφθαλμοῖς οὐκ ἔχουσιν, τὰ δ' ἀλλότρια ἀεὶ βλέπουσιν.

Περὶ τοῦ ἐν τῇ ἀμπέλῳ θησαυροῦ

Γεωργὸς ἀποθνῄσκειν[10] ἔμελλεν· καὶ λέγει πρὸς τοὺς υἱούς· „Ἐν τῇ ἀμπέλῳ θησαυρός ἐστιν." — Μετὰ δὲ τὸν τοῦ γεωργοῦ θάνατον οἱ νεανίαι ὅλην τὴν ἄμπελον ὀρύττουσιν· τὸν μὲν θησαυρὸν οὐχ εὑρίσκουσιν, ἡ δ' ἄμπελος πολλοὺς καὶ καλοὺς καρποὺς τοῖς νεανίαις ἔφερεν.

II. [1] ἰδού sieh (Empfindungswort; vgl. ecce). — [2] Evangelium des Johannes 19, 5. — [3] Nach Matthäus 12, 33. — [4] In Sprüchen und Sprichwörtern fehlt oft der Artikel; häufig fehlt hier auch ἐστίν (εἰσίν) wie entsprechend im Deutschen und Lateinischen. — [5] Iambischer Trimeter: ⏒ ´– ⏑ `– | ⏒ ´– ⏑ `– | ⏒ ´– ⏑ `⏓. — [6] Platon. — [7] Matthäus 10, 24. — [8] = δέ. Kurze Auslautvokale (α, ε, ῐ, ο) werden besonders in Präpositionen und Konjunktionen vor vokalischem Anlaut des folgenden Wortes meist abgeworfen (Elision, S. 63). — [9] Im Deutschen: vor Augen. — [10] ἀπο-θνῄσκειν Infinitiv Präsens (sterben).

2. Übung

1. Im Anfang war das Wort[1]. 2. Oft ist der Mensch dem Menschen nicht Freund.[2] 3. Gottes Auge sieht die Guten und die Bösen. 4. Gute Ärzte heilen auch schwere Krankheiten. 5. Im Ägäischen Meere gibt[3] es[3] viele Inseln. 6. Der gute Lehrer ist des Schülers Freund.[2] 7. Die Fabel des Dichters Äsop besagt[4], daß wir die fremden Fehler sehen, die eigenen aber nicht. 8. Der Anfang jeder Arbeit ist schwer.

III. Kapitel

1. Τὰ καλὰ χαλεπά ἐστιν. 2. Κοινά ἐστι τὰ τῶν φίλων.[1] 3. Παλαιὰ παροιμία λέγει, ὅτι τὰ τῶν ἐχθρῶν δῶρα βλάπτει. 4. Γῆ πιστή, ἄπιστος θάλαττα. 5. Ἔνιοι τῶν παλαιῶν σοφῶν διδάσκουσιν, ὅτι ἀθάνατός ἐστιν ἡ ψυχή.

6. Πολλάκις λούομαι (ἐλουόμην) ἐν τῇ θαλάττῃ· ἆρα καὶ σὺ λούῃ (ἐλούου); — Ἡμεῖς ἐν λίμνῃ λουόμεθα (ἐλουόμεθα). 7. Ἤδη ἡμέρα γίγνεται (ἐγίγνετο), ἀλλ' οὔπω φαίνονται (ἐφαίνοντο) οἱ πολέμιοι. 8. Διὰ τί οὐ πείθεσθε (οὐκ ἐπείθεσθε) τῇ τοῦ φίλου βουλῇ;

9. Ἐν τῇ δημοκρατίᾳ ὁ δῆμος αὐτὸς (αὐτὸς ὁ δῆμος) πολιτεύεται. 10. Ἐγὼ καὶ σὺ τὸ αὐτὸ ἕλκομεν ζυγόν. 11. Ὑπὸ τῶν αὐτῶν διδασκάλων ἐπαιδευόμεθα. 12. Χρηστὸς πονηροῖς οὐ τιτρώσκεται λόγοις.[2]

Διώξιππος καὶ παιδίσκη

Διώξιππος ὁ Ἀθηναῖος, ἀθλητὴς Ὀλυμπιονίκης, ἐπορεύετο εἰς Ἀθήνας, οὗ[3] πολλοὶ ἄνθρωποι αὐτὸν ἔμενον, ὅτι τῇ τοῦ πολίτου δόξῃ ἔχαιρον· ἐν τοῖς[4] δὲ καὶ καλὴ παιδίσκη φαίνεται. Διώξιππος δ', ὅτε αὐτὴν βλέπει, τοὺς ὀφθαλμοὺς οὐ τρέπει ἀπ' αὐτῆς, ἀλλὰ τὴν κεφαλὴν ὅλην στρέφει πρὸς αὐτήν. Οἱ οὖν Ἀθηναῖοι λέγουσιν· „Ἰδού, ὁ μὲν Διώξιππος τοῖς ἐναντίοις τὴν κεφαλὴν στρέφει, τῷ δὲ Διωξίππῳ παιδίσκη."

---

2. [1] Joh. 1, 1. — [2] Auch Plural. — [3] sind. — [4] sagt.

III. [1] die Habe der Fr. — [2] Iambischer Trimeter. — [3] οὗ wo (relativ). — [4] unter denen (diesen).

Ῥοδῶπις γίγνεται Ψαμμητίχου[5]

Ἡμέρᾳ θερμῇ Ῥοδῶπις, καλὴ παιδίσκη Αἰγυπτία, ἐν τῷ Νείλῳ ποταμῷ ἐλούετο· ἐξαίφνης δ' ἀετὸς καταπέτεται καὶ τὰ τῆς παιδίσκης σάνδαλα ἁρπάζει. Καὶ κομίζει αὐτὰ πρὸς τὰς βασιλικὰς θύρας, οὗ[3] Ψαμμήτιχος ἐδίκαζεν, καὶ τὸ ἕτερον σάνδαλον ῥίπτει εἰς τὸν Ψαμμητίχου κόλπον. Ὁ δὲ θαυμάζει τὸν τοῦ σανδάλου ῥυθμὸν καὶ ἔρευναν κηρύττει ἐν ὅλῃ τῇ Αἰγύπτῳ τῆς παιδίσκης, ἧς[6] τὸ σάνδαλόν ἐστιν. Ὅτ'[7] οὖν Ῥοδῶπις εὑρίσκεται, Ψαμμήτιχος ἥδεται τῇ τῆς παιδίσκης εὐμορφίᾳ καὶ γάμος γίγνεται.

3. Übung

1. Die Arbeiten der Bauern sind schwer. 2. Unsterblich ist der Ruhm des Dichters Homer[1]; die Alten nannten ihn mit Recht einen göttlichen Dichter. 3. An heißen Tagen baden (badeten) wir im Flusse. 4. Warum gehorchst (gehorchtest) du dem Rate der Freunde nicht? 5. Semper idem. 6. Viele Schüler werden von denselben Lehrern erzogen und unterrichtet; doch haben sie nicht die gleiche Bildung. 7. Gott selbst sehen wir nicht; doch bewundern wir Gottes Werke.

IV. Kapitel

1. Οὐ φονεύσεις.[1] 2. Δημοσθένης[2] πρὸς τοὺς Ἀθηναίους ἔλεγεν· „Εἰ αὐτοὶ στρατευσόμεθα πρὸς τὸν πολέμιον, νικήσομεν αὐτόν· εἰ δὲ τοῦτο[3] μὴ ποιήσετε, Φίλιππος ὑμᾶς καταδουλώσει (καταδουλώσεται)." 3. Οἴμοι, τί δράσω; ποῖ δὲ νῦν πορεύσομαι;
4. Σωκράτης πρὸς τοὺς δικαστὰς λέγει· „Ἐγὼ οὐκ ἐπολιτευσάμην· ἅπαξ δὲ ἐβούλευσα." 5. Ἐν ἀρχῇ ἐποίησεν ὁ θεὸς τὸν οὐρανὸν καὶ τὴν

III. [5] Rhodópis wird des Psammetich Weib. — [6] ἧς (Gen. Sing. Fem. des Relativpron.) deren. Der Genetiv steht im possessiven Sinn; vgl. domus patris est . . gehört dem V. — [7] = ὅτε. Dagegen wird bei ὅτι (daß) ι nie elidiert.

3. [1] Ὅμηρος, -ου.

IV. [1] Exodus 20, 15. Das Futurum steht hier in der Bedeutung eines starken Imperativs (Du sollst . .). — [2] Demosthenes. — [3] τοῦτο dieses, dies (Nom. und Akk.).

γῆν.[4] 6. Ξενοφῶν[5] ὁ Ἀθηναῖος λέγει, ὡς Κῦρος ἐστρατεύσατο πρὸς Ἀρταξέρξην τὸν ἀδελφόν· καὶ οἱ μὲν Κύρου στρατιῶται τοὺς πολεμίους ἐνίκησαν, αὐτὸς δ' ἐν τῇ μάχῃ ἐτελεύτησεν. 7. Ἀκούω, ὅτι ἐνόσησας (ἐνοσήσατε)· πῶς δ' ἐπαύσω (ἐπαύσασθε) τῆς χαλεπῆς νόσου; — Χρηστὸς ἰατρὸς τῆς νόσου με (ἡμᾶς) ἔπαυσεν.

Ἐκ τῆς Καινῆς Διαθήκης

1. Σὺ ἐν ἐμοὶ κἀγὼ[6] ἐν σοί.[7] 2. Διὰ τί ὑμεῖς οὐ πιστεύετέ μοι;[8] 3. Ἀμήν, ἀμὴν λέγω σοι..[9] 4. Ὁ κύριος μετὰ σοῦ.[10] 5. Σαούλ[11], Σαούλ, τί[12] με διώκεις;[13] 6. Νῦν πρὸς σὲ ἔρχομαι.[14] 7. Εἰ ὁ θεὸς ὑπὲρ ἡμῶν, τίς καθ'[15] ἡμῶν;[16] 8. Ὃς[17] οὐκ ἔστιν καθ' ὑμῶν, ὑπὲρ ὑμῶν ἐστιν.[18] 9. Εἰρήνη ὑμῖν.[19] 10. Ἡ ἀλήθεια ἐλευθερώσει ὑμᾶς.[20]

Γελοῖος λόγος

Διδύμων ἀδελφῶν ὁ ἕτερος ἐτελεύτησεν· σχολαστικὸς οὖν ἐντυγχάνει τῷ ἑτέρῳ καὶ πυνθάνεται αὐτοῦ· „Σὺ ἐτελεύτησας ἢ ὁ ἀδελφός;"

4. Übung

1. Als die Athener gegen Philipp zu Felde zogen+[1], besiegte+ er sie; daher stellten[2] sie den Kampf ein[2] und begannen[3] die Friedensverhandlungen[3]. 2. Wenn du dem Arzt vertraust[4], wird er dich von der bösen Krankheit befreien. 3. Da du mir nicht vertrautest+, vertraute+ auch ich dir nicht.[5] 4. Was wirst du jetzt tun[6]? Wohin wirst du ziehen? 5. Wer[7] gegen dich[5] ist, ist auch gegen mich[5]; wer dich[5] verfolgt, verfolgt auch mich[5]. 6. Wie starb+ Sokrates?

IV. [4] Genesis 1, 1. — [5] Xenophon. — [6] κἀγώ = καὶ ἐγώ (Krasis). — [7] Joh. 17, 21. — [8] Joh. 8, 46. — [9] Joh. 21, 18. — [10] Lukas 1, 28. — [11] Saul. — [12] was? = warum? — [13] Apostelgeschichte 9, 4. — [14] Joh. 17, 13. — [15] = κατά. — [16] Paulus, Römerbrief 8, 31. — [17] ὅς = qui (relativ). — [18] Lukas 9, 50. — [19] Joh. 20, 21. — [20] Joh. 8, 32.

4. [1] + bedeutet, daß der Aorist zu verwenden ist. — [2] ließen + vom Kampfe ab. — [3] berieten + über den Frieden. — [4] vertrauen wirst. Auch 1. und 2. Pers. Plur. — [5] Auch Plural. — [6] Zwei Verba. — [7] Siehe **IV**, Anm. 17.

V. Kapitel

1. Τὸ ζυγόν μου (Τὸ ἐμὸν ζυγὸν) χρηστὸν καὶ τὸ φορτίον μου[1] ἐλαφρόν ἐστιν.[2] 2. Ὁ σὸς λόγος[1] ἀλήθειά ἐστιν.[3] 3. Τὰ ἐμὰ σά ἐστιν καὶ τὰ σὰ ἐμά.[4] 4. Ὁ ἡμέτερος ἰατρὸς (Ὁ ἰατρὸς ἡμῶν) χρηστός ἐστιν˙ πιστεύομεν οὖν τῇ τέχνῃ αὐτοῦ. 5. Οἱ ὑμέτεροι φίλοι[1] ἀεὶ ἀληθεύουσιν˙ τί οὐ πιστεύετε τοῖς λόγοις αὐτῶν;

6. Πράττωμεν, μὴ λέγωμεν. 7. Ὁ ἡμέτερος φίλος οὐκ ἀληθεύει˙ μὴ οὖν πιστεύωμεν τοῖς λόγοις αὐτοῦ μηδὲ πειθώμεθα αὐτῷ. 8. Οἱ ἄνθρωποι ὀφθαλμοὺς ἔχουσιν, ἵνα βλέπωσιν. 9. Παυσώμεθα τοῦ θορύβου, ἵνα ὁ διδάσκαλος ἡμᾶς μὴ ψέγῃ. 10. Ἐὰν καλὸν ἔχῃς σῶμα[5] καὶ ψυχὴν κακήν, καλὸν ἔχεις πλοῖον καὶ κυβερνήτην κακόν. 11.[6] Ἐὰν αὐτοὶ στρατεύσησθε πρὸς τὸν πολέμιον, νικήσετε αὐτόν˙ ἐὰν δὲ τοῦτο μὴ ποιήσητε, Φίλιππος ὑμᾶς καταδουλώσεται. Τὰ οὖν ἡμέτερα πράττωμεν, ἵνα νικήσωμεν καὶ Φίλιππος ἡμᾶς μὴ καταδουλώσηται.

Ξυλοφόρος καὶ Θάνατος

Ἄλλον νῦν καλὸν Αἰσώπου μῦθον ἀκούωμεν.

Ἄνθρωπος γεραιὸς μακρὰν ὁδὸν ἐπορεύετο καὶ ξύλα ἐπὶ τῶν ὤμων ἔφερεν. Διὰ δὲ τὸν τῆς ὁδοῦ κόπον τὸ φορτίον χαμαὶ καταβάλλει καὶ τὸν Θάνατον παρακαλεῖ[7], ὅπως αὐτὸν λύσῃ τῶν τοῦ βίου πόνων καὶ λυπῶν. Αὐτίκα δ' ὁ Θάνατος φαίνεται καὶ πυνθάνεται τοῦ γεραιοῦ, τί βούλεται. Ὁ δ' ἀποκρίνεται˙ „Ἐκάλεσά σε, ἵνα τὰ ξύλα μοι ἐπὶ τοὺς ὤμους αἴρῃς."

Τί ὁ μῦθος διδάσκει; — Πολλάκις οἱ ἄνθρωποι ἐν τῇ ἀτυχίᾳ τὴν τοῦ βίου τελευτὴν εὔχονται˙ ἐὰν δ' ὁ θάνατος προσέρχηται, οὐδεὶς[8] ἀποθνῄσκειν[9] βούλεται.

5. Übung

1. Deine Freunde sind meine Freunde; euere Freunde sind unsere Freunde. 2. Mir ist das Meine lieb, dir das Deine.[1] 3. Unser Freund[2] spricht immer die Wahrheit; vertrauen wir also seinen Worten! 4. Euer Bruder[2] war erkrankt+; doch sein Arzt hat ihn

---

V. [1] Oder? — [2] Nach Matth. 11, 30. — [3] Nach Joh. 17, 17. — [4] Nach Joh. 17, 10. — [5] σῶμα (Nom. und Akk. Neutr. Sing.) Leib, Körper. — [6] Vgl. **IV** 2. — [7] = παρακαλέει. — [8] Siehe **I**, Anm. 5. — [9] Siehe **II**, Anm. 10.

5. [1] Pronomina auch im Plural. — [2] Auch Plural.

schon von seiner bösen Krankheit befreit+. 5. Folgen wir dem Rate unseres Arztes, damit wir nicht erkranken+! Wenn[x3] ihr dies[4] nicht tut+, werdet ihr erkranken. 6. Beraten wir nicht immer, sondern entschließen+ wir uns endlich[5]! 7. Wenn[x] du immer die Wahrheit sprichst, wird jeder dir glauben. 8. Wir taten das Unsere, um euch von eueren Leiden zu befreien+.

VI. Kapitel

1. Σῦς Ἀθηνᾶν.[1] 2. Ὁ ἰχθὺς ἐκ τῆς κεφαλῆς ὄζειν[2] ἄρχεται. 3. Ἰχθὺν νήχεσθαι[2] διδάσκεις. 4. Οὐκ ἔστιν ἐν ἰχθύσι φωνή. 5. Πολλαῖσι[3] πληγαῖς στερεὰ δρῦς δαμάζεται. 6. Ἐν τῇ Πελοποννήσῳ ἔτι καὶ νῦν πολλὰς δρῦς καὶ πίτυς εὑρίσκομεν καὶ ὥσπερ ἐν ταῖς ἡμετέραις ὕλαις ἡδέως ἐν τῇ ὑψηλῆς δρυὸς ἢ πίτυος σκιᾷ ἀναπαυόμεθα. 7. Ἔστι παλαιὸς μῦθος περὶ τῆς τῶν βατράχων καὶ μυῶν μάχης, ἣ[4] λέγεται βατραχομυομαχία[5]· λέγει δέ, ὅτι ἡ μάχη ὑπὸ τῶν θεῶν ἐπαύθη, ἐπεὶ οἱ βάτραχοι ἐνικήθησαν.

Οἱ ὁδοιπόροι καὶ ἡ δρῦς

Ὁδοιπόροι δύο, ἐπεὶ πρῴ ἐπορεύθησαν, θερμῇ μεσημβρίας ὥρᾳ δρῦν σκιερὰν ἐθεάσαντο. Ὁ δ' ἕτερος αὐτῶν· „Ἅλις μακρὰν ἤδη ὁδὸν ἐπορεύθημεν· καθεζώμεθα οὖν ὑπὸ τῇ δρυί, ἵνα ἐν τῇ σκιᾷ αὐτῆς ἀναπαυσώμεθα καὶ ὕστερον νέᾳ ἰσχύι πόρρω πορευθῶμεν.“ Μετὰ δ' ὀλίγον χρόνον, ὅθ'[6] ὁ κόπος αὐτῶν ἐπαύθη, ἀναβλέπουσιν εἰς τὰς βαλάνους καὶ λέγουσιν· „Ὡς ἀχρεῖοί εἰσιν οἱ τῆς δρυὸς καρποί, τροφὴ οὐκ ἀνθρώπῳ, ἀλλὰ συί.“ Ἡ δὲ δρῦς· „Ὦ ἀχάριστοι, ἔτι τῆς ἐμῆς εὐεργεσίας ἀπολαύετε καὶ ἤδη μοι ὀνειδίζετε.“

---

5. [3] [x] bedeutet, daß ἐάν (oder ein mit ἄν verbundenes Wort) zu setzen ist. — [4] Siehe **IV**, Anm. 3. — [5] schon.

VI. [1] Ergänze διδάσκει. — [2] ὄζειν (Inf. Präs. Akt.) riechen; νήχεσθαι (Inf. Präs. Med.) schwimmen. — [3] Dichterisch = πολλαῖς. Iambischer Trimeter (-αῖς στερεᾱ̀ δρῦς = _ ◡◡́ _ ⸍). Die Länge eines iambischen Versfußes kann auch in 2 Kürzen aufgelöst werden: ◡ _ = ◡ ◡◡. Mitunter kann statt eines Iambus (◡ _) auch der Anapäst (◡ ◡ _) stehen, besonders im 1. Versfuß. — [4] ἥ = quae (relativ, Fem. Sing.). — [5] Froschmäusekrieg. — [6] = ὅτε (ϑ wegen des folgenden spiritus asper).

6. Übung

1. Der schöne Jüngling Adonis[1] wurde von einem Eber getötet+. 2. Die Athener wurden von Philipp besiegt+, aber nicht geknechtet+. 3. In unseren Wäldern gibt es viele alte Eichen und hohe Fichten. 4. In den Flüssen und Seen unseres Landes leben[2] viele Fische. 5. Die Söhne vieler Römer[3] reisten+ nach Athen, um ausgebildet zu werden+; auch Cicero[4] wurde in Athen ausgebildet+. 6. Du sollst Gott, deinen Herrn, lieben[5] mit deiner ganzen Kraft!

VII. Kapitel

1. Κόραξ κόρακι φίλος. 2. Γλαῦκα εἰς Ἀθήνας[1]. 3. Ὁ λύκος τὴν τρίχα, οὐ τὴν γνώμην ἀλλάττει. 4. Αἰθίοπα λευκαίνεις. 5. Ἑλλάδος Ἑλλὰς Ἀθῆναι. 6. Προφήτης ἐν τῇ ἰδίᾳ πατρίδι τιμὴν οὐκ ἔχει.[2] 7. Ἄλογοι αἱ τῶν μώρων ἐλπίδες. 8. Ἐκ τοῦ πηλοῦ[3] τοὺς πόδας ἔχεις. 9. Μὴ παιδὶ μάχαιραν.[4] 10. Εὖ χρὴ τὸ σῶμα ἔχειν[5] καὶ τὴν ψυχήν. 11. Πολλῶν τὰ χρήματ'[6] αἴτι' ἀνθρώποις κακῶν.[7] 12. Ὁ πλοῦτός ἐστι νεῦρα τῶν πραγμάτων.[8] 13. Πλάτων λέγει, ὅτι τρέφεται ἡ ψυχὴ μαθήμασιν. 14. Τὸν λύκον τῶν ὤτων[9] ἔχεις. 15. Παῖς μὲν παῖδα τέρπει, γέροντα δὲ γέρων. 16. Ἐξ ὄνυχος τὸν λέοντα. 17. Ὀφθαλμὸν ἀντὶ ὀφθαλμοῦ, ὀδόντα ἀντὶ ὀδόντος.[10] 18. Πῆμα κακὸς γείτων. 19. Λύκος ποιμήν. 20. Κύων κυνὸς οὐχ ἅπτεται. 21. Ἔνιοι τῶν Ἑλλήνων φιλόσοφοι διδάσκουσιν, ὅτι τέτταρά ἐστι στοιχεῖα[11], πῦρ καὶ ἀὴρ καὶ ὕδωρ καὶ γῆ. 22. Χεὶρ χεῖρα νίζει. 23. Ἐπὶ δόρυ, ἐπ' ἀσπίδα (τρέπου[12]).

24. Σωκράτης διδάσκει· Ὃς ἄλλον βλάπτει, ἑαυτὸν βλάπτει· βλάπτει γὰρ τὴν ἑαυτοῦ ψυχήν. 25. Ἀγαπήσεις τὸν πλησίον ὡς σεαυτόν.[13]

---

6. [1] Ἄδωνις. — [2] sind. — [3] ὁ Ῥωμαῖος, -ου. — [4] Κικέρων. — [5] ἀγαπάω (Futurum).

VII. [1] Ergänze φέρεις. — [2] Joh. 4, 44. — [3] ὁ πηλός, -οῦ Schlamm, Kot. Vgl.: „Du bist aus der Patsche." — [4] Ergänze: gib! — [5] Infinitiv Präs., ἔχω (intr.) sich verhalten, sich befinden. — [6] = χρήματα. — [7] Iambischer Trimeter. — [8] Vgl. nervus rerum. — [9] an den Ohren (Sprichwort zur Bezeichnung einer gefährlichen Lage). — [10] Moses III 24, 20. — [11] τὸ στοιχεῖον, -ου Element. — [12] Imperativ Präs. Med.: „wende dich!" — [13] Nach Moses III 19, 18.

26. Πράττω τὰ ἐμαυτοῦ. 27. Τί οὕτως ἡμέτερόν ἐστιν ὡς ἡμεῖς ἡμῖν αὐτοῖς; 28. Τί ἐστι πολέμιον ἀνθρώποις; — Αὐτοὶ ἑαυτοῖς. 29. Ἔστι φίλος ἄλλος αὐτός (ἢ ἄλλος ἐγώ). 30. Τὰ τῷ αὐτῷ ἴσα καὶ ἀλλήλοις ἐστὶν ἴσα. (Εὐκλείδης.)

Κύνες καὶ λέων

Λέοντος σῶμα κύνες εὑρίσκουσι καὶ τοῖς ποσὶν αὐτῷ ἐμβαίνουσι καὶ τοῖς ὀδοῦσιν αὐτὸ διασπαράττουσιν. Ἀλώπηξ δ', ὅτ' ἐθεάσατο αὐτό, τοῖς κυσίν· „Ὦ δειλοὶ κύνες," ἔφη, „νῦν τῷ λέοντι ἐπιπίπτετε, οἵ[14] πρότερον τοὺς ὄνυχας καὶ ὀδόντας αὐτοῦ μακρὰν ἐφεύγετε."

7. Übung

1. Man[1] nennt[1] Griechenland die Wiege[2] der Künste und Wissenschaften. 2. Auch bei den Griechen gab es das Sprichwort: „Ein weißer Rabe."[3] 3. Die alten Philosophen der Griechen lehrten, daß die Welt[4] aus dem Wasser oder der Luft oder dem Feuer entsteht. 4. Mit Recht nennt[1] man[1] die Kinder die Hoffnung des Vaterlandes. 5. In vielen Fabeln Äsops ist[5] vom Löwen oder vom Fuchs die Rede[5]. 6. Viele Hirten haben brave Hunde.[6] 7. Wenige Menschen erkennen sich selbst und ihre Vorzüge und Fehler. 8. Vertrauen wir einander!

VIII. Kapitel

1. Τὸ ἦθος ἔθος ἐστὶ πολυχρόνιον. 2. Ἦθος πονηρὸν φεῦγε[1] καὶ κέρδος κακόν.[2] 3. Τὸ μὲν πνεῦμα πρόθυμον, ἡ δὲ σὰρξ ἀσθενής.[3] 4. Οὐκ ἀσφαλές ποθ'[4] ὕψος ἐν θνητῷ γένει.[2] 5. Ἐκ μέρους γιγνώσκομεν.[5] 6. Καλῶς φέρειν χρὴ συμφορὰς τὸν εὐγενῆ.[2] 7. Φθείρουσιν ἤθη χρήσθ'[6]

VII. [14] οἵ = qui (relativ, Plural).

7. [1] Sie nennen oder passiv. — [2] Heimat. — [3] Auch Plural. — [4] die Dinge. — [5] wird gesprochen. — [6] Übersetze auch: Vielen Hirten sind br. H.

VIII. [1] φεῦγε Imperativ Präs., 2. Person. — [2] Iambischer Trimeter. — [3] Matth. 26, 41. — [4] = ποτέ. — [5] Paulus, 1. Korintherbrief 13, 9. (Luther: „Unser Wissen ist Stückwerk.") — [6] = χρηστά.

ὁμιλίαι κακαί.[2] 8. Ἀλλ' οὔποτ' αἰσχρόν ἐστι τἀληθῆ[7] λέγειν.[2] 9. Οἶνος καὶ παῖδες ἀληθεῖς. 10. Χρὴ τοὺς μὲν εἶναι δυστυχεῖς, τοὺς δ' εὐτυχεῖς.[2] 11. Οὐ στέργομεν τὸν ἄγγελον κακῶν ἐπῶν.[2] 12. Ψεύδεσιν (Ψευδέσι λόγοις) Ἄρης φίλος. 13. Περικλέους[8] μὲν ἡ πολιτικὴ ἀρετὴ θαυμάζεται, Δημοσθένους δὲ τοῦ ῥήτορος τὸ κάλλος καὶ ἡ δεινότης τῶν λόγων· Σοφοκλέα μὲν ἐπὶ τῇ τραγῳδίᾳ μάλιστα θαυμάζομεν, Ἀριστοφάνη(ν) δ' ἐπὶ τῇ κωμῳδίᾳ.

14. Εὐκλεὲς τὸ τοῦ Πλάτωνος[9], ὅτι Ὅμηρος ὁ ποιητὴς πεπαίδευκε τὴν Ἑλλάδα. 15. Ἆρ' ἀληθές ἐστι τὸ τοῦ ἀγγέλου ἔπος· „Νενικήκαμεν, πέπαυται δ' ὁ πόλεμος";

Περὶ Σωκράτους

Σωκράτης, ὅτ' ἐσκώπτετο ἐπὶ τῇ δυσγενείᾳ ὑπ' ἀνθρώπου εὐγενοῦς μέν, πονηροῦ δὲ καὶ ἀμαθοῦς· „Ἐμοὶ μὲν τὸ γένος ὄνειδος," ἔφη, „σὺ δὲ τῷ γένει."

Περὶ Διογένους

Διογένης, ὁ εὐτελὴς καὶ αὐτάρκης φιλόσοφος, ἐπεί ποτ' ἐθεάσατο, ὅτι παῖς ταῖς χερσὶν ἔπινεν, τὴν κοτύλην ἐκρίπτει τῆς πήρας καὶ λέγει· „Ὑπὸ παιδὸς νενίκημαι εὐτελείᾳ."

Περὶ Μενάνδρου

Μενάνδρῳ, τῷ ἐπιφανεῖ κωμῳδοποιῷ, ποτε τῶν συνήθων τις· „Ἐγγύς," ἔφη, „τὰ Διονύσια, σὺ δὲ τὴν κωμῳδίαν οὐ πεποίηκας." Ὁ δ' ἀποκρίνεται· „Νὴ τοὺς θεούς, πεποίηκα τὴν κωμῳδίαν· πεποίηται γὰρ ἡ διάθεσις[10]· χρὴ δ' αὐτῇ μόνον τὰ στιχίδια[11] ἐπᾴδειν."

8. Übung

1. Auch von unseren hervorragenden Dichtern wurde Homer wegen der Schönheit seiner Gedichte aufs höchste[1] verehrt+. 2. In berühmten Tragödien des Sophokles hören wir, daß die Menschen

---

VIII. [7] = τὰ ἀληθῆ (Krasis). — [8] An P. — [9] das Wort des Pl. — [10] ἡ διάθεσις Anordnung, Aufbau. — [11] τὸ στιχίδιον Verschen; Verkleinerungswort von ὁ στίχος Zeile, Vers.

8. [1] am meisten.

schwach sind und ihr Glück trügerisch ist; denn oft werden edle und glückliche Menschen unglücklich und ein unglücklicher Tod ist das Ende eines glücklichen Lebens. 3. Viele hervorragende Athener sind von Sokrates erzogen worden. 4. Auch andere edle Menschen sind nach Sokrates für die Wahrheit[2] gestorben.

IX. Kapitel

1. Ἦθος ἄλλη φύσις. 2. Ὕβρις ὕβριν τίκτει, ἔρις δ' ἔριν, χάρις δὲ χάριν. 3. Γένεσις καὶ θάνατος φύσεως μυστήριον. 4. Ἄνθρωπος φύσει πολιτικὸν[1] ζῷον. (Ἀριστοτέλης.) 5. Φαῖδρος. Διὰ τί, ὦ Σώκρατες, οὔποτ' ἐξέρχῃ ἐκ τῆς πόλεως; Σωκράτης. Ὦ φίλε Φαῖδρε, τὰ μὲν χωρία καὶ τὰ δένδρα οὐδέν[2] με διδάσκει, οἱ δ' ἐν τῷ ἄστει ἄνθρωποι. 6. Ἐν πολλαῖς τῆς Ἑλλάδος πόλεσιν ἀκροπόλεις ἦσαν. 7. Ἐν ἑκάστῃ σχεδὸν τῶν Ἑλληνικῶν πόλεων στάσεις καὶ ἔριδες τῶν ὀλίγων καὶ τοῦ δήμου περὶ τῆς δυνάμεως ἐγίγνοντο. 8. Ὁ μὲν βίος βραχύς, ἡ δὲ τέχνη μακρά. (Ἱπποκράτης.) 9. Βραχεῖα τέρψις ἐστὶν ἡδονῆς κακῆς.[3] 10. Τὸ μεταβάλλειν ἡδύ (ἢ γλυκύ). 11. Οἱ ταχεῖς οὐκ ἀσφαλεῖς.

12. Ὦ παῖ, πρᾶττε τὰ σαυτοῦ. 13. Μή μου ἅπτου.[4] 14. Μὴ ψεύδεσθε, ἀλλ' ἀληθεύετε. 15. Εἴ τις μὴ θέλει ἐργάζεσθαι[5], μηδὲ ἐσθιέτω.[6] 16. Μὴ τὸ θέλημά μου, ἀλλὰ τὸ σὸν γιγνέσθω.[7] 17. Κύριε, ἐλέησον[8]. 18. Κτῆσαι ἴδια. 19. Λέγω αὐτῷ· „Πορεύθητι", καὶ πορεύεται.[9] 20. Φοβήθητε τὸν θεόν.[10]

Ἀμαράντου καὶ ῥόδου διάλογος

Ἀμάραντος. Ὡς καλὰ ἄνθη τὰ ῥόδα, ἡδέα καὶ θεοῖς καὶ ἀνθρώποις· μακαρίζω σε, ὦ ῥόδον, τοῦ κάλλους καὶ τῆς εὐωδίας.

Ῥόδον. Μὴ ψεύδου, ὦ φίλε ἀμάραντε, τῇ ὄψει ἡμῶν. Οὐ γὰρ ἀσφαλὲς ἡμῶν τὸ κάλλος ἐστίν, ἀλλὰ πολλάκις χειμῶσιν ὀξέσιν δια-

---

8. [2] Adjektiv.

IX. [1] d. i. zum Leben im Staat bestimmt und befähigt. — [2] οὐδέν nichts. — [3] Iambischer Trimeter. — [4] Joh. 20, 17. (Noli me tangere!) — [5] Infinitiv Präs. Med. — [6] Paulus, 2. Thessalonikerbrief 3, 10. — [7] Lukas 22, 42. — [8] Neugriechisch ausgesprochen: eléïson. — [9] Aus Matth. 8, 9. — [10] Apokalypse 14, 7.

φθειρόμεθα ἢ τῇ τῶν ἀνθρώπων ὕβρει ἀποθνήσκομεν. Ἐὰν δὲ μὴ κοπτώμεθα, διὰ βραχέος χρόνου ἡδὺν βίον διάγομεν· ἐν βραχεῖ γὰρ μαραινόμεθα. Ὑμῖν δ' ἀεὶ μένει ἡ αὐτὴ χάρις εὐτυχεῖ φύσει καὶ ἄνευ βαρέων κινδύνων βιοτεύετε.

9. Übung

1. Solon[1] befreite[2] die Stadt der Athener in kurzer Zeit von dem schweren Streit[3] und Parteizwist[3] der Bürger. 2. Die Athener waren von Natur aus scharfsinnig und rasch entschlossen°[4]. 3. Übermut tut selten gut.[5] 4. Das Angenehme (Angenehme Worte) hören wir stets gern, die Wahrheit[6] aber nicht. 5. Wer[7] Ohren hat, der° höre![3] 6. Die Kraft des Leibes soll nicht zur° Schwäche[8] der Seele werden! 7. Arzt, heile+ dich selbst! 8. Ora et labora! 9. Audiatur et altera pars![9] 10. Überlege[3] nicht immer, sondern entschließe+[3] dich endlich! 11. Zieh[3] hin[10] in[11] Frieden!

X. Kapitel

1. Ἀλέξανδρος ὁ μέγας, ὁ τῶν Μακεδόνων βασιλεύς, Ἀχιλλέα τὸν Πηλέως (υἱὸν) μάλιστα ἐθεράπευε πάντων τῶν παλαιῶν βασιλέων καὶ ἡρώων· καὶ πολλάκις ἔλεγεν· „Ὦ εὔδαιμον Ἀχιλλεῦ, ὃς Ὅμηρον ἔχεις κήρυκα καὶ ἑρμηνέα τῆς σῆς ἀνδρείας.“ 2. Ὦτα καὶ ὀφθαλμοὶ βασιλεῖ πολλοί. 3. Πλούσιοι βασιλῆς καὶ πτωχοὶ πένητες ἐν Ἅιδου ἴσοι εἰσίν. 4. Γονεῦσι μὴ ἔριζε, καὶ ἐὰν δίκαια λέγῃς. 5. Πλάτων τὰς χαριέσσας Σαπφοῦς ᾠδὰς μάλα ἐθαύμαζεν· διὸ τὴν Σαπφὼ δεκάτην Μοῦσαν ἔλεγεν. 6. Ἀριστοτέλης λέγει, ὅτι πᾶς ἄνθρωπος φύσει τῆς ἐπιστήμης ὀρέγεται (πάντες οἱ ἄνθρωποι . . ὀρέγονται). 7. Ἀρχὴ ἥμισυ παντός. 8. Κάθευδε,

---

9. [1] Σόλων, -ωνος. — [2] παύω+. — [3] Auch Plural. — [4] Ein mit ° bezeichnetes Wort bleibt unübersetzt. — [5] Aus dem Übermut entsteht oft Böses. — [6] Adjektiv. — [7] Siehe **IV**, Anm. 17 (Plur.: **VII**, Anm. 13). — [8] ἡ ἀσθένεια, -ας. — [9] audiatur: Imperativ; altera pars = ὁ ἄλλος (auch Plur.). — [10] πορεύομαι (Präs. und Aorist). — [11] εἰς.

ὦ παῖ· ὕπνος γὰρ πάσης ἐστὶν ὑγίεια νόσου. 9. Πάντα καθαρὰ τοῖς καθαροῖς.[1] 10. Μὴ πᾶσι πίστευε. 11. Πᾶν τὸ πολύ[2] τῇ φύσει πολέμιον. 12. Προμηθία τοι κέρδος ἀνθρώποις μέγα.[3] 13. Μεγάλη ἡ Ἄρτεμις Ἐφεσίων.[4]

Ἀλέξανδρος ὁ μέγας ἐν Τροίᾳ

Ἀλεξάνδρου τοῦ μεγάλου, ὅτε σὺν πολλῷ[5] πεζῶν καὶ ἱππέων στρατεύματι[5] πρὸς βασιλέα μέγαν ἐστρατεύετο καὶ ἐν Ἰλίῳ τῇ Ἀθηνᾷ ἔθυεν, ὁ ἱερεὺς πυνθάνεται, εἰ τὴν Πάριδος λύραν βούλεται βλέπειν[6]. Ὁ δέ· „Οὔκ[7], ἀλλὰ τὴν Ἀχιλλέως," ἔφη, „εἰ ἔχεις, ὦ ἱερεῦ, καὶ πρὸ τῆς λύρας τὸ δόρυ αὐτοῦ."

10. Übung

1. In Athen war es Pflicht°[1] der Eltern, ihre Kinder gut zu erziehen, und Pflicht der Kinder, ihre greisen Eltern zu erhalten. 2. Zahlreich war das Heer des Großkönigs, zahlreich seine Fußtruppen und seine Reiterei[2]. 3. Alexander der Große besiegte+ den Großkönig und unterwarf+ das große Perserreich[3]. 4. Perikles sagt bei Thukydides[4]: „Unsere ganze Stadt ist eine Bildungsstätte[5] ganz Griechenlands." 5. Jedes Bürgers[6] Pflicht ist es, das Vaterland am höchsten[7] zu ehren. 6. Aller Leiden[8] und aller Schmerzen Arzt ist die Zeit.

XI. Kapitel

1. Εἴθε (Εἰ γὰρ) παρ' ἡμῖν μένοις καὶ μὴ εἰς τὴν Ἀσίαν πορεύοιο· μάλα ἂν χαίροιμι. — Εἰ μένοις, μάλα ἂν χαίροιμι (ἡδοίμην). 2. Εἰ μὴ μένοιτε, οὐκ ἂν χαίροιμεν (ἡδοίμεθα). 3. Παύσαιο ἤδη τοῦ φόβου· εἰ

X. [1] Paulus, Titusbrief 1, 15. — [2] τὸ πολύ die Vielheit, das Übermaß. — [3] Iambischer Trimeter. — [4] Apostelgeschichte 19, 28; vgl. Goethes hienach benanntes Gedicht. — [5] Oder πολλῇ . . στρατιᾷ. — [6] Inf. Präs. Akt. — [7] Nein.

10. [1] Wie im Lateinischen: parentum erat. — [2] Reiter. — [3] Reich der Perser (οἱ Πέρσαι, -ῶν). — [4] Θουκυδίδης, -ου. — [5] ἡ παίδευσις, -εως. — [6] Auch Plural. — [7] am meisten. — [8] τὰ κακά.

εἰς τὴν Ἀσίαν πορευθείην, οἱ θεοί με φυλάττοιεν ἄν. 4. Ὑγιαίνοις οὖν ἐν τῇ ὁδῷ καὶ μὴ νοσήσαις καὶ ἐκ πάντων τῶν κινδύνων σωθείης. 5. Σωκράτης εἶπε πρὸς Κρίτωνα, ὅτι ἐν τῷ δεσμωτηρίῳ μένοι (μένει), ἵνα τοῖς τῆς πόλεως νόμοις πείθοιτο (πείθηται).

Περὶ ὄνου σκιᾶς

Δημοσθένης ὁ ῥήτωρ, ἐπεὶ λέγειν ποτὲ ἐκωλύθη ἐν τῇ ἐκκλησίᾳ τῷ τῶν Ἀθηναίων θορύβῳ, σιγὴν ἐκέλευσεν, ὅπως μῦθον βραχὺν προφέροι. Ὅτε δ' ὁ δῆμος ἐσίγησεν, εἶπεν· „Νεανίας θέρους ὥρᾳ ὄνον ἐμισθώσατο, ἵνα ἐκ τοῦ ἄστεως εἰς Μέγαρα πορευθείη. Μεσημβρίας δ' ὥρᾳ διὰ τὸ τοῦ ἡλίου καῦμα ἑκάτερος, ὅ τε τοῦ ὄνου δεσπότης καὶ ὁ νεανίας, ἀπολαύειν ἐβούλετο τῆς τοῦ ὄνου σκιᾶς· καὶ ὁ μὲν ἔλεγεν, ὅτι τὸν ὄνον, οὐ τὴν σκιὰν μισθώσειεν, ὁ δ', ὅτι ἐπὶ μισθῷ πᾶσαν ἔχοι τὴν ἐξουσίαν.“ — Ἔπειτα δ' ὁ ῥήτωρ τοῦ λόγου ἐπαύσατο· ἐπειδὴ δ' οἱ Ἀθηναῖοι τὸ τοῦ μύθου τέλος ἀκούειν ἐβούλοντο, Δημοσθένης αὐτοὺς σφόδρα ἔψεγεν, ὅτι περὶ μὲν ὄνου σκιᾶς ἀκούοιεν, περὶ δὲ σπουδαίων πραγμάτων ἀκούειν οὐ βούλοιντο.

11. Übung

1. Möget ihr immer die Wahrheit sagen und niemals lügen; wenn ihr dies[1] tätet+, würde euch wohl jeder vertrauen. 2. Wie sollten wir uns nicht freuen, wenn wir von allen Menschen geliebt[2] würden? 3. Möchten doch die Menschen endlich von dem unseligen Kriege lassen[3]; wer würde sich nicht freuen, wenn endlich Friede geschlossen[4] würde? 4. Gott möge dich behüten und aus allen Gefahren erretten+! 5. Die Ankläger[5] des Sokrates behaupteten[6], daß er die Jugend [7] verderbe. 6. Auch Horaz[8] reiste+ nach Griechenland, um in Athen ausgebildet zu werden.[9]

---

11. [1] Siehe **IV**, Anm. 3. — [2] στέργω und ἀγαπάω+. — [3] ablassen+. — [4] gemacht+. — [5] ὁ κατήγορος, -ου. — [6] sagten+. — [7] die Jünglinge. — [8] Ὁράτιος. — [9] Präsens und Aorist.

XII. Kapitel

1. Εἰρήνη μὲν γεωργὸν κἂν[1] πέτραις τρέφει καλῶς, πόλεμος δὲ κἂν πεδίῳ κακῶς. 2. Τὸ[2] μηδὲν[3] ἄγαν κελεύει ἡμᾶς σωφρόνως βιοτεύειν. 3. Οὐδεὶς[4] μετ' ὀργῆς ἀσφαλῶς βουλεύεται.[5] 4. Σπεῦδε βραδέως.

5. Ὁ ἔχων ὦτα ἀκουέτω.[6] 6. Σωκράτης διδάσκει, ὅτι οἱ ἄνθρωποι ἄκοντες, οὐχ ἑκόντες ἁμαρτάνουσιν. 7. Χαίρετε μετὰ τῶν χαιρόντων (= σὺν τοῖς χαίρουσιν), κλαίετε μετὰ τῶν κλαιόντων (= ?).[7] 8. Ἄδηλον τὸ μέλλον παντὶ ἀνθρώπῳ. 9. Φεῦγ'[8] ἡδονὴν φέρουσαν ὕστερον βλάβην.[5] 10. Φίλου κακῶς πράττοντος ἐκποδὼν φίλοι.[5] 11. Γηράσκω ἀεὶ πολλὰ διδασκόμενος. (Σόλων.) 12. Ἀριστοτέλης ἐρωτησάντων τῶν φίλων (ἐρωτηθεὶς ὑπὸ τῶν φίλων), τί γηράσκει ταχέως, εἶπεν· „Ἡ χάρις.“ 13. Τὸν τετελευτηκότα (Τὸν τοῦ βίου πεπαυμένον) μακάριζε.

Περὶ τοῦ Σωκράτους δαιμονίου

Τὸ λεγόμενον[9] τοῦ Σωκράτους δαιμόνιον ἀληθῶς ἦν φωνὴ οὐ προτρέπουσα αὐτόν, ὅτ' ἀγαθὴν βουλὴν βουλεύσαιτο[10], ἀλλ' ἀεὶ ἀποτρέπουσα, ὅτε ἁμαρτάνειν ἢ καὶ πάσχειν μέλλοι κακά. Οἱ δ' Ἀθηναῖοι τὸ μὲν δαιμόνιον οὐ γιγνώσκοντες, ὑπὸ δὲ τῶν Σωκράτους ἐχθρῶν παραγόμενοι τὸν ἔνδοξον φιλόσοφον τῇ ἔνδον φωνῇ ὥσπερ θεῷ πειθόμενον ἀσεβῆ τε καὶ δεινὸν τῶν νεανιῶν διαφθορέα ἐνόμιζον. Ἀσεβείας οὖν Μελήτου τὸν Σωκράτη γραφομένου πολλοὶ δικασταὶ τοῖς ψευδέσι τῶν κατηγόρων λόγοις πεπιστευκότες Σωκράτους θάνατον καταψηφίζονται. Τοῦ δὲ δαιμονίου οὐδαμῶς ἀποτρέποντος δῆλον ἦν τῷ Σωκράτει, ὅτι οὔτε νῦν ἐπὶ θάνατον ἐρχόμενος οὔθ' ὕστερον πεπαυμένος τοῦ βίου κακὸν ἂν πάσχοι.

12. Übung

1. Sokrates hielt ein[1] gerechtes und maßvolles Leben[1] für ein glückliches Leben. 2. Zum Mahl[2] des Freundes geh langsam, zum

---

XII. [1] κἂν = καὶ ἐν (Krasis). — [2] Der Spruch. — [3] nichts; ergänze πρᾶττε. — [4] Siehe **I**, Anm. 5. — [5] Iambischer Trimeter. — [6] Matth. 11, 15. — [7] Nach Paulus, Römerbrief 12, 15 (κλαίειν weinen). — [8] = φεῦγε. — [9] das sogenannte. — [10] Optativ zum Ausdruck der Wiederholung in der Vergangenheit (optativus iterativus).

12. [1] Infinitiv mit Artikel und Adverb. — [2] τὸ δεῖπνον, -ου.

Unglück schnell! 3. Wenn*[3] Gott will, gelingt[4] alles gut. 4. Die Griechen ehrten stets die Männer°, die* in den olympischen Spielen gesiegt hatten.[5] 5. Kyros besiegte+ den Kroisos[6] und* machte seiner Herrschaft ein Ende[7]. 6. Für[8] die Besiegten[9] ist der Wille[10] der Sieger[9] Gesetz.

XIII. Kapitel

1. Τί μ' ἠρώτησας; — Ἆρ' ἤκουσας τὴν παροιμίαν· „Ἦιδον ἐπὶ κωφῷ"; [1] — Οὐ δῆτα. 2. Ηὐλήσαμεν ὑμῖν καὶ οὐκ ὠρχήσασθε.[2] 3. Καὶ αἱ τρίχες τῆς κεφαλῆς ὑμῶν πᾶσαι ἠρίθμηνται (ἠριθμημέναι εἰσίν).[3] 4. Τὰς τῶν φαύλων φιλίας ὀλίγος χρόνος διέλυσεν[4]. 5. Πολλοὶ Ἕλληνες Κύρῳ[5] πρὸς βασιλέα συνεστρατεύσαντο· βασιλεὺς δὲ πολὺν χρόνον οὐκ ᾐσθάνετο, ὅτι ὁ ἀδελφὸς αὐτῷ ἐπεβούλευεν. 6. Δημοσθένης οὐκ ἀεὶ τῷ δήμῳ εὖ συμβεβούλευκεν (συνεβούλευσεν).

7. Οὐκέτι βουλεύεσθαι ὥρα, ἀλλὰ βουλεύσασθαι καὶ ἤδη βεβουλεῦσθαι· εὐθὺς γὰρ χρὴ ἡμᾶς πορευθῆναι. 8. Ἀγαθὸν οὐ τὸ μὴ ἀδικῆσαι, ἀλλὰ τὸ μηδὲ ἐθέλειν. 9. Παῦλος ὁ ἀπόστολος λέγει ῥίζαν πάντων τῶν κακῶν εἶναι τὴν φιλαργυρίαν.[6] 10. Φίλους ἔχων νόμιζε θησαυροὺς ἔχειν.[7] 11. Σωκράτης ᾤετο οὔποθ' ἑκὼν ἠδικηκέναι. 12. Νίκησον ὀργὴν τῷ λογίζεσθαι καλῶς.[7]

Ἀλέξανδρος καὶ ὁ μαθηματικός

Μέναιχμον τὸν μαθηματικὸν Ἀλέξανδρος ὁ βασιλεὺς ἐκέλευσε συντόμως ἑαυτὸν διδάσκειν τὴν γεωμετρίαν. Ὁ δ' εἶπεν οὐ δυνατὸς εἶναι τοῦτο[8] ποιῆσαι· κατὰ μὲν γὰρ τὴν χώραν ὁδοὺς εἶναι ἰδιωτικὰς καὶ βασιλικάς, ἐν δὲ τῇ γεωμετρίᾳ πᾶσιν εἶναι τὴν αὐτὴν ὁδόν.

---

12. [3] * bedeutet Satzverkürzung durch participium coniunctum oder genetivus absolutus. — [4] wird. — [5] Aorist und Perfekt (Ὀλύμπια νικάω). — [6] Κροῖσος, -ου. — [7] παύω+ αὐτὸν τῆς ἀρχῆς. — [8] Dativ. — [9] Partizip des Aorists und des Perfekts. — [10] die Meinung.

XIII. [1] Vgl.: Surdo fabulam narras. — [2] Matth. 11, 17. — [3] Lukas 12, 7 (Matth. 10, 30). — [4] (hat gelöst und) löst (überhaupt): Aorist in Erfahrungssätzen (gnomischer Aorist). — [5] d. i. Kyros der Jüngere, der Bruder des Königs. — [6] 1. Timotheosbrief 6, 10. — [7] Iambischer Trimeter. — [8] Siehe **IV**, Anm. 3.

13. Übung

1. Der Athener Xenophon[1] erzählt, daß[2] er mit Kyros gegen den Großkönig zu Felde zog+ und mit dem griechischen Heere durch Asien nach Babylon[3] marschierte+. 2. Errare humanum[4] est. 3. Befehlen+ ist nicht schwer, wohl° aber danach° zu handeln+. 4. Wir glauben, daß[5] wir immer die Wahrheit gesagt und euch gut geraten haben[6] (daß ihr . . uns . . habt). 5. Sokrates sagte zu den Richtern: „Ich erkenne nunmehr, daß es für[7] mich[7] gut ist, von den Mühen des Lebens befreit zu sein." 6. Platon meinte, daß alle Kriege wegen[8] Geldgewinnes[9] entstehen.

XIV. Kapitel

1. Ἀγαπᾶτε τοὺς ἐχθρούς· ἐὰν γὰρ ἀγαπᾶτε τοὺς ἀγαπῶντας ὑμᾶς, τίνα[1] μισθὸν ἔχετε;[2] 2. Ἐὰν ἀγαπᾷς τὸν θεόν, ἀγαπᾷς καὶ τὸν ἀδελφόν.[3] 3. Ἀγαπῶμεν ἀλλήλους.[4] 4. Μὴ νικῶ ὑπὸ τοῦ κακοῦ, ἀλλὰ νίκα τῷ ἀγαθῷ τὸ κακόν.[5] 5. Στάσις ἐμφύλιος νικῶσι καὶ ἡττωμένοις ὁμοία φθορά. (Δημόκριτος.) 6. Εἰ θεοί τι δρῶσιν αἰσχρόν, οὔκ εἰσιν θεοί.[6] (Εὐριπίδης.)

7. Πορεύου καὶ ποίει ὁμοίως.[7] 8. Φιλοκαλοῦμεν μετ' εὐτελείας καὶ φιλοσοφοῦμεν ἄνευ μαλακίας. (Περικλῆς.) 9. Ὁ ἀδικῶν ἑαυτὸν ἀδικεῖ, κακὸν ἑαυτὸν ποιῶν. (Μᾶρκος Αὐρήλιος.) 10. Κἂν[8] εὐτυχῆτε, μὴ μέγα φρονεῖτε. 11. Μὴ φθόνει τοῖς εὐτυχοῦσιν, μὴ[9] δοκῇς εἶναι κακός.[10] 12. Σιμωνίδης ὁ ποιητὴς ἐκάλει τὴν μὲν ζωγραφίαν ποίησιν σιωπῶσαν, τὴν δὲ ποίησιν ζωγραφίαν λαλοῦσαν.

---

13. [1] Ξενοφῶν, -ῶντος. — [2] ὅτι oder Fügung mit dem Infinitiv. — [3] ἡ Βαβυλών, -ῶνος. — [4] Übersetze: hominis est. — [5] Sperrung von daß bedeutet, daß der Infinitiv (AcI) zu setzen ist. — [6] Aorist und Perfekt. — [7] mir. — [8] ἕνεκα dem Gen. nachgestellt (Zweckgrund, vgl. causā). — [9] Geldgewinn = Geld erwerben+.

XIV. [1] τίνα (Akk. von τίς) = quem? — [2] Nach Matth. 5, 44ff. — [3] Nach dem 1. Johannesbrief 4, 21. — [4] 1. Johannesbrief 4, 7. — [5] Paulus, Römerbrief 12, 21. — [6] Iambischer Trimeter. — [7] Lukas 10, 37. — [8] κἂν = καὶ ἐάν. — [9] = ἵνα μή. — [10] Trochäischer Tetrameter (–́ ⏑ –̀ ⏓ | –́ ⏑ –̀ ⏓ | –́ ⏑ –̀ ⏓ | –́ ⏑ ⏓̀).

13. Ζηλοῦτε τοὺς ἐσθλούς τε καὶ τοὺς σώφρονας.[6] 14. Ὑπὸ τῆς ἀνάγκης πολλάκις δουλούμεθα.[6] 15. Μὴ συγχώρει τοῖς πάθεσιν, ἀλλ' ἐναντιοῦ. 16. Μὴ μέγα φρονῶμεν (φρονεῖτε), ἵνα μὴ ταπεινώμεθα (ταπεινῶσθε). 17. Θεὸς τὰ μὲν ὑψηλὰ ταπεινοῖ, τὰ δὲ ταπεινὰ ὑψοῖ. (Αἴσωπος.) 18. Ἐὰν τὴν ἄλλων δόξαν ζηλοῖς, τὰς πράξεις αὐτῶν μιμοῦ.

Ἀστεῖος ἰατροῦ λόγος

Ἰατρὸς ἑτερόφθαλμος νοσοῦντα ἐρωτᾷ˙ „Πῶς ἔχεις;" Ὁ δέ˙ „Ὡς ὁρᾷς." Ὁ δὲ ἰατρός˙ „Ἐάν, ὡς ἐγὼ ὁρῶ, ἔχῃς, τὸ ἥμισύ σου τετελεύτηκεν."

Τέττιξ καὶ μύρμηκες

Χειμῶνος ὥρᾳ τέττιξ ἀπορῶν πρὸς τοὺς μύρμηκας ἦλθε καὶ ἠξίου (ᾔτει) αὐτοὺς τροφήν. Οἱ δὲ μύρμηκες ἀγανακτοῦντες ἐρωτῶσιν˙ „Διὰ τί θέρους οὐ συνῆγες τροφήν;" Ὁ δὲ τέττιξ˙ „Τότε ᾖδον μουσικῶς." Οἱ δὲ γελῶντες˙ „Ἀλλ' εἰ θέρους ηὔλεις, χειμῶνος ὀρχοῦ."

14. Übung

1. Liebet einander, wie ich euch geliebt habe![1] 2. Das Auge der Gerechtigkeit sieht alles. 3. Freunde erwirb nicht schnell; denn treue Freunde zu erwerben ist schwer. 4. Wie Sokrates, so lehrt auch Mark Aurel, daß wir, wenn[2] wir anderen Unrecht tun, uns selbst Unrecht tun, indem* wir uns selbst schlecht machen. 5. Der Übermut der Sieger[3] gegen die Besiegten war oft an neuen Kriegen schuld. 6. Sei nicht hochmütig, damit du nicht gedemütigt werdest![4] 7. In vielen Künsten und Wissenschaften ahmten die Römer[5] die Griechen nach; so strebte auch Cicero[6] in der Redekunst[7] dem Demosthenes nach.

---

14. [1] Joh. 13, 34. — [2] ἐάν oder Partizip. — [3] Partizip Präs. — [4] Auch Plural. — [5] Siehe **6**, Anm. 3. — [6] Κικέρων, -ωνος. — [7] ἡ ῥητορικὴ τέχνη.

XV. Kapitel

1. Θεμιστοκλῆς ὁ Ἀθηναῖος ἔλεγεν, ὅτι οὐ καθεύδειν αὐτὸν ἐῴη τὸ Μιλτιάδου τρόπαιον τοῦ ἐν Μαραθῶνι νικῶντος[1]. 2. Πλάτων ἐρωτώμενος, πῶς ἂν ἄριστα αἱ πόλεις οἰκοῖντο, ἔλεγεν˙ „Εἰ οἱ φιλόσοφοι βασιλεύοιεν ἢ οἱ βασιλῆς φιλοσοφοῖεν." 3. Ὁμοιοῖτο ἂν ἡ τύχη φαύλῳ ἀγωνοθέτῃ˙ πολλάκις γὰρ τοὺς μὴ[2] νικῶντας τιμᾷ τε καὶ στεφανοῖ. 4. Ἀρχὴ τοῦ νικᾶν τὸ θαῤῥεῖν. 5. Σαρκὸς φωνή˙ „Μὴ πεινῆν, μὴ διψῆν, μὴ ῥιγοῦν." (Ἐπίκουρος.) 6. Ζεῖ χύτρα, ζῇ φιλία. 7. Παροιμία τις κελεύει τῇ ἑαυτοῦ λύρᾳ χρῆσθαι, μὴ τῇ τοῦ πέλας. 8. Πάντα ῥεῖ. (Ἡράκλειτος.)

Γέρων καὶ ἰατρός

Γέρων νοσῶν τοῦ ἰατροῦ λέγοντος˙ „Γέρων εἶ[3]" εἶπεν˙ „Διὰ τοῦτο[4] οὐκ ἐχρησάμην σοι ἰατρῷ, ἀλλ' ἵνα με ἰάσῃ."

Navigare necesse est, vivere non est necesse

Χαλεποῦ ἀνέμου πνέοντος ὅθ' οἱ πλοίων σιταγωγῶν ναῦται ἐκ τῆς Λιβύης εἰς Ῥώμην οὐκ ἀπέπλεον, Πομπήιος εἰς πλοῖον εἰσπηδήσας ἐκέλευσεν αὐτοὺς ἀποπλεῖν βοῶν˙ „Πλεῖν ἀνάγκη, ζῆν οὐκ ἀνάγκη."

Hic Rhodus, hic saltus

Ἄνθρωπός τις ἀποδημήσας, ἐπεὶ πάλιν οἴκαδε ἦλθεν, ἐκόμπαζε πολλά τε ἄλλα ἠριστευκέναι καὶ ἐν Ῥόδῳ πήδημα πεπηδηκέναι, ὅσον οὐδείς[5] πω ἐπήδησεν. Καὶ μάρτυρας τοὺς ἐκεῖ αὐτὸ θεασαμένους ἔλεγεν ἔχειν. Τῶν δ' ἀκουσάντων τις γελῶν εἶπεν˙ „Ἀλλ' εἰ ἠλήθευσας, ὠγαθέ[6], οὐ δεῖ σοι μαρτύρων˙ ἰδοὺ ἡ Ῥόδος, ἰδοὺ καὶ τὸ πήδημα."

15. Übung

1. Das Gute möge siegen und nicht unterliegen! 2. Als* Solon gefragt wurde, wie im Staate Unrecht[1] vermieden werden könnte[1],

---

XV. [1] νικῶ auch: ich bin Sieger, ich habe gesiegt. — [2] Das Partizip νικῶντας vertritt einen Konzessivsatz (εἰ καὶ μὴ νικῶσι): die Negation des Partizips ist daher μή. — [3] Siehe **I**, Anm. 4. — [4] διὰ τοῦτο deswegen, deshalb. — [5] Siehe **I**, Anm. 5. — [6] = ὦ ἀγαθέ.

15. [1] nicht Unrecht getan werden könnte.

sagte[+] er: „Wenn in gleicher Weise der empört wäre, der* kein[2] Unrecht erleidet, wie[3] der, der* es erleidet.“ 3. Sokrates sagte, daß die anderen Menschen leben, um zu essen, er selbst aber esse, um zu leben. 4. Viel Geld zu erwerben ist kein[4] Gewinn, wenn[x] man[5] es nicht gut verwendet. 5. Wir zogen[6] einen berühmten Arzt zu Rate[6], damit er den kranken[7] Bruder heile.

XVI. Kapitel

1. Ζεὺς ὑφ' Ὁμήρου πατὴρ ἀνδρῶν τε θεῶν τε ὀνομάζεται. 2. Οἱ Ἀθηναῖοι Διὶ ηὔχοντο· „Ὗσον, ὗσον, ὦ φίλε Ζεῦ.“ 3. Ἡ πόλις πολλάκις νηῒ εἰκάζεται, ὁ δὲ τὴν πόλιν κυβερνῶν τῷ τῆς νεὼς κυβερνήτῃ τῇ ἑαυτοῦ τέχνῃ τὴν ναῦν σῴζοντι ἐν δεινοῖς χειμῶσιν. 4. Εἰκάζωμεν ἀλλήλαις τὰς πτώσεις τοῦ Λατίνου ὀνόματος 'bōs' καὶ τοῦ Ἑλληνικοῦ 'βοῦς'.

5. Ἐν ἐμοὶ ὁ πατὴρ κἀγὼ ἐν τῷ πατρί.[1] 6. Ὁ φιλῶν πατέρα ἢ μητέρα ὑπὲρ ἐμὲ οὐκ ἔστιν μου ἄξιος, καὶ ὁ φιλῶν υἱὸν ἢ θυγατέρα ὑπὲρ ἐμὲ οὐκ ἔστιν μου ἄξιος.[2] 7. Πάτερ ἡμῶν ὁ ἐν τοῖς οὐρανοῖς.[3] 8. Οὐχ ὁ τόπος τὸν ἄνδρα, ἀλλ' ὁ ἀνὴρ τὸν τόπον ἔντιμον ποιεῖ.

9. Ἀνδρὸς χαρακτὴρ ἐκ λόγου γνωρίζεται.[4] 10. Ἱστοὶ γυναικῶν ἔργα κοὐκ[5] ἐκκλησίαι.[4] 11. Γύναι, γυναιξὶν κόσμον ἡ σιγὴ φέρει.[4] (Σοφοκλῆς.)

Περὶ τῆς καλῆς Ἑλένης

Ἑλένη, ἡ Μενέλεω τοῦ Σπάρτης βασιλέως γυνή, Διὸς δὲ θυγάτηρ, τῷ κάλλει πῆμα ἐγένετο πολλοῖς ἀνδράσι καὶ γυναιξίν, πατράσι καὶ μητράσιν, υἱοῖς καὶ θυγατράσιν. Ἐπεὶ γὰρ τὴν πατρίδα καὶ Μενέλεων τὸν ἄνδρα κατέλιπε καὶ σὺν Πάριδι εἰς Τροίαν ἔφυγεν, πολὺς τῶν Ἀχαιῶν λεὼς εἰς Ἴλιον ἐστρατεύσατο Ἀγαμέμνονος, τοῦ Μενέλεω ἀδελφοῦ, ἡγουμένου. Τῶν δὲ Ἀχαιῶν καὶ Τρώων δέκα ἔτη ἀλλήλοις μαχομένων πολλοὶ ἥρωες καὶ ἀναρίθμητοι λεῴ γυναικὸς ἕνεκα ἐτελεύτησαν.

---

15. [2] nicht (μή). — [3] wie der = dem (Dativ). — [4] nicht. — [5] du. — [6] gebrauchten[+]. — [7] Partizip.

XVI. [1] Joh. 10, 38. — [2] Matth. 10, 37. — [3] Matth. 6, 9. — [4] Iambischer Trimeter. — [5] κοὐκ = καὶ οὐκ (Krasis).

Ἀλλ' ὅμως οἱ θεοὶ τῇ Διὸς θυγατρὶ ἵλεῳ ἦσαν. Ἐκπολιορκηθείσης γὰρ τῆς Τροίας, πορθηθέντων δὲ τῶν τῆς πόλεως τειχῶν καὶ οἴκων καὶ νεὼν Ἑλένη σὺν Μενέλεῳ ἔτι καὶ τότε φιλοῦντι τὴν καλὴν γυναῖκα οἴκαδε ἐπανῆλθεν.

16. Übung

1. Ab Iove principium.[1] 2. Andromache[2] sagte+ zu Hektor[3]: „Bleib, Gatte, bei deinem Weib und deinem Kind und kämpfe nicht mit den feindlichen Männern!" 3. Zeus vernichtete das Schiff des Odysseus[4] durch einen Seesturm[5], weil dessen Gefährten[6] die Rinder des Sonnengottes verschmaust hatten[7]. 4. Ihr habt gehört+, daß Homer Zeus den Vater der Menschen[8] und Götter nennt. 5. Bei den Athenern war es Pflicht° der Frau, das Haus zu hüten und die Töchter zu erziehen; die Erziehung der Söhne war Sache° des Vaters und der Lehrer. 6. Ehre Vater und Mutter, auf daß es[9] dir wohl ergehe[9] und du lange[10] lebest auf Erden!

XVII. Kapitel

1. Σχολαστικός τις, ἐπεὶ ἀδελφοὺς διδύμους εἶδεν, θαυμάζοντός τινος τὴν ὁμοιότητα αὐτῶν εἶπε τάδε· „Οὐχ οὕτως ὅμοιός ἐστιν οὗτος ἐκείνῳ ὡς ἐκεῖνος τούτῳ." 2. Ὃ βούλεται, τοῦθ'[1] ἕκαστος καὶ οἴεται. (Δημοσθένης.) 3. Ἃ πάσχοντες ὑφ' ἑτέρων ὀργίζεσθε, ταῦτα μὴ τοὺς ἄλλους ποιεῖτε. 4. Τίς οὐκ ἤκουσε τόδε τὸ Ἰησοῦ· „Ἡ ἐμὴ βασιλεία οὐκ ἔστιν ἐκ τοῦ κόσμου τούτου";[2] 5. Ὧι μέτρῳ μετρεῖτε, μετρηθήσεται ὑμῖν.[3] 6. Ὃς ἂν μὴ κολάζῃ τοὺς κακούς, βούλεται ἀδικεῖσθαι τοὺς ἀγαθούς. 7. Οἷος ὁ τρόπος, τοιοῦτος καὶ ὁ λόγος, οἷος δ' ὁ λόγος, τοιαῦται καὶ αἱ πράξεις. (Σωκράτης.) 8. Ὅσοι ἄνθρωποι, τοσαῦται γνῶμαι. 9. Γέρων τις ἐρωτησάντων τινῶν, τίνι ἂν τὸ γῆρας ὁμοιοῖτο, εἶπεν· „Τῷ χειμῶνι."

---

16. [1] Mit (Ἐκ) Zeus wollen wir beginnen! — [2] Ἀνδρομάχη, -ης. — [3] Ἕκτωρ, -ορος. — [4] Ὀδυσσεύς, -έως. — [5] Sturm. — [6] ὁ ἑταῖρος, -ου. — [7] gegessen h. (Imperfekt). — [8] Männer. — [9] du dich wohl befindest. — [10] viel Zeit.

XVII. [1] = τοῦτο. — [2] Joh. 18, 36. — [3] Matth. 7, 2.

Ἡρακλῆς ἀπορῶν

Ἡρακλῆς ἐκ παίδων εἰς ἥβην ὁρμώμενος, ἐν ᾗ οἱ νέοι ἤδη δηλοῦσιν, πότερον τῇ τῆς ἀρετῆς ὁδῷ χρήσονται ἢ τῇ τῆς κακίας, ἠπόρει, ποτέραν ὁδὸν αἱροῖτο[4]. Ἐν δὲ τούτῳ τῷ καιρῷ ἀπήντησεν αὐτῷ γυνή τις ἁβρά, ἐσθῆτα διαφανῆ ἔχουσα καὶ λαμπρῶς κεκοσμημένη, καὶ εἶπε τάδε˙ ,,Ἀπορεῖς, ὦ Ἡράκλεις, τίνι ὁδῷ χρήσῃ. Ἐὰν οὖν ἐμὲ φίλην ποιήσῃ, ἐφ᾽ ἡδεῖάν τινα καὶ ῥᾳδίαν ὁδὸν ἡγήσομαί σοι˙ οἳ γὰρ ἂν ἐμοὶ ἕπωνται, πασῶν μὲν τῶν ἡδονῶν μετέχουσιν, πάντων δὲ τῶν πόνων ἀεὶ ἄπειροί εἰσιν. Ἐμοὶ οὖν ἀκολουθῶν τούτοις ἀπόνως χρήσῃ, οἷς ἂν οἱ ἄλλοι πολλῷ πόνῳ κτήσωνται.“ Καὶ ὁ Ἡρακλῆς ἀκούσας ταῦτα˙ ,,Ὦ γύναι,“ ἔφη, ,,ὄνομα δέ σοι τί ἐστιν;“ Ἡ δέ˙ ,,Οἱ μὲν ἐμοὶ φίλοι καλοῦσί με Εὐδαιμονίαν, οἱ δὲ μισοῦντές με Κακίαν.“

Μετὰ δὲ ταῦτα ἑτέρα γυνὴ ἧκεν εὐπρεπὴς καὶ κοσμία καὶ σώφρων καὶ εἶπεν αὐτῷ τάδε˙ ,,Οὐκ ἀπατήσω σε, ὦ νεανία, ὥσπερ αὕτη καλοῖς λόγοις ἡδονάς σοι ὑπισχνουμένη˙ ἄνευ γὰρ πόνων τὰ ἀγαθὰ οἱ θεοὶ οὐ δωροῦνται ἀνθρώποις. Ἀλλὰ τόδε μόνον σκόπει˙ ὃς ἂν τῇ Ἀρετῇ ἕπηται, τὴν ἀληθῆ κτήσεται εὐδαιμονίαν.“

Τούτους δὲ τοὺς λόγους ἀκούσας ὁ Ἡρακλῆς οὐκέτι ἀπορῶν τῇ Ἀρετῇ ἠκολούθησε καὶ ἐνέμενεν αὐτῇ μέχρι τοῦ θανάτου.

17. Übung

1. Ein[1] zerstreuter Gelehrter begegnete[+] einem[1] Freunde, der ihm folgendes sagte[+]: ,,Der Sklave[2], den du mir verkauftest[3], ist gestorben.“ Darauf[4] sagte[+] jener: ,,Bei den Göttern, als der[5] Mensch bei mir war, hat er so[6] etwas[6] nicht angestellt[7].“ 2. Wir wußten nicht, was wir tun sollten, ob wir diesen oder jenen Weg wählen sollten. 3. Berühmt ist folgender[8] Vers[8] des Dichters Menander: ,,Wen die Götter lieben, der stirbt jung.“ 4. In griechischen Gesetzen stehen[9] oft folgende Worte: ,,Wer[x] etwas hievon[10] tut, soll mit dem Tode bestraft werden.“ 5. So viele und so[11]

XVII. [4] Stellvertretender Optativ (optativus obliquus) nach erzählender Zeit statt des Konjunktivs in zweifelnder Frage; direkt ποτέραν ὁδὸν αἱρῶμαι; (. . soll ich wählen?).

17. [1] Pronomen. — [2] ὁ δοῦλος, -ου. — [3] πωλέω[+]. — [4] Auf (πρός beim Akk.) dieses. — [5] dieser. — [6] so beschaffenes. — [7] getan[+]. — [8] folgendes. — [9] sind. — [10] von diesem. — [11] so beschaffene.

schöne[11] Verse wie bei Homer finden[12] sich[12] wohl nicht in einer anderen Dichtung.

XVIII. Kapitel

1. Οὐ παντὸς ἀνδρὸς εἰς Κόρινθον[1] ἔσθ' ὁ πλοῦς.[2] 2. Ἁπλᾶ, φίλ'[3], ἐστὶ τῆς ἀληθείας ἔπη[2]. 3. Ὅστις ἂν πεινῇ, οὐ καλῶς ᾄδει. 4. Ὅ τι (Ἅττα) ἂν νεμεσᾷς τῷ πλησίον, αὐτὸς μὴ ποίει. 5. Σπαρτιάτης τις εἶπε τοὺς Λακεδαιμονίους οὐκ ἐρωτᾶν, πόσοι (ὁπόσοι), ἀλλὰ ποῦ εἰσιν (ὅπου εἰσὶν) οἱ πολέμιοι. 6. Ὁπόσα φάρμακα οὐκ ἰᾶται, σίδηρος ἰᾶται, ὅσα σίδηρος οὐκ ἰᾶται, πῦρ ἰᾶται, ὅσα δὲ πῦρ οὐκ ἰᾶται, ταῦτα χρὴ νομίζειν ἀνίατα. (Ἱπποκράτης.)[4] 7. Σοφός τις ἐρωτηθείς, ποῖος (ὁποῖος) ἄνθρωπος πλούσιός ἐστιν, εἶπεν· „Ὁ αὐτάρκης."

8. Ἐνενικήκει Φίλιππος (Ἐνενικήκεσαν οἱ Μακεδόνες), ἐπέπαυτο δ' ὁ πόλεμος.

Ὁ ξυλευόμενος καὶ Ἑρμῆς

Ἄνθρωπός τις πένης ξυλευόμενος, ἣν μόνην ἐκέκτητο χαλκῆν ἀξίνην, ἐν ποταμῷ τινι ἀπέβαλεν. Σφόδρα δὲ θρηνοῦντος αὐτοῦ Ἑρμῆς τοῦ τοῦ ἀνδρὸς νοῦ πειρᾶσθαι βουλόμενος χρυσοῦν πέλεκυν ἐκ τοῦ ποταμοῦ ἀναφέρει καὶ ἐρωτᾷ, εἰ τοῦτον ἀπέβαλεν. Ἀρνουμένου δ' ἐκείνου ἀργυρᾶν ἀξίνην αὐτῷ ἀναφέρει, τέλος δὲ τὴν χαλκῆν. Καὶ ἐπεὶ ὁ χρηστὸς ἀνήρ, ὁπόθ'[5] ὑφ' Ἑρμοῦ ἐρωτῷτο, ἠλήθευεν, ἁπάσας ἐδωρήσατο αὐτῷ ὁ εὔνους θεός.

Ἤκουσε δὲ περὶ τούτων γείτων τις φθονερός, ὃς ἀεὶ ἐπεθύμει, ὅτου ἄλλος ἔχοι· καὶ ῥίπτει σιδηρᾶν ἀξίνην εἰς τὸν ποταμόν. Ἑρμοῦ δ' αὖθις χρυσῆν ἀναφέροντος καὶ ταὐτὸν ἐρωτῶντος ἐκεῖνος· „Ναί," ἔφη, „ἀληθῶς ἥδ' ἐστίν." Ἀλλ' οὐκ ἐνενοήκει ὁ μῶρος, ὅτι ἀδύνατόν ἐστι τοὺς θεοὺς ἀπατᾶν· καὶ ἐζημιώθη ὁ ψεύστης Ἑρμοῦ ἀμφοτέρους τοὺς πελέκεις κατέχοντος.

---

17. [12] werden .. gefunden.

XVIII. [1] Die reiche Stadt Korinth galt im Altertum als hervorragende Sehenswürdigkeit. — [2] Iambischer Trimeter. — Siehe auch **III** 4, **IV** 5, **VI** 1. — [3] = φίλε. — [4] Die lateinische Übersetzung dieses Spruchs ist das Leitwort von Schillers „Räubern". — [5] = ὁπότε.

18. Übung

1. Die Dichter erzählen, daß die Menschen des goldenen Geschlechts sehr glücklich waren; denn mühelos schenkte ihnen die Erde alle[1] Gaben[1], es gab noch keine[2] Schiffahrt und keinen[2] Krieg, da die Menschen schlicht und einander wohlgesinnt waren und noch nicht mit ehernen oder eisernen Waffen[3] miteinander kämpften. 2. Priamos[4] war bei[5] seinem Volk wie ein gütiger Vater geehrt; denn alles, was er tat, war wohl getan. 3. Sag mir, welches[6] Sprichwort wir über Athena gehört haben! 4. Jeder, der[x] andere beherrschen will, muß vorher sich selbst beherrschen. 5. Was[7] du nicht willst, daß man dir tu[7], das füg[8] auch keinem[9] anderen zu[8]!

XIX. Kapitel

Γνῶμαι καὶ παροιμίαι

1. Οὐ προσήκει τὸν ἄρχοντα πονηρότερον εἶναι τῶν ἀρχομένων.[1] 2. Σοφὸς Σοφοκλῆς, σοφώτερος δ' Εὐριπίδης, | ἀνδρῶν δὲ πάντων Σωκράτης σοφώτατος.[2] 3. Ὤτων πιστότεροι ὀφθαλμοί. 4. Πρεσβύτερον σέβου. 5. Βίου πονηροῦ θάνατος εὐκλεέστερος.[3] 6. Ἡ μεσότης ἐν πᾶσιν ἀσφαλεστάτη. 7. Ὁ ἀδικῶν τοῦ ἀδικουμένου κακοδαιμονέστερος. (Δημόκριτος.) 8. Παροιμίαι· Δειλότερος τῶν λαγῳῶν. — Μωρότερος προβάτου. — Λευκότερον χιόνος. — Μελάντερον πίσσης. — Γλυκύτερον μέλιτος.

9. Τὸ εὖ ποιεῖν[4] ἥδιόν ἐστι τοῦ εὖ πάσχειν. (Ἐπίκουρος.) 10. Ἥδιστον ἀκρόαμα ἔπαινος. 11. Κάλλιστόν ἐστι κτῆμα παιδεία βροτοῖς.[3] (Μένανδρος.) 12. Ταχὺς ὁ ἵππος, θάττων δ' ὁ ἄνεμος, τάχιστος δ' ὁ νοῦς. 13. Αἴσχιστον τὸ ψεῦδος. 14. Νῦν μένει πίστις, ἐλπίς, ἀγάπη, τὰ τρία[5] ταῦτα· μείζων[6] δὲ τούτων ἡ ἀγάπη.[7] 15. Ῥᾷον μωμᾶσθαι ἢ μιμεῖσθαι.

---

18. [1] alles. — [2] nicht. — [3] τὰ ὅπλα, -ων. — [4] Πρίαμος, -ου. — [5] von. — [6] Zwei Pronomina. — [7] Alles, was[x] du nicht erleiden willst. — [8] tu. — [9] nicht einem.

XIX. [1] τῶν ἀρχομένων = ἢ τοὺς ἀρχομένους. — [2] Zwei iambische Trimeter. Angeblich ein Ausspruch des Delphischen Orakels. — [3] Iambischer Trimeter. — [4] εὖ ποιέω ich tue Gutes. — [5] = tria. — [6] μείζων im Sinne von μεγίστη. — [7] Paulus, 1. Korintherbrief 31, 13.

16. Συμβούλευε μὴ τὰ ἥδιστα, ἀλλὰ τὰ βέλτιστα. 17. Ἀεὶ τὰ πέρυσι βελτίω.[8] 18. Συγγνώμη τιμωρίας ἀμείνων (κρείττων). 19. Ἄριστον μέτρον. 20. Ἀεὶ κράτιστόν ἐστι τἀληθῆ λέγειν.[3] 21. Τὸν ἥττω λόγον κρείττω ποιεῖν. (Τῶν σοφιστῶν ἐπιτήδευμα.) 22. Κάκιον τὸ ἀδικεῖν ἢ τὸ ἀδικεῖσθαι. (Πλάτων.) 23. Ἐσθλῶν κακίους ἐνίοτ᾽[9] εὐτυχέστεροι.[3] (Εὐριπίδης.) 24. Ἡ δὲ κακὴ βουλὴ τῷ βουλεύσαντι κακίστη.[10] (Ἡσίοδος.) 25. Χαλεπὸν ἄρχεσθαι ὑπὸ χείρονος. 26. Ὅμοιος ὁ βίος θεάτρῳ· διὸ πολλάκις οἱ χείριστοι τὸν κάλλιστον ἐν αὐτῷ κατέχουσι τόπον. 27. Τῶν πλεόνων ἡ ψῆφος νικᾷ. 28. Ὁ πλεῖστα πράττων πλεῖσθ᾽ ἁμαρτάνει βροτῶν.[3] (Εὐριπίδης.) 29. Ἐλάττω κακὰ πάσχουσιν οἱ ἄνθρωποι ἐνίοτε ὑπὸ τῶν ἐχθρῶν ἢ ὑπὸ τῶν φίλων. 30. Ὁ πιστὸς ἐν ἐλαχίστῳ καὶ ἐν πολλῷ πιστός ἐστιν.[11]

31. Ὀξύτερον (Ἄμεινον) οἱ γείτονες βλέπουσι τῶν ἀλωπέκων. 32. Μετὰ τὴν δόσιν τάχιστα γηράσκει χάρις.[3] 33. Τοῖς βασιλεῦσιν ἢ ὡς ἥκιστα ἢ ὡς ἥδιστα συνεῖναι χρή. (Αἴσωπος.) 34. Πειθαρχεῖν δεῖ θεῷ μᾶλλον ἢ ἀνθρώποις.[12]

19. Übung

1. In alten Zeiten nannte man[1] die Mächtigsten in den griechischen Staaten „die Besten“; aber die Mächtigeren waren oft nicht besser, sondern weit[2] schlechter als ihre geringeren Mitbürger. 2. Die meisten hielten Kroisos für den reichsten und glücklichsten aller Könige. 3. Die Mehrzahl[3] der Menschen erkennt die Fehler anderer viel leichter und besser als ihre eigenen. 4. Ein altes Sprichwort sagt: „Wer langsamer geht, geht schneller.“[4] 5. Was gibt es Schöneres und Süßeres als die Heimat? 6. Alle wollen möglichst glücklich sein. 7. Wer das Kleine[3] nicht ehrt, ist des Großen[3] nicht wert. 8. Das Leben ist der Güter höchstes[5] nicht.

XIX. [8] Dies sagt ein laudator temporis acti. — [9] = ἐνίοτε. — [10] Daktylischer Hexameter (–́ ⏕ | –́ ⏕ | –́ ⏕ | –́ ⏕ | –́ ⏑ ⏑ | –́ ⏓). — [11] Lukas 16, 10. — [12] Apostelgeschichte 5, 29.

19. [1] Passiv. — [2] = viel (Akk. oder Dativ Neutr. Sing.). — [3] Komparativ. — [4] Vgl. italienisch: Chi va piano, va sano e va lontano. — [5] größtes.

XX. Kapitel

1. Εἷς ἀνὴρ οὐδεὶς ἀνήρ. 2. Εἷς ἐμοὶ μύριοι. 3. Μία χελιδὼν ἔαρ οὐ ποιεῖ. 4. Πέτρος ὁ ἀπόστολος λέγει μίαν ἡμέραν παρὰ κυρίῳ εἶναι ὡς χίλια ἔτη καὶ χίλια ἔτη ὡς ἡμέραν μίαν.[1] 5. Ἐγὼ οὐδεμίαν εὑρίσκω ἐν αὐτῷ αἰτίαν.[2] 6. Ὁ μηδὲν[3] ἀδικῶν οὐδενὸς δεῖται νόμου.[4] 7. Φίλος ἐστὶν μία ψυχὴ ἐν δυοῖν σώμασιν (σωμάτοιν). 8. Ἡ δραχμὴ ἦν ἐξ ὀβολῶν[5], ἡ δὲ μνᾶ ἑκατὸν δραχμῶν, τὸ δὲ τάλαντον ἑξήκοντα μνῶν. 9. Ὁ τῶν Ἀθηναίων ἐνιαυτὸς ἦν δώδεκα μηνῶν ἢ τριακοσίων πεντήκοντα τεττάρων ἡμερῶν· ἦν οὖν ὁ μὴν εἴκοσιν ἐννέα ἢ τριάκοντα ἡμερῶν. 10. Σωκράτης ἀπέθανεν ἑβδομήκοντα ἔτη γεγονὼς[6] τῷ δευτέρῳ ἔτει τῆς ἐνενηκοστῆς πέμπτης ὀλυμπιάδος, Ἀλέξανδρος δ' ὁ μέγας τριάκοντα τρία ἔτη γεγονὼς τῷ δευτέρῳ ἔτει τῆς ἑκατοστῆς τετάρτης καὶ δεκάτης ὀλυμπιάδος. 11. Τὰ δὶς τέτταρά ἐστιν ὀκτώ· πόσα ἐστὶ τὰ τρὶς πέντε, πόσα τὰ πεντάκις ἑπτά; 12. Τὰ τετράκις πεντακισχίλιά ἐστι δισμύρια. 13. Δὶς καὶ τρὶς τὸ καλόν, τὸ δὲ κακὸν μηδὲ ἅπαξ.

Ἀποφθέγματα καὶ γελοῖοι λόγοι

Σοφός τις πρὸς τὸν πλείω λαλεῖν θέλοντα ἢ ἀκούειν· „Ὦ λῷστε," ἔφη, „γλῶτταν μίαν, δύο δὲ ὦτα (ὦτε) ἔχομεν, ἵνα διπλάσια, ὧν λέγομεν, ἀκούωμεν."

Θαλῆς ὁ φιλόσοφος ἔλεγεν· „Τριῶν ἕνεκα χάριν ἔχω τῇ τύχῃ· πρῶτον μέν, ὅτι ἄνθρωπος ἐγενόμην καὶ οὐ θηρίον, δεύτερον δ', ὅτι ἀνὴρ καὶ οὐ γυνή, τρίτον δ', ὅτι Ἕλλην καὶ οὐ βάρβαρος."

Σχολαστικῷ ἀποδημῆσαι μέλλοντι φίλος τις εἶπεν· „Δέομαί σου δύο παῖδε[7] ὠνεῖσθαί μοι, ἑκάτερον πεντεκαίδεκα ἐτῶν." Ὁ δ' εἶπεν· „Ἐὰν τοιούτω μὴ εὑρίσκω, ὠνήσομαί σοι ἕνα τριάκοντα ἐτῶν."

Σχολαστικὼ δύο ὁμοῦ ἐβαδιζέτην καὶ ἀλλήλοιν διελεγέσθην. Ὁρώντοιν δ' αὐτοῖν μέλαιναν ὄρνιν ὁ ἕτερος εἶπεν· „Ἴσως ταύτης ὁ ἀλεκτρυὼν[8] ἀπέθανεν."

XX. [1] 2. Petrusbrief 3, 8. — [2] Pontius Pilatus bei Joh. 18, 38. — [3] Das Partizip vertritt einen Kondizionalsatz (εἴ τις μηδὲν ἀδικεῖ); daher wird es durch μή verneint. — [4] Iambischer Trimeter. — [5] war von 6 Obolen, hatte 6 O. (genetivus qualitatis). — [6] γεγονώς (Partiz. Perf. von γίγνομαι) hier: geworden = aufgewachsen (wie natus): alt. — [7] παῖς hier: Bursche, junger Sklave. — [8] Hier: das Männchen.

20. Übung

1. Niemand ist gut außer[1] Gott allein[2]. 2. Du sollst[3] nur° einen Gott verehren. 3. Eines Mannes Rede ist keines Mannes Rede. 4. Griechische[4] Philosophen lehrten, daß aus nichts nichts entstehe. 5. In manchen Ländern haben die Männer nicht eine, sondern mehrere Frauen. 6. Da* sich keine[5] Hoffnung auf[6] Sieg mehr zeigte, wurde der Friede geschlossen. 7. Cäsar[7] wollte lieber[8] in einem Alpendorf[9] der erste sein als in Rom der zweite. 8. $2 \times 2 = 4$, $3 \times 3 = 9$, $10 \times 10 = 100$. — Wieviel ist 10×1000?

XXI. Kapitel

1. Εἰ ἐμὲ ἐδίωξαν, καὶ ὑμᾶς διώξουσιν.[1] 2. Ἐχθρὸν ἄνδρα ῥᾷον φυλάξασθαι ἢ φίλον. 3. Θουκυδίδης Ἀθηναῖος συνέγραψε τὸν πόλεμον τῶν Πελοποννησίων καὶ Ἀθηναίων. 4. Οὐ κλέψεις.[2] 5. Πείσομαι θεῷ μᾶλλον ἢ ὑμῖν, ὦ ἄνδρες Ἀθηναῖοι. (Σωκράτης.) 6. Γύμναζε παῖδας· ἄνδρας οὐ γὰρ γυμνάσεις.[3] 7. Ἣν σὺ κακῶς δικάσῃς, σὲ θεὸς δικάσει μετέπειτα.[4]

8. Ἐπεὶ ὁ στρατὸς ὁ ὑπὸ Κύρου συλλεχθεὶς (ἀθροισθεὶς) ἐπείσθη πρὸς βασιλέα στρατεύεσθαι, οὐδὲ Ξενοφῶν ἐλείφθη, ἀλλὰ τοῖς ἄλλοις συνεστρατεύσατο. 9. Ὅπου τὸ σῶμα, ἐκεῖ καὶ οἱ ἀετοὶ συναχθήσονται.[5]

10. Ἐνενομίκεσαν οἱ στρατηγοὶ τὸν πόλεμον ὡς ἄριστα παρεσκευακέναι. 11. Οὔπω πάντες ἐκ τῆς ξένης ἀνακεχωρήκασιν οἱ ἡμῖν συνεστρατευμένοι. 12. Τὸ ἐν Δελφοῖς Ἀπόλλωνος ἱερὸν κύκλῳ ὑψηλοτάτοις ὄρεσι περιεστεφάνωτο. 13. Πολλοὶ τῶν Ἑλλήνων σοφοὶ τὰ μετέωρα καὶ τὰ ὑπὸ γῆς ἀνεζητήκασιν. 14. Ἀεὶ τὰ σεμνὰ πάντα κέκτηται φθόνον.[3] 15. Ὁ ἐμὸς καιρὸς οὔπω πεπλήρωται.[6] 16. Τίς οὐ τεθαύμακεν, ὅτι οἱ Ἀθηναῖοι Σωκράτην ἀσεβείας ἐγράψαντο καὶ θάνατον

---

20. [1] wenn nicht (vgl. nemo—nisi). — [2] unus. — [3] wirst. — [4] Substantiv. — [5] keine betont = nullus, sonst = non: entsprechend im Griechischen. — [6] Genetiv. — [7] Καῖσαρ, -αρος. — [8] mehr. — [9] Dorf (ἡ κώμη, -ης) der Alpen (αἱ Ἄλπεις, -εων).

XXI. [1] Joh. 15, 20 (Futur auch διώξομαι M.). — [2] Exodus 20, 13 (Futur häufiger κλέψομαι M.). — [3] Iambischer Trimeter. — [4] Daktylischer Hexameter. — [5] Nach Lukas 17, 37. — [6] Joh. 7, 8.

αὐτοῦ κατεψηφίσαντο, ὃς οὐδὲν ἀσεβὲς ἠργάσατο; 17. Αὐτὸς ὁ πατὴρ φιλεῖ ὑμᾶς, ὅτι ὑμεῖς ἐμὲ πεφιλήκατε.[7] 18. Ὅτι ἑόρακάς με, πεπίστευκας.[8] 19. Τί ἑωρᾶτε εἰς τὴν Ἑλλάδα πλέοντες;

20. Σωκράτης ἀεὶ πολλοὺς νέους περὶ ἑαυτὸν εἶχεν, οἳ ἑκόντες αὐτῷ εἵποντο· παρεῖχε γὰρ ἑαυτὸν τῷ βουλομένῳ ἐρωτᾶν[9] καὶ ἀποκρίνεσθαι[9]· καὶ οὐδένα εἴα ἁμαρτάνειν, ἀλλὰ πάντας εἴθιζε τἀληθὲς καὶ τἀγαθὸν οὐ μόνον γιγνώσκειν, ἀλλὰ καὶ πράττειν.

Περὶ λύκου ἀπάτης

Λύκος πεινῶν τροφὴν ἑαυτῷ ἁρπάσαι ἐβούλετο. Ὅτε δ' ἦλθε πρός τινα σταθμόν, ἤκουσε γραὸς τῷ τέκνῳ κλαίοντι λεξάσης, ὡς, εἰ[10] μὴ λήξειε[10] κλαῖον, τῷ λύκῳ αὐτὸ προσρίψοι. Ὁ δὲ λύκος ἐλπίσας τὴν γραῦν πράξειν, ἃ ἔλεξεν, πᾶσαν τὴν ἡμέραν ἔμενεν. Ἑσπέρας δὲ γιγνομένης ὡς ἑώρα, ὅτι οὐκ ἐπράχθη, ἃ ἡ γραῦς ἔλεξεν, τῆς ἐλπίδος ψευσθεὶς ἀπηλλάχθη λέγων· „Ἐνταῦθα οἱ ἄνθρωποι ἄλλα μὲν λέγουσιν, ἄλλα δὲ πράττουσιν."

Εὐήθης πρόφασις

Σχολαστικῷ ἑταῖρος ἀποδημῶν ἔγραψε βιβλία αὐτῷ ἀγοράσαι. Ὁ δὲ ταῦτα οὐ πράξας ἐπεὶ ἐκεῖνον ἀνακεχωρηκότα ἔβλεψεν, εἶπεν αὐτῷ· „Ἣν περὶ τῶν βιβλίων ἔπεμψάς μοι ἐπιστολήν, οὐκ ἐδεξάμην."

Φιλαργύρου διαθήκη

Φιλάργυρος διαθήκην γράφων ἑαυτὸν κληρονόμον ἔταξεν.

21. Übung

1. Gott beschütze+ mich vor meinen Freunden; vor meinen Feinden werde ich mich schon° selbst beschützen. 2. Viele Athener haben sich sehr darüber° gewundert, daß die Ankläger[1] die athenischen Richter überzeugten[2], daß Sokrates nicht an[3] die Götter glaube und die Jugend verderbe. 3. Persephone[4] wurde von Hades,

---

XXI. [7] Joh. 16, 27. — [8] Joh. 20, 29. — [9] zu Frage und Antwort. — [10] εἰ mit stellvertretendem Optativ in der Erzählung für ἐὰν μὴ λήξῃ.

21. [1] Verb+. — [2] Von nun an wird nicht mehr angegeben, wann das deutsche Präteritum durch den Aorist wiederzugeben ist. — [3] Bloßer Akk. (glauben νομίζειν). — [4] Περσεφόνη, -ης.

der* ihre Schönheit bewunderte, geraubt und in sein Reich geführt. 4. Wir haben alles aufs beste für[5] deine Reise vorbereitet; möge es dir wohl ergehen[6]! 5. Hast du den Brief erhalten+, den ich dir aus Athen schrieb? — Nein[7]. 6. Erwerben+ ist oft leichter als besitzen. 7. Wer[x] die Schlechten nicht bestraft+, wird den Guten schaden. 8. Gott hat noch niemand gesehen[8].

XXII. Kapitel

1. Ἆρ' οὐ διαπέπραξαι (διαπέπραχθε) τὰ ὑπ' ἐμοῦ ἐπιτεταγμένα; — Πάντα διαπέπραγμαι (διαπεπράγμεθα). 2. Τετάρακται ἡ θάλαττα δεινοῖς χειμῶσιν· οὔπω δὲ κατῆχθαι ἡγοῦμαι τὴν ναῦν εἰς τὸν λιμένα. 3. Ἆρα πάντα ἔσκεψαι (ἔσκεφθε), ἃ δεῖ σκοπεῖν πρὸ τοσούτου ἔργου; — Ἔσκεμμαι (Ἐσκέμμεθα)· ἀνερρίφθω κύβος.[1] 4. Ἀθήνησιν πρὸς τῷ Διπύλῳ ἐν δημοσίοις τάφοις τεθαμμένοι ἦσαν (ἐτετάφατο), οἳ ἐν τοῖς πολέμοις ὑπὲρ τῆς πατρίδος ἀπέθανον· ἐνεγέγραπτο δ' ἐν τοῖς μνήμασι καὶ τὰ ὀνόματα αὐτῶν καὶ οὕτω ἡ πολλῶν ἀνδρείων στρατιωτῶν μνήμη καταλέλειπται. 5. Ἐν τοῖς Μηδικοῖς οἱ Ἕλληνες ἄξιοι ἐγένοντο τῆς ἐλευθερίας, ἐν ᾗ τεθραμμένοι ἦσαν (ἐτετράφατο)· τῶν οὖν Περσῶν εἰς φυγὴν τετραμμένων ἡ Ἑλλὰς οὐ κατέστραπται, ἀλλὰ τὴν ἐλευθερίαν σέσῳσται. 6. Πέπεισο (Πέπεισθε), ὡς οὐκ ἔστι σὸν (ὑμέτερον) κτῆμα, ὅπερ μὴ[2] ἐντὸς διανοίας ἔχεις (ἔχετε). 7. Δημοσθένης ἐπέπειστο τοὺς Ἀθηναίους ἠναγκάσθαι Φιλίππῳ πολεμεῖν καὶ τὴν πόλιν πρὸς τὸν πόλεμον ἱκανῶς παρεσκευάσθαι (ὡς οἱ Ἀθηναῖοι ἠναγκασμένοι εἶεν . . καὶ ἡ πόλις . . παρεσκευασμένη εἴη). 8. Τὸν καλὸν ἀγῶνα ἠγώνισμαι.[3]

Στρατηγικὸς λόγος

Στρατηγός τις τῶν Ἀθηναίων τὸ στράτευμα οὕτως ἔλεγε δεῖν συντετάχθαι ὡς ἓν σῶμα, θώρακα μὲν ἔχον τὴν τῶν ὁπλιτῶν φάλαγγα, χεῖρας δὲ τοὺς ψιλούς, πόδας δὲ τοὺς ἱππέας, κεφαλὴν δὲ τὸν στρατηγόν.

---

21. [5] εἰς. — [6] εὖ πράττω+. — [7] Ich habe ihn ° nicht erhalten+. — [8] θεάομαι (1. Johannesbrief 4, 12) und ὁράω.

XXII. [1] Die Urform des berühmten „Alea iacta est!" ist ein Spruch Menanders. — [2] Kondizionaler Relativsatz; daher μή. — [3] Paulus, 2. Timotheusbrief 4, 7.

Λακωνικὰ ἀποφθέγματα

Ἀγησίλαος, ὁ τῶν Σπαρτιατῶν βασιλεύς, ἀποθνήσκων τοὺς φίλους ἐκέλευσε μὴ ἀνδριάντα ἑαυτοῦ ποιήσασθαι· εἰ γάρ τι καλὸν ἔργον εἴργασται (εἰργασμένος εἴη), τοῦτο μνημεῖον εἶναι, εἰ δὲ μή, οὐδὲ πάντας τοὺς ἀνδριάντας.

Λάκων τις ἐρωτηθείς, διὰ τί ἡ Σπάρτη οὐ τετείχισται· „Οἱ ἄνδρες,“ ἔφη, „εἰσὶν Σπάρτης τείχη.“

Λάκων τις θεασάμενος ἐν πίνακι γεγραμμένῳ τοὺς Λακεδαιμονίους ὑπὸ τῶν Ἀθηναίων νικωμένους· „Ἀνδρεῖοί γε οἱ Ἀθηναῖοι,“ ἔφη, „ἐν τῷ πίνακι.“

22. Übung

1. Die Athener haben in den Perserkriegen die herrlichsten Taten vollbracht und* hiedurch° sich und ganz Griechenland die Freiheit gerettet[1]. 2. Von allen Gefahren befreit[2], ist unser Schiff glücklich in den Hafen eingelaufen; wir sind überzeugt, alles, was uns aufgetragen war, gut durchgeführt zu haben. 3. Von den besten Freunden getäuscht[3], geschädigt oder verlassen worden zu sein, ist hart. 4. Athen ist nach einem ruhmvollen Entscheidungskampf[4] bei Chaironeia[5] dem Makedonierkönig unterlegen.[6] 5. Ehren wir die Gräber, in denen die Männer bestattet sind, die für das Vaterland gestorben sind! 6. Kyros sagte zu den Griechen: „Zeiget[7] euch[7] würdig der Freiheit, in der ihr aufgezogen seid!“

XXIII. Kapitel

1. Θάρρει· φανοῦμέν σοι σωτηρίας ὁδὸν καί σοι ἀμυνοῦμεν. 2. Πότε ἀποκρινεῖσθε καὶ γνώμην ἀποφανεῖσθε; 3. Ἀποστελῶ εἰς αὐτοὺς προφήτας καὶ ἀποστόλους καὶ αὐτοὺς ἀποκτενοῦσιν.[1] 4. Ἀεὶ

---

22. [1] Medium. — [2] ἀπαλλάττομαί τινος (Partiz. Perf.). — [3] getäuscht oder gesch. — [4] Verb (Partiz. Perf.). — [5] Χαιρώνεια, -ας. — [6] von dem Makedonierkönig unterworfen worden. — [7] Werdet.

XXIII. [1] Nach Lukas 11, 49.

λέγων τἀληθὲς οὐ σφαλεῖ ποτε.[2] 5. Ὅρκος ἦν τῶν Ἀθηναίων δικαστῶν ἀεὶ κατὰ τοὺς νόμους ψηφιεῖσθαι[3]. 6. Πολλάκις ἤδη ἡ τύχη ἔφηνεν, ὅτι ἀβέβαιός ἐστι τοὺς εὐτυχεῖς σφήλασα καὶ διαφθείρασα. 7. Θερίζεις, ὃ οὐκ ἔσπειρας.[4] 8. Ἐπὶ ἐσπαρμένοις σπείρεις. (Παροιμία.) 9. Ἆρον τὸ βέβλαμμαι, ἦρται ἡ βλάβη. (Μᾶρκος Αὐρήλιος.) 10. Μὴ κρίνετε, ἵνα μὴ κριθῆτε.[5] 11. Μεῖνον μεθ' ἡμῶν, ὅτι πρὸς ἑσπέραν ἐστὶ καὶ κέκλικεν ἤδη ἡ ἡμέρα.[6] 12. Χαλᾶν δεῖ τὸ τόξον ἄγαν ταθέν (τεταμένον).

Περὶ τῆς τοῦ Πελοποννησιακοῦ πολέμου τελευτῆς

Ἀγγελθείσης Ἀθήνησιν τῆς ἥττης τῆς ἐν τῇ ἐν Αἰγὸς ποταμοῖς ναυμαχίᾳ, ᾗ τὸ τῶν Ἀθηναίων ναυτικὸν διέφθαρτο, πᾶσα ἡ πόλις τὴν δεινοτάτην συμφορὰν πρῶτον μὲν ᾤκτιρεν, ἔπειτα δ' οἱ πολῖται ἔκριναν τοὺς πολεμίους ἀμύνασθαι. Ἐπεὶ δὲ πολιορκούμενοι κατὰ γῆν καὶ κατὰ θάλατταν ἐν μεγίστῃ ἦσαν ἀπορίᾳ, πρέσβεις πρὸς τοὺς Λακεδαιμονίους περὶ τῆς εἰρήνης ἀπέστειλαν. Τούτων δ' οὐδὲν περανάντων οἱ Ἀθηναῖοι ἠθύμησαν οἰόμενοι τοὺς πολεμίους διαφθερεῖν μέλλειν τὴν πόλιν καὶ τοὺς πολίτας ἀνδραποδιεῖν.

Τέλος δὲ Θηραμένην, ἕνα τῶν ὀλίγων, πρεσβευτὴν αὐτοκράτορα εἰς Σπάρτην ἐψηφίσαντο ἀποστεῖλαι ἐπαγγειλάμενον τὴν εἰρήνην ποιήσειν. Ἐπεὶ δ' ἐπανῆλθεν, ἐν τῇ ἐκκλησίᾳ ἀπήγγειλεν ἑτοίμους εἶναι τοὺς Λακεδαιμονίους σπείσασθαι[7] τοῖς Ἀθηναίοις ἐπὶ τῷ τούτους τὰ μακρὰ τείχη καὶ τὸν Πειραιᾶ καθαιρεῖν καὶ ναυτικὸν μὴ ἔχειν πλὴν δώδεκα ναῦς καὶ ἕπεσθαι Λακεδαιμονίοις, ὅποι ἂν παραγγείλωσιν. Καὶ ἀπεφήνατο τὴν γνώμην, ὡς χρὴ δέχεσθαι τὴν εἰρήνην.

Ἐπεὶ δ' ὁ δῆμος ταῦτα ἐψηφίσατο, τὰ τείχη κατεσκάπτετο ὑπ' αὐλητρίδων· οἱ δ' Ἕλληνες ἐνόμιζον ἐσφαλμένων τῶν Ἀθηνῶν ἐκείνην τὴν ἡμέραν τῇ Ἑλλάδι ἄρχειν[8] τῆς ἐλευθερίας.

23. Übung

1. Eine furchtbare Nachricht haben die Boten gebracht[1], die die Feldherren in die Stadt sandten: Unser Heer und unsere Flotte ist vernichtet, die Macht Athens[2] gestürzt. 2. Manche Athener

---

XXIII. [2] Iambischer Trimeter. — [3] Infinitiv des Futurs wie nach iurare. — [4] Lukas 19, 21. — [5] Matth. 7, 1. — [6] Lukas 24, 29. — [7] Aor. von σπένδομαι. — [8] Hier = ἀρχὴν εἶναι.

23. [1] Furchtbares haben .. gemeldet (Aorist und Perfekt). — [2] der Athener.

waren überzeugt, daß Sokrates die Jugend verdorben und* dadurch° den Sturz[3] von Athen verschuldet habe[3]. 3. Priamos sagte zu Achill: „Viele meiner Söhne haben die Achaier getötet+; jetzt aber hast du mir den besten getötet+, der allein seine Vaterstadt verteidigte.“ 4. Du versprachst, uns zu helfen; warum hast du uns nicht geholfen+? Antworte+! 5. Werx seine Meinung aussprechen+ will, erhebe+ die Hand! 6. Den Freiern[4] wurde von Penelope[5] die Aufgabe[6] gestellt[6], des Odysseus Bogen zu spannen+, der lange Zeit nicht gespannt worden war[7]. 7. Säe+ Gutes und du wirst Gutes ernten.

XXIV. Kapitel

1. Οἱ παῖδες οὐ μόνον παιδευτοί εἰσιν, ἀλλὰ καὶ παιδευτέοι, ἵνα μὴ ἀπαίδευτοι ὦσιν. 2. Οὐ τὸ ζῆν περὶ πλείστου ποιητέον, ἀλλὰ τὸ εὖ[1] ζῆν. (Σωκράτης.) 3. Οὐ λειπτέα ἐστὶν ἡμῖν ἡ τάξις (Οὐ λειπτέον ἐστὶν ἡμῖν τὴν τάξιν), ἐφ' ἧς τετάγμεθα. 4. Οὔτε ἐκ τοῦ κόσμου τὸν ἥλιον οὔτε ἐκ τῆς ὁμιλίας ἀρτέον τὴν παῤῥησίαν. (Πλούταρχος.)

5. Φθονοῦ μᾶλλον ἢ οἰκτίρου. 6. Οὐκ ἀμελεῖται ὑπὸ θεῶν τὰ ἀνδρὸς ἀγαθοῦ πράγματα. (Σωκράτης.) 7. Πένης λέγων ἀληθὲς οὐ πιστεύεται.[3]

Περὶ τῆς Σωκρατικῆς παιδείας

Καθ' ἑκάστην ἡμέραν οἱ Ἀθηναῖοι Σωκράτη τοῖς νέοις συνδιατρίβοντα ἑώρων· οὗτοι γὰρ ἔχαιρον ἀκούοντες διαλεγομένου αὐτοῦ τοῖς ἐν τῇ πόλει. Διῆγε γὰρ ἐξετάζων καὶ ἐλέγχων ἑαυτὸν καὶ ἄλλους, οὓς ἁμαρτάνοντας γιγνώσκων ἐτύγχανεν, ἡγούμενος τὸν ἀνεξέταστον βίον οὐ βιωτὸν εἶναι ἀνθρώπῳ. Φαίνεται οὖν (Φανερὸς οὖν ἐστιν[2]) ὁ Σωκράτης οὕτω πᾶσαν τὴν πόλιν παιδεύσας.

Περιβόητον τὸ τοῦ Σωκράτους· „Οὐ παύσομαι φιλοσοφῶν.“

Σωκράτης ἐρωτηθείς, εἰ οἱ ἄνθρωποι τοὺς θεοὺς λανθάνουσιν ἄδικόν τι πράττοντες, ἀπεκρίνατο· „Οὐδὲ διανοούμενοι.“

---

23. [3] Athen zu Falle gebracht habe (Aorist und Perfekt). — [4] ὁ μνηστήρ, -ῆρος. — [5] Πηνελόπη, -ης. — [6] aufgetragen+. — [7] Aorist und Perfekt.
XXIV. [1] d. h.: sittlich. — [2] Oder Δῆλος οὖν ἐστιν. — [3] Iambischer Trimeter.

24. Übung

1. Sokrates sagte zu den Richtern: „Wenn ich euch nicht unablässig[1] prüfte, würdet ihr wohl euer ganzes Leben verschlafen[2]." 2. Sokrates: Müssen wir nicht das Vaterland mehr lieben und ehren als Vater und Mutter und alles tun, was[x] es befiehlt? Kriton: Offenbar hast[3] du recht[3], Sokrates. Sokrates: Dann° muß ich also den Gesetzen des Staates gehorchen und darf nicht fliehen; höre[+] also endlich auf, mich[4] immer wieder° dazu aufzufordern[4]; du wirst mir, ohne es selbst zu merken[5], damit[6] lästig. 3. Platon war beim Tode[7] des Sokrates zufällig krank; daher hat er den Meister nicht sterben gesehen[+].

XXV. Kapitel

Γνῶμαι καὶ παροιμίαι

1. Φεῦ, ποῖ φύγωμεν, εἰπέ[1], ποῖ τραπώμεθα;[2] 2. Ῥᾷον διάπυρον ἄνθρακα ἐπὶ τῆς γλώττης κατασχεῖν ἢ λόγον ἀπόῤῥητον. (Σωκράτης.) 3. Ἐπίσχες ὀργιζόμενος· ὀργὴ γὰρ τυφλή.[2] 4. Ῥόδον παρελθὼν μηκέτι ζήτει πάλιν.[2] 5. Ὁ ἀναμάρτητος ὑμῶν πρῶτος ἐπ' αὐτὴν βαλέτω λίθον.[3] 6. Ἰδοὺ ἡ δούλη κυρίου· γένοιτό μοι κατὰ τὸ ῥῆμά σου.[4] 7. Ἕως ζῇς, ἕως ἔξεστιν, ἀγαθὸς γενοῦ. (Μᾶρκος Αὐρήλιος.) 8. Σοφός τις εἶπε δύο διδασκαλίας εἶναι τοῦ θανάτου, τόν τε πρὸ τοῦ γενέσθαι χρόνον καὶ τὸν ὕπνον. 9. Τὸν καπνὸν φεύγων εἰς τὸ πῦρ ἐνέπεσον. 10. Κρεῖττόν ἐστιν εἰς κόρακας ἐμπεσεῖν ἢ εἰς κόλακας. 11. Δρυὸς πεσούσης πᾶς ἀνὴρ ξυλεύεται.[2] 12. Τυφλὸς τυφλῷ ἐὰν ἡγῆται, ἀμφότεροι εἰς βόθυνον[5] πεσοῦνται.[6] 13. Ὤδινεν ὄρος, εἶτα μῦν ἔτεκεν.[7] 14. Ἔφυγον κακόν, ηὗρον ἄμεινον. 15. Εἰ δείν' ἔδρασας, δεινὰ καὶ παθεῖν σε δεῖ.[2] 16. Τί τοὺς θανόντας οὐκ ἐᾷς τεθνηκέναι;[2] 17. Ὁ μὴ ὢν μετ' ἐμοῦ κατ' ἐμοῦ ἐστιν.[8]

---

24. [1] Verb. — [2] schlafend verbringen. — [3] sprichst du Wahres. — [4] mir . . dies zu befehlen. — [5] du bist dir selbst verborgen usw. — [6] wenn* du dies tust. — [7] Verb (Partizip).

XXV. [1] εἰπέ ist endbetont wie auch ἐλθέ, εὑρέ und λαβέ. — [2] Iambischer Trimeter. — [3] Joh. 8, 7. — [4] Lukas 1, 38. — [5] ὁ βόθυνος, -ου Grube. — [6] Nach Matth. 15, 14. — [7] Horaz: Parturient montes, nascetur ridiculus mus. — [8] Matth. 12, 30.

Πῶς Ἀλκιβιάδης Ὅμηρον ἐθεράπευεν

Ἀλκιβιάδης νέος ὢν διδασκαλείῳ προσελθὼν ῥαψῳδίαν τῆς Ἰλιάδος ᾔτει· τοῦ δὲ διδασκάλου εἰπόντος οὐδὲν ἔχειν Ὁμήρου ἐντρίψας αὐτῷ κόνδυλον παρῆλθεν.

25. Übung

1. Neun Tage[1] lang° beschoß Apollon die Achaier und viele Mannen traf er mit seinen Geschossen[2]. 2. Hektor sagte zu seinem Weib: „Kommen wird der Tag, an dem Ilios[3] fallen wird." — Und es kam der Tag, an dem Ilios fiel. 3. Odysseus kehrte im zwanzigsten Jahr, seitdem[4] er Ithaka[5] verlassen hatte, in die Heimat zurück, nachdem* er vieles erduldet hatte+ und dem Tode oft entronnen war+, während* alle seine Gefährten den Tod gefunden hatten+; aber sogar im eigenen Haus fand er viel Unheil vor°. 4. Möge sich die Zukunft glücklich[6] gestalten[7]!

XXVI. Kapitel

Γνῶμαι καὶ ἀποφθέγματα

1. Οὐ δυνατόν ἐστι μὴ καμόντ' εὐδαιμονεῖν.[1] 2. Λεωνίδας Ξέρξου τὰ ὅπλα ἀπαιτήσαντος εἶπεν· „Ἐλθὼν λαβέ." 3. Καὶ σώφρων ἥμαρτε καὶ ἄφρονι πολλάκι[2] δόξα | ἔσπετο καὶ τιμῆς καὶ κακὸς ὢν ἔλαχεν.[3] 4. Παθὼν μαθών. 5. Διπλοῦν ὁρῶσιν οἱ μαθόντες γράμματα.[1] 6. Λάθε βιώσας. (Ἐπίκουρος.) 7. Τολμᾶν ἀνάγκη, κἂν[4] τύχω κἂν[4] μὴ τύχω.[1] 8. Εὐτράπελος φλυάρου κουρέως πυθομένου· „Πῶς σε κείρω;" „Σιωπῶν" εἶπεν. 9. Εἴπωμεν ἢ σιγῶμεν ἢ τί δράσομεν;[1] 10. Μὴ φονεύσῃς.[5] 11. Μὴ μέγ' εἴπῃς.

---

25. [1] Akk. — [2] τὸ τόξευμα, -ατος. — [3] ἡ Ἴλιος, -ου. — [4] ἀφ' οὗ. — [5] ἡ Ἰθάκη, -ης. — [6] gut. — [7] ἔχω+ oder γίγνομαι+.

XXVI. [1] Iambischer Trimeter. — [2] = πολλάκις. — [3] Elegisches Distichon (d. i. Hexameter + Pentameter: –́ ⏖ | –́ ⏖ | –́ ⏖ | –́ ⏖ | –́ ⏑ ⏑ | –́ ⏓ ‖ –́ ⏖ | –́ ⏖ | –́ | –́ ⏑ ⏑ | –́ ⏑ ⏑ | ⏓́). — [4] κἂν .. κἄν .. sei es, daß .. oder .. — [5] Lukas 18, 20.

'Ιησοῦς παιδίον καὶ οἱ μάγοι

(Κατὰ Μαθθαῖον[6])

Τεκούσης Μαρίας 'Ιησοῦν τῇ ἁγίᾳ νυκτὶ ἐν Βηθλεὲμ τῆς 'Ιουδαίας Ἡρώδου βασιλεύοντος ἰδοὺ μάγοι ἀπ' ἀνατολῶν παρεγένοντο εἰς Ἱεροσόλυμα λέγοντες· ,,Ποῦ εὕρωμεν τὸν ἄρτι γενόμενον τῶν 'Ιουδαίων βασιλέα; 'Ηισθόμεθα γὰρ αὐτοῦ τὸν ἀστέρα ἐν τῇ ἀνατολῇ καὶ ἤλθομεν προσκυνήσοντες αὐτόν.“ Μαθὼν δὲ τοῦτο Ἡρώδης ἐταράχθη καὶ πᾶσα ἡ πόλις ἔπαθε ταὐτό. 'Επύθετο οὖν παρὰ τῶν ἀρχιερέων καὶ γραμματέων, ποῦ γένοιτο ὁ Χριστός. Οἱ δ' εἶπον αὐτῷ· ,,'Εν Βηθλεὲμ τῆς 'Ιουδαίας· οὕτως γὰρ γέγραπται διὰ τοῦ προφήτου· ,Καὶ σύ, Βηθλεέμ, οὐδαμῶς ἐλαχίστη εἶ[7] ἐν τοῖς ἡγεμόσιν 'Ιούδα· ἐκ σοῦ γὰρ ἐξελεύσεται ἡγούμενος, ὅστις ποιμανεῖ τὸν λεών μου τὸν 'Ισραήλ'.“ Τότ' οὖν Ἡρώδης ἀκριβῶς τῶν μάγων ἐπύθετο, πότε φανερὸς ἐγένετο αὐτοῖς ὁ ἀστήρ, καὶ πέμψας αὐτοὺς εἰς Βηθλεὲμ εἶπεν· ,,Ὅταν εὕρητε τὸν Χριστόν, μὴ ἐπιλάθησθέ μου καὶ ἀπαγγείλατέ μοι, ὅπως κἀγὼ ἐλθὼν αὐτὸν προσκυνήσω.“ Οἱ δὲ μάγοι ἀπελθόντες ἕσποντο τῷ ἀστέρι, ἕως εἰς Βηθλεὲμ ἀφικόμενοι ηὗρον τὸ ζητούμενον παιδίον μετὰ Μαρίας τῆς μητρὸς αὐτοῦ. Προσπεσόντες οὖν προσεκύνησαν αὐτὸ καὶ ἔλαβε παρ' αὐτῶν ὁ 'Ιησοῦς χρυσὸν καὶ λίβανον καὶ σμύρναν.

26. Übung

1. Kyros sammelte[+] ein griechisches Heer, ohne daß der König es merkte[1]; er gab[2] seinen Feldherren den Befehl[2], möglichst viele und tapfere griechische Söldner anzuwerben[3]. Als* es aber der König erfuhr, rüstete er sich gleichfalls[4]. 2. Cicero[5] wußte lange Zeit nicht, wohin er sich wenden sollte[+], ob er Pompejus oder Cäsar[6] folgen solle[+]. 3. Wer* befehlen will, muß[7] zuerst gehorchen lernen[+]. 4. Zufällig[+] kam der Sophist nachts in Athen an; daher bemerkte niemand seine Ankunft[8]. 5. Ehre, wem Ehre gebührt![9] 6. Nie sollst du mich befragen[+], woher ich kam der Fahrt![10] 7. Pater, peccavi[+].[11]

XXVI. [6] 2, 1—11. — [7] Siehe **I**, Anm. 4.

26. [1] K. war[+] dem König verborgen usw. — [2] befahl. — [3] zu nehmen[+]. — [4] auch selbst. — [5] Siehe **14**, Anm. 6. — [6] Siehe **20**, Anm. 7. — [7] δεῖ. — [8] Verb[+] (Gen. mit Partizip). — [9] Ehre erlange[+], wer* der Ehre würdig ist! — [10] woher (πόθεν) fahrend ich ankam. — [11] Lukas 15, 18.

XXVII. Kapitel

1. Ὃ γέγραφα, γέγραφα.[1] 2. Ὥσπερ οἱ Ἀθηναῖοι ταῖς τῶν πολλῶν διαβολαῖς πεποιθότες Σωκράτην ἀπεκτόνασι γέροντα ἑβδομήκοντα ἔτη γεγονότα, ὃς οὐδένα βέβλαφεν, ἀλλ' ἀεὶ δίκαια πράττων πέφηνεν, οὕτω καὶ πολλοὶ ἄλλοι ἄνδρες πλεῖστα ἀγαθὰ πεπραχότες καὶ εὐκλεᾶ μνήμην καταλελοιπότες τὸν τῶν πολιτῶν φθόνον οὐκ ἐκπεφεύγασιν. 3. Οἱ ἄνθρωποι γεγόνασιν ἀλλήλων ἕνεκα. (Μᾶρκος Αὐρήλιος.) 4. Οὔτε φωνὴν τοῦ πατρὸς πώποτε ἀκηκόατε οὔτε εἶδος αὐτοῦ ἑοράκατε.[2] 5. Πόσοι, μεθ' ὧν εἰσῆλθον εἰς τὸν κόσμον, ἤδη ἀπεληλύθασιν. (Μᾶρκος Αὐρήλιος.) 6. Πίνδαρος εἶπε τὰς ἐλπίδας εἶναι ἐγρηγορότων ἐνύπνια. 7. Τήμερον οὐδεμίαν γραμμὴν ἤγαγον.[3]

8. Εἴθε (Εἰ γὰρ) ὁ ἀδελφός μου ἔζη, εἴθε μὴ ἐν τῷ πολέμῳ ἔπεσεν. 9. Ὤφελον οἱ ἀδελφοί μου ζῆν καὶ μὴ ἐν τῷ πολέμῳ πεσεῖν. 10. Ἀλέξανδρος εἰ μὴ ἦν, Διογένης ἂν ἦν. 11. Εἰ τριάκοντα μόναι ψῆφοι μετέπεσον, Σωκράτης ἀπελύθη ἄν (ἀπεπεφεύγει ἄν).

Ἀποφθέγματα

Θεμιστοκλῆς Σεριφίου πρὸς αὐτὸν εἰπόντος, ὡς οὐ δι' αὐτόν, ἀλλὰ διὰ τὴν πόλιν ἔνδοξος εἴη˙ „Ἀληθῆ λέγεις," ἔφη, „ἀλλ' οὔτ' ἂν ἐγὼ Σερίφιος ὢν ἐγενόμην ἔνδοξος οὔτε σὺ Ἀθηναῖος."

Φίλιππος ὁ Μακεδὼν ἀγανακτούντων τῶν φίλων, ὅτι συρίττουσιν αὐτὸν Ὀλυμπίοις εὖ πεπονθότες οἱ Πελοποννήσιοι˙ „Τί οὖν," ἔφη, „εἰ κακῶς πείσονται;"

Ἐπίγραμμα

Εἴπερ ἴσην ῥώμην γνώμῃ, Δημόσθενες, εἶχες,
οὔποτ' ἂν Ἑλλήνων ἦρξεν Ἄρης Μακεδών.[4]

27. Übung

1. Viele Troer sagten: „Hätte[1] doch Paris Helena nicht nach Troja gebracht; dann[2] hätten wir nicht[2] so viele Leiden erduldet."

XXVII. [1] Joh. 19, 22. — [2] Joh. 5, 37. — [3] Ein Ausspruch des griechischen Malers Apelles; hievon stammt das lateinische Nulla dies sine linea. — [4] Elegisches Distichon.

27. [1] Zwei Konstruktionen. — [2] denn wir hätten nicht.

2. Die Schüler des Sokrates haben aufgezeichnet, was sie von ihm gehört hatten, da er selbst nichts geschrieben hatte. 3. Als* der Wolf sah, wie* Hirten ein Schaf aßen, sagte er: „Wie groß wäre der Lärm, wenn ich dies täte!“ 4. Du hast nur° das erlitten, was viele schon erlitten haben und erleiden werden. 5. Ich habe das Meinige getan; tun Sie das Ihre[3]! 6. Ich warne dich[4], dem Glück zu trauen. 7. Wenn* in einer Unterhaltung[5] plötzlich Stillschweigen eintritt+, sagt man: „Ein Engel geht durchs Zimmer.“[6] 8. Himmel und Erde werden vergehen, aber meine Worte werden nicht vergehen.[7]

XXVIII. Kapitel

1. Θουκυδίδης διηγεῖται, ὡς τὰ ὀστᾶ τὰ τῶν ἐν τῷ πολέμῳ πεσόντων συνελέγη καὶ ἐν δημοσίῳ τάφῳ ἐτάφη, Περικλῆς δὲ τῷ ἐπιταφίῳ λόγῳ τοῖς πολίταις παρεκελεύσατο ἀξίους φανῆναι τῶν τεθνηκότων καὶ τῆς πόλεως, ἐν ᾗ ἐγένοντο καὶ ἐτράφησαν. 2. Σωκράτης ἐπεποίθει ἀδύνατον εἶναι ἀμείνω ἄνδρα ὑπὸ χείρονος βλαβῆναι. 3. Πλάτων διδάσκει τὴν ψυχὴν τοῦ σώματος ἀπαλλαγεῖσαν οὔποτε διαφθαρήσεσθαι. 4. Μαθητής τις Σωκράτους, Ἀντισθένης ὄνομα, τῆς ἡδονῆς οὕτω κατεφρόνει, ὥστε ἔλεγεν· „Μανείην μᾶλλον ἢ ἡσθείην.“ 5. Ὁ μὴ δαρεὶς ἄνθρωπος οὐ παιδεύεται.[1] (Μένανδρος.)

6. Βέλτιόν ἐστι σῶμά γ᾽ ἢ ψυχὴν νοσεῖν.[1] 7. Ὦ παῖ, γένοιο πατρὸς εὐτυχέστερος,[1] | τὰ δ᾽ ἄλλ᾽ ὅμοιος· καὶ γένοι᾽ ἂν οὐ κακός.[1] (Σοφοκλῆς.)

Διογένης καὶ ὁ τοξότης

Τοξότου κακοῦ τοξεύοντος Διογένης πρὸς τὸν σκοπὸν ἐκαθέζετο εἰπών· „Ἵνα μὴ πληγῶ.“

Περὶ τῆς Κύρου τοῦ νεωτέρου τελευτῆς

Ἡ Κύρου τελευτὴ ἡ ἐν τῇ ἐν Κουνάξοις μάχῃ ὑπὸ Ξενοφῶντος ὧδέ πως (τοιῷδε τῷ τρόπῳ) συνεγράφη· Ἐπεὶ οἱ βασιλέως ἱππῆς εἰς

---

27. [3] tu du das Deine! — [4] Ich rate dir, nicht... — [5] Gespräch. — [6] Im Griechischen: Hermes ist hereingekommen. — [7] Matth. 24, 35 (vergehen = vorübergehen).

XXVIII. [1] Iambischer Trimeter.

φυγὴν ἐτράπησαν καὶ διεσπάρησαν, Κῦρος τῇ νίκῃ χαρεὶς σὺν πάνυ ὀλίγοις τὸν ἀδελφὸν ἐδίωξεν· καὶ μαχομένων ἀλλήλοις τῶν ἀμφὶ Κῦρον καὶ βασιλέα Κῦρος αὐτὸς πληγεὶς ἀπέθανε καὶ οἱ σὺν αὐτῷ κατεσφάγησαν· Κύρου δ' ἡ κεφαλὴ καὶ ἡ δεξιὰ ἀπεκόπη. Ἐξεπλάγησαν δ' οἱ Ἕλληνες ταῦτα μαθόντες πασῶν τῶν ἐλπίδων σφαλέντες.

28. Übung

1. Herakles tötete im Wahnsinn[1] seine eigenen Kinder. 2. Nachdem die Achaier von Troja abgefahren[2] waren+, wurde ihre Flotte von einem Sturm zerstreut und* viele kamen[3] auf dem Meer um[3]. 3. Kreon[4], der König von Theben[5], befahl, daß des Polyneikes[6] Leichnam nicht bestattet werde+, da er sich als Feind seines eigenen Vaterlandes gezeigt habe+. 4. Xenophon erzählt, daß die Perser bei Kunaxa von den Griechen in die Flucht geschlagen, Kyros aber im Kampf[7] mit den Begleitern des Königs niedergehauen[8] wurde. 5. Wir hätten uns sehr gefreut, wenn du keinen Schaden erlitten hättest[9]. 6. An Leib und Seele gut erzogen[10] zu sein+ galt[11] den Griechen als das Höchste.[11]

XXIX. Kapitel[1]

1. Δὶς δίδως (δίδοτε), ἐὰν ταχέως διδῷς (διδῶτε). 2. Διδόασι πάντα τἀγάθ' ἀνθρώποις θεοί.[2] 3. Οὐ παντὶ πάντα δίδοται. 4. Δίκην διδοίη ὁ τὴν πατρίδα προδιδούς. 5. Παντὶ αἰτοῦντι σε δίδου.[3] 6. Ὁ ἔχων δύο χιτῶνας μεταδιδότω τῷ μὴ ἔχοντι.[4] 7. Μακάριόν ἐστι μᾶλλον διδόναι ἢ λαμβάνειν.[5] 8. Λυπηρότατόν ἐστιν ὑπὸ τῶν φιλτάτων

---

28. [1] Verb+. — [2] ἀπαλλάττομαι+ oder ἀποστέλλομαι+ P. — [3] gingen zugrunde. — [4] Κρέων, -οντος. — [5] αἱ Θῆβαι, -ῶν. — [6] Πολυνείκης, -ους. — [7] Verb. — [8] κατακόπτω. — [9] Schaden erleiden = geschädigt werden. — [10] τρέφω. — [11] hielten die Gr. für das Größte.

XXIX. [1] Hier kann die Schriftstellerlektüre beginnen, neben der die folgenden Abschnitte durchgearbeitet werden. Daher werden von nun an keine zusammenhängenden Lesestücke geboten (vom Anhang abgesehen). — [2] Iambischer Trimeter. — [3] Lukas 6, 30. — [4] Lukas 3, 11. – [5] Apostelgeschichte 20, 35.

προδίδοσθαι. 9. Θεοῦ διδόντος οὐδὲν ἰσχύει φθόνος.[2] 10. Κῦρος τοῖς τῶν Ἑλλήνων στρατηγοῖς χρήματα ἐδίδου, ἵνα ξένους συλλέγοιεν.

11. Τῶν ἀγαθῶν καὶ καλῶν οὐδὲν ἄνευ πόνου τοῖς ἀνθρώποις ἔδωκε θεός (ἔδοσαν οἱ θεοί). 12. Τί δῶ σοι; Οὐκ εἶπές μοι, ὅ τι σοι δοίην. 13. Μὴ δῶτε τὸ ἅγιον τοῖς κυσίν.[6] 14. Πάντα, ὅσα ἔχεις, ἀπόδου καὶ διάδος πτωχοῖς.[7] 15. Ἀπόδοτε τὰ Καίσαρος Καίσαρι καὶ τὰ τοῦ θεοῦ τῷ θεῷ.[8] 16. Ὁμοίως ἐπισφαλές ἐστι μαινομένῳ δοῦναι μάχαιραν καὶ μοχθηρῷ δύναμιν. 17. Χάριν λαβὼν μέμνησο καὶ δοὺς ἐπιλαθοῦ.[2] 18. Ὡς μέγα τὸ μικρόν ἐστιν ἐν καιρῷ δοθέν.[2] 19. Δίδοτε, καὶ δοθήσεται ὑμῖν.[9]

20. Φίλιππος ἐρωτώμενος, οὕστινας μάλιστα φιλοίη καὶ οὕστινας μάλιστα μισοίη· „Τοὺς μέλλοντας προδώσειν," ἔφη, „μάλιστα φιλῶ, τοὺς δ' ἤδη προδεδωκότας μάλιστα μισῶ."

21. Πυθαγόρας ἔλεγε δύο τάδε ἐκ τῶν θεῶν τοῖς ἀνθρώποις δεδόσθαι κάλλιστα, τό τε ἀληθεύειν καὶ τὸ εὐεργετεῖν.

22. Ἰησοῦς εἶπε τοῖς δώδεκα· „Ἰδοὺ ὁ υἱὸς τοῦ ἀνθρώπου παραδοθήσεται τοῖς ἀρχιερεῦσι καὶ γραμματεῦσιν."[10]

29. Übung

1. Leonidas und seine Dreihundert wurden bei den Thermopylen[1] von Ephialtes[2] verraten. 2. Als* der König nach der Schlacht bei Kunaxa die[3] Auslieferung der Waffen verlangte[3], antwortete der Führer der Griechen: „Es ist nicht Sache der Sieger, die Waffen auszuliefern[4]." 3. Cato[5] der Ältere sagte, er gewähre[6] allen, die* fehlen, Verzeihung außer sich selbst. 4. Folgende Sprichwörter sind von den Alten überliefert: „Bis dat, qui[7] cito dat" und „Eine Hand wäscht die andere; gib+[8] und nimm+!" 5. Was[9] mit Freude gegeben wird[4], bringt Freude. 6. Wie soll ich dir danken[10] für[11] so viele Wohltaten[11]? 7. Judas[12], der* den Herrn verraten hat[13], hat dies° mit dem Tode gebüßt[13]. 8. Mir ist alle Gewalt gegeben[13] im Himmel und auf Erden.[14]

XXIX. [6] Matth. 7, 6. — [7] Nach Lukas 18, 22. — [8] Matth. 22, 21. — [9] Lukas 6, 38. — [10] Matth. 20, 17f.

29. [1] αἱ Θερμοπύλαι, -ῶν. — [2] Ἐφιάλτης, -ου. — [3] die Waffen (ab)verlangte. — [4] Präsens und Aorist. — [5] Κάτων, -ωνος. — [6] gebe (ὅτι oder Infinitiv). — [7] ὃς ἄν und Partizip. — [8] Ergänze: etwas. — [9] (Ὃ ἄν oder Partizip. — [10] Dank abstatten. — [11] da* du mir so viele Wohltaten erwiesen hast. — [12] Ἰούδας, -α. — [13] Aorist und Perfekt. — [14] Matth. 28, 18.

XXX. Kapitel

1. Τίθησι μὲν τοὺς νόμους ὁ νομοθέτης, τίθεται δ' ὁ δῆμος. 2. Πλάτων λέγει, ὅτι, ἐπειδὰν οἱ τῶν Ἀθηναίων παῖδες τὰ γράμματα μάθωσι καὶ τὰ γεγραμμένα συνιῶσιν, παρατιθέασιν αὐτοῖς οἱ διδάσκαλοι ποιητῶν ἀγαθῶν ποιήματα καὶ ἐκμανθάνειν ἀναγκάζουσιν. 3. Ἤδη Ἀναξαγόρας ὁ φιλόσοφος ἐδίδασκε τὸν ἥλιον τῇ σελήνῃ ἐντιθέναι τὸ φῶς (ὅτι ὁ ἥλιος . . ἐντιθείη . .). 4. Φίλιππος τῷ πρότερος ἐπιτίθεσθαι τοῖς πολεμίοις αὐτῶν ἐκράτησεν. 5. Δεῖ τι καὶ παθεῖν μεγάλων ἐφιεμένους. 6. Οἱ Ἕλληνες τοῖς νεκροῖς ὀβολὸν εἰς τὸ στόμα κατετίθεσαν.

7. Οἱ Ἀθηναῖοι ἔλεγον τοὺς νόμους, οὓς Δράκων ἔθηκεν, αἵματι, ἀλλ' οὐ μέλανι γεγράφθαι. 8. Θαυμάζοντός τινος τὰ ἐν Σαμοθρᾴκῃ ἀναθήματα Διογένης εἶπεν· „Πολλῷ ἂν ἦν πλείω, εἰ καὶ οἱ μὴ σωθέντες ἀνέθεσαν." 9. Σχολαστικὸς πλέων χειμῶνος σφοδροῦ ὄντος καὶ τῶν οἰκετῶν κλαιόντων· „Μὴ κλαίετε," ἔφη, „πάντας γὰρ ὑμᾶς ἐν τῇ διαθήκῃ ἐλευθέρους ἀφῆκα." 10. Ἀφεῖσαν ἂν οἱ Ἀθηναῖοι Σωκράτην, εἰ ὑπέσχετο μηκέτι φιλοσοφήσειν. 11. Νόμος παλαιὸς κελεύει· „Ὃ μὴ κατέθου, μὴ λάμβανε." 12. Λάκαινα πρὸς τὸν υἱὸν λέγοντα μικρὸν ἔχειν ξίφος εἶπεν· „Βῆμα πρόσθες." 13. Ἄφες ἡμῖν τὰ ὀφειλήματα ἡμῶν.[1] 14. Ῥᾷόν γ' ἐξ ἀγαθοῦ θεῖναι κακὸν ἢ 'κ[2] κακοῦ ἐσθλόν.[3] 15. Ἀφεὶς τὰ φανερὰ μὴ δίωκε τἀφανῆ.[4] 16. Ἐὰν ἴσοις ἴσα προστεθῇ, τὰ ὅλα ἐστὶν ἴσα. (Εὐκλείδης.) 17. Ἄγραφοί τινες νόμοι κεῖνται, οὓς οἱ θεοὶ τεθήκασι τοῖς ἀνθρώποις. 18. Θεῶν ἐν γούνασι[5] κεῖται. (Ὅμηρος.)

Ἐπίγραμμα[6]

Ὦ ξεῖν'[7], ἀγγέλλειν[8] Λακεδαιμονίοις, ὅτι τῇδε
κείμεθα τοῖς κείνων[9] ῥήμασι πειθόμενοι.

30. Übung

1. Von Solon wurden den Athenern treffliche[1] Gesetze gegeben. 2. Sokrates sagte zu den Richtern: „Laßt[2] mich frei oder nicht: ich werde Gott mehr gehorchen als euch." 3. In Delphi wurden+

XXX. [1] Matth. 6, 12. — [2] = ἐκ. — [3] Daktylischer Hexameter. — [4] Iambischer Trimeter. — [5] Dichterisch statt γόνασι. — [6] Elegisches Distichon. — [7] = ξέν(ε). — [8] Infinitiv in der Bedeutung des Imperativs (vgl. im Deutschen: „Rechts gehen!"). — [9] = ἐκείνων.

30. [1] sehr gute. — [2] Präsens und Aorist.

(waren) den Göttern viele Weihgeschenke geweiht. 4. Oft ist es besser, nicht neue Gesetze zu geben+, sondern die bestehenden[3] gut zu gebrauchen. 5. Wenn× wir eine fremde Sprache lernen, werden wir die eigene besser verstehen. 6. Es ist des Richters Pflicht, die[4] Schuldigen zu bestrafen[4], die Unschuldigen[5] aber freizusprechen[2]. 7. Man führte die Kinder zu Jesus, damit er ihnen die Hände auflege+; und er legte sie ihnen auf.

XXXI. Kapitel

1. Οὐκ ἀεὶ ὁ δῆμος τοὺς ἀρίστους τῆς πόλεως προίστησιν (Οὐκ ἀεὶ οἱ πολῖται . . προιστᾶσιν). Καὶ Σωκράτης πολλάκις ἔψεγεν, ὅτι ἡ τῶν Ἀθηναίων πολιτεία πολλοὺς τῶν ἀρχόντων τῷ κλήρῳ καθιστᾶσα οὐ τοὺς ἐπιτηδειοτάτους τῆς πόλεως προίστη (προισταίη)· ἐπέπειστο γάρ, ὡς τοὺς τῆς ἀρχῆς ἐπιστήμονας δεῖ ἄρχοντας καθιστάναι (καθίστασθαι). 2. Ἐν τῷ Πελοποννησιακῷ πολέμῳ οἱ Λακεδαιμόνιοι τοὺς συμμάχους τῶν Ἀθηναίων ἀφίστασαν[1]· καὶ ἀπέστησαν πολλούς. 3. Οἱ Ἕλληνες νικῶντες τρόπαιον ἵσταντο (ἐστήσαντο). 4. Λυκοῦργος τῷ κελεύοντι καταστῆσαι ἐν τῇ πόλει δημοκρατίαν· „Σὺ πρῶτος," ἔφη, „ἐν τῇ σεαυτοῦ οἰκίᾳ κατάστησαι δημοκρατίαν." 5. Ξενοφῶν εἰς Σάρδεις ἐλθὼν Κύρῳ συνεστάθη.

6. Πρὸς τὴν Ἀνάγκην οὐδ' Ἄρης ἀνθίσταται.[2] (Gnomischer Aorist ἀντέστη.) 7. Λέγεται τοῖς μὴ δρῶσι θεὸς οὐ παρίστασθαι (παραστῆναι). 8. Ἰησοῦς εἶπε τῷ ἀνδρὶ τῷ ξηρὰν ἔχοντι τὴν χεῖρα· „Στῆθι εἰς τὸ μέσον." Καὶ ἀναστὰς ἔστη.[3] 9. Δός μοι, ποῦ στῶ, καὶ κινῶ τὴν γῆν. (Ἀρχιμήδης.) 10. Μετὰ τὴν ἐν Σικελίᾳ ἧτταν οἱ Ἀθηναῖοι ἐφοβοῦντο, μὴ πάντες οἱ σύμμαχοι αὐτῶν ἀποστῶσιν (ἀποσταῖεν). 11. Διογένει ἡλιουμένῳ Ἀλέξανδρος ἐπιστὰς εἶπεν· „Αἴτησόν με, ὃ θέλεις." Ὁ δ' ἀπεκρίνατο· „Μικρὸν ἀπὸ τοῦ ἡλίου μετάστηθι."

12. Ὁ οἰστὸς φερόμενος ἕστηκεν. (Κατὰ Ζήνωνα.) 13. Αἱ Ἰωνικαὶ πόλεις πρὸς Κῦρον ἀφειστήκεσαν (ἀφέστασαν). 14. Ὁ δοκῶν ἑστάναι βλεπέτω, μὴ πέσῃ.[4] 15. Διογένει ἀριστῶντι ἐν τῇ ἀγορᾷ οἱ περιεστῶτες

---

30. [3] gegebenen. — [4] den Sch. Strafe aufzuerlegen (Präsens und Aorist). — [5] ἀναίτιος, -ον.

XXXI. [1] suchten zum Abfall zu bringen: imperfectum de conatu wie im Lateinischen. — [2] Iambischer Trimeter. — [3] Lukas 6, 8. — [4] Paulus, 1. Korintherbrief 10, 12.

συνεχὲς ἔλεγον· „Κύον.“ Ὁ δέ· „Ὑμεῖς,“ ἔφη, „ἐστὲ[5] κύνες, οἵ με ἀριστῶντα περιεστήκατε (περιέστατε).“

31. Übung

1. Perikles stand viele Jahre an der Spitze des Staates, indem* er dem Volke, wenn[1] es notwendig war, auch mutig entgegentrat[2]. 2. Die Athener bestraften die Bundesgenossen, die sich erhoben hatten und* von ihnen abgefallen waren, oft sehr streng, damit nicht auch andere Städte abfielen+. 3. Bei den Spartanern war es Gesetz, die[3] bestehenden Einrichtungen[3] nicht zu ändern[2]; wer[1] sich dem widersetzte[2], wurde bestraft. 4. Als* Artaxerxes den[4] Thron bestieg[4], erhob sich Kyros, wie[5] Xenophon erzählt[5], gegen[6] den älteren Bruder und machte[7] ihm viele Untertanen abtrünnig[7]. 5. Die Jäger[8] haben den Wald umstellt*; schon jagen die Hunde das Wild auf. 6. Steh[2] zeitig auf; denn es heißt[9] mit Recht, daß der länger[10] lebt, der[11] zeitig aufsteht[2].

XXXII. Kapitel

1. Αὐτὸς[1] ἔφη. 2. Τὸ σπάνιόν φασι τίμιον εἶναι. 3. Τί φῄς (φής); Φῶμεν ταῦτα ἢ μὴ φῶμεν; — Τίς ἂν ταῦτα φαίη; Τί δὲ σὺ ἂν ἔφησθα; Φάθι. — Οὐ βούλομαι φάναι. 4. Πλάτων ἀεὶ γεωμετρεῖν φησι (ἔφασκε) τὸν θεόν. 5. Πτωχοῦ πήρα οὐ πίμπλαται (οὐκ ἐπλήσθη). 6. Οὐδεὶς δύναται δυσὶ[2] κυρίοις δουλεύειν.[3] 7. Κῦρος βασιλεῦσαι ἐβούλετο, ἢν δύνηται (εἰ δύναιτο), ἀντὶ τοῦ ἀδελφοῦ. Καὶ ἐδυνήθη ἄν, εἰ ἠπιστήθη ἐν τῇ μάχῃ αὑτοῦ κρατεῖν. 8. Λάκων τις δοῦλος γενόμενος πυθομένου τοῦ δεσπότου, τί ἐπίσταται (ἐπίσταιτο)· „Ἐλεύθερος εἶναι“ ἔφη. 9. Εὐτυχεῖν ἐπίστω. 10. Πόλλ’ ἠπίστατο ἔργα, κακῶς δ’ ἠπίστατο

XXXI. [5] ἐστέ (ἔστε) ihr seid.

31. [1] Wiederholung! — [2] Präsens und Aorist. — [3] das Eingerichtete (Perfektpartizip). — [4] die Herrschaft antrat. — [5] Hauptsatz. — [6] Dativ. — [7] brachte viele Beherrschte zum Abfall von ihm. — [8] ὁ κυνηγός, -οῦ (κύων, ἄγω). — [9] Wie dicitur mit NcI. — [10] mehr Zeit. — [11] ὃς ἄν oder Partizip.

XXXII. [1] Πυθαγόρας. — [2] = δυοῖν. — [3] Matth. 6, 24.

πάντα.[4] 11. Ἀρίστιππος ὁ φιλόσοφος συνιστάντος τινὸς αὐτῷ τὸν υἱὸν ᾔτησε πενταχοσίας δραχμάς· τοῦ δ' εἰπόντος· „Τοσούτου δύναμαι ἀνδράποδον πρίασθαι." „Πρίω," ἔφη, „καὶ ἕξεις[5] δύο."

12. Ἐπίστασθε, ὡς οὐκ ἄλλα ποιήσω, οὐδ' εἰ μέλλω πολλάκις τεθνάναι. (Σωκράτης.) 13. Ἰατρῷ προσελθών τις εἶπεν· „Ὦ λῷστε, κεῖσθαι οὐ δύναμαι οὐδ' ἑστάναι, ἀλλ' οὐδὲ καθῆσθαι." Καὶ ὁ ἰατρός· „Οὐδὲν ἄρα σοι λοιπόν ἐστιν," ἔφη, „ἢ κρεμασθῆναι[6]." 14. Παροιμία τις λέγει τὸν δειλὸν τὴν ἑαυτοῦ σκιὰν δεδιέναι.

32. Übung

1. Als* Achill von seiner Mutter hörte, daß er sterben müsse, wenn* er Hektor töte, sagte er: „Sogleich will[1] ich des Todes sein[1], wenn* ich den Frevler[2] nicht bestrafe[3]." 2. Ein griechischer Arzt antwortete auf die Frage[4], wer ein guter Arzt werde: „Wer[5] das Mögliche und das nicht[6] Mögliche zu unterscheiden[7] imstande ist (versteht)." 3. Andere hast du gerettet+, dich selbst konntest[8] du nicht retten. 4. Wenn[x] du eine[9] Sache[9] gut verstehst, verstehst du mehr, als wenn du viele[10] Sachen[10] schlecht verstündest. 5. Alle Menschen fürchten den Tod[11], obwohl* keiner weiß, was der Tod[11] ist.

XXXIII. Kapitel

1. Ποῖ εἶ, ὦ φίλε; — Εἶμι εἰς τὴν παλαίστραν· σὺ δ' οὐκ ἂν ἐκεῖσε ἴοις; — Μάλιστα· καὶ γὰρ ὁ ἀδελφός μου ἐκεῖσε πάρεισιν, συνίασι δὲ καὶ οἱ ἑταῖροι ἡμῶν. Οὐκοῦν ὁμοῦ ἴμεν; — Πῶς γὰρ οὔ; Ἴωμεν οὖν. 2. Ἀλώπηξ ἐρωτῶντος τοῦ λέοντος, διὰ τί οὐ βούλοιτο εἰς τὸ σπήλαιον αὐτοῦ εἰσιέναι· „Εἰσῄειν ἄν," ἔφη, „εἰ μὴ ἑώρων πολλῶν εἰσιόντων ἴχνη, ἐξιόντος δ' οὐδενός." Καὶ ταῦτα εἰποῦσα ᾤχετο ἀπιοῦσα.

XXXII. [4] Daktylischer Hexameter. — [5] ἕξω Futur von ἔχω (Stamm σεχ). — [6] ἐκρεμάσθην Passivaorist vom Stamm κρεμα(ς): aufgehängt werden, sich aufhängen.

32. [1] möge ich tot sein. — [2] Partizip von ἀδικεῖν. — [3] Strafe auferlege (dem Fr.). — [4] Verb. — [5] ὅς ἄν oder Partizip. — [6] μή. — [7] διαγιγνώσκω (Diagnose). — [8] Imperfekt und Aorist. — [9] eines. — [10] vieles. — [11] das Totsein.

3. Διογένης ἡμέρας λύχνον ἅψας περιήει λέγων· „Ἄνθρωπον ζητῶ.“ 4. Μοχθηροῦ τινος ἐπιγράψαντος ἐπὶ τὴν οἰκίαν· „Μηδὲν εἰσίτω κακόν“ Διογένης· „Ὁ οὖν κύριος,“ ἔφη, „ποῦ εἴσεισιν;“ 5. „Ἔξιθι“ ἔφη Ἰησοῦς καὶ ἐξῆλθεν ὁ δαίμων ἐκ τοῦ δαιμονῶντος.[1]

6. Ἐγώ εἰμι τὸ ἄλφα καὶ τὸ ὦ, λέγει κύριος ὁ θεός, ὁ ὢν καὶ ὁ[2] ἦν καὶ ὁ ἐρχόμενος.[3] 7. Ἀδάμ, ποῦ εἶ;[4] 8. Ἐγὼ καὶ ὁ πατὴρ ἕν ἐσμεν.[5] 9. Ἃ δεῖ, παρὼν φρόντιζε, μὴ[6] παρὼν ἀπῇς.[7] 10. Διογένης ἐρωτηθείς, πόθεν εἴη· „Κοσμοπολίτης“ ἔφη. 11. Φίλος εὐτυχοῦσι καὶ ἀτυχοῦσιν ὁ αὐτὸς ἴσθι. (Φίλοι . . οἱ αὐτοὶ ἔστε.) 12. Ἔστω ὁ λόγος ὑμῶν· „Ναί, ναί, οὔ, οὔ.“[8] 13. Τί ἐστι τὸ ὄντως ὄν; 14. Εἴθ' ἦσθα δυνατὸς δρᾶν, ὅσον[9] πρόθυμος εἶ.[7] 15. Οὐδενὶ λόγῳ χρῆν (ἐχρῆν) φθόνον προσεῖναι. 16. Ἐὰν ᾖς φιλομαθής, ἔσῃ πολυμαθής. 17. Ὅπου ἐστὶν ὁ θησαυρός σου, ἐκεῖ ἔσται καὶ ἡ καρδία σου.[10] 18. Ἔσονται οἱ ἔσχατοι πρῶτοι καὶ οἱ πρῶτοι ἔσχατοι.[11]

33. Übung

1. Gott ist und war und wird immer sein. 2. Ich war, was du bist; du wirst sein, was ich bin.[1] 3. Wer der erste sein will, wird der letzte sein.[1] 4. Sage nicht, wer du früher warst, sondern wer du jetzt bist.[1] 5. Sokrates sagte zu Kriton: „Wenn[x] es Gott so lieb ist, mag[2] es so sein (gehen).“ 6. Schon ist es Zeit[3] wegzugehen; geht doch° endlich fort! — Wir werden fortgehen, wenn[x] auch du mit uns gehst. — Hierauf gingen alle zusammen fort. 7. Die Sophisten gingen von[4] Stadt zu Stadt[4] und * bewogen[5] die jungen Leute°, sich ihnen anzuschließen[6]. 8. Du wirst hingehen, wo[7] kein Tag[8] mehr scheinet.

XXXIII. [1] Nach Markus 1, 25f. — [2] Hier = ὅς. — [3] Apokalypse 1, 8. Was hieße ὁ ἐσόμενος? — [4] Genesis 3, 9. — [5] Joh. 10, 30. — [6] = ἵνα μή. — [7] Iambischer Trimeter. — [8] Matth. 5, 37. — [9] Ergänze δρᾶν. — [10] Matth. 6, 21. — [11] Matth. 20, 16.

33. [1] Auch Plural. — [2] Optativ und Imperativ. — [3] ὥρα. — [4] in jede Stadt. — [5] überredeten. — [6] mit ihnen umzugehen. — [7] Siehe **III**, Anm. 3. — [8] Sonne.

XXXIV. Kapitel

1. Ἀρχὴ ἄνδρα δείκνυσιν. 2. Πανταχοῦ ἐν τῇ Ἑλλάδι νόμος κεῖται τοὺς πολίτας ὀμνύναι ὁμονοήσειν καὶ πανταχοῦ ὀμνύασι τὸν ὅρκον τοῦτον. (Ξενοφῶν.) 3. Οὐδεὶς βάλλει[1] οἶνον νέον εἰς ἀσκοὺς παλαιούς· εἰ[2] δὲ μή[2], ῥήγνυνται οἱ ἀσκοὶ καὶ ὁ οἶνος ἀπόλλυται.[3] 4. Οἱ Ἕλληνες τὸν οἶνον ὕδατι ἐμείγνυσαν (ἐκεράννυσαν). 5. Ὅρκον σὺ φεῦγε, κἂν δικαίως ὀμνύῃς.[4]

6. Λάκαινα Ἰωνικῇ τινι δειξάσῃ αὐτῇ τὸν κόσμον ἀντέδειξε τὰ τέκνα εἰποῦσα· „Ὁ δ' ἐμὸς κόσμος τοιοῦτος.“ 7. Ὅπερ ἔδει δεῖξαι.[5] (Εὐκλείδης.) 8. Ὡς ἀεὶ τὸ γλυκὺ τῷ πικρῷ μέμεικται (κέκραται). 9. Ἐμοῦ θανόντος γαῖα[6] μειχθήτω πυρί.[7] 10. Ὃ ὁ θεὸς συνέζευξεν, ἄνθρωπος μὴ χωριζέτω.[8] 11. Βάτραχος ταῦρον βλέψας καὶ τοσοῦτος γενέσθαι βουλόμενος ἑαυτὸν ἐφύσησεν, ἕως διεῤῥάγη. 12. Πρὸς ἐῤῥωγυῖαν[9] ᾄδεις. 13. Εἰ μὴ φυλάττεις μίκρ', ἀπολεῖς τὰ μείζονα.[4] 14. Πολλῶν ἰατρῶν εἴσοδοί μ' ἀπώλεσαν.[4] (Μένανδρος.) 15. Ἀραί· Κακὸν κακῶς σέ γ' ἀπολέσειαν οἱ θεοί.[4] — Κάκιστ' ἀπόλοιο. 16. Ἐπεὶ Πύῤῥος συμβαλὼν τοῖς Ῥωμαίοις δὶς ἐνίκησε πολλοὺς στρατιώτας καὶ ἡγεμόνας ἀπολέσας· „Ἐὰν ἔτι,“ ἔφη, „μίαν μάχην τοὺς Ῥωμαίους νικήσωμεν, ἀπολώλαμεν.“ 17. Ὀμόσαντες ἡμῖν[10] τοὺς αὐτούς[10] φίλους καὶ ἐχθροὺς νομιεῖν τοὺς ἄνδρας αὐτούς, οἷς ὤμνυτε, ἀπολωλέκατε. (Ξενοφῶν.) 18. Ἡ γλῶττ' ὀμώμοχ'[11], ἡ δὲ φρὴν ἀνώμοτος.[4] (Εὐριπίδης.) 19. Ἐξ ἐπιστολῆς τινος· Ἱεροκλῆς Μένωνι χαίρειν[12]. Εἰ ἔῤῥωσαι, ἔχοι ἂν καλῶς· ὑγιαίνομεν δὲ καὶ ἡμεῖς . . (Καὶ ἐπὶ τῷ τέλει·) Ἔρρωσο.

34. Übung

1. Als* das Schiff des Odysseus scheiterte[1], gingen alle seine Gefährten zugrunde. 2. Nachdem* die Spartaner die athenische[2] Flotte bei Aigospotamoi vernichtet hatten[3], war Athen verloren. 3. Kyros wurde von seinem Vater zum Feldherrn eines großen

---

XXXIV. [1] Hier: schüttet, gießt. — [2] sonst. — [3] Nach Markus 2, 22. — [4] Iambischer Trimeter. — [5] = Quod erat demonstrandum. — [6] Dichterisch = γῆ. — [7] Iambischer Trimeter. Vgl.: Après nous le déluge. — [8] Matth. 19, 6. — [9] Ergänze λύραν. Παροιμία ἐπὶ τῶν μάτην πονούντων. — [10] dieselben wie wir. — [11] = ὀμώμοκε. — [12] Ergänze λέγει.

34. [1] zerbrach⁺. — [2] Substantiv. — [3] Aorist und Perfekt.

Heeres ernannt[4]. 4. Christus befahl, überhaupt[5] nicht zu schwören⁺, damit Gottes Name nicht bei[6] allem genannt werde; aus[7] dem gleichen Grunde[7] schwor auch Sokrates nicht bei[8] den Göttern, sondern beim[8] Hunde. 5. Alle, die zum[9] Schwerte greifen[9], werden durch das Schwert zugrunde gehen. 6. Des[10] Lebens ungemischte Freude[10] ward keinem Irdischen[11] zuteil°. 7. Die Götter wollen dein Verderben[12]; fort eil'[13] ich, nicht[14] mit dir zu sterben.[14]

XXXV. Kapitel

1. Γῆς ἐπέβην γυμνὸς γυμνός θ' ὑπὸ γαῖαν[1] ἄπειμι.[2] 2. Δὶς εἰς τὸν αὐτὸν ποταμὸν οὐκ ἂν ἐμβαίης (οὐκ ἔστιν ἐμβῆναι). (Ἡράκλειτος.) 3. Κροῖσος Ἅλυν διαβὰς μεγάλην ἀρχὴν διαλύσει.[2] 4. Σοφοῖς ὁμιλῶν καὐτὸς[3] ἐκβήσῃ σοφός.[4] 5. Παθὼν καὶ νήπιος ἔγνω. 6. Γνῶθι σαυτόν. 7. Τοὺς ἀνθρώπους γνοὺς ῥᾷον ἂν αὐτοῖς συγγνοίης. 8. Ἀπὸ τῶν καρπῶν αὐτῶν γνώσεσθε αὐτούς.[5] 9. Ἡ γλῶττ' ἀνέγνωχ'[6], ἡ δὲ φρὴν οὐ μανθάνει.[4] 10. Σιμωνίδης ἐρωτηθείς, πόσον χρόνον βιοίη, χρόνον μὲν ὀλίγον εἶπε βιῶναι, ἔτη δὲ πολλά. 11. Ἐν τοῖς ἐμαυτοῦ δικτύοις ἁλώσομαι.[4] 12. Οὔτοι συνέχθειν, ἀλλὰ συμφιλεῖν ἔφυν.[4] (Σοφοκλῆς.) 13. Ὁ Σειληνὸς Μίδᾳ ἐρωτῶντι, τί βέλτιστον εἴη τοῖς ἀνθρώποις, ἀπεκρίνατο· „Ἀρχὴν μὴ φῦναι πάντων βέλτιστον τοῖς ἀνθρώποις, δεύτερον δὲ φύντα ὡς τάχιστα εἰς Ἅιδου καταδῦναι." 14. Οὔπω πασῶν ἡμερῶν ἥλιος δέδυκεν.

15. Καὶ βραδὺς εὔβουλος εἷλεν ταχὺν ἄνδρα διώκων.[2] 16. Μήτ' ἐξ ἱεροῦ βωμὸς μήτ' ἐκ τῆς ἀνθρωπίνης φύσεως ἀφαιρεθήτω ὁ ἔλεος. 17. Ξένους πένητας μὴ παραδράμῃς ἰδών.[4] (Μένανδρος.) 18. Λάβετε, φάγετε.[7] 19. Οὐκ ἐμὸς ὁ μῦθος, ὃν ἐρῶ. 20. Αἰσχύνομαι ὑμῖν εἰπεῖν τἀληθῆ, ὅμως δὲ ῥητέον. (Σωκράτης.) 21. Σχεδὸν εἴρηκα, ἃ νομίζω συμφέρειν· ὑμεῖς δ' ἕλοισθε, ὅ τι τῇ πόλει καὶ ἅπασι συνοίσειν ὑμῖν

---

34. [4] ἀποδείκνυμι. — [5] ὅλως. — [6] ἐπί beim Dativ. — [7] wegen desselben. — [8] Bloßer Akkusativ. — [9] das Schw. ergreifen⁺. — [10] Eine Freude, die* nicht (μή) mit Leid vermischt ist (zwei Verba). — [11] Sterblichen. — [12] Verb⁺. — [13] gehe ich. — [14] damit ich nicht mit dir zugrunde gehe⁺.

XXXV. [1] = γῆν. — [2] Daktylischer Hexameter. — [3] = καὶ αὐτός. — [4] Iambischer Trimeter. — [5] Nach Matth. 7, 20. — [6] = ἀνέγνωκε. Der Vers ist eine Parodie auf den Euripidesvers **XXXIV** 18. — [7] Matth. 26, 26.

μέλλει. (Δημοσθένης.) 22. Ἡρόδοτος εἴρηκε τοὺς ἀνθρώπους, εἰ τὰ οἰκεῖα κακὰ εἰς μέσον συνενέγκοιεν ἀλλαξόμενοι τοῖς ἄλλων, ἡδέως ἂν ἀπενεγκεῖν ἑλομένους, ἃ αὐτοὶ εἰσήνεγκον. 23. Τῷ ἀναῤῥιφθέντι λίθῳ οὐδὲν κακὸν τὸ κατενεχθῆναι οὐδὲ ἀγαθὸν τὸ ἀνενεχθῆναι. (Μᾶρκος Αὐρήλιος.) 24. Ἦλθον, εἶδον, ἐνίκησα. (Καῖσαρ.) 25. „Ἰδέ, αἱ Ἰβύκου γέρανοι" εἶπον οἱ Ἰβύκου φονῆς, ἐπεὶ γέρανοι ὤφθησαν παρὰ δόξαν ὑπὲρ τὸ θέατρον παραπετόμεναι. 26. Ὄψει με περὶ Φιλίππους.

27. Διὰ τί κρίνεις, πρὶν καὶ ἐμοῦ ἀκοῦσαι; Ἆρ' οὐκ εἴρηται˙ „Μὴ σὺ δίκην δικάσῃς, πρὶν ἂν ἀμφοῖν μῦθον ἀκούσῃς"[2];

35. Übung

1. Iokaste[1] sagte zu Ödipus[2]: „Mögest du niemals erkennen+, von[3] welchen Eltern du stammst[4]! Denn wenn[5] du dies erkennst, wirst du wünschen, niemals geboren zu sein[4]." 2. Nach Sonnenuntergang[6] bestieg Odysseus das Schiff der Phaiaken[7] und landete vor[8] Sonnenaufgang[8] in seiner Heimat. 3. Nachdem* die Achaier Troja erobert hatten[9], erkannte (sah) Äneas[10], daß alles verloren sei, und* ergriff die Flucht. Auf den Schultern trug er seinen Vater aus der Stadt, in der sie so viele Jahre glücklich gelebt hatten. 4. Viele Jahre wählten die Athener Perikles zum Oberfeldherrn[11]. 5. Es[12] gibt wohl kein Wort[12], das nicht vorher schon gesagt worden ist. 6. Der Herr hat gesagt: „Kein guter Baum kann schlechte Früchte tragen+."

XXXVI. Kapitel

1. Ἆρ' οἶσθα (ἴστε) τὸ Σωκράτους˙ „Οἱ μὲν ἄλλοι οἴονταί τι εἰδέναι οὐκ εἰδότες, ἐγὼ δέ, ἃ μὴ οἶδα, οὐδὲ οἴομαι εἰδέναι"; 2. Θεοὶ πάντα ἴσασιν. 3. Εἰδῶμεν, εἰ νικῶμεν ἢ νικώμεθα. (Αἰσχύλος.)[1] 4. Ἔρδοι

---

35. [1] Ἰοκάστη, -ης. — [2] Οἰδίπους (-που, -ποδι, -πουν). — [3] Bloßer Genetiv. — [4] φύομαι+. — [5] ἐάν oder Partizip. — [6] Verb (Aorist- und Perfektpartizip). — [7] οἱ Φαίακες, -ων. — [8] bevor die Sonne aufging+. — [9] Auch passiv. — [10] Αἰνείας, -ου. — [11] Feldherrn. (Auch passiv.) — [12] Es wird wohl nichts gesagt+.

XXXVI. [1] Iambischer Trimeter.

τις[2], ἣν ἕκαστος εἰδείη[2] τέχνην.[1] (Ἀριστοφάνης.) 5. Ἄνθρωπος ὢν τοῦτ' ἴσθι καὶ μέμνησ' ἀεί.[1] 6. Δημοσθένης πρὸς κλέπτην εἰπόντα· ,,Οὐκ ᾔδη, ὅτι σόν ἐστιν." ,,Ὅτι δ'," ἔφη, ,,σὸν οὐκ ἔστιν, ᾔδησθα."

7. Ξενοφῶν ἀκριβῶς συνέγραψεν, πόσους σταθμοὺς οἱ Ἕλληνες οἱ σὺν Κύρῳ ἀναβάντες ἤλασαν (ἐληλάκασιν). 8. Τείσειαν Δαναοὶ ἐμὰ δάκρυα σοῖσι βέλεσσιν.[3] (Ὅμηρος.) 9. Πολλὰ πιὼν καὶ πολλὰ φαγὼν καὶ πολλὰ κάκ' εἰπὼν | ἀνθρώπους κεῖμαι Τιμοκρέων Ῥόδιος.[4] (Σιμωνίδης.)

10. Τὸν ἀγρόν φασι τοὺς ἀνθρώπους τὰς τέχνας διδάξαι. 11. Δαρεῖος θεράποντα ἐκέλευσε καθ' ἑκάστην ἡμέραν ἀναμνῆσαι ἑαυτὸν τὴν Σάρδεων ἅλωσιν εἰπόντα· ,,Δέσποτα, μέμνησο Ἀθηναίων." 12. Ἰησοῦ, μνήσθητί μου, ὅταν ἔλθῃς εἰς τὴν σὴν βασιλείαν.[5] 13. Ὁ τρώσας ἰάσεται.

14. Σχολαστικοῦ ἵππον ἀποδιδομένου ἐπύθετό τις, εἰ πρωτοβόλος[6] ἐστίν. Τοῦ δ' εἰπόντος δευτεροβόλον[6] εἶναι, ἐκεῖνος εἶπεν· ,,Πῶς[7];" Ὁ δέ· ,,Ἅπαξ ἐμὲ καταβέβληκε καὶ ἅπαξ τὸν πατέρα."

15. Σχολαστικὸς ἐπὶ δεῖπνον κληθεὶς οὐκ ἤσθιεν· ἐρωτήσαντος δέ τινος τῶν κεκλημένων, διὰ τί οὐκ ἐσθίοι καίπερ κληθείς, εἶπεν· ,,Ἵνα μὴ τοῦ φαγεῖν ἕνεκα δοκῶ παρεῖναι."

16. Μείζω εἴληφας ἢ δέδωκας. 17. Λαβὼν ἀπόδος, ἄνθρωπε, καὶ λήψῃ πάλιν.[1] 18. Θεὸν ἐπιορκῶν μὴ δόκει λεληθέναι.[1] 19. Σαμίων πρέσβεσιν μακρολογοῦσιν οἱ Σπαρτιᾶται· ,,Τῶν μὲν πρώτων ἐπιλελήσμεθα, τὰ δ' ὕστερα οὐ συνείκαμεν διὰ τὸ τῶν πρώτων ἐπιλελῆσθαι." 20. Δίκαια δράσας συμμάχου τεύξῃ θεοῦ.[1] 21. Σωκράτης. Ἦ τὸ πλοῖον ἀφῖκται ἐκ Δήλου, οὗ δεῖ ἀφικομένου τεθνάναι με; Κρίτων. Οὔτοι δὴ ἀφῖκται, ἀλλὰ δοκεῖ μοι ἀφίξεσθαι τήμερον. Σωκράτης. Ἀλλ', ὦ Κρίτων, τύχῃ ἀγαθῇ· εἰ ταύτῃ τοῖς θεοῖς φίλον, ταύτῃ ἔστω.

XXXVI. [2] τις ist mit ἕκαστος zu verbinden. — Der Optativ εἰδείη ist an den Optativ des Hauptsatzes angeglichen (assimiliert). — Hienach Terenz: Quam quisque norit artem, in hac se exerceat! — [3] Daktylischer Hexameter. Attisch: τὰ ἐμὰ δάκρυα τοῖς σοῖς βέλεσιν. Gebet des Priesters Chryses zu Apollon. — [4] Elegisches Distichon. Grabgedicht auf einen schmähsüchtigen Dichter. — [5] Nach Lukas 23, 42. — [6] πρωτοβόλος Fachausdruck = τοὺς πρώτους ὀδόντας ἀποβεβληκώς. Der σχολαστικός kennt diesen Fachausdruck nicht und gibt ihm eine andere Deutung, die er auch auf das Wort δευτεροβόλος überträgt.— [7] ,,Wieso?"

36. Übung

1. Herr, vergib+ ihnen; denn sie wissen nicht, was sie tun. 2. Sagt+ nicht: „Was werden[1] wir essen oder trinken?“ 3. Wußtet ihr nicht, daß ich im Hause meines Vaters sein muß? 4. Sei (seid) versichert[2], ich werde die volle[3] Wahrheit sagen. 5. Orestes[4] betete zu Zeus: „Zeus, gib+, daß ich den Tod meines Vaters räche+!“ 6. Die Schüler des Pythagoras standen nicht auf, ehe sie sich das[5] tags zuvor Erlebte ins Gedächtnis zurückgerufen hatten.[5] 7. Viele Athener wurden von den sogenannten[6] Sophisten unterrichtet. 8. Als die Meldung[7] kam[7], daß[8] Elateia[9] von Philipp genommen sei, waren die Athener in größter Furcht; denn sie glaubten[10], er werde sogleich gegen Athen ziehen.

XXXVII. Kapitel

1. Ἐνέβης, ἔπλευσας, κατήχθης, ἔκβηθι. (Μᾶρκος Αὐρήλιος.) 2. Σωκράτης πρὸς Ξανθίππην πρότερον μὲν λοιδοροῦσαν, ὕστερον δὲ καὶ περιχέασαν αὐτῷ, ὥστε τὸ ὕδωρ αὐτῷ κατὰ τῆς κεφαλῆς κατερρύη· „Οὐκ ἔλεγον,“ εἶπεν, „ὅτι Ξανθίππη βροντῶσα καὶ ὕδωρ ποιήσει;“ 3. Συγκέχυκε νῦν τὴν πίστιν ὁ καθ' ἡμᾶς βίος.[1] (Μένανδρος.) 4. Μακάριοι οἱ κλαίοντες νῦν, ὅτι γελάσεσθε· οὐαί, οἱ γελῶντες νῦν, ὅτι κλαύσεσθε.[2] 5. Ῥᾳδια πάντα θεῷ τελέσαι. 6. Τετέλεσται.[3]

7. Λάκων τις πρὸς Ἀθηναῖον ἀμαθεῖς καλέσαντα τοὺς Λακεδαιμονίους εἶπεν· „Μόνοι γοῦν ἡμεῖς οὐδὲν μεμαθήκαμεν παρ' ὑμῶν κακόν.“ 8. Εὖ ποιήσεις τὰ μέγιστα τὴν πόλιν, εἰ μὴ τοὺς ὀρόφους ὑψώσεις[4], ἀλλὰ τὰς ψυχὰς αὐξήσεις. (Ἐπίκτητος.) 9. Εὕρηκα. (Ἀρχιμήδης.) 10. Ζητεῖτε καὶ εὑρήσετε.[5] 11. Οὐδὲν οὕτως ἀσαφές, ὥστε ἀναζητούμενον μὴ εὑρεθῆναι. 12. Σωκράτης ἐρομένου τινός, πότερον γήμῃ (γῆμαι) ἢ μή, εἶπεν· „Ὁπότερον ἂν ποιήσῃς, μεταμελήσει σοι (μετα-

---

36. [1] Auch: sollen+. — [2] Wisse(t) wohl. — [3] ganze. — [4] Ὀρέστης, -ου. — [5] des tags zuvor (τῇ προτεραίᾳ) Geschehenen erinnert hatten+ (Wiederholung!). — [6] genannten. — [7] gemeldet wurde. — [8] ὅτι oder AcI. — [9] Ἐλάτεια, -ας. — [10] Auch: fürchteten, daß er . . ziehe+.

XXXVII. [1] Iambischer Trimeter. — [2] Nach Lukas 6, 21 und 25. — [3] Joh. 19, 30. — [4] d. h. hohe Häuser bauen. — [5] Matth. 7, 7.

μελήσῃ).“ 13. Ἀντισθένης τὴν Ξανθίππην γυναῖκα τῶν οὐσῶν καὶ τῶν γεγενημένων καὶ τῶν ἐσομένων χαλεπωτάτην ἐκάλεσεν. 14. Λεωνίδας ἀκούσας, ὅτι, εἰ τοῖς Πέρσαις μαχέσαιτο, ἐπισκιάζοιτο ὁ ἥλιος τοῖς τῶν βαρβάρων τοξεύμασιν· „Χαρίεν,“ ἔφη, „ὅτι καὶ ὑπὸ σκιᾷ μαχούμεθα.“ 15. Εἴρηται μέν· „Βουλήσεταί τις μᾶλλον ἢ δυνήσεται[1].“ Ἀλλ' ὁ ὄντως βουληθεὶς καὶ ἐδυνήθη. 16. Εἰ πάντες ἐβοηθοῦμεν ἀλλήλοις ἀεί,[1] | οὐδεὶς ἂν ὢν ἄνθρωπος ἐδεήθη τύχης.[1] (Μένανδρος.) 17. Σωκράτης τῆς ψυχῆς ἔλεγε δεῖν ἐπιμεληθῆναι, ὅπως ὡς ἀρίστη γενήσεται. 18. Ἐὰν ἔχωμεν χρήμαθ', ἕξομεν φίλους.[1] 19. Μέχρι τοῦ μελλήσετε ποιῆσαι, ἃ ὑπέσχησθε; 20. Ἔδοξε τῇ βουλῇ καὶ τῷ δήμῳ Δημοσθένους εἰπόντος πολεμῆσαι Φιλίππῳ. Δόξαν δὲ ταῦτα ἤρξατο ὁ ἀγὼν ὁ περὶ τῆς τῶν Ἑλλήνων ἐλευθερίας. 21. Οἷς οὕτω δέδοκται καὶ οἷς μή, τούτοις οὐκ ἔστι κοινὴ βουλή. (Πλάτων.)

22. Μάλα φοβοῦμαι ἀεί, μή τι μεῖζον ἢ ὥστε φέρειν δύνασθαι τῇ πόλει συμβῇ. (Ξενοφῶν.)

37. Übung

1. Diogenes antwortete auf[1] die Frage[1], wann man heiraten+ solle: „Die jungen Leute° noch nicht, die älteren nicht mehr.“ 2. Als der König lange Zeit die[2] Schlacht nicht annahm[2], glaubte Kyros, er werde überhaupt° nicht mehr kämpfen; aber wider Erwarten entschloß sich der König zum[3] Kampf[3]. 3. Die Athener haben es später bereut+,[4] Sokrates zum Tode verurteilt zu haben+. 4. Wenn[x] ihr das beschließt+, Männer von[5] Athen[5], wird sich die Lage glücklich[6] gestalten[6]; ihr müßt[7] aber auch dafür° Sorge tragen[7], daß eure Beschlüsse[8] verwirklicht werden. 5. Viele[9] Erfindungen sind durch Zufall gemacht worden.[9] 6. Warum hast du dies nicht gelernt? — Ich konnte nicht. — Wenn du gewollt hättest, hättest du auch können. — 7. Wer* nicht[10] zu Schiff gefahren ist, hat kein Übel gesehen.

---

37. [1] als einer fragte+. — [2] nicht kämpfte+. — [3] zu kämpfen+. — [4] unpersönliche und persönliche Wendung. — [5] Adjektiv. — [6] gut verhalten. — [7] Verbaladjektiv. — [8] das Beschlossene (Aorist und Perfekt). — [9] Vieles ist durch Zufall erfunden worden (Perfekt und Aorist). — [10] Negation?

Anhang

(Lesestücke über den ganzen Stoff)

Ἀλώπηξ καὶ βότρυς

Ἀλώπηξ πεινῶσα, ὡς ἐθεάσατο ἐπί τινος ἀναδενδράδος βότρυς κρεμαμένους, ἐβουλήθη αὐτοὺς λαβεῖν, ἀλλ' οὐκ ἐδύνατο· ἀπαλλαττομένη οὖν πρὸς ἑαυτὴν εἶπεν· „Ὄμφακές εἰσιν."

Ὄνος καὶ λεοντῆ

Ὄνος δορὰν λέοντος ἐνδὺς λέων ἐνομίζετο ὑπὸ πάντων· καὶ φυγὴ μὲν ἦν ἀνθρώπων, φυγὴ δὲ θηρίων. Ὡς δ' ἀνέμου πνεύσαντος ἡ δορὰ περιῃρέθη καὶ γυμνὸς ὁ ὄνος ἦν, τότε πάντες ἐπιδραμόντες ξύλοις καὶ ῥοπάλοις αὐτὸν ἔπαιον.

Δάμων καὶ Φιντίας

Διονυσίου τῶν Συρακουσῶν τυραννεύοντος Φιντίας ὁ Πυθαγόρειος ἐπιβουλεύσας τῷ τυράννῳ, συλληφθεὶς δὲ ὑπὸ τῶν φυλάκων αὐτοῦ, ὅτε τῆς τιμωρίας ἔμελλε τυγχάνειν, χρόνον ἐδεήθη τοῦ Διονυσίου, ἵνα τὰ ἴδια πρότερον διαθείη· δώσειν δ' ἔφη ἐγγυητὴν τοῦ θανάτου τῶν φίλων ἕνα. Τοῦ δὲ τυράννου θαυμάζοντος, εἰ[1] τοιοῦτός ἐστι φίλος, ὃς ἑαυτὸν εἰς τοὺς δεσμοὺς ἀντ' ἐκείνου παραδώσει, ὁ Φιντίας τινὰ τῶν γνωρίμων προεκαλέσατο, Δάμωνα ὄνομα, Πυθαγόρειον φιλόσοφον, ὃς οὐ μελλήσας εὐθὺς ἐγγυητὴς ἐγένετο τοῦ θανάτου.

Τῇ δὲ τεταγμένῃ ὥρᾳ ἅπας ὁ δῆμος συνέδραμε προσδοκῶν, εἰ φυλάξοι τὴν πίστιν ὁ Φιντίας. Τούτου δ' οὐ φαινομένου πάντες ἤδη ἀπεγίγνωσκον, ἐν δὲ τῷ ἐσχάτῳ καιρῷ ὁ Φιντίας δρομαῖος ἦλθε τοῦ Δάμωνος ἀπαγομένου ἤδη πρὸς τὸν θάνατον. Θαυμαστῆς δὲ τῆς φιλίας φανείσης ἅπασιν ἀπέλυσεν ὁ τύραννος τῆς τιμωρίας τὸν Φιντίαν καὶ ἐδεήθη τοῖν ἀνδροῖν τρίτον ἑαυτὸν εἰς τὴν φιλίαν προσλαβέσθαι.

Ὁ τοῦ μάγου μαθητής

(Κατὰ Λουκιανόν)

Εὐκράτης τις τοῖς φίλοις εἶπε τάδε· „Διηγήσομαι ὑμῖν πρᾶγμά τι αὐτὸς παθών, οὐ παρ' ἄλλου ἀκούσας. Ἐν τῇ Αἰγύπτῳ ἔτυχεν ἡμῖν

Anhang. [1] εἰ nach θαυμάζω = daß.

συμπλέων Μεμφίτης ἀνήρ, Παγκράτης ὄνομα, τὴν παιδείαν πᾶσαν εἰδὼς τὴν Αἰγυπτίων. Καὶ τὰ μὲν πρῶτα ἠγνόουν, ὅστις ἦν· ἐπεὶ δ' ἑώρων αὐτόν, εἴ ποτε ὁρμίσαιμεν τὸ πλοῖον, ἐπὶ κροκοδείλων ὀχούμενον καὶ συννέοντα τοῖς θηρίοις, ἔγνων ἱερόν τινα ἄνθρωπον ὄντα αὐτόν. Καὶ τέλος με πείθει τοὺς μὲν οἰκέτας ἅπαντας καταλιπεῖν, μόνον δ' ἀκολουθεῖν αὐτῷ· οὐ γὰρ ἀπορήσειν ἔφη ἡμᾶς τῶν διακονούντων.

Μετὰ δὲ τοῦτο ἐγίγνετο τόδε· ἐπειδὴ ἔλθοιμεν εἴς τινα οἶκον, λαβὼν ὁ ἀνὴρ τὸν τῆς θύρας μοχλὸν καὶ ἐπῳδῇ τινι χρησάμενος ἐποίει τοῦτον βαδίζειν, ὥσπερ ἂν εἰ ἄνθρωπος ἦν, καὶ ἀπελθὼν οὗτος πάντα κατεσκεύαζεν, ὧν δέοι ἡμῖν. Ἐπειδὴ δὲ παύσαιτο διακονῶν, πάλιν μοχλὸν ἐποίει αὐτὸν ἄλλῃ ἐπῳδῇ χρησάμενος. Ὅτε δ' ἔλαθόν ποτε ἀκούσας τῆς ἐπῳδῆς, αὐτὸς ἐγὼ τοῦ ἀνδρὸς εἰς τὴν ἀγορὰν ἀπεληλυθότος τὸν μοχλὸν ὑδροφορῆσαι ἐκέλευσα. Ἐπεὶ δ' ἅλις ὕδατος ἐκόμισεν, ἐβόησα· „Παῦσαι τῆς διακονίας καὶ γενοῦ πάλιν μοχλός." Ὁ δ' οὐκέτι πείθεσθαι ἤθελεν, ἀλλ' ὑδροφορῶν διετέλει. Ἐγὼ δ' ἀμηχανῶν τῷ πράγματι ἀξίνην λαβὼν διακόπτω αὐτὸν εἰς δύο μέρη. Τῶν δ' ἤδη ὑδροφόρει ἑκάτερον καὶ ἀνθ' ἑνὸς δύο μοι ἐγένοντο ὑδροφόροι· καὶ ἐν τούτῳ ὁ Παγκράτης ἐφίσταται καὶ συνεὶς τὸ γενόμενον ἐκεῖνα αὖθις ἐποίησε ξύλα τῇ ὀρθῇ ἐπῳδῇ χρησάμενος."

Ἀποφθέγματα

Φίλιππος ὁ Μακεδὼν φρούριόν τι βουλόμενος λαβεῖν ὀχυρόν, ὡς ἀπήγγειλαν οἱ κατάσκοποι χαλεπὸν εἶναι παντάπασιν καὶ ἀνάλωτον, ἤρετο, εἰ χαλεπὸν οὕτως εἴη, ὥστε μηδὲ ὄνον προσελθεῖν χρυσίον κομίζοντα.

Παρ' Εὐκλείδῃ τις ἀρξάμενος γεωμετρεῖν, ὡς τὸ πρῶτον θεώρημα ἔμαθεν, ἤρετο τὸν Εὐκλείδην· „Τί δέ μοι πλέον ἔσται ταῦτα μαθόντι;" Καὶ ὁ Εὐκλείδης τὸν παῖδα[2] καλέσας· „Δός," ἔφη, „αὐτῷ τριώβολον, ἐπειδὴ δεῖ αὐτῷ, ἐξ ὧν μανθάνει, κερδαίνειν."

Ἀντισθένης πρὸς μειράκιον ἄνουν μέλλον φοιτᾶν αὐτῷ καὶ πυθόμενον, τίνων αὐτῷ δεῖ, εἶπεν· „Βιβλίου ΚΑΙΝΟΥ καὶ γραφείου ΚΑΙΝΟΥ καὶ πίνακος ΚΑΙΝΟΥ."

Ἐπιγράμματα[3]

Εἰς βουλευτήν τινα

Τοῦτο τὸ βουλεύειν εἶχες πάλαι· ἀλλὰ τὸ βῆτα[4]
οὐκ ἐπιγιγνώσκω· δέλτα γὰρ ἐγράφετο.

---

[2] Siehe **XX**, Anm. 7. — [3] Elegische Disticha. — [4] des Wortes βουλεύειν.

Αἴνιγμα

Ἀνθρώπου μέλος εἰμί· ὃ[5] καὶ τέμνει με σίδηρος·
γράμματος αἰρομένου δύεται[6] ἠέλιος[7].

Ἐπιτύμβιον

Τῇδε Σάων ὁ Δίκωνος[8] Ἀκάνθιος[9] ἱερὸν ὕπνον
κοιμᾶται· θνῄσκειν μὴ λέγε τοὺς ἀγαθούς.

(Καλλίμαχος)

Στίχος Μενάνδρου[10]

Ὡς χαρίεν ἔστ' ἄνθρωπος, ὅταν ἄνθρωπος ᾖ.

Παροιμίαι

Ἐλέφαντα ἐκ μυίας ποιεῖς. — Κροκοδείλου δάκρυα δακρύεις. — Κακοῦ κόρακος κακὸν ᾠόν. — Εὐήθει δάκτυλον μὴ δείξῃς, ἵνα μὴ καὶ τὴν παλάμην σου καταπίῃ. — Μήτε νεῖν μήτε γράμματα.[11] — Μὴ εἰς αὔριον τὰ σπουδαῖα.

Ἐκ τῶν Παύλου τοῦ ἀποστόλου ἐπιστολῶν

Ἐὰν ταῖς γλώτταις τῶν ἀνθρώπων λαλῶ καὶ τῶν ἀγγέλων, ἀγάπην δὲ μὴ ἔχω, γέγονα[12] χαλκὸς ἠχῶν ἢ κύμβαλον ἀλαλάζον.[13]

Ἡ σοφία τοῦ κόσμου τούτου μωρία παρὰ τῷ θεῷ ἐστιν.[14]

Τὸ γράμμα ἀποκτείνει, τὸ δὲ πνεῦμα ζῳοποιεῖ.[15]

Ἐκ τῶν εὐαγγελίων

Ἐκ τοῦ περισσεύματος τῆς καρδίας τὸ στόμα λαλεῖ.[16]

Ἰησοῦς καὶ ὁ ἑκατόνταρχος ὁ ἐκ Καφαρναούμ[17]

Εἰσελθόντος τοῦ Ἰησοῦ εἰς Καφαρναοὺμ προσῆλθεν αὐτῷ ἑκατόνταρχος παρακαλῶν αὐτὸν καὶ λέγων· „Κύριε, ὁ παῖς[18] μου βέβληται[19] ἐν τῇ οἰκίᾳ παραλυτικός, δεινῶς βασανιζόμενος.“ Λέγει αὐτῷ· „Ἐγὼ

[5] = διό. — [6] = καταδύεται. — [7] = ἥλιος. — [8] Saon, der Sohn des Dikon. — [9] aus Akanthos, einer Stadt der Chalkidike. — [10] Iambischer Trimeter. — [11] Παροιμία ἐπὶ τῶν πάνυ ἀμαθῶν· ἀμφότερα γὰρ ἐκ παίδων Ἀθήνησιν ἐμάνθανον. — [12] = εἰμί. — [13] 1. Korintherbrief 13, 1. — [14] 1. Korintherbrief 3, 19. — [15] 2. Korintherbrief 3, 6. — [16] Matth. 12, 34. — [17] Matth. 8, 5—13 (gekürzt). — [18] Siehe **XX**, Anm. 7. — [19] = κεῖται.

ἐλθὼν θεραπεύσω αὐτόν.“ Ἀποκριθεὶς[20] δὲ ὁ ἑκατόνταρχος ἔφη˙ „Κύριε, οὐκ εἰμὶ ἱκανός, ἵνα μου ὑπὸ τὴν στέγην εἰσέλθῃς˙ ἀλλὰ μόνον εἰπὲ λόγῳ, καὶ ἰαθήσεται ὁ παῖς μου. Καὶ γὰρ ἐγὼ ἄνθρωπός εἰμι ὑπὸ ἐξουσίαν[21], ἔχων ὑπ' ἐμαυτὸν[21] στρατιώτας, καὶ λέγω τούτῳ˙ ‚Πορεύθητι', καὶ πορεύεται, καὶ ἄλλῳ˙ ‚Ἔρχου', καὶ ἔρχεται, καὶ τῷ δούλῳ μου[22]˙ ‚Ποίησον τοῦτο', καὶ ποιεῖ.“ Ἀκούσας δὲ ὁ Ἰησοῦς ἐθαύμασεν καὶ εἶπεν τοῖς ἀκολουθοῦσιν˙ „Ἀμὴν λέγω ὑμῖν, παρ' οὐδενὶ τοσαύτην πίστιν ἐν τῷ Ἰσραὴλ εὗρον.“ . . Καὶ εἶπε τῷ ἑκατοντάρχῃ˙ „Ὕπαγε, ὡς ἐπίστευσας, γενηθήτω[23] σοι.“ Καὶ ἰάθη ὁ παῖς ἐν τῇ ὥρᾳ ἐκείνῃ.

Ἰησοῦς καὶ τὰ παιδία[24]

Προσέφερον τῷ Ἰησοῦ παιδία, ἵνα αὐτῶν ἅψηται˙ οἱ δὲ μαθηταὶ ἐπετίμησαν αὐτοῖς. Ἰδὼν δὲ ὁ Ἰησοῦς ἠγανάκτησεν καὶ εἶπεν αὐτοῖς˙ „Ἄφετε[25] τὰ παιδία ἔρχεσθαι πρὸς ἐμέ, μὴ κωλύετε αὐτά˙ τῶν γὰρ τοιούτων ἐστὶν ἡ βασιλεία τοῦ θεοῦ.“

Pater noster[26]

Πάτερ ἡμῶν ὁ ἐν τοῖς οὐρανοῖς, ἁγιασθήτω τὸ ὄνομά σου˙ ἐλθάτω[27] ἡ βασιλεία σου˙ γενηθήτω[23] τὸ θέλημά σου ὡς ἐν οὐρανῷ καὶ ἐπὶ γῆς. Τὸν ἄρτον ἡμῶν τὸν ἐπιούσιον δὸς ἡμῖν σήμερον[28]˙ καὶ ἄφες ἡμῖν τὰ ὀφειλήματα ἡμῶν, ὡς καὶ ἡμεῖς ἀφήκαμεν[29] τοῖς ὀφειλέταις ἡμῶν[30]. Καὶ μὴ εἰσενέγκῃς ἡμᾶς εἰς πειρασμόν, ἀλλὰ ῥῦσαι ἡμᾶς ἀπὸ τοῦ πονηροῦ.

Δόξα ἐν ὑψίστοις θεῷ καὶ ἐπὶ γῆς εἰρήνη ἐν ἀνθρώποις εὐδοκίας.[31]

---

[20] Attisch ἀποκρινάμενος. Der Passivaorist ist eine Form der griechischen Gemeinsprache, der sogenannten κοινή, in der die griechische Bibel geschrieben ist. — [21] Attisch eher Genetiv. — [22] Attisch? — [23] ἐγενήθην = attisch ἐγενόμην. — [24] Markus 10, 13—14. — [25] = ἐᾶτε. — [26] Matth. 6, 9—13. — [27] Attisch ἐλθέτω. — [28] Attisch τήμερον. — [29] Attisch ἀφεῖμεν. — [30] Attisch? — [31] Lukas 2, 14.

SPRACHLEHRE

Einleitung

Die griechische Sprache, die noch heute im Munde der Griechen fortlebt, ist eine der indogermanischen Sprachen, zu denen auch die deutsche und die lateinische, die indische und die persische sowie alle slawischen Sprachen gehören, ferner als Schwestern der deutschen die englische und die nordgermanischen, als Töchter der lateinischen die romanischen Sprachen. Sie hat sich im Laufe des II. Jahrtausends v. Chr. dadurch gebildet, daß zahlreiche miteinander näher verwandte Scharen des indogermanischen Volkes in wiederholten Vorstößen von Norden her in die Balkanhalbinsel eindrangen und sich mit den dortigen Einwohnern vermischten. Gemäß diesem Entwicklungsgange war sie von Anfang an wie die Sprache der alten Germanen in viele Mundarten gespalten, deren Unterschiede wir mit Hilfe älterer Inschriften teilweise von Gemeinde zu Gemeinde verfolgen können. Der Verkehr benachbarter Gemeinden und Landschaften führte allerdings bald zu einer gewissen Angleichung und Ausgleichung, die uns gestattet, größere Gruppen von Mundarten zusammenzufassen und gegen andere abzugrenzen. So können wir die gemeinsamen Merkmale der Mundarten Thessaliens, Boiotiens oder Lakoniens bestimmen, wie wir von einem sächsischen, schwäbischen, bayrischen Dialekt sprechen, unbeschadet der kleineren Unterschiede innerhalb dieser landschaftlichen Gruppen.

Für die Literatur haben die Mundarten der ionischen Kolonien an der Westküste Kleinasiens, der ionische Dialekt, und die Mundart Attikas, namentlich Athens, der attische Dialekt, die größte Bedeutung gewonnen; ja, der attische Dialekt wurde seit rund 400 v. Chr. die Grundlage der griechischen Schriftsprache und ist es bis auf den heutigen Tag geblieben. Eine griechische Sprachlehre hat daher vor allem die attischen Sprachformen vorzuführen.

Schrift

Die Entwicklung einer Literatur begann in Griechenland mit der Verbreitung der Schrift um das Jahr 700 v. Chr. Die Anfänge einer griechischen Schrift aber reichen wahrscheinlich bis ans Jahr 1000 v. Chr. hinauf. Sie war zweifellos semitischen Ursprungs, wie die semitischen Buchstabennamen zusammen mit Angaben des Altertums selbst bezeugen. Ein semitischer Stamm in der Gegend Phöniziens hatte im II. Jahrtausend nach dem Vorbild der ägyptischen Hieroglyphen eine Bilderschrift geschaffen, in der jeder Buchstabe das abgekürzte Bild eines Gegenstandes darstellte, den der Buchstabenname bezeichnete, während der Lautwert durch den Anlaut des Buchstabennamens gegeben war: gamma (mit dem Lautwert g), semitisch gaml, gimel, bedeutet Kamel und die ursprüngliche Gestalt des Buchstaben ∧ stellt den Höcker eines Kamels dar, weil gerade er für das Tier bezeichnend ist; delta (mit dem Lautwert d) = Türe, △ ist die dreieckige Öffnung eines Nomadenzeltes; kappa, semitisch kaf = Hand, ʏ (woraus später ꓘ, rechtsläufig K) ist die Andeutung einer Hand mit gespreizten Fingern; rho, semitisch rosch = Kopf, ꟼ (rechtsläufig P) vereinfacht den Vorderteil des Kopfes zu einer Wölbung, die vom Halse vorspringt; tau T (aus ┼) = Kreuzzeichen. Wie die semitische Schrift war die älteste griechische linksläufig.

Natürlich mußten die Griechen diese Schrift erst dem Lautbestand ihrer eigenen Sprache anpassen und haben daher einige Zeichen hinzugefügt (Φ, X, Ψ, Ω), einige umgedeutet (⊕ = th, im Semitischen ein eigenartig ausgesprochenes t; I = ds, eigentlich ein weiches s; Ξ = x, im Semitischen ein scharfes s). Ein weltgeschichtliches Verdienst aber haben sie sich dadurch erworben, daß sie für die Vokale eigene Zeichen einführten; sie verwendeten hiezu Buchstaben, die im semitischen Mutteralphabet Hauchlaute oder auch nur verschiedene Arten des Stimmansatzes anzeigten: E (he) wurde zu ĕ; H (chet; auch auf griechischem Boden anfangs Zeichen des Hauchlautes, das es im lateinischen Tochteralphabet geblieben ist) wurde entbehrlich, als die Griechen aufhörten, h auszusprechen, und erlangte schließlich allgemein die Bedeutung eines ē; I (jod) = i; A (ursprünglich ≮, Bild eines Kuhkopfes mit den zwei Hörnern und den seitlich abstehenden Ohren; alf, elif = Rind) bezeichnet in der semitischen Schrift nur einen bestimmten Ansatz der Stimme vor vokalischem Anlaut, nicht aber einen Vokal selbst; ebenso O (ajn = Augapfel). Erst damit, daß auch jeder Vokal sein eigenes Schriftzeichen erhielt, war eine volle Buchstabenschrift geschaffen; ihre Schöpfer sind die Griechen.

Α α	alpha	ă und ā		Ξ ξ	xē (später xī)	x
Β β	bēta	b		Ο ο	o mīkron	ŏ
Γ γ	gamma	g		Π π	pē (später pī)	p
Δ δ	dĕlta	d		Ρ ρ	rhō	r
Ε ε	e psīlon	ĕ		Σ σ	(am Wortschluß	
Ζ ζ	zēta	ds (auch = sd[1])			ς, in der Mitte σ)	
Η η	ēta	ē			sigma	s
Θ ϑ	thēta	th		Τ τ	tau	t
Ι ι	iōta	ĭ und ī		Υ υ	y psīlon	y̆ und ȳ
Κ κ	kappa	k		Φ φ	phē (später phī)	ph
Λ λ	lambda	l		Χ χ	chē (später chī)	ch
Μ μ	mȳ	m		Ψ ψ	psē (später psī)	ps
Ν ν	nȳ	n		Ω ω	o mĕga	ō

Ϝ (sprich w), seiner Gestalt nach Digamma (Doppelgamma) genannt, ging in vielen Dialekten, so auch im Attischen, verloren.

Noch früher hatte das Griechische das j (Jod) eingebüßt. ι ist immer vokalisch: Ἰωνία I-onia.

Die Buchstabennamen e psīlon und y psīlon, o mīkron und o mĕga sind erst am Ende des Altertums oder noch später entstanden. Sie sind teils von der äußeren Form der Buchstaben hergenommen (das kleine o — das große o), teils von der Aussprache: das psīlon (= bloße, einfache) e und y zum Unterschied von den Diphthongen ai und oi, die in jüngerer Zeit gleichfalls wie e und y ausgesprochen wurden.

Die Doppelkonsonanten Ξ und Ψ vertreten nicht nur die Lautgruppen ks und ps, sondern werden auch geschrieben, wenn

[1] Vgl. ὄζος Ast und die Schreibung Ἀθήναζε statt Ἀθήνας-δε (nach Athen).

einerseits die Kehllaute γ und χ, andererseits die Lippenlaute β und φ mit einem folgenden σ verschmelzen.

Da die „großen" Buchstaben nicht geeignet waren, rasch und geläufig geschrieben zu werden, so erfuhren sie im Laufe der Jahrhunderte eine wesentliche Vereinfachung der Gestalt. So sind aus den „großen" Buchstaben die „kleinen" hervorgegangen; aber der Unterschied ist teilweise so groß, daß der Zusammenhang nur durch die Mittelglieder verständlich wird: Γ γ γ, Η h η, Θ θ ϑ, Μ Μ μ, Ξ ξ ξ, Σ C C σ. Mit großen Buchstaben pflegen nur noch die Anlaute der Eigennamen und der Anfangswörter von Sätzen oder größeren Absätzen geschrieben zu werden.

Aussprache

Der Nasenlaut vor Kehllauten (γ, κ, χ und ξ), der eine Mittelstellung zwischen n und g einnimmt (man vergleiche n in eng, krank mit n in nur, man), wird im Deutschen n, im Griechischen γ geschrieben (nasales Gamma): κλαγγή Klang, ἄγκυρα Anker, φάλαγξ Phalanx.

σπ, στ, σχ spricht man ßp, ßt, ßch: Σπάρτη, στάδιον, σχολή.

Mehrere griechische Mundarten, darunter die ionische und die attische, ersetzten in vielen Fällen ᾱ durch η. Dieser Wandel erklärt sich damit, daß der durch η bezeichnete Laut anfangs ein ganz offenes e war, das dem a so nahe stand (ä), daß es leicht für a eintreten konnte; vgl. alt — älter, Maß — mäßig. Auch das durch ω bezeichnete o war ein offenes, wie in bohren.

Der ursprüngliche Lautwert des Υ war u; vgl. Κύπρος Kupfer, Κύμη Cumae, μῦς mus, νῦν nun. Der Übergang von u zu ü hat sich in der Sprache Frankreichs wiederholt. Am zähesten hat sich u in den Diphthongen αυ, ευ, ου erhalten. Auch ου war einmal ein Diphthong, ein Zwielaut, dessen beide Bestandteile o und u in der Aussprache nebeneinander hörbar waren; aber schon im VI. Jahrhundert v. Chr. war daraus durch Angleichung des o an das folgende u allmählich ein langes u geworden (wie im Französischen). Eine ähnliche Vereinfachung erfuhr etwas später der Diphthong ει, indem seine beiden Bestandteile in der

Aussprache einander genähert wurden, wodurch ein langes geschlossenes (dem i nahestehendes) e (ẹ) entstand. Als ου und ει nicht mehr diphthongisch ausgesprochen wurden, konnten sie fortan als schriftlicher Ausdruck eines u (oder eines ihm nahestehenden geschlossenen o [ọ]) und eines geschlossenen e (ẹ) dienen, auch wenn diese Laute auf anderem Wege zustande gekommen waren wie durch Zusammenziehung einerseits von οο (oder οε oder εο), anderseits von εε: aus νόος (χρύσεος) ging zunächst nọ̄s (chrysọ̄s) hervor, später durch Verdumpfung des ọ zu u nūs (chrysūs), geschrieben νοῦς (χρυσοῦς); ποίεε wurde zu poiẹ̄ zusammengezogen und ποίει geschrieben. Ähnlich ist die Entwicklung von οδοντσι (über οδονσι) zu odọ̄si und odūsi (geschrieben ὀδοῦσι) oder von εσναι (über εννοι) zu ẹ̄nai (geschrieben εἶναι, wo ει natürlich niemals diphthongisch gesprochen wurde).

Die mit u oder i zusammengesetzten Diphthonge, deren erster Bestandteil kurz ist (ᾰυ, ευ, ου, ᾰι, ει, οι), nennt man Kurzdiphthonge. Langdiphthonge sind ᾱι, ηι, ωι, und ᾱυ, ηυ, ωυ (diese drei sehr selten). In den mit i zusammengesetzten Langdiphthongen verlor das i nach dem langen Vokal frühzeitig seinen vollen Lautwert und ging zunächst in j über, bis es schließlich völlig verstummte. Von dieser Zeit an war das ι der Langdiphthonge in der Schrift entbehrlich; dennoch forderte der Schulunterricht, es nach wie vor dort hinzusetzen, wo es nach den Sprachgesetzen berechtigt war. Um jedoch anzudeuten, daß es kein vollwertiger Buchstabe sei, haben Schreiber des Mittelalters angefangen, dieses stumme ι ganz klein zu schreiben, zuerst neben dem vorausgehenden Langvokal (αι, ηι, ωι), dann unter ihm (ᾳ, ῃ, ῳ): Iota subscriptum; nur wenn der Langdiphthong groß geschrieben ist, behält das stumme Iota seine gewöhnliche Größe. Selbstverständlich sind auch die sogenannten Kurzdiphthonge lang: sie brauchen zur Aussprache doppelt soviel Zeit wie kurze Vokale.

Alle griechischen Wörter gehen entweder auf einen Vokal (Diphthong) oder auf einen der drei Konsonanten ν (in vielen Fällen lateinischem m entsprechend), ρ, ς (ξ, ψ), aus; Ausnahmen sind ἐκ = aus (vor Konsonanten; vor Vokalen: ἐξ) und οὐκ = nicht (vor Vokalen; vor Konsonanten οὐ, vor h οὐχ).

Lesezeichen

Obwohl der Hauchlaut frühzeitig aus der griechischen Sprache verschwand, in der einen Mundart früher, in der anderen später, haben die griechischen Grammatiker doch ein Zeichen gebildet, das ein anlautendes h andeuten sollte; aus der ersten Hälfte des H hervorgegangen (Ͱ), hat es die Gestalt eines umgekehrten Apostrophs ʽ angenommen, der über den anlautenden Vokal gesetzt wird (ἡ hē, οἱ hoi), und heißt spiritus asper. Die anlautenden Vokale, die ohne h zu sprechen sind, tragen den spiritus lenis, dessen Gestalt der des Apostrophs gleicht (ἐν, οὐκ). Auch anlautendes ρ fordert den spiritus asper (ῥεῦμα rheuma).

In der griechischen Sprache ist der Wortton auf die drei letzten Silben des Wortes beschränkt, während er in der lateinischen stets auf der vorletzten oder drittletzten Silbe liegt; auf der drittletzten liegt er in griechischen Wörtern nur, wenn die letzte kurz ist, in lateinischen stets, wenn die vorletzte kurz ist: Ἑλλάς, Τροία, Φίλιππος, aber Genetiv Φιλίππου. Die Silbe, die den Wortton trägt, wird durch einen über ihren Vokal gesetzten Akzent gekennzeichnet. Wenn der accentus acūtus ′ auf der letzten Silbe eines Wortes steht, wird er innerhalb des Satzes durch den accentus gravis ˋ ersetzt: Μαραθών, aber Μαραθὼν καὶ (und) Σαλαμίς. Der accentus circumflexus ˜ steht nur auf langen Vokalen und ist auf die zwei letzten Silben eines Wortes beschränkt; auf der vorletzten steht er nur, wenn die letzte kurz ist: Περικλῆς, Δῆλος, aber Genetiv Δήλου. Wenn Akzent oder Spiritus einem groß geschriebenen Buchstaben zukommt, so wird er vor diesen gesetzt, nicht darüber (Ἥρα, Ῥόδος); wenn einem Diphthong, so wird er über dessen zweiten Vokal gesetzt (Μοῦσα, Αἴγυπτος, Εὐρώπη); wenn aber einem groß geschriebenen Langdiphthong (s. S. 61), so steht er vor dem ersten Vokal (Ἅιδης).

Einige Wörter entbehren wegen ihrer Unselbständigkeit eines eigenen Akzentes. Sie lehnen sich entweder an das folgende Wort an (Átona: so die Präpositionen ἐν und εἰς [in], ἐκ und ἐξ [aus], die Konjunktionen εἰ [wenn] und ὡς [wie], die Negation οὐ [οὐκ, οὐχ nicht]) oder an das vorangehende (Enklítika). Infolgedessen geraten sie in den Wirkungskreis des Haupttons des danebenstehenden Wortes, an das sie sich anlehnen. Da aber der Wortton nie über die drittletzte Silbe, der Zirkumflex grundsätzlich nie über die vorletzte Silbe zurücktritt, kann die Anlehnung eines enklitischen Wörtchens unter Umständen die Verschiebung des Akzentes gegen das Wortende hin erfordern: aus φεῦγε ποι (flieh irgendwohin) sollte φευγέ ποι werden, aus ἔφυγε ποτε (er floh einmal) ἐφυγέ ποτε; um jedoch den dem Wort eigentlich zukommenden Akzent wenigstens in der Schrift nicht ganz preiszugeben, vereinigt man in solchen Fällen auf einem Wort zwei Akzente: φεῦγέ ποι, ἔφυγέ ποτε. Natürlich wird der Akut einer Schlußsilbe vor einem enklitischen Wort nicht durch den Gravis ersetzt (ὁ πατήρ μου mein Vater); und der Zirkumflex einer Schlußsilbe bleibt erhalten, auch wenn das folgende Enklitikon zweisilbig ist (sogar θεῶν τινων mancher Götter). Ein zweisilbiges Enklitikon hat einen eigenen Akzent nach einem Wort mit Akut auf der vorletzten Silbe: ὁ φίλος ἐστὶν ἄλλος ἐγώ (der Freund ist ein anderes Ich). Atona und Enklitika erhalten vor einem Enklitikon den Akut: εἴ τίς ποτε λέγει (wenn jemand einmal sagt): εἴ (Atonon) wegen τίς (Enklitikon), dies wegen ποτε (Enklitikon).

Punkt und Beistrich pflegen wie im Deutschen gesetzt zu werden. Das Fragezeichen hat die Gestalt eines Strichpunktes. Ein selbständiges Glied eines größeren Satzgefüges wird durch einen hochgestellten Punkt abgeschlossen; er entspricht daher unserem Strichpunkt und unserem Doppelpunkt.

Wird ein auslautender (meist kurzer) Vokal vor einem anlautenden abgeworfen (elidiert), so wird wie im Deutschen als Zeichen der Elision ein Apostroph gesetzt: τὰ δ' [= δὲ] ἔργα aber die Taten. Dasselbe Zeichen wird gesetzt, wenn ein auslautender und ein anlautender Vokal zusammengezogen werden (Krasis), und heißt in diesem Falle Korónis (τὰ ἀγαθά: τἀγαθά, τὰ ἄλλα: τἆλλα).

I. Kapitel

Wie die deutsche Sprache, hat auch die griechische einen bestimmten Artikel aus einem hinweisenden Fürwort entwickelt. Die weiblichen Formen des bestimmten Artikels lauten in der Einzahl ἡ (Atonon), τῆς, τῇ, τήν, in der Mehrzahl αἱ (Atonon), τῶν, ταῖς, τάς. Einen unbestimmten Artikel gibt es nicht.

Weibliche Nominalstämme auf α:

Nom.	Sing.	ψῡχή Seele	θῠ́ρᾱ Türe	σφαῖρᾰ Kugel,	θάλαττᾰ Meer
Gen.	,,	ψυχῆς	θύρᾱς	σφαίρᾱς [Ball	θαλάττης
Dat.	,,	ψυχῇ	θύρᾳ	σφαίρᾳ	θαλάττῃ
Akk.	,,	ψυχήν	θύρᾱν	σφαῖρᾰν	θάλαττᾰν
Nom.	Plur.	ψυχαί	θύραι	σφαῖραι	θάλατται
Gen.	,,	ψυχῶν	θυρῶν	σφαιρῶν	θαλαττῶν
Dat.	,,	ψυχαῖς	θύραις	σφαίραις	θαλάτταις
Akk.	,,	ψυχᾱ́ς	θύρᾱς	σφαίρᾱς	θαλάττᾱς

Die Abwandlung des Plurals ist für alle Nominalstämme auf α vollkommen gleich. Im Singular treten Unterschiede auf, weil α bald lang, bald kurz ist und mit dem ihm nahe verwandten η (s. S. 60) wechselt. Wenn η im Nom. Sing. erscheint, wird es im ganzen Singular beibehalten; ebenso langes α, das im Nominativ nur nach ρ oder Vokal (meist ε oder ι) erscheint; dagegen wird kurzes α nur im Akk. Sing. beibehalten, während es sich im Gen. und Dat. in η verwandelt, wenn nicht davor ρ oder ein Vokal steht: Μοῦσᾰ, Μούσης, Μούσῃ, Μοῦσᾰν, aber σφαῖρᾰ, σφαίρᾱς, σφαίρᾳ, σφαῖρᾰν.

Allen Nomina der griechischen Sprache gemeinsam ist ι im Dat. Sing. (ᾳ = ᾱ + ι, ῃ = η + ι) und ων im Gen. Plur. (θυρῶν aus θυρά-ων, dieses aus θυρά-σων [entsprechend dem lateinischen portārum aus portā-som], weil urgriechisches σ zwischen Vokalen geschwunden ist); ferner ist allen männlichen und weiblichen Nomina gemeinsam ν im Akk. Sing. und νς im Akk. Plur. (θύρᾱς aus θύρα-νς, indem zunächst α nasaliert wurde wie im französischen dans und schließlich ν ganz verschwand).

Der **Akzent** des Nom. Sing. wird auch in den übrigen Kasus beibehalten, soweit nicht die allgemeinen Betonungsgesetze eine Akzentveränderung erfordern: ϑάλαττᾰ, ϑάλαττᾰν, aber ϑαλάττης; Μοῦσα, Μοῦσαι (dieses αι gilt für den Akzent als Kürze), aber Μούσαις; νίκη (Sieg), aber νῖκαι. Doch erhalten die endbetonten Nomina im Gen. und Dat. Sing. und Plur. den Zirkumflex: ψυχή, aber ψυχῆς, ψυχῇ, ψυχῶν, ψυχαῖς. Im Gen. Plur. haben alle Substantivstämme auf α den Zirkumflex auf der letzten Silbe (ϑυρῶν, νικῶν, σφαιρῶν, ϑαλαττῶν), da -ῶν auf -άων zurückgeht (s. oben).

Präsens:		Imperfekt:	
παύ-**ω**	ich halte (bringe) ab,	ἔ-παυ-**ον**	ich hielt ab
παύ-**εις**	du hältst ab [beendige	ἔ-παυ-**ες**	du hieltest ab
παύ-**ει**	er (sie, es) hält ab	ἔ-παυ-**ε(ν)**	er (sie, es) hielt ab
παύ-**ομεν**	wir halten ab	ἐ-παύ-**ομεν**	wir hielten ab
παύ-**ετε**	ihr haltet ab	ἐ-παύ-**ετε**	ihr hieltet ab
παύ-**ουσι(ν)**	sie halten ab	ἔ-παυ-**ον**	sie hielten ab

Der Hinweis auf die Vergangenheit liegt in der vorangestellten Silbe ε, die ursprünglich ein selbständiges Adverb (= ehemals) gewesen sein muß und **Augment** (Silbenaugment) genannt wird. Die Ausgänge des Imperfekts stimmen mit denen des Präsens in den ersten zwei Personen des Plurals vollkommen überein; in der zweiten und dritten Person des Singulars zeigt sich das Verhältnis εις : ει = ες : ε. Im Imperfekt ist die 3. Person des Plurals (ον aus οντ mit Abwerfung des auslautenden τ, das am Wortende nicht stehen kann, S. 61, vgl. lat. Präs. oder Perf. unt [eigentlich ont]) der ersten des Singulars gleich geworden; die des Präsens endigt auf ουσι, doch ist auch diese Endung nicht urgriechisch, sondern aus οντι (vgl. οντ im Imperfekt) hervorgegangen, indem τι sich in σι verwandelte (vgl. französisch nation) und ονσ sich (wie im Akk. Plur. ανς zu ᾱς) schrittweise zu ουσ entwickelte, wo ου die geschlossene Länge des ο darstellt (s. S. 61f.). An die Ausgänge ουσι und ε kann ν ohne Unterschied der Bedeutung angehängt werden; besonders üblich vor Vokalen zur Vermeidung des Hiats (sog. bewegliches ν).

ἐστί(ν) = lat. est = ist (ohne das schließende ι und mit Verwandlung des ε in i). — ἐστί(ν) ist enklitisch (s. S. 62), bewahrt aber, weil es **zwei**silbig ist, nach Wörtern, die auf der vorletzten Silbe den Akut tragen, seinen eigenen Akzent, S. 63; desgleichen, wenn es am Anfang eines Satzes steht, mit Zurückziehung des Akzents: **ἔστι** θεός es gibt einen Gott.

Der attributive Genetiv eines Substantivs steht gewöhnlich zwischen Artikel und Substantiv (attributive Wortstellung): ἡ τῆς ψυχῆς ῥώμη die Seelenstärke.

Beim Prädikatssubstantiv fehlt der Artikel: Ἡ θεοσέβεια ἀρχή ἐστι τῆς σοφίας die Gottesfurcht ist der Anfang der Weisheit.

II. Kapitel

Der bestimmte Artikel der griechischen Sprache ist wie der deutsche ein Pronomen, dessen hinweisende Bedeutung sich allmählich abgeschwächt, aber in gewissen Verbindungen immer erhalten hat. Die meisten Formen des griechischen Artikels werden vom Stamme το (weiblich τα) hergeleitet und die Abwandlung ist die eines Adjektivs (s. S. 68) mit der einzigen Ausnahme, daß das Neutrum im Nom. und Akk. Sing. kein ν annimmt. Für das männliche und weibliche Geschlecht aber wird der Nom. Sing. und Plur. von einem anderen Stamm gebildet und lautet ὁ, ἡ — οἱ, αἱ (Atona).

Nom.	ὁ	ἡ	τό	οἱ	αἱ	τά
Gen.	τοῦ	τῆς	τοῦ	τῶν	τῶν	τῶν
Dat.	τῷ	τῇ	τῷ	τοῖς	ταῖς	τοῖς
Akk.	τόν	τήν	τό	τούς	τάς	τά

Männliche und sächliche Nominalstämme auf ο:

Nom. Sing.	ἄνθρωπ**ος**	Mensch	φάρμακ**ον**	Heilmittel
Gen. ,,	ἀνθρώπ**ου**		φαρμάκ**ου**	
Dat. ,,	ἀνθρώπ**ῳ**		φαρμάκ**ῳ**	
Akk. ,,	ἄνθρωπ**ον**		φάρμακ**ον**	

Nom. Plur.	ἄνθρωποι		φάρμακᾰ
Gen. ,,	ἀνθρώπων		φαρμάκων
Dat. ,,	ἀνθρώποις		φαρμάκοις
Akk. ,,	ἀνθρώπους		φάρμακᾰ

Die Abwandlung der männlichen Stämme auf ο entspricht größtenteils der der Stämme auf α, besonders im Plural: Nom. αι — οι (οι gilt wie αι für den Akzent als Kürze), Dat. αις — οις, Akk. ᾱς (aus ανς) — ους (aus ονς[1]), im Sing. Dat. ᾳ (ῃ) — ῳ, Akk. αν (ην) — ον. Im Gen. Sing. ist ου durch Zusammenziehung aus οο entstanden, woraus zunächst ein langes geschlossenes o und später durch Verdumpfung u = ου wurde (s. S. 61).

Sämtliche Neutra der griechischen (wie ja auch der lateinischen) Sprache verwenden die Form des Nominativs auch für den Akkusativ und gehen im Nom. und Akk. Plur. auf ᾰ aus. Die übrige Abwandlung der Neutra stimmt vollkommen mit der der Maskulina überein.

Die wenigen Feminina auf ος (wie βίβλος [daher: **die** Bibel] Buch, νῆσος Insel, νόσος Krankheit, ὁδός Weg) werden genau so abgewandelt wie die Maskulina. Dagegen weichen die Maskulina, deren Stamm auf α ausgeht, von den Feminina auf α darin ab, daß der Nom. Sing. ς anhängt wie die Stämme auf ο und der Gen. Sing. gleichfalls in Anlehnung an die Stämme auf ο den Ausgang ου annimmt:

Nom. Sing.	νεανί̆ᾱς	Jüngling	πολίτης	Bürger
Gen. ,,	νεανίου		πολίτου	
Dat. ,,	νεανίᾳ		πολίτῃ	
Akk. ,,	νεανίᾱν		πολίτην	
Nom. Plur.	νεανίαι		πολῖται	
Gen. ,,	νεανιῶν		πολιτῶν	
Dat. ,,	νεανίαις		πολίταις	
Akk. ,,	νεανίᾱς		πολίτᾱς	

[1] Das ν blieb zunächst noch in der Nasalierung von ο hörbar (wie im französischen allons); als es dann völlig verschwand, bewirkte es, daß zur Erhaltung der Silbenlänge das vorausgehende ο eine geschlossene Länge = ου wurde: s. S. 61 und 65.

Die hiehergehörigen Adjektiva gehen im Nom. Sing. auf ος für das männliche, auf η (nach ρ oder Vokal auf ᾱ) für das weibliche, auf ον für das sächliche Geschlecht aus. Ihre Abwandlung ist ganz die der entsprechenden Substantiva.

Nom.	Sing.	ἀγαθός gut	ἀγαθή	ἰδίᾱ eigen	ἀγαθόν
Gen.	,,	ἀγαθοῦ	ἀγαθῆς	ἰδίᾱς	ἀγαθοῦ
Dat.	,,	ἀγαθῷ	ἀγαθῇ	ἰδίᾳ	ἀγαθῷ
Akk.	,,	ἀγαθόν	ἀγαθήν	ἰδίᾱν	ἀγαθόν
Nom.	Plur.	ἀγαθοί	ἀγαθαί	ἴδιαι	ἀγαθᾰ́
Gen.	,,	ἀγαθῶν	ἀγαθῶν	ἰδίων	ἀγαθῶν
Dat.	,,	ἀγαθοῖς	ἀγαθαῖς	ἰδίαις	ἀγαθοῖς
Akk.	,,	ἀγαθούς	ἀγαθᾱ́ς	ἰδίᾱς	ἀγαθᾰ́

Die Betonung des Adjektivs im Nom. und Gen. Plur. Fem. richtet sich nach dem Mask.: ἴδιαι, ἰδίων.

εἰσί(ν) aus ἐντί, ursprünglich σεντι = sind (ebenfalls ohne das schließende ι und mit Verwandlung des ε in i); das anlautende σ wurde nach einem urgriechischen Lautgesetz verhaucht und der Übergang von ἐντι zu εἰσι vollzog sich in derselben Weise wie der von οντι zu ουσι (ει ist nur der schriftliche Ausdruck des langen geschlossenen ẹ̄, das aus nasaliertem e hervorgegangen war; s. S. 61). — εἰσίν ist wie ἐστίν enklitisch.

Attributive Wortstellung haben auch attributive Adverbia und Präpositionalausdrücke: οἱ νῦν ἄνθρωποι die jetzigen Menschen, ἡ εἰς Ἀθήνας ὁδός der Weg nach Athen.

III. Kapitel

Zusammengesetzte Adjektiva haben nur zwei Endungen: ἄ-πιστος (Mask., Fem.), ἄ-πιστον (Neutr.) untreu; dagegen πιστός, -ή, -όν treu.

Während die deutsche Sprache Adjektiva und Pronomina in das Neutrum der Einzahl setzt, um eine Gruppe gleichartiger

Dinge zu bezeichnen, verwendet die lateinische Sprache und meist auch die griechische zu diesem Zwecke das Neutrum der Mehrzahl: φεύγομεν αἰσχρά wir fliehen Häßliches. Doch haben die Griechen eine Erinnerung daran bewahrt, daß das Neutrum der Mehrzahl nicht bloß von Adjektiven und Pronominen, sondern auch von Substantiven nur einen ungegliederten Sammelbegriff darstellt, ja seiner Form nach eigentlich der Singular eines weiblichen Sammelnamens auf α ist (ξύλον Holzstück, ξύλα Gehölz); sie haben daher in einem Satz, dessen Subjekt ein Neutrum der Mehrzahl ist, das Verb gewöhnlich in den Singular gesetzt: τὰ ξύλα ξηρά ἐστι die Holzstücke sind (das Gehölz ist) trocken.

Das persönliche **Fürwort** der 3. Person (mit Ausnahme des Nominativs) wird (entsprechend dem lateinischen is, ea, id) durch αὐτός ersetzt (eigentlich: selbst), dessen Abwandlung ganz die eines Adjektivs ist, nur daß das Neutrum im Nom. und Akk. Sing. kein ν anhängt (wie der Artikel τό).

αὐτός selbst, ὁ αὐτός der-selbe (ὁ αὐτός zusammengezogen: αὑτός; τὸ αὐτό: ταὐτό, auch ταὐτόν: Krasis, s. S. 63); vgl. franz. même — le même, ital. stesso — lo stesso. Man unterscheide also: ὁ φίλος αὐτός oder αὐτὸς ὁ φίλος der Freund selbst; ὁ αὐτὸς φίλος derselbe Freund.

Das **Passiv** ist keine urwüchsige Form; denn die natürliche Redeweise verlangt ein **tätiges** Subjekt, nicht eines, mit dem etwas vorgenommen wird. Vielmehr spielt das, was mit sich etwas geschehen läßt, eine untergeordnete Rolle gegenüber dem tätigen Subjekt — sowohl im Gedankenkreis wie in der von ihm beherrschten natürlichen Redeweise. Deshalb hat die indogermanische Sprache gar keine eigene Form für das Passiv ausgebildet und die griechische Sprache ist ihr darin zunächst treu geblieben. Jedoch ist neben das Aktivum eine andere Verbalform getreten, das **Medium,** das meistens anzeigt, daß die Tätigkeit nicht nur vom Subjekt ausgeht, sondern sich in irgendeiner Weise auch an ihm vollzieht. Dieses Verhältnis läßt sich am leichtesten an reflexiven Verben erläutern: ich wasche mich, er tötet sich, wir ändern uns, das Heer ergibt sich. Allmählich haben viele mediale Formen auch passive Bedeutung angenommen; vgl. im Deutschen: Diese Schrift liest sich leicht.

Präsens:	Imperfekt:
παύ-**ομαι** ich halte (bringe) mich ab = höre auf, werde abgehalten	ἐ-παυ-**όμην** ich hielt (brachte) mich ab = hörte auf, wurde abgehalten
(παύ-εσαι urgriechisch; daraus:) παύ-**ῃ**, seltener παύ-**ει**	(ἐ-παύ-εσο urgriechisch; daraus:) ἐ-παύ-**ου**
παύ-**εται**	ἐ-παύ-**ετο**
παυ-**όμεθα**	ἐ-παυ-**όμεθα**
παύ-**εσθε**	ἐ-παύ-**εσθε**
παύ-**ονται**	ἐ-παύ-**οντο**

Wie im Aktivum sind auch im Medium (Passiv) die Ausgänge der ersten zwei Personen der Mehrzahl für Präsens und Imperfekt dieselben; aber auch die 2. uud 3. Person des Singulars nebst der 3. des Plurals beider Tempora stehen in einem unverkennbaren Verhältnis zueinander: εσαι : εται : ονται = εσο : ετο : οντο, hier ο, dort αι als Schlußvokal; allerdings hat die 2. Person ihre ursprüngliche Endung (εσαι, εσο) nicht beibehalten, weil urgriechisches σ zwischen Vokalen geschwunden ist (s. S. 64): aus εσαι wurde daher εαι und hieraus durch Zusammenziehung ηι = ῃ (seltener ει), aus εσο wurde εο und hieraus ου (s. S. 61). Im Präsens unterscheiden sich die Endungen des Singulars μαι, σαι, ται nur durch den Konsonanten; das μ der 1. Person μαι kehrt nicht bloß in μην wieder, sondern auch in lateinischen und deutschen Formen der 1. Person (**m**e, laudaba**m**; mir, mich). Der **Akzent** wird in allen Verbalformen grundsätzlich soweit wie möglich (s. S. 62) vom Ende zurückgezogen, wobei der Diphthong αι (aber nicht ει und οι) im allgemeinen als kurz gilt.

Wie die lateinische Sprache kennt auch die griechische **Deponentia**, die ausschließlich mediale (oder passive) Formen bilden; vergleichbar sind solche deutsche Verba, die nur ein reflexives Objekt zulassen (ich schäme mich, ich kümmere mich, ich nehme mir etwas vor, ich gebe mir Mühe). In der Tat ist die Grundbedeutung der griechischen Deponentia großenteils eine reflexive (πορεύομαι ich mache mich auf den Weg [pro-fic-iscor], ich breche auf).

Der griechische D a t i v dient wie der lateinische Ablativ auch als Ersatz des Instrumentals (auf die Fragen: wodurch? womit?) und als Zeitbestimmung auf die Frage: wann?

ὑπό[1] beim Gen. ist besonders häufig in passiven Aussagen (= lat.: ab, deutsch: von), um das tätige persönliche Subjekt zu bezeichnen: ἡ νόσος θεραπεύεται ὑπὸ τοῦ ἰατροῦ die Krankheit wird vom Arzte geheilt (aktiv: ὁ ἰατρὸς τὴν νόσον θεραπεύει).

Das historische Präsens dient wie im Deutschen und Lateinischen zur lebhaften Vergegenwärtigung einer vergangenen Handlung: Ἤδη ἡμέρα γίγνεται schon wird (= wurde) es Tag.

IV. Kapitel

Die meisten Formen des Präsens und des Imperfekts lassen sich scheinbar in drei (mit dem Augment vier) Bestandteile zerlegen: den Stamm, die Endung und den dazwischenstehenden Vokal ε oder ο, der, rein äußerlich betrachtet, die Verbindung zwischen Stamm und Endung herstellt und darum Bindevokal genannt wurde (παύ-ο-μεν, παύ-ε-ται, ἔ-παυ-ε-ς, ἐ-παύ-ο-ντο). Dieser „Bindevokal", der vor Nasalen zu ο ablautet (παύομεν, παύονται), vor anderen Konsonanten als ε erscheint (παύετε, ἔπαυες), gehört jedoch ebenso zum Verbalstamm, wie das ο in der Abwandlung der Nominalstämme auf ο zum Nominalstamm gehört: ἔ-λεγο-ν (von λέγω ich rede) ist nicht anders zu beurteilen als λόγο-ν (von λόγος Rede). Man würde deshalb diesen Schlußvokal des Verbalstammes, der den Lautbestand der Wurzel (λεγ, λογ) erweitert, besser Erweiterungsvokal als Bindevokal nennen.

Obwohl er also ein Teil des Verbalstammes ist, geht doch die Wortbildung (vgl. παῦ-σις Pause) und die Zeitformenbildung von einer Grundform aus, der jener Erweiterungsvokal noch nicht angehängt ist. So wird zur Bildung des **Futurs** an diese Grund-

[1] ὑπό entspricht eigentlich dem lateinischen sub (anlautendes s wurde im Griechischen zu spiritus asper); ὑπό beim Passiv bedeutet also eigentlich: unter der Einwirkung von.

form **σε** (σο), zur Bildung des **Aorists** (eines Präteritums, das dem erzählenden und feststellenden Perfekt der lateinischen Sprache vergleichbar ist) **σα** angefügt. Da das Futur die Endungen des Präsens hat, unterscheidet es sich vom Präsens nur dadurch, daß vor dem Erweiterungsvokal σ eingeschoben ist. Der Indikativ des Aorists dagegen hat als erzählende Zeitform die Endungen des Imperfekts und setzt das Augment voran.

Aktiv:	Medium (nicht passiv!):
Futur:	
παύ-σω ich werde abhalten (abbringen), beendigen	παύ-σο-μαι ich werde mich abhalten (abbringen) = werde aufhören
παύ-σεις	(παύ-σε-σαι urgriechisch; daraus:) παύσ**η** oder παύσ**ει**
παύ-σει	παύ-σε-ται
παύ-σο-μεν	παυ-σό-μεθα
παύ-σε-τε	παύ-σε-σθε
παύ-σουσι (ν)	παύ-σο-νται
Aorist:	
ἔ-παυ-σα ich hielt (brachte) ab, beendigte	ἐ-παυ-σά-μην ich hielt (brachte) mich ab = hörte auf
ἔ-παυ-σα-ς	(ἐ-παύ-σα-σο urgriechisch; daraus:) ἐπαύσ**ω**
ἔ-παυ-σε (ν)	ἐ-παύ-σα-το
ἐ-παύ-σα-μεν	ἐ-παυ-σά-μεθα
ἐ-παύ-σα-τε	ἐ-παύ-σα-σθε
ἔ-παυ-σα-ν	ἐ-παύ-σα-ντο

In einer einzigen Form des Aorists erscheint die Silbe σα nicht: in der 3. Person Sing. des Aktivs, die ebenso wie das Imperfekt auf ε(ν) ausgeht.

Futur und Aorist der Verba auf -ᾰ́ω, -έω, -όω:

τιμά-ω ich ehre	δρά-ω ich handle	ποιέ-ω ich mache
τιμή-σω (vgl. τιμή)	δρᾱ́-σω	ποιή-σω (vgl. ποιη-τής)
ἐτίμη-σα	ἔδρᾱ-σα	ἐποί-η-σα
	δουλό-ω ich knechte	
	δουλώ-σω	
	ἐδούλω-σα	

Bei den Verben auf -ᾰ́ω, -έω, -όω erscheint in den nicht vom Präsensstamm gebildeten Zeitformen der entsprechende lange Stammvokal: τιμη-, δρᾱ- (ᾱ nach ε, ι, ρ wie θεᾱ́, σκιᾱ́, χώρᾱ), ποιη-, δουλω-.

Die Präsensstammformen dieser Verba werden später behandelt (S. 91 ff.).

Persönliche Fürwörter

ἐγώ	ich	σύ	du	ἡμεῖς	wir	ὑμεῖς	ihr
μου	meiner	σου	deiner	ἡμῶν	unser	ὑμῶν	euer
μοι	mir	σοι	dir	ἡμῖν	uns	ὑμῖν	euch
με	mich	σε	dich	ἡμᾶς	uns	ὑμᾶς	euch

Die Formen μου, μοι, με und σου, σοι, σε sind enklitisch. Wenn aber ein stärkerer Nachdruck auf ihnen liegt, wie in Gegensätzen oder im Anschluß an eine Präposition, werden sie betont (σοῦ, σοί, σέ) und den Formen der 1. Person wird überdies ein ἐ vorgesetzt (ἐμοῦ, ἐμοί, ἐμέ).

V. Kapitel

Die Genetive μου, σου, ἡμῶν, ὑμῶν werden zur Bezeichnung des Besitzers an Substantiva angefügt; doch gibt es auch besitzanzeigende Fürwörter (ἐμός, σός, ἡμέτερος, ὑμέτερος), die wie Adjektiva abgewandelt werden. Diese stehen immer hinter dem Artikel, meist zwischen Artikel und Substantiv (attributive Stellung), während die Genetive der persönlichen Fürwörter und von αὐτός in demselben Sinn vor den Artikel oder hinter das Substantiv gestellt werden (prädikative Stellung): ὁ ἡμέτερος δοῦλος (ὁ δοῦλος ὁ ἡμέτερος), aber ὁ δοῦλος ἡμῶν, ἡμῶν ὁ δοῦλος unser Diener, ὁ δοῦλος αὐτοῦ (αὐτῆς, αὐτῶν) sein (ihr) Diener, eius (eorum, earum) servus.

Der griechische **Konjunktiv** ist gekennzeichnet durch die Länge des Erweiterungsvokals. Im Aorist hat dieser lange Vokal das α der Silbe σα verschlungen. Da der Konjunktiv des Aorists nicht die Vergangenheit bezeichnet, so kommt ihm das Augment, das Zeichen der Vergangenheit, nicht zu. Infolgedessen sieht er so aus, wie der Konjunktiv des Futurs aussehen müßte, indem an die Grundform des Verbalstammes σ mit dem langen Erweiterungsvokal antritt, und unterscheidet sich vom Konjunktiv des Präsens nur durch das eingeschobene σ. Einen Konjunktiv des Futurs gibt es im Griechischen so wenig wie im Lateinischen.

Präsens	Aorist	Präsens	Aorist
Aktiv:		Medium (auch Passiv):	(nur Medium):
παύ-ω	παύ-σω	παύ-ω-μαι	παύ-σω-μαι
παύ-ῃς (= παύ-ηις)	παύ-σῃς	(παύ-η-σαι urgriechisch); daraus: παύ-ῃ	παύ-σῃ
παύ-ῃ (= παύηι)	παύ-σῃ	παύ-η-ται	παύ-ση-ται
παύ-ω-μεν	παύ-σω-μεν	παυ-ώ-μεθα	παυ-σώ-μεθα
παύ-η-τε	παύ-ση-τε	παύ-η-σθε	παύ-ση-σθε
παύ-**ω**σι(ν	παύ-σ**ω**σι(ν)	παύ-ω-νται	παύ-σω-νται

Der griechische Konjunktiv ist fast ausschließlich auf Nebensätze beschränkt und erscheint besonders häufig in Bedingungssätzen mit ἐάν (wenn) und in Absichtssätzen mit ἵνα oder ὅπως (damit). Im Hauptsatz hat er meist die Bedeutung des hortativus: χαίρωμεν gaudeamus! Verneint werden alle Konjunktive mit μή (lat. ne).

Der Unterschied der Bedeutung des Präsensstammes und des Aoriststammes, der auch im Konjunktiv deutlich hervortritt, liegt in der „Aktionsart“: der Präsensstamm stellt eine Handlung in ihrem Verlaufe dar, weshalb das von ihm abgeleitete Imperfekt sich vorzugsweise wie das lateinische zu Beschreibungen eignet; der Aoriststamm bezeichnet die Handlung schlechthin, meist in Erzählungen, oft mit besonderer Rücksicht auf ihren Eintritt (ingressiver Aorist) oder ihren Abschluß (effektiver Aorist): Imperfekt ἐβασίλευε er herrschte (mit dem Nebengedanken an die Dauer der Herrschaft), Aorist ἐβασίλευσε (einfach als geschichtliche Tatsache oder: er gelangte zur Herrschaft).

VI. Kapitel

Da die medialen Formen des Aorists und des Futurs an dem Übergang in die passive Bedeutung nicht teilgenommen haben, so mußte die griechische Sprache, als einmal das Bedürfnis nach passiven Formen aufgetaucht war, Ersatz schaffen. Diesem Zwecke diente die Erweiterung des Verbalstammes mit dem sog. Passivzeichen **θη**, mit dem sich der Begriff des Erleidens verband, weshalb im **passiven Aorist** die **aktiven** Endungen des Präteritums (ohne Erweiterungsvokal) antraten.

ἐ-παύ-ϑη-ν	ich erlitt eine Abhaltung, wurde abgehalten (abgebracht)	ἐ-παύ-ϑη-μεν
ἐ-παύ-ϑη-ς		ἐ-παύ-ϑη-τε
ἐ-παύ-ϑη		ἐ-παύ-ϑη-σαν

In der 3. Person der Einzahl ist die ursprüngliche Endung τ der erzählenden Zeitformen (vgl. lauda-ba-t) abgefallen; in der 3. Person der Mehrzahl erscheint die Endung σαν wie in ἦσαν sie waren (ἦν er war).

Der Konjunktiv ist wieder durch die langen Vokale η und ω gekennzeichnet, die hier zwischen der Silbe ϑη, deren Vokal η von dem darauffolgenden η oder ω verschlungen wird, und der Endung eingeschoben werden.

παυ-θ-ῶ	(aus παυ-θή-ω)	παυθῶμεν	(aus παυ-θή-ω-μεν)
παυθῇς	(aus παυ-θή-ῃς)	παυθῆτε	(aus παυ-θή-η-τε)
παυθῇ	(aus παυ-θή-ῃ)	παυθῶσι(ν)	(aus παυ-θή-ωσι[ν])

Von diesem passiven Aorist wurde ein **passives Futur** abgeleitet, indem an das Passivzeichen θη das Zeichen des Futurs σε (σο) mit den **medialen** Endungen des Präsens antritt:

παυ-θή-σο-μαι	παυ-θη-σό-μεθα
(παυ-θή-σε-σαι urgriechisch; daraus:) παυθήσῃ oder παυθήσει	παυ-θή-σε-σθε
παυ-θή-σε-ται	παυ-θή-σο-νται

Während die Abwandlung der Nominalstämme auf α und ο unmittelbar aus dem Nominativ erschlossen werden kann, ist in der **2. Hauptdeklination** das Verhältnis zwischen dem Nominativ und den anderen Kasus keineswegs immer das nämliche: vom Stamme λε**οντ** lautet der Nominativ λέ**ων** mit Dehnung des ο zu ω (sog. Stammabstufung) und Abfall des τ, das im Auslaut eines griechischen Wortes nicht geduldet wurde (s. S. 61); ein Nominativ auf **ων** kann zu einem Stamme auf **οντ** (λέων, λεοντ-) oder **ον** (ἡγεμών, ἡγεμον-) oder **ων** (ἀγών, ἀγων-) gehören. Man muß also, um ein Wort dieser Deklination abwandeln zu können, außer dem Nominativ Sing. auch den Stamm kennen, wie er sich nach Ablösung einer Kasusendung darstellt.

Nom.	σῦ-ς, lat. sūs Sau	σῠ́-ες
Gen.	σῠ-ός	σῠ-ῶν
Dat.	σῠ-ί	σῠ-σί(ν)
Akk.	σῦ-ν	σῦ-ς (aus συ-νς)

Von den Endungen begegnen fünf auch bei den Stämmen auf α und ο: ς im Nom. Sing., ι im Dat. Sing. und ων im Gen. Plur., ν im Akk. Sing. und νς im Akk. Plur.

Einsilbige Stämme werden im Gen. und Dat. gewöhnlich auf der Endungssilbe betont: συός, συί, συῶν, συσί(ν).

VII. Kapitel

Die meisten Stämme der 2. Hauptdeklination gehen auf Konsonanten aus, an die sich die vokalisch anlautenden Endungen (ος, ι, ες, ων) glatt anschließen, während die konsonantisch anlautenden gewisse Veränderungen herbeiführen: **σ** von **σι(ν)** verschmilzt mit κ, γ, χ zu ξ (φύλακ-σι : φύλαξι), mit π, β, φ zu ψ (γυπ-σί : γυψί), τ, δ, ϑ und ν verschwinden vor σι (ἐλπίδ-σι : ἐλπίσι, δαίμον-σι : δαίμοσι), ντ fällt gleichfalls aus, doch wird der vorausgehende Vokal gedehnt (sog. Ersatzdehnung), ο zu ọ̄ (geschrieben ου), ε zu ẹ̄ (geschrieben ει), s. S. 61, also ὀδόντ-σι : ὀδοῦσι, παυϑέντ-σι : παυϑεῖσι, s. S. 88; **ν** geht nach Konsonanten in **α** über (vgl. mundartliches g'sunga = g[e]sung[e]n), weshalb konsonantisch auslautende Stämme im Akk. Sing. auf ᾰ, im Akk. Plur. auf ᾰς ausgehen: φύλακ-α statt φύλακ-ν, ὀδόντ-ας statt ὀδόντ-νς.

φύλαξ Wächter	ὀδούς Zahn	φύλακ-ες	ὀδόντ-ες
φύλακ-ος	ὀδόντ-ος	φυλάκ-ων	ὀδόντ-ων
φύλακ-ι	ὀδόντ-ι	φύλαξι(ν)	ὀδοῦ-σι(ν)
φύλακ-α	ὀδόντ-α	φύλακ-ας	ὀδόντ-ας

Die Neutra haben natürlich im Akk. wieder die gleiche Form wie im Nom. und hängen im Nom. und Akk. Plur. ᾰ an:

σῶμα (mit Abfall des τ) Leib	σώματ-α
σώματ-ος	σωμάτ-ων
σώματ-ι	σώμασι (ν) für σώματ-σι (ν)
σῶμα	σώματ-α

Unregelmäßige Nominative: ὁ πούς (Genetiv ποδ-ός, aber Dativ Plur. ποσί aus ποδ-σί, vgl. lat. pēs, pĕd-is) und τὸ ὕδ-ωρ (Gen. ὕδ-ατ-ος) Wasser; scheinbar unregelmäßig die Neutra οὖς (aus οὖσος = auris) Ohr (Gen. ὠτός aus οὔ (σ) ατος zusammengezogen, Gen. Plur. ὤτων), γόνυ, genu Knie (Gen. γόνατος) und δόρυ Holz, Balken, Speer (Gen. δόρατος) sowie ἡ **θ**ρίξ Haar (Gen. **τ**ριχός, Dativ Plur. ϑριξί) vom Stamme ϑριχ, dessen ϑ nur dort erhalten bleibt, wo das χ mit σ zu ξ verschmilzt, weil die Griechen es vermieden haben, zwei benachbarte Silben mit Aspiraten (ϑ φ χ) zu beginnen (Hauchdissimilation).

Das Griechische hat abweichend vom Deutschen und Lateinischen ein **Reflexivpronomen** auch für die 1. und 2. Person. Es bezieht sich fast immer auf das Subjekt desselben Satzes (direktes Reflexiv) und wird in den ersten zwei Personen durch Zusammenfügung des Personalpronomens mit αὐτός gewonnen. Im Plural stehen beide Formen nebeneinander, im Singular werden sie verschmolzen:

ἐμαυτοῦ (ἐμαυτῆς)	σ[ε]αυτοῦ (σ[ε]αυτῆς)
ἐμαυτῷ (ἐμαυτῇ)	σ[ε]αυτῷ (σ[ε]αυτῇ)
ἐμαυτόν (ἐμαυτήν)	σ[ε]αυτόν (σ[ε]αυτήν)
ἡμῶν αὐτῶν	ὑμῶν αὐτῶν
ἡμῖν αὐτοῖς (αὐταῖς)	ὑμῖν αὐτοῖς (αὐταῖς)
ἡμᾶς αὐτούς (αὐτάς)	ὑμᾶς αὐτούς (αὐτάς)

In der 3. Person des Reflexivpronomens ist der erste Bestandteil ein frühzeitig außer Gebrauch gekommenes Personalpronomen. Im Singular hatte dieses Personalpronomen den Stamm ἑ, der mit dem Anlaut von αὐτός häufig verschmilzt; doch wurde dieser Singularstamm auch im Plural verwendet (vgl. engl. himself, herself, themselves).

ἑαυτοῦ, αὑτοῦ (ἑαυτῆς, αὑτῆς)	σφῶν	αὐτῶν	(ἑαυτῶν, αὑτῶν)
ἑαυτῷ, αὑτῷ (ἑαυτῇ, αὑτῇ)	σφίσιν	αὐτοῖς	(ἑαυτοῖς, αὑτοῖς)
	σφίσιν	αὐταῖς	(ἑαυταῖς, αὑταῖς)
ἑαυτόν, αὑτόν (ἑαυτήν, αὑτήν)	σφᾶς	αὐτούς	(ἑαυτούς, αὑτούς)
	σφᾶς	αὐτάς	(ἑαυτάς, αὑτάς)

Das indirekte Reflexiv, das sich auf das Subjekt des übergeordneten Satzes bezieht, in der Form aber mit dem direkten zusammenfällt, ist in der griechischen Sprache weitaus seltener als in der lateinischen.

Wenn der Genetiv des Reflexivpronomens in *possessivem* Sinn gebraucht wird, nimmt er die *attributive* Stellung ein, der des Personalpronomens (einschließlich αὐτοῦ, αὐτῆς, αὐτῶν) die prädikative (s. S. 73f.): ὁ ἰατρὸς τὴν ἑαυτοῦ νόσον οὐκ ἐθεράπευσεν, ἀλλὰ οἱ φίλοι αὐτοῦ ἐθεράπευσαν τὴν νόσον αὐτοῦ der Arzt heilte seine Krankheit nicht, aber seine Freunde heilten seine Krankheit.

Aus ἄλλος, ἄλλη, ἄλλο (ein anderer, alius, Neutrum wie τό und αὐτό ohne ν) wird das pronomen reciprocum (einander) gebildet:

ἀλλήλων ἀλλήλοις (-αις) ἀλλήλους (-ας, ἄλληλα) (par-allel!)

Ein Nominativ dieses Pronomens wie des Reflexivums ist durch ihre Bedeutung ausgeschlossen.

VIII. Kapitel

Mehrere Gruppen von Substantiven und Adjektiven der 2. Hauptdeklination weisen allerlei Abweichungen auf, besonders Stämme auf ες, ας, ι, υ, ευ.

Die Stämme auf **ες** gehören sächlichen Substantiven an, die im Nom. Sing. den reinen Stamm mit Ablaut des ε zu ο darstellen: γενεσ-, Nom. γένος. Von vielen dieser Neutra werden Adjektiva zweier Endungen hergeleitet, die im Nom. des männlichen und weiblichen Geschlechtes auf ης ausgehen (mit Dehnung des Vokals), im Neutrum auf ες, und zumeist endbetont sind: εὐ-γενής, εὐ-γενές. Da das urgriechische σ zwischen Vokalen ausgefallen ist (s. S. 64, 70), so stoßen in der Abwandlung meist zwei Vokale zusammen, die dann kontrahiert werden:

γένος (lat. genus) Geschlecht	(γένεσ-α, γένε-α) γένη (genera)
(γένεσ-ος, γένε-ος) γένους (generis)	(γενέσ-ων, γενέ-ων) γενῶν (generum)
(γένεσ-ι) γένει (generi)	(γένεσ-σι) γένε-σι (ν)

Mask. und Femin.	Neutrum
Sing. εὐγενής wohlgeboren, vornehm	εὐγενές
(εὐγενέσ-ος, εὐγενέ-ος) εὐγενοῦς	(εὐγενέσ-ος, εὐγενέ-ος) εὐγενοῦς
(εὐγενέσ-ι) εὐγενεῖ	(εὐγενέσ-ι) εὐγενεῖ
(εὐγενέσ-α, εὐγενέ-α) εὐγενῆ	εὐγενές

Plur. (εὐγενέσ-ες, εὐγενέ-ες) εὐγενεῖς (s. S. 61)	(εὐγενέσ-α, εὐγενέ-α) εὐγενῆ
(εὐγενέσ-ων, εὐγενέ-ων) εὐγενῶν	(εὐγενέσ-ων, εὐγενέ-ων) εὐγενῶν
(εὐγενέσ-σι) εὐγενέσι (ν)	(εὐγενέσ-σι) εὐγενέσι (ν)
(εὐγενέσ-νς, εὐγενέ-νς) εὐγενεῖς (s. S. 61, 65)	εὐγενῆ

Die griechischen Eigennamen sind in Bewahrung indogermanischer Sitte größtenteils aus zwei Stämmen zusammengesetzt (wie die deutschen: Fried-rich, Gott-lieb, Brun-hilde) und in vielen gehört der zweite Stamm einem sächlichen Substantiv auf ος an: Δημο-σθένης (σθένος Kraft) Πολυ-κράτης (κράτος Stärke), Εὐ-μένης (μένος Mut), Διο-γένης (γένος Geschlecht), Περι-κλῆς aus Περι-κλέϝης (κλέος aus κλέϝος Ruhm).

(Διογένεσ-ος, Διογένε-ος) Διογένους
(Διογένεσ-ι) Διογένει
(Διογένεσ-α, Διογένε-α) Διογένη
(Περικλέϝεσ-ος, Περικλέε-ος) Περικλέους
(Περικλέϝεσ-ι, Περικλέε-ι) Περικλεῖ
(Περικλέϝεσ-α, Περικλέε-α) Περικλέᾱ

(nach ε und ι wird εα nicht zu η, sondern zu ᾱ zusammengezogen; daher auch ὑγιᾶ [von ὑγιής gesund] neben εὐγενῆ).

Entsprechend flektieren die Stämme auf **ας** (gleichfalls Neutra), die nach Ausfall des σ αα zu ᾱ, αο zu ω kontrahieren (vgl. ἐπαύσ**ω** aus ἐπαύσασο, S. 72):

κρέας Fleisch	(κρέασ-α, κρέα-α) κρέᾱ Fleisch(stücke)
(κρέασ-ος, κρέα-ος) κρέως	(κρεάσ-ων, κρεά-ων) κρεῶν
(κρέασ-ι, κρέα-ι) κρέᾳ	(κρέασ-σι) κρέᾰσι (ν)

κέρας (Horn) bildet auch Nebenformen vom Stamm κερατ: κέρατ-ος, κέρατ-ι, κέρατ-α, κεράτ-ων.

Wie der Aorist durch die Silbe σα, so ist das **aktive Perfekt** durch die Silbe **κα** gekennzeichnet. Überdies tritt im griechischen Perfekt vor den Stamm die sogenannte **Reduplikation,** die sich auch in einigen lateinischen Perfekten erhalten hat (pe-perci, pe-puli, ce-cidi, pe-pendi, de-di, aber po-posci, cu-curri); sie wird im Griechischen immer mit dem Vokal ε gebildet und bleibt im Gegensatz zum Augment (s. S. 65, 74) in allen Modi, im Partizip und Infinitiv wie die lateinische Reduplikation. Die Abwandlung des aktiven Perfekts stimmt ganz mit der des Aorists überein, ausgenommen die 3. Person der Mehrzahl.

πέ-παυ-κα ich habe abgehalten, abgebracht, beendigt	πε-παύ-κα-μεν
πέ-παυ-κα-ς	πε-παύ-κα-τε
πέ-παυ-κε (ν)	πε-παύ-κᾱσι (ν) aus πε-παύ-κα-ντι (vgl. S. 65)

Das mediale Perfekt, das auch passive Bedeutung angenommen hat, hängt an die reduplizierte Grundform des Verbalstammes ohne Erweiterungsvokal die medialen Endungen des Präsens an; denn das griechische Perfekt ist keine erzählende Zeitform (daher hat es auch kein Augment), sondern bezeichnet wie das lateinische Perfectum praesens (novi ich weiß) einen gegenwärtigen Zustand, der die Folge einer vollendeten Handlung ist (gegenwärtiger Vollendungszustand); daher auch in der 3. Person der Mehrzahl des aktiven Perfekts die Endung des Präsens ντι.

πέ-παυ-μαι ich bin abgehalten (abgebracht) worden, ich habe aufgehört = ich bin zu Ende	πε-παύ-μεθα
πέ-παυ-σαι	πέ-παυ-σθε
πέ-παυ-ται	πέ-παυ-νται

IX. Kapitel

Die weiblichen Substantiva mit einem Stamm auf ι und manche Substantiva sowie die Adjektiva mit einem Stamm auf υ werden so abgewandelt, als ob der Stamm nicht auf ι oder υ, sondern auf ε ausginge[1]; nur im Akk. Sing. vor ν bleiben ι und υ erhalten. Der Ausgang des Gen. Sing. dieser Substantiva (nicht der Adjektiva) ist εως.

πόλις Stadt	(πόλε-ες aus πόλει-ες) πόλεις
πόλε**ως** (aus πόλη-ος)	πόλε-ων (Akzent wie in πόλεως)
πόλει (eig. πόλε [ι] -ι)	πόλε-σι (ν)
πόλι-ν	πόλεις (aus πόλε-νς)

Ebenso das Maskulinum	πῆχυς Elle	πήχεως	πήχει	πῆχυν
	πήχεις	πήχεων	πήχεσι	πήχεις
und das Neutrum	ἄστυ Hauptstadt	ἄστεως	ἄστει	ἄστυ

γλυκύς süß (Neutrum γλυκύ)	γλυκεῖς (Neutrum γλυκέα)
γλυκέ-**ος**	γλυκέων
γλυκεῖ	γλυκέσι (ν)
γλυκύ-ν (Neutrum γλυκύ)	γλυκεῖς (Neutrum γλυκέα)

In Anlehnung an die Substantiva auf ις, deren Stamm auf ι ausgeht, bilden auch die anderen weiblichen Substantiva auf ις (und υς), deren Stamm auf ιτ, ιδ (υθ) ausgeht, einen Akk. Sing. auf ιν (υν): χάρις (χάριτ-ος Anmut) χάριν, ἔρις (ἔριδ-ος Streit) ἔριν, κόρυς (κόρυθ-ος Helm) κόρυν (neben κόρυθα), aber nur, wenn sie nicht auf der Endsilbe betont sind (ἐλπίς Hoffnung, ἐλπίδα).

Der griechische **Vokativ,** dem gewöhnlich die Interjektion ὦ vorgesetzt wird, übernimmt meistens, in der Mehrzahl immer die Form des Nominativs. Doch erscheint in der 2. Hauptdeklination mitunter der Stamm selbst als Vokativ: ὦ ῥῆτορ (Nom. ῥήτωρ), ὦ Περίκλεις (aus Περίκλεϝες), ὦ βασιλεῦ (Nom. βασιλεύς, s. S. 84),

[1] Die volle Stammform ging nämlich ehemals auf ει und ευ aus und das ι, υ des Diphthongs ging (zunächst nur vor einer vokalisch anlautenden Endung) in die entsprechenden Konsonanten j, ϝ über, bis es schließlich ganz ausfiel und nur ε übrig blieb. Umgekehrt hat die schwache Stammform (Schwundstufe) das ε der Diphthonge ει und ευ verloren. Dem Genetiv Sing. πόλεως liegt die Stammform πολη zugrunde; πόληος wurde durch Quantitätsvertauschung mit Beibehaltung des Akzents zu πόλεως.

ὦ πόλι (Nom. πόλις), ὦ Σαπφοῖ (Nom. Σαπφώ, eig. Σαπφῴ, s. S. 84), ὦ γέρον (mit Abfall des Schlußkonsonanten τ des Stammes γεροντ, Nom. γέρων), ὦ Ἄπολλον (mit Verkürzung der Schlußsilbe des Stammes Ἀπολλων). Die Stämme auf ο bilden einen eigenen Vokativ durch Verwandlung des Stammauslautes ο in ε (Ablaut): ὦ ἄνθρωπε, vgl. domine; die männlichen Stämme auf ᾱ enden im Vokativ auf ᾱ oder η: ὦ νεανίᾱ, ὦ Ἀτρείδη [Atreide = Sohn des Atreus], aber die auf τᾱ kürzen im Vokativ das α; ὦ πολῖτα.

Der **Imperativ** hat in der 2. Person der Mehrzahl dieselbe Endung wie der Indikativ: παύετε, παύεσθε, παύσατε, παύσασθε, παύθητε. Die 2. Person der Einzahl dagegen wird in verschiedener Weise gebildet; im aktiven Präsens ist sie gleich dem Verbalstamm mit dem Erweiterungsvokal ε (παῦε, vgl. scribe), im medialen und passiven Präsens nimmt sie die Endung der erzählenden Zeitformen σο an (παύου aus παύε[σ]ο), im aktiven Aorist erscheint die Endung σον (παῦσον, θεράπευσον), im medialen σαι (παῦσαι, θεράπευσαι; denn dieses αι gilt für den Akzent nicht als Länge, s. S. 70), im passiven θη-θι, woraus θητι wurde (παύθητι), weil die griechische Sprache es vermieden hat, zwei nebeneinanderstehende Silben mit Aspiraten anzufangen (s. S. 77f.).

Die 3. Personen des Imperativs nehmen im Aktiv die Endungen τω für die Einzahl, ντων für die Mehrzahl an, im Medium σθω für die Einzahl, σθων für die Mehrzahl (παυέτω, παυσάτω, παυθήτω, παυόντων, παυσάντων, παυθέντων, παυέσθω, παυσάσθω, παυέσθων, παυσάσθων).

Der Imperativ des Aorists hat keine Vergangenheitsbedeutung und daher kein Augment. Er unterscheidet sich vom Präsensimperativ nur durch die Aktionsart (s. S. 74f.): βουλεύου überlege! βούλευσαι entschließ dich!

Der Imperativ wird durch μή verneint: μὴ ψεύδου lüg nicht! (Verbot.)

X. Kapitel

Die männlichen Substantiva auf **-εύς** haben das ευ, auf das ihr Stamm endigt, vor vokalisch anlautenden Endungen in εϝ verwandelt und dann das ϝ ausgeworfen. Auch sie gehen im Gen. Sing. auf -εως aus, das durch Quantitätsvertauschung aus ηϝος entstanden ist, wo eine alte Stammform auf ηυ zugrunde liegt, wie auch im Akk. Sing. -έᾱ aus -ῆϝα, im Akk. Plur. -έᾱς aus -ῆϝας hervorgegangen ist. Nur im Nom. Sing. (-εύς) und im Dativ Plur. (-εῦσι) hat sich der Diphthong erhalten.

βασιλεύς König	βασιλεῖς aus βασιλέϝες (älter βασιλῆς aus βασιλῆϝ-ες)
βασιλέως (aus βασιλῆϝ-ος)	βασιλέ-ων
βασιλεῖ	βασιλεῦ-σι (ν)
βασιλέᾱ (aus βασιλῆϝ-ᾰ)	βασιλέ-ᾱς (aus βασιλῆϝ-ᾰς)

Eine kleine Zahl weiblicher Substantiva geht im Stamm auf den Kurzdiphthong οι aus, der im Nom. Sing. zu ωι (ῳ, doch nur ω geschrieben) gedehnt wird. In der Abwandlung wurde das ι von οι vor vokalisch anlautenden Endungen zunächst in j verwandelt und dann ausgeworfen. Der Vokativ zeigt den reinen Stamm: ὦ Σαπφοῖ.

ἠχώ Echo
(ἠχόος aus ἠχοι-ος) ἠχοῦς (s. S. 61, 67)
ἠχοῖ
(ἠχόα aus ἠχοι-α) ἠχώ (mit Akut nach dem Nom.)

So wie die Adjektiva, deren Stamm auf υ ausgeht, nur den Akk. Sing. von diesem Stamm ableiten, indem sie ν an das υ anhängen, der ganzen übrigen Abwandlung aber eine andere Stammform zugrunde legen, so auch die zwei Adjektiva πολύς (Neutrum πολύ; viel) und μέγας (Neutrum μέγα; groß) mit den Akkusativen πολύν und μέγαν. Ihre anderen Formen werden alle von einem Stamm auf λο gebildet: πολ-λο- und μεγα-λο- (πολλοῦ πολλῷ, πολλοί, πολλῶν, πολλοῖς, πολλούς, πολλά — μεγάλου, μεγάλῳ, μεγάλοι, μεγάλων, μεγάλοις, μεγάλους, μεγάλα).

Die Adjektiva der 2. Hauptdeklination haben zwei Endungen und verwenden grundsätzlich die männlichen Formen auch für das weibliche Geschlecht; im sächlichen Geschlecht stellt der Nom. und Akk. Sing. den reinen Stamm dar: εὐγενής, εὐγενές; σώφρων, σῶφρον. Wo jedoch für das weibliche Geschlecht eine eigene Form hinzukommt, ist dafür ein Stamm auf α gebildet: μέλᾱς (aus μέλαν-ς, Stamm μελαν-) schwarz, μέλαινα (aus μέλαν-jα, vgl. Melanie), μέλαν. So bilden die Adjektiva mit dem Stamm auf υ ein Femininum auf εῖα, das von der volleren Stammform (s. S. 82, Anm. 1) ausgeht: γλυκύς, γλυκεῖα (aus γλυκευ-ια, γλυκεϜ-ια) γλυκύ. Das Femininum von πολύς lautet πολλή, das von μέγας μεγάλη. Von Stämmen auf ντ gehen die Feminina auf σα aus: πᾶς (aus παντ-ς), πᾶσα (aus πάντ-jα, πάνσα), πᾶν (mit Abstoßung des Stammauslautes τ) jeder, ganz, all (meist in prädikativer Stellung, s. S. 73 f.: πᾶσα ἡ πόλις die ganze Stadt); χαρίεις (aus χαρίεντ-ς), χαρίεσσα, χαρίεν anmutig. Alle diese Feminina werden wie die anderen Adjektiva auf α (η) abgewandelt, doch haben sie im Gen. Plur. Fem. den Zirkumflex auf der letzten Silbe: μελαινῶν, γλυκειῶν, πασῶν, χαριεσσῶν.

XI. Kapitel

Das Griechische besitzt noch den **Optativ**, einen Modus, der im Lateinischen verlorengegangen und mit dem Konjunktiv verschmolzen ist. Sein Kennzeichen ist ι, das im Präsens und Futur mit dem Erweiterungsvokal ο zu οι, im Aorist mit σα zu σαι, im passiven Aorist mit θη nach Kürzung des η in ε zu θει verschmilzt. Die Endungen sind die der erzählenden Zeitformen; doch nimmt im aktiven Optativ die 1. Person der Einzahl die alte Endung μι an, die 3. Person der Mehrzahl εν statt des einfachen ν. Im Singular des passiven Aorists erscheint als Optativzeichen ιη, an das die Endungen der erzählenden Zeitformen angefügt werden: -θε-ίη-ν, -θε-ίη-ς, -θε-ίη; im Plural sind die Formen ohne η gebräuchlicher: -θε-ῖ-μεν, -θε-ῖ-τε, -θε-ῖ-εν. Augment kommt dem Optativ sowenig zu wie dem Konjunktiv oder dem Imperativ, da er keine Vergangenheitsbedeutung hat, wohl aber die Aktionsart seines Zeitstammes (s. S. 74f.).

Präsens:

Aktiv:		Medium:	
παύο-ι-μι	παύο-ι-μεν	παυο-ί-μην	παυο-ί-μεθα
παύο-ι-ς	παύο-ι-τε	(παύο-ι-σο) παύο-ι-ο	παύο-ι-σθε
παύο-ι	παύο-ι-εν	παύο-ι-το	παύο-ι-ντο

Futur:

Aktiv:		Medium:	
παύ-σο-ι-μι	παύ-σο-ι-μεν	παυ-σο-ί-μην	παυ-σο-ί-μεθα
παύ-σο-ι-ς	παύ-σο-ι-τε	(παύ-σο-ι-σο) παύ-σο-ι-ο	παύ-σο-ι-σθε
παύ-σο-ι	παύ-σο-ι-εν	παύ-σο-ι-το	παύ-σο-ι-ντο

Aorist:

παύ-σα-ι-μι	παύ-σα-ι-μεν	παυ-σα-ί-μην	παυ-σα-ί-μεθα
παύ-σα-ι-ς (auch παύσειας)	παύ-σα-ι-τε	(παύ-σα-ι-σο) παύ-σα-ι-ο	παύ-σα-ι-σθε
παύ-σα-ι (auch παύσειε [ν])	παύ-σα-ι-εν (auch παύσειαν)	παύ-σα-ι-το	παύ-σα-ι-ντο

Passiv-Aorist:

παυ-θε-ίη-ν	παυ-θε-ῖ-μεν (auch παυ-θε-ίη-μεν)
παυ-θε-ίη-ς	παυ-θε-ῖ-τε (auch παυ-θε-ίη-τε)
παυ-θε-ίη	παυ-θε-ῖ-εν (auch παυ-θε-ίη-σαν)

Der Optativ bezeichnet den **Wunsch**, wonach er benannt ist, doch häufiger die **Möglichkeit** (potentialer Optativ), insbesondere in Bedingungssätzen, die mit εἰ (wenn) eingeleitet werden. Außerhalb dieser Bedingungssätze wird dem Optativ zur Bezeichnung der Möglichkeit fast immer das Wörtchen **ἄν** beigefügt: εἰ οἱ θεοὶ ἡμᾶς σῴζοιεν, ἡδοίμεθα ἄν wenn die Götter uns retten sollten, möchten (könnten) wir uns freuen, besser deutsch: würden (werden) wir uns wohl freuen.[1] Überdies kann der Optativ in allerlei Nebensätzen an Stelle des Konjunktivs oder Indikativs als sogenannter optativus obliquus stehen, falls das Verb des übergeordneten Satzes in einer erzählenden Zeitform steht. Der Optativ drückt in diesem Falle die innerliche Abhängigkeit aus und steht daher besonders in Absichtssätzen innerhalb einer Erzählung, in abhängigen Fragesätzen und in Behauptungssätzen, deren Inhalt als Meinung des Subjektes des übergeordneten Satzes hingestellt werden soll (natürlich auch wieder nur, wenn das Verb des übergeordneten Satzes in einer erzählenden Zeitform steht): Σωκράτης ἔμενεν ἐν τῷ δεσμωτηρίῳ, ἵνα τοῖς νόμοις πείθοιτο Sokrates blieb im Gefängnis, um den Gesetzen zu gehorchen; Σ. ἔλεγεν, ὅτι μένοι ἐν τῷ δεσμωτηρίῳ S. erklärte, er bleibe im Gefängnis (im Gefängnis zu bleiben); aber Ἀριστοτέλης διδάσκει, ὅτι ἡ εὐδαιμονία τέλος **ἐστὶ** τοῦ βίου A. lehrt, daß die Glückseligkeit Lebensziel ist (**sei**).

Wenn ein Wunsch verneint wird, tritt zum Optativ μή: μὴ νοσήσαις möchtest du doch nicht krank werden! Ebenso ist μή die Verneinung in Absichtssätzen und Bedingungssätzen (s. S. 74). Die Möglichkeit aber wird durch οὐ verneint; denn οὐ ist die Verneinung in Behauptungssätzen: οὐκ ἂν μένοιμι ich dürfte (würde) nicht bleiben, ich werde **wohl** nicht bleiben.

XII. Kapitel

Die griechischen **Adverbia**, die von Adjektiven hergeleitet sind, gehen auf **ως** aus; sie lassen sich am bequemsten aus dem Gen. Plur. bilden, indem das ν der Endung ων in ς verwandelt wird: καλῶν — καλῶς, σωφρόνων — σωφρόνως, εὐγενῶν — εὐγενῶς, ἡδέων — ἡδέως; als Adverb von ἀγαθός dient εὖ, eigentlich Akk. des Neutrums des veralteten Adjektivs ἐύς.

---

[1] Ursprünglich waren solche potentiale Bedingungssätze unabhängige Wunschsätze, in denen der Optativ einen erfüllbaren Wunsch ausdrückte: εἰ οἱ θεοὶ ἡμᾶς σῴζοιεν wenn uns doch die Götter retteten!

Der Stamm der **aktiven Partizipia** geht im Griechischen auf **ντ** aus, ganz wie im Lateinischen (lauda-**nt**-) und ähnlich wie im Deutschen (lobe**nd**): Präs. παυο-ντ-, Futur παυ-σο-ντ-, Aor. παυ-σα-ντ-, Passiv-Aor. παυ-θε-ντ-; nur die Bildung des Part. Perf. weicht ab: πε-παυ-κ-οτ-. Die Abwandlung wird nach der 2. Hauptdeklination vorgenommen (παύσαντος, παύσαντι, παύσαντα; πεπαυκότες, πεπαυκότων, πεπαυκόσι).

Der **Nominativ** des **sächlichen** Geschlechtes stellt den reinen Stamm dar, von dem das schließende τ nach griechischen Lautgesetzen abfallen muß: παῦον, παῦσον, παῦσαν, παυθέν; nur Part. Perf. wieder ausnahmsweise πεπαυκός. Der Nominativ des **männlichen** Geschlechtes hängt im aktiven wie im passiven Aorist ς an: παύ-σα-ντ-ς, daraus παύσᾱς; παυ-θέ-ντ-ς, daraus παυθείς, s. S. 77; im Präsens und Futur wird der letzte Vokal gedehnt; παύων, παύσων (mit Abwerfung des schließenden τ); Perf. πεπαυκώς. Der D a t i v des Plurals (Endung -σι) lautet: παύουσι(ν), παύσουσι(ν), παύσᾱσι(ν), παυθεῖσι(ν), πεπαυκόσι(ν). Der Nominativ des **weiblichen** Geschlechtes geht auf die Silbe σα aus, ντ verschwindet und der vorausgehende Vokal wird gelängt (ursprünglich -ντ-jα, daraus zunächst -νσα): Präs. (παύο-ντ-jα — παύονσα) παύουσα, Aor. (παύ-σα-ντ-jα — παύσανσα) παύσᾱσα, Passiv-Aor. (παυ-θέ-ντ-jα — παυθένσα) παυθεῖσα (s. S. 77); aber Perf. πεπαυκυῖα; die Abwandlung folgt natürlich den Stämmen auf α.

Viel einfacher ist die Bildung des **medialen Partizips**, das, ausgenommen im Aorist, auch passiv ist; es endigt durchwegs auf **μενος**, μενη, μενον: Präs. παυό-μενος, Futur παυσό-μενος, Aor. παυσά-μενος, Perf. πε-παυ-μένος (auf der vorletzten Silbe betont).

Wie die lateinischen werden auch die griechischen Partizipia viel häufiger gebraucht als die deutschen; sie sind oft durch deutsche Nebensätze wiederzugeben: οἱ Ἀθηναῖοι Ἁρμόδιον καὶ Ἀριστογείτονα ἐσέβοντο τὸν τύραννον φονεύσαντας die Athener verehrten H. und A., weil sie den Tyrannen getötet hatten. Dieses sich auf einen Satzteil beziehende Partizip nennt man im Lateinischen p a r t i c i p i u m c o n i u n c t u m. Wenn sich das Partizip nicht auf ein Wort im Satze stützen kann, so steht sein Beziehungswort samt dem Partizip im Genetiv (**absoluter Genetiv**, der dem lat. abl. abs. entspricht): δένδρων φυτευθέντων καρπούς ἐλπίζομεν wenn Bäume gepflanzt werden, erhoffen wir Früchte. Ähnliche Genetive im Deutschen: stehenden Fußes, unverrichteter Dinge, folgendermaßen, eilenden Laufes.

Das Partizip des Aorists drückt häufig die Vorzeitigkeit aus, nie die absolute Vergangenheit; daher fehlt ihm das Augment.

XIII. Kapitel

Wie in unsern zusammengesetzten Zeitwörtern die Vorsilbe „ge-“ des Mittelwortes erst nach dem Vorwort steht (vor-ge-legt, ein-ge-drungen), so werden auch in den mit Präpositionen zusammengesetzten Zeitwörtern der griechischen Sprache sowohl Augment wie Reduplikation erst nach den Präpositionen gesetzt, also unmittelbar vor den Verbalstamm. Geht die Präposition, die vor dem Augment steht, auf einen Vokal aus, so wird dieser außer bei περί und πρό abgeworfen (ἀπο-λύω : ἀπ-έ-λυ-ε, aber ἀπο-λέ-λυ-κα). Hiebei wird ἐκ zu ἐξ: ἐ**κ**-βάλλω — ἐ**ξ**-έβαλλον; ἐν und συν erscheinen ohne Assimilationsveränderung: ἐ**μ**-βαίνω — ἐ**ν**-έβαινον, συ**μ**-βουλεύω — συ**ν**-εβούλευον, συ**γ**-γίγνομαι — συ**ν**-εγιγνόμην, συ-στρατεύομαι — συ**ν**-εστρατευόμην.

Verba, die vokalisch anlauten, ersetzen sowohl Augment wie Reduplikation durch Dehnung des anlautenden Vokals (Dehnungsaugment): α und ε werden zu η, αυ und ευ zu ηυ, ο zu ω, αι zu ῃ, οι zu ῳ (ἄγω — ἦγον, ᾄδω — ᾖδον, ἐθέλω — ἤθελον, αὐξάνω — ηὔξανον, εὔχομαι — ηὐχόμην, αἰσθάνομαι — ᾐσθανόμην, ὀρύττω — ὤρυττον, οἴομαι — ᾠόμην.

Mannigfaltig ist die Bildung der aktiven **Infinitive**. Im Präsens war die urgriechische Endung des aktiven Infinitivs σεν (vgl. urlat. age-se): παύε-σεν, daraus nach Schwund des intervokalischen σ παύε-εν: παύειν (s. S. 61); ebenso Inf. Futur παύ-σειν aus παύ-σε-σεν. Im aktiven Aorist tritt an σα nur ι an (vgl. lat. ag-i): παῦ-σα-ι, wodurch eine äußerliche Ähnlichkeit mit dem Stamm des Optativs und mit dem medialen Imperativ entsteht; aber der Inf. trägt den Zirkumflex (nur, wenn der vorletzte Vokal kurz ist, den Akut), die gleichlautende Form des aktiven Optativs (3. Person Sing.) immer den Akut auf der **vor**letzten Silbe (παύσαι, ἀναπαύσαι), der mediale Imperativ zieht den Akzent womöglich auf die **dritt**letzte Silbe zurück: ἀνάπαυσαι. Im Perfekt und Passiv-Aorist ist die Endung ναι: πε-παυ-κ-έ-ναι, παυ-θῆ-ναι.

Gleichmäßig dagegen ist wieder die **mediale** Endung **σθαι**: Präs. παύε-σθαι, Futur παύ-σε-σθαι, Aor. παύ-σα-σθαι, Perf. πε-παῦ-σθαι.

Auch der Infinitiv des Aorists ist augmentlos, da er an sich nichts Vergangenes bezeichnet; dagegen bewahrt er die Aktionsart des Aoriststammes (s. S. 74f.): βασιλεῦσαι König werden, dagegen βασιλεύειν König sein. Häufig drückt er auch die Vorzeitigkeit aus.

Der griechische Infinitiv steht in allen Fällen, in denen der deutsche und der lateinische Infinitiv steht, ja, im Gegensatz zum lateinischen Gebrauch sogar in Abhängigkeit von Verben des Begehrens: ηὔχετο ἀποθνήσκειν er wünschte zu sterben, δέομαί σου σώφρονος (übereingestimmt mit dem Beziehungswort σου) γίγνεσθαι ich bitte dich, verständig zu werden. Wie im Lateinischen treten auch im Griechischen abhängige Behauptungen in den Infinitiv; aber die griechische Sprache setzt einen Subjekts-Akkusativ nur hinzu, wenn das Subjekt von dem des regierenden Verbs verschieden ist: οἰόμεθα σὲ ἀληθεῦσαι putamus te verum dixisse; wenn dagegen das Subjekt des Infinitivs dasselbe ist wie das des regierenden Verbs, wird es nicht wie im Latein eigens ausgedrückt: οἰόμεθα ἀληθεῦσαι putamus n o s verum dixisse; ein zum Infinitiv hinzutretendes Prädikatsnomen steht in diesem Falle im Nominativ: Σωκράτης οὐκ ἐνόμιζε **σοφὸς** εἶναι Socrates non putabat se esse sapientem.

Nicht selten steht der Infinitiv mit dem Artikel, was wir im Deutschen nicht immer nachahmen können: ἐκ τοῦ ψεύδεσθαι πολλὰ κακὰ γίγνεται aus dem Lügen entstehen viele Übel; διὰ τὸ τὸν τύραννον φονευθῆναι θόρυβος ἐν τῷ ἄστει ἐγίγνετο weil der Tyrann getötet wurde, entstand Verwirrung in der Stadt.

Wie der lateinische Infinitiv (und das Gerundium) wird der griechische durch Adverbia näher bestimmt und nimmt den Kasus seines Verbs zu sich, wird also trotz des vorangestellten

Artikels nie so völlig zum Substantiv wie der deutsche: τῷ **εὖ** ἐργάζεσθαι **τὴν γῆν** οἱ καρποὶ αὐξάνονται (terram bene colendo fructus augentur) durch die gute Bearbeitung des Bodens wird der Ertrag gesteigert.

Die **Negation** des Infinitivs ist μή, nur nach Verben des Sagens und Glaubens οὐ.

XIV. Kapitel

Die Verba auf άω, έω, όω heißen **verba contracta**, weil sie im Präsens und Imperfekt das α, ε, ο mit dem Erweiterungsvokal vor der Endung kontrahieren (zusammenziehen). Diese Zusammenziehung (Kontraktion) vollzieht sich nach folgenden Grundsätzen: Natürlich ist der aus zwei Vokalen hervorgegangene Vokal (oder Diphthong) immer lang; und wenn zwei gleichartige zusammengezogen werden, ist er derselben Art wie sie (ε + η = η, ε + ε = ει; ο + ω = ω, ο + ο = ου [s. S. 61]). War im zweiten ein ι enthalten, so verbleibt dieses, sei es auch nur als Iota subscriptum (ε + ῃ = ῃ, ε + ει = ει, ο + οι = οι). Werden verschiedenartige Vokale zusammengezogen, so gewinnt durch die Kontraktion o das Übergewicht über a und e, a über e. Demgemäß verbindet sich **α** mit ε und η zu ᾱ, mit ει und ῃ zu ᾳ, mit ο, ου, ω zu ω, mit οι zu ῳ; **ε** verschwindet vor langem Vokal und Diphthong und verschmilzt mit ε zu ει, mit ο zu ου (s. S. 61); **ο** wird mit einem Vokal, der ι enthält (ει, ῃ, οι), zu οι, mit η und ω zu ω, sonst (mit ε, ο, ου) zu ου (s. S. 61) zusammengezogen. Beispiele (vollständige Abwandlung S. 149ff.):

τιμάει : τιμᾷ	ποιέει : ποιεῖ	δουλόει : δουλοῖ
τιμάῃ : τιμᾷ	ποιέῃ : ποιῇ	δουλόῃ : δουλοῖ
τιμάετε : τιμᾶτε	ποιέετε : ποιεῖτε	δουλόετε : δουλοῦτε
τιμάητε : τιμᾶτε	ποιέητε : ποιῆτε	δουλόητε : δουλῶτε
τιμάομεν : τιμῶμεν	ποιέομεν : ποιοῦμεν	δουλόομεν : δουλοῦμεν
τιμάουσι(ν) : τιμῶσι(ν)	ποιέουσι(ν) : ποιοῦσι(ν)	δουλόουσι(ν) : δουλοῦσι(ν)
τιμάωσι(ν) : τιμῶσι(ν)	ποιέωσι(ν) : ποιῶσι(ν)	δουλόωσι(ν) : δουλῶσι(ν)
τιμαέτω : τιμάτω	ποιεόντων : ποιούντων	δούλοε : δούλου

Im Imperfekt kann an die 3. Person der Einzahl dieser Verba niemals ν antreten, da dieses nur nach kurzen Vokalen steht.

ἐτίμαε(ν) : ἐτίμα ἐποίεε(ν) : ἐποίει ἐδούλοε(ν) : ἐδούλου

Verba mit der Bedeutung nützen oder schaden u. dgl. haben, oft abweichend vom Deutschen, ein Akkusativobjekt bei sich: Ἀεί με ὠφελεῖς du förderst mich, du nützt mir immer, Σωκράτης τὸν ἀδικοῦντα αὐτὸν οὐκ ἠδίκει S. tat dem, der ihm Unrecht tat, kein Unrecht.

XV. Kapitel

Der Singular des aktiven Optativs der verba contracta hat wie der des Passiv-Aorists (s. S. 86) das Optativzeichen ιη:

	τιμαοίην : τιμῴην	ποιεοίης : ποιοίης	δουλοοίη : δουλοίη
aber	τιμάοιεν : τιμῷεν	ποιέοιεν : ποιοῖεν	δουλόοιεν : δουλοῖεν
	τιμάοιμεν : τιμῷμεν	ποιέοιμεν : ποιοῖμεν	δουλόοιμεν : δουλοῖμεν
	τιμαοίμην : τιμῴμην	ποιεοίμην : ποιοίμην	δουλοοίμην : δουλοίμην
	τιμάοιο : τιμῷο	ποιέοιο : ποιοῖο	δουλόοιο : δουλοῖο

Die aktiven Infinitive sind aus τιμά-ειν, ποιέ-ειν, δουλό-ειν zusammengezogen; da aber ει kein echter Diphthong, sondern ẹ ist (s. S. 60f.), kommt das ι der Infinitivendung ειν für die Kontraktion nicht in Betracht; τιμᾶν (aus τιμά-ẹν), ποιεῖν (aus ποιέ-ẹν), δουλοῦν (aus δουλό-ẹν).

Die Verba ζῶ (leben), διψῶ (dürsten), πεινῶ (hungern) und χρῶμαι (gebrauchen; mit Dativ, vgl. utor mit Abl.) werden größtenteils abgewandelt wie Verba auf άω, weisen aber, wo diese ihr α mit ε oder η (ῃ, ει) zu α (ᾳ) zusammenziehen, η (ῃ) auf, weil ihre Stämme auf η endigen (ζή-ω . . χρή-ομαι): ζῇ, ἔζη, ζῆν, χρῆται, χρῆσθαι — aber ζῶσι(ν), ζῷεν, χρῷο.

Die zweisilbigen Verba auf έω bleiben unkontrahiert, außer wo ihr ε mit ε oder ει zu ει verschmilzt: πλέω ich fahre zu Schiff, πλεῖτε (= πλέετε), πλεῖς (= πλέεις), aber πλέω, πλέομεν, πλέουσιν, πλέῃς.

Über die Bildung der anderen Zeitformen der verba contracta s. S. 73; χρῆσθαι bildet (vom Stamme χρη) χρήσομαι, ἐχρησάμην. Die zweisilbigen Verba auf έω bilden die übrigen Zeitformen abweichend, s. S. 131.

XVI. Kapitel

In Attika hatten einige wenige Stämme auf ο, deren Deklination die attische genannt wird, eine lautliche Umwandlung erfahren, derzufolge ω durch Quantitätsvertauschung an die Stelle von ο trat: νεώς Tempel aus νᾱός (über νηός), λεώς Kriegsvolk aus λᾱός (über ληός); Adjektiv ἵλεως, ἵλεων gnädig. Die Endungen blieben übrigens die gleichen; nur verband sich ω mit ι zu einem Langdiphthong (s. S. 61) und ου wurde in der Endung durch das ω ersetzt: νεώς, νεώ, νεῴ, νεών; νεῴ, νεών, νεῴς, νεώς. Der Akzent der ursprünglichen Formen bleibt hiebei unverändert: Μενέλᾱος — Μενέλεως, s. S. 82, Anm. 1 (πόλεως).

Die Abwandlung von Ζεύς mit dem Stamme Δι[1] (Δι-ός, Δι-ί, Δί-α) erklärt sich daraus, daß Δι auch in Ζεύς (= Δjεύς) steckt; Vok. ὦ Ζεῦ.

Vom Stamme ναυ (νᾱϝ, vgl. nav-is) werden vier Kasus gebildet: Nom. Sing. ναῦς, zugleich Akk. Plur. (aus ναῦ-νς), Akk. Sing. ναῦ-ν, Dat. Plur. ναυ-σί(ν). Die vier andern Kasus lauten νεώς (aus νηός mit Quantitätsvertauschung) und νεῶν, νηί und νῆες (Stamm νηϝ).

ὁ (ἡ) βοῦς Rind, Ochs, Kuh (= bōs, bŏvis) bildet im Sing. βο-ός, βο-ί, βοῦ-ν, im Plur. βό-ες, βοῶν, βου-σί(ν), βοῦ-ς. Der Stamm lautet eigentlich βοϝ; ϝ fällt zwischen Vokalen aus, vor Konsonanten erscheint ου.

Zum Stamme γυναικ, der regelmäßig abgewandelt wird (γυναικός, γυναικί, γυναῖκα; γυναῖκες, γυναικῶν, γυναιξί[ν], γυναῖκας), gehört als Nom. Sing. die Kurzform γυνή (Weib); Vokativ γύναι mit Abfall des κ.

---

[1] eigentlich Διϝ, Schwundstufe von Διευ (Διεϝ), aus dem über Δjεύ-ς der Nom. Ζεύς gebildet wurde.

Die Verwandtschaftsnamen πατήρ, μήτηρ, θυγάτηρ (Tochter) bilden den Akk. und Vok. Sing. und den ganzen Plural mit Ausnahme des Dativs von einer Stammform auf ερ, die andern drei Kasus von der Schwundstufe des Stammes, in der ε geschwunden ist: πατρ-ός, πατρ-ί, πατέρ-α, πάτερ; πατέρ-ες, πατέρ-ων, [πατρ-σι(ν), woraus:] πατράσι(ν), πατέρας. Dagegen beruht die Abwandlung von ἀνήρ (Mann) durchwegs auf der Schwundstufe ἀνρ, wobei sich zur Erleichterung der Aussprache δ zwischen ν und ρ eingeschoben hat (vgl. mundartliches Mandr, Mandl und französisches vendredi gegenüber italienischem venerdi aus lateinischem Veneris dies Freitag): ἀνδρ-ός, ἀνδρ-ί, ἄνδρ-α; ἄνδρ-ες, ἀνδρ-ῶν, [ἀνδρ-σι(ν), woraus:] ἀνδράσι(ν), ἄνδρ-ας; Vok. Sing. ἄνερ.

XVII. Kapitel

Die griechischen **Demonstrativ-Pronomina** sind ὅδε hic, οὗτος iste, hic, ἐκεῖνος ille; in bezug auf etwas Folgendes steht meist ὅδε (wie lat. hic), dagegen οὗτος in bezug auf Vorangegangenes.

Die Abwandlung von ὅδε ist die des Artikels mit der angehängten enklitischen Demonstrativpartikel δε (ἥδε, τόδε, τοῦδε, τῆσδε, οἵδε, αἵδε, τάδε); die von ἐκεῖνος richtet sich nach den Adjektiven auf ος, η, ον, nur daß das Neutrum ἐκεῖνο im Nom. und Akk. Sing. kein ν annimmt, ebensowenig wie τό, αὐτό und ἄλλο.

Die Abwandlung von οὗτος lautet:

Sing.	οὗτος	τοῦτο	αὕτη
	τούτου		ταύτης
	τούτῳ		ταύτῃ
	τοῦτον	τοῦτο	ταύτην
Plur.	οὗτοι	ταῦτα	αὗται
	τούτων		τούτων
	τούτοις		ταύταις
	τούτους	ταῦτα	ταύτας

Wie im Artikel beschränkt sich das anlautende h (spiritus asper) auf den Nominativ des männlichen und weiblichen Geschlechtes in Einzahl und Mehrzahl; alle anderen Formen lauten mit τ an. Der Vokal der ersten Silbe ist teils ου, teils αυ; ου, wenn in der Endung ein ο (ω, ου) enthalten ist, αυ in den anderen Formen. Demgemäß erscheint im männlichen und sächlichen Geschlecht durchwegs ου (mit Ausnahme der Form ταῦτα), im weiblichen durchwegs αυ (mit Ausnahme der Form τούτων).

Alle drei Demonstrativpronomina nehmen, wenn sie zu einem Substantiv hinzutreten, die prädikative Stellung (s. S. 73f., 78f.) ein: ὅδε ὁ λόγος, οὗτοι οἱ ἄνθρωποι, τὸ πρᾶγμα ἐκεῖνο.

Der Abwandlung von οὗτος folgen die Zusammensetzungen τοσοῦτος (tantus) und τοιοῦτος (talis); nur fällt nach der ersten Silbe (τοσ, τοι) das τ der mit τ anlautenden Formen von οὗτος weg, also τοσ-ούτου τοι-αῦτα. Nom. und Akk. Sing. des sächlichen Geschlechtes oft τοσοῦτον und τοιοῦτον (mit ν).

Das Relativpronomen ὅς ἥ ὅ qui, quae, quod behält den spiritus asper im Anlaut durchwegs bei; abgewandelt wird es wie αὐτός (s. S. 69).

Wenn sich ein Relativsatz, dessen Relativpronomen im Akkusativ steht, sehr eng an sein Beziehungswort (Substantiv oder Demonstrativpronomen) anschließt, so verwandelt sich mitunter der Akkusativ des Relativpronomens in den Kasus des Beziehungswortes, das hiebei ohne Artikel oft an den Schluß des Relativsatzes tritt (Attraktion): ἄξιοι γίγνεσθε ἧς ἔχετε ἐλευθερίας (statt τῆς ἐλευθερίας, ἣν ἔχετε) werdet würdig der Freiheit, die ihr besitzt! Das Demonstrativpronomen als Beziehungswort fällt hiebei meist aus: ᾧ (statt τούτῳ, ὃν) φιλοῦσιν οἱ θεοί, θάνατον μαλακὸν χαρίζονται wen die Götter lieben, dem gewähren sie sanften Tod; λέγω, περὶ ὧν (= περὶ τούτων, ἃ) αὐτὸς εἶδον ich spreche von dem, was ich selbst sah.

Wie das lateinische quis und das deutsche wer sowohl fragendes wie unbestimmtes Pronomen sein kann (wer kommt? es kommt wer [= irgendwer, jemand]), so auch das griechische τις (männlich und weiblich), τι (sächlich). Die beiden Arten dieses griechischen Pronomens werden durch den Akzent unterschieden; als unbestimmtes Fürwort ist es enklitisch, als Fragewort trägt es immer den Akut auf dem ι.

τίς τί	τις τι	τίνες τίνα	τινες τινα
τίνος	τινος	τίνων	τινων
τίνι	τινι	τίσι(ν)	τισι(ν)
τίνα τί	τινα τι	τίνας τίνα	τινας τινα

Im Genetiv und Dativ der Einzahl treten häufig die Formen τοῦ und τῷ ein, die als Indefinita gleichfalls enklitisch sind.

Nebensätze, die eine Wiederholung ausdrücken (**Iterativsätze**), fügen, wenn sie von einer nicht erzählenden Zeitform (Präsens, Futur, Perfekt) abhängen, dem Einleitungswort ἄν hinzu (ὃς ἄν wer auch immer, εἰ + ἄν = ἐάν jedesmal wenn, ὅτε + ἄν = ὅταν und ἐπειδή + ἄν = ἐπειδάν sooft) und setzen das Verb in den Konjunktiv (s. S. 74). Innerhalb einer Erzählung jedoch (wenn also das regierende Verb im Imperfekt oder Aorist steht) bleibt ἄν weg und das Verb tritt in den Optativ (optativus iterativus): ὃς ἂν ἁμαρτάνῃ, κολάζεται jeder, der fehlt, wird bestraft; ὅτε τις ἁμαρτάνοι, ἐκολάζετο sooft einer fehlte, wurde er bestraft. Die Negation ist auch in diesem Falle μή.

XVIII. Kapitel

Während die Zahl der Verba contracta sehr groß ist, gibt es nur wenige nomina contracta, Substantiva mit dem Stamm auf αα (Ἀθηνάα [aus Ἀθηναία]: Ἀθηνᾶ), auf εα (γέα: γῆ, Ἑρμέας [aus Ἑρμείας]: Ἑρμῆς) oder οο (νόος Sinn: νοῦς, πλοῦς Schiffahrt) und Adjektiva mit Stämmen auf οο oder εο (weiblich οα und εα). Die Zusammenziehung folgt denselben Gesetzen wie die der verba contracta (s. S. 91 f., auch S. 79 f., 84 f.); nur behalten die Adjektiva im weiblichen Geschlecht und im Nom. (Akk.) Plur. des sächlichen um der Kenntlichkeit der Form willen das α (η) der Endung auch nach ο bei.

ἁπλόος (einfach): ἁπλοῦς	ἁπλόη: ἁπλῆ	ἁπλόον: ἁπλοῦν
ἁπλόοι: ἁπλοῖ	ἁπλόαι: ἁπλαῖ	ἁπλόα: ἁπλᾶ (s. S. 138).

Aus ὅς, ἥ, ὅ und dem unbestimmten Fürwort τις zusammengesetzt ist ὅστις, ἥτις, ὅ τι wer (auch immer), dessen beide Bestandteile selbständig abgewandelt werden; aber statt οὗτινος und ᾧτινι waren fast ausschließlich die Kurzformen ὅτου und ὅτῳ gebräuchlich, ebenso ἅττα (oder ἅσσα aus ἅτια vom Stamme τι) statt ἅτινα. Ähnlich ist τινα oder vielmehr τια (vom Stamme τι) im Anschluß an Neutra mit der Endung α die Form ττα (σσα) hervorgegangen, die sich mit dem Auslaut α des voranstehenden Neutrums zu ἅττα (ἅσσα) erweiterte: ἄλλ' ἅττα (aus ἄλλα ττα) was anderes. — ὅστις wird relativ verallgemeinernd und indirekt fragend gebraucht.

Das **Plusquamperfekt** wurde vom Perfekt abgeleitet, indem diesem das Augment vorgesetzt wurde und statt der Endungen des Perfekts die der erzählenden Zeitformen eintraten. Ganz deutlich ist dieser Unterschied im Medium (Passiv):

ἐ-πε-παύ-μην	ἐ-πε-παύ-μεθα
ἐ-πέ-παυ-σο	ἐ-πέ-παυ-σθε
ἐ-πέ-παυ-το	ἐ-πέ-παυ-ντο

Das aktive Plusquamperfekt ersetzt κα, das Kennzeichen des Perfekts, durch κε (vgl. Inf. Perf. πεπαυ**κέ**ναι):

(ἐ-πε-παύ-κε-α) ἐπεπαύκη	ἐ-πε-παύ-κε-μεν
(ἐ-πε-παύ-κε-ας) ἐπεπαύκης	ἐ-πε-παύ-κε-τε
(ἐ-πε-παύ-κε-ε) ἐπεπαύκει	ἐ-πε-παύ-κε-σαν

In den ersten zwei Personen der Einzahl liegen die Endungen α und ας vor wie im Aorist und Perfekt, in der 3. Person der Mehrzahl σαν wie im Passiv-Aorist. Erst spät ist ει aus der 3. Person der Einzahl in die anderen Personen eingedrungen (besonders ἐπεπαύ-κει-ν, ἐπεπαύ-κει-ς).

XIX. Kapitel

Der **Komparativ** wird zumeist durch Anhängung von τερος, τερα, τερον, der **Superlativ** durch Anhängung von τατος, τατη, τατον an den Stamm des Adjektivs gebildet: πονηρό-τερος πονηρό-τατος, σοφώ-τερος σοφώ-τατος (ω, wenn die vorhergehende Silbe kurz ist), γλυκύ-τερος γλυκύ-τατος, εὐγενέσ-τερος εὐγενέσ-τατος. Ausnahmsweise wird für die Adjektiva zweier Endungen, deren Stamm auf ον endigt (wie σώφρων, σῶφρον), vor den Endungen des Komparativs und Superlativs εσ eingeschoben (σωφρον-έσ-τερος σωφρον-έσ-τατος), indem diese Adjektiva die ganze Endung έστερος, έστατος von den Adjektiven zweier Endungen auf -ής, -ές herübergenommen haben.

Einige der häufigsten Adjektiva haben die altertümliche Bildung des Komparativs mit ΐων (Neutrum ῑον, Stamm ῑον-), des Superlativs mit ιστος, ιστη, ιστον (vgl. klein-**st**, althochdeutsch jung-**ist** = jüngst) beibehalten;

(ἀγαθός gut)	βελτΐων (λῴων) besser	βέλτιστος (λῷστος) bester
κακός schlecht	κακιων	κάκιστος
καλός schön	καλλΐων	κάλλιστος
ἡδύς angenehm	ἡδΐων	ἥδιστος
αἰσχρός schimpflich	αἰσχΐων (ohne ρ)	αἴσχιστος
ἐχθρός feindlich	ἐχθΐων ,,	ἔχθιστος
ῥᾴδιος leicht	ῥᾴων	ῥᾷστος

(vom Stamme ῥᾱ aus ῥᾱ-ίων, ῥᾱ́-ιστος)

ferner mit Umwandlung des ι von ίων:

μέγας groß	μείζων (aus μεγίων)	μέγιστος
(ἀγαθός gut)	ἀμείνων	ἄριστος
(κακός schlecht)	χείρων deterior	χείριστος
	ἥττων (aus ἡκίων) inferior	ἥκιστα (Adv.)
ταχύς (aus θαχύς, s. S. 77f.) schnell	θᾱ́ττων (aus θαχίων)	τάχιστος

(ὀλίγος wenig, gering)	ἐλάττων (aus ἐλαχίων) μείων minor	ἐλάχιστος
(κρατ-ερός stark)	κρείττων stärker (besser)	κράτιστος stärkster (bester)
(πολύς viel)	πλείων (aber Neutrum πλέον) mehr (plus)	πλεῖστος

Mehrere dieser Adjektiva bilden die Steigerungsformen von ganz verschiedenen Stämmen (vgl. viel, mehr, am meisten, bonus, melior, optimus).

Die Abwandlung des Komparativs auf ων ist ganz gleich der eines Adjektivs zweier Endungen auf ων, ον; aber statt der Endung -ονα ist -ω üblicher, statt -ονες und -ονας die Kurzform -ους. Diese Kurzformen auf -ω und -ους können nicht durch Ausfall des ν und nachherige Zusammenziehung erklärt werden, weil ν zwischen zwei Vokalen nicht ausfällt und daher die Adjektiva zweier Endungen auf ων, ον diese Kurzformen nicht kennen; sondern es ist wie gewöhnlich zwischen Vokalen urgriechisches σ ausgefallen. Es hat sich also hier die Spur einer uralten Nebenform des Stammes auf ιος erhalten, die mit dem lateinischen Komparativ zusammenfällt: melius (und melior) aus melios, melior-es aus melios-es, ebenso βελτίω aus βελτιο [σ] -α, βελτίους aus βελτίο [σ] -ες (s. S. 79, 61) und aus βελτίο [σ] -νς (s. S. 65, 67).

Der verglichene Gegenstand wird mit ἤ (als) angefügt oder in den genetivus comparationis gesetzt, der dem lateinischen ablativus comparationis entspricht; denn der ursprachliche Ablativ ist im griechischen Genetiv aufgegangen, sowie der griechische Dativ auch die instrumentale Bedeutung übernommen hat (s. S. 71): οὐδεὶς Σωκράτους σοφώτερος ἦν nemo Socrate sapientior fuit niemand war weiser als Sokrates (eig.: von Sokrates aus gemessen).

Wie dem lateinischen Superlativ quam vorgesetzt wird, um einen möglichst hohen Grad anzuzeigen, so dem griechischen Superlativ ὡς: ὡς ἄριστος möglichst gut.

Die Adverbia des Komparativs und Superlativs werden nur ausnahmsweise mit der Endung ως gebildet; gewöhnlich wird im Komparativ wie im Lateinischen der Akk. Sing. des Neutrums, im Superlativ der Akk. Plur. des Neutrums als Adverb verwendet: θᾶττον schneller (celerius), ὡς τάχιστα quam celerrime; vgl. μᾶλλον (aus μάλιον) magis (potius), μάλιστα maxime (potissimum) von μάλα sehr.

XX. Kapitel

Dual

Im Genetiv und Dativ des Duals, der alten Zweizahl, endigen die meisten griechischen Haupt- und Eigenschaftswörter, auch der Artikel auf οιν (ἀνθρώποιν, συοῖν, σωμάτοιν, γενοῖν, πολέοιν, ἀγαθοῖν, γλυκέοιν); nur die Stämme auf α gehen auf αιν aus (τοῖν καλαῖν θύραιν). Im Nominativ und Akkusativ des Duals weichen die Stämme auf α und ο von den andern ab: jene gehen auf ᾱ und ω, diese auf ε aus (τὼ καλὰ θύρᾱ, ἀνθρώπω ἀγαθώ; jedoch σύε, σώματε, γένει aus γένεε, πόλει aus πόλεε).

Dem Dual des Zeitwortes fehlt die 1. Person; die 2. endigt stets auf -τον im Aktiv, auf -σθον im Medium (παύετον Ind. und Imper., παύησθον Konj., ἐπαύετον, ἐπαύσασθον), die 3. im Ind. der nicht erzählenden Zeitformen (des Präsens, des Futurs, des Perfekts) und im Konjunktiv gleichfalls auf -τον und -σθον (παιδεύσετον, πεπαιδεύκατον, παύσησθον), in den erzählenden Zeitformen (im Imperfekt, Plusquamperfekt, im Indikativ des Aorists) und im Optativ auf -την und -σθην (ἐπαιδευσάτην, ἐβουλευσάσθην, παυοίτην), im Imperativ auf -των und -σθων (λεγέτων, παυέσθων).

Schon seit den ältesten Zeiten wird der Dual häufig durch den Plural ersetzt.

Zahlwörter

(Siehe auch S. 142 f.!)

Der urgriechische Stamm des Zahlwortes für 1 war σεμ (vgl. lat. sem-el), daraus ἕν (s. S. 68, 102 f.). Das Femininum wird von der sogenannten Schwundstufe σμ gebildet, in der das ε geschwunden ist (s. S. 82, Anm. 1): σμ-ίᾰ, daraus μίᾰ.

εἷς (aus ἕν-ς)	μίᾰ	ἕν
ἑν-ός	μιᾶς	ἑν-ός
ἑν-ί	μιᾷ	ἑν-ί
ἕν-α	μίᾰν	ἕν

2 δύο (= duo) als Nom. und Akk.
δυοῖν (Dualform) als Gen. und Dat. } für alle drei Geschlechter

3	τρεῖς	τρία (= trēs, tria)	4	τέτταρες	τέτταρα
	τριῶν			τεττάρων	
	τρισί (ν)			τέτταρσι (ν)	
	τρεῖς	τρία		τέτταρας	τέτταρα

Undeklinierbar sind πέντε 5, ἕξ 6, ἑπτά 7, ὀκτώ 8, ἐννέα 9, δέκα 10, εἴκοσι (ν) 20 und die folgenden Zehner, die auf -κοντα ausgehen (τριάκοντα 30, τετταράκοντα 40, πεντήκοντα 50, ἑξήκοντα 60, ἑβδομήκοντα 70, ὀγδοήκοντα 80, ἐνενήκοντα 90), sowie ἑκατόν 100.

Die mehrfachen Hunderter gehen auf -κόσιοι, -κόσιαι, -κόσια aus und werden wie Adjektiva abgewandelt: διακόσιοι, τριακόσιοι, τετρακόσιοι, πεντακόσιοι, ἑξακόσιοι, ἑπτακόσιοι, ὀκτακόσιοι, ἐνακόσιοι, ebenso χίλιοι 1000 und μύριοι 10000.

Die Ordnungszahlwörter sind Adjektiva: πρῶτος, δεύτερος, τρίτος, τέταρτος, πέμπτος, ἕκτος, ἕβδομος, ὄγδοος, ἔνατος, δέκατος, εἰκοστός, ἑκατοστός, χιλιοστός. Die Grundzahlen auf -κοντα werden zu Ordnungszahlen durch Verwandlung von -κοντα in -κοστός, die auf -κόσιοι durch Verwandlung von -κόσιοι in -κοσιοστός: τριακοστός, τριακοσιοστός.

Zahladverbia: ἅπαξ einmal, δίς zweimal, τρίς dreimal, τετράκις, πεντάκις, ἑξάκις, ἑπτάκις, ὀκτάκις, ἐνάκις, δεκάκις, εἰκοσάκις, ἑκατοντάκις, χιλιάκις, μυριάκις.

Mit εἷς zusammengesetzt sind οὐδείς (eigentlich οὐδὲ εἷς nicht einmal einer), οὐδεμία, οὐδέν und μηδείς, μηδεμία, μηδέν (kein, niemand, nichts). Abwandlung: οὐδενός, οὐδεμιᾶς usw. wie von εἷς.

XXI. Kapitel

Viele Verbalstämme erscheinen in den Formen des Präsensstammes in veränderter Gestalt, weil zur Bildung des Präsensstammes ein j angehängt worden ist, das zusammen mit einem vorausgehenden Konsonanten mannigfachem Wandel unterlegen ist; einem Präsens auf -ττω (-σσω) pflegt ein Verbalstamm auf einen Kehllaut (κ γ χ) zu entsprechen, einem Präsens auf -ζω ein Verbalstamm auf einen Zahnlaut (τ δ ϑ), einem Präsens auf -πτω ein Verbalstamm auf einen Lippenlaut (π β φ):

φυλάττω — φυλακ-,	ϑαυμάζω — ϑαυματ-,	τύπτω — τυπ-,
πλήττω — πληγ-,	ἐλπίζω — ἐλπιδ-,	κρύπτω — κρυφ-.

In der Zeitformenbildung erfahren auslautende Konsonanten des Verbalstammes gleichfalls Veränderungen: mit dem σ des Futurs und des Aorists verschmilzt ein Kehllaut zu ξ, ein Lippenlaut zu ψ, während ein Zahnlaut davor schwindet (ἄρχω ἦρξα aus ἦρχ-σα, κρύπτω ἔκρυψα aus ἔκρυφ-σα, ϑαυμάζω ϑαυμάσομαι aus ϑαυμάτ-σομαι); vor dem ϑ des Passiv-Aorists verwandelt sich ein Kehllaut in χ, ein Lippenlaut in φ, ein Zahnlaut in σ (φυλάττω ἐφυλάχϑην aus ἐφυλάκϑην, πέμπω ἐπέμφϑην aus ἐπέμπ-ϑην, πείϑω ἐπείσϑην aus ἐπείϑ-ϑην). Das aktive Perfekt auf κα bilden von konsonantisch auslautenden Verbalstämmen nur solche, die auf einen Zahnlaut oder λ ν ρ endigen; der Zahnlaut fällt vor κ aus (κομίζω κεκόμικα aus κεκόμιδ-κα, Stamm ἀγγελ-: ἤγγελκα).

Einige Verba, die mit ε anlauten, bilden das Augment nicht durch Dehnung des ε zu η, sondern zu ει (= ẹ, s. S. 61), weil vor diesem ε ursprünglich σ oder Ϝ oder σϜ stand, das, wenn das Augment ε vorantrat, zwischen den zwei Vokalen ausfallen mußte (s. S. 64, 79, 84): ἔχω (ich habe) aus σέχω, daher (urgriechisch ἔ-σεχο-ν, daraus ἔεχον und) εἶχον; ἕπομαι (ich folge) aus σέπομαι (= sequor), daher (urgriechisch ἐ-σεπό-μην, daraus ἐεπόμην und) εἱπόμην; ebenso εἴων aus ἐ-έαο-ν von ἐάω (ich lasse), desgleichen Perf. εἴακα; ἐϑίζω (ich gewöhne; Stamm σϜεϑ, vgl. con-sue-sco) εἴϑιζον (aus ἐ-σϜέϑιζον); ἐργάζομαι (ich arbeite) aus Ϝεργάζομαι (vgl. Werk), daher Perf. εἴργασμαι (aus ϜεϜέργασμαι), dagegen Imperf. (Aorist) ἠργαζόμην (ἠργασάμην), jünger εἰργαζόμην (εἰργασάμην).

Silbenaugment bei anlautendem ω haben wegen ursprünglichen konsonantischen Anlauts ὠθέω (ich stoße; aus ϝωθέω) — ἐ-ώθουν und ὠνέομαι (ich kaufe; aus ϝωνέομαι, vgl. vēneo) — ἐ-ωνούμην.

Da die griechische Sprache zwei Aspiraten im Anlaut benachbarter Silben vermeidet (s. S. 77f.), so wird die Reduplikation von Verben, die mit einer Aspirata anlauten, nicht mit dieser Aspirata, sondern mit der entsprechenden Tenuis gebildet: θαυμάζω τεθαύμακα, φονεύω πεφόνευκα, χωρέω κεχώρηκα.

Fängt ein Verbum mit zwei Konsonanten an, von denen der erste ein Verschlußlaut (Kehllaut, Lippenlaut, Zahnlaut), der zweite λ μ ν ρ ist (also muta cum liquida), so wird zur Reduplikation bloß der Verschlußlaut zugelassen (βλάπτω βέβλαψαι aus βέβλαβσαι, θρηνέω τεθρήνηκα, χρῶμαι κέχρημαι, s. S. 92f.). Wenn aber der Anlaut aus zwei anderen oder aus drei Konsonanten oder aus einem Doppelkonsonanten besteht, so wird statt der Reduplikation nur einfaches ε vorangestellt (στεφανόω ἐστεφάνωκα, στρατεύομαι ἐστράτευμαι, ζητέω ἐζήτημαι); ebenso wenn das Verb mit ρ anlautet, weil dieser Anlaut stets Vereinfachung einer Konsonantengruppe (meist σρ) war, weshalb auch ρ nach diesem ε und ebenso nach dem Augment verdoppelt wurde (ῥίπτω ἔρριπτον, ἔρριψαι aus ἔρριπσαι). Ein solches die Reduplikation vertretendes ε wird im Plusquamperfekt nicht gelängt.

Da ὁράω (ich sehe) ursprünglich mit ϝ anlautete (also ϝορ-, vgl. ge-wahr-en), war die Reduplikationssilbe ϝε; als jedoch ϝ aus dem griechischen Lautbestand verschwand, blieb von ϝεϝόρακα nur ἑόρακα übrig. Unregelmäßig ist das Augment dieses Verbs im Imperfekt: ἑώρων.

XXII. Kapitel

Im medialen (passiven) Perfekt mußte ein Ausgleich gesucht werden zwischen dem konsonantischen Auslaut des Verbalstammes und dem konsonantischen Anlaut der Endung. Dies geschah durch Assimilation der zusammenstoßenden Konsonanten. Von den Endungen fangen 4 mit μ an (-μαι, -μεθα, Plusquamperf. -μην, Part. -μένος), 2 mit τ (-ται und Plusquamperf. -το), 2 mit einfachem σ (-σαι, Imper. und Plusquamperf. -σο), 4 mit σθ (-σθε, Imper. -σθω, -σθων, Inf. -σθαι), 2 mit ντ (-νται und -ντο). Mit einfachem **σ** wird ebenso wie im Futur und Aorist jeder Kehllaut zu ξ, jeder Lippenlaut zu ψ verschmolzen, während ein Zahnlaut davor schwindet (τάττω τέταξαι aus τέταγσαι, κόπτω κέκοψαι aus κέκοπ-σαι, πείθω ἐπέπεισο aus ἐπέπειθ-σο). Vor **τ** wird ein Kehllaut zu κ, ein Lippenlaut zu π, ein Zahnlaut zu σ (τέτακται, κέκοπται, ἐπέπειστο); vor **μ** ein Kehllaut zu γ, ein Lippenlaut zu μ, ein Zahnlaut wieder zu σ (τέταγμαι, κεκόμμεθα, πεπεισμένος). Von **σθ** wird σ unterdrückt und vor θ treten dieselben Veränderungen ein wie vor dem θη des Passiv-Aorists, also Kehllaut zu χ, Lippenlaut zu φ, Zahnlaut wieder zu σ (τέταχθε, ἐκέκοφθε, πεπεῖσθαι). Von der Lautgruppe **ντ** geht ν mitunter nach demselben Lautgesetz wie im Akk. der 2. Hauptdeklination (s. S. 76) nach einem Konsonanten in α über: θάπτω (Stamm θαφ, der zur Vermeidung der zwei Aspiraten in ταφ übergeht) τετάφαται, τάττω (Stamm ταγ) ἐτετάχατο (mit Aspirierung des Kehllautes); gewöhnlich aber wird die 3. Person der Mehrzahl sowie der Konjunktiv und der Optativ des medialen Perfekts durch das Partizip mit den entsprechenden Formen des Zeitwortes εἶναι „sein" umschrieben: τεταγμένοι εἰσίν (ἦσαν); Konjunktiv: τεταγμένος ὦ, ᾖς, ᾖ, τεταγμένοι ὦμεν, ἦτε, ὦσι (ν); Optativ: τεταγμένος εἴην, εἴης, εἴη, τεταγμένοι εἶμεν, εἶτε, εἶεν. Abwandlungsübersicht S. 152.

Die Verba στρέφω ich drehe, τρέπω ich wende, τρέφω ich nähre (aus θρέφω mit Ersatz des θ durch τ, um den aspirierten Anlaut zweier benachbarter Silben zu vermeiden) bilden das passive Perfekt von der Schwundstufe, in der ε geschwunden und für ρ die Silbe ρα eingetreten ist (vgl. πατράσιν, S. 94): ἔ-στραμ-μαι aus ἔ-στρφ-μαι, τέ-τραμ-μαι aus τέ-τρπ-μαι, τέ-θραμ-μαι aus τέ-θρφ-μαι, auch Infinitiv τε**θ**ράφθαι, dagegen τε-**τ**ράφ-αται (aus τε-θρφ-νται).

XXIII. Kapitel

Die Zeitformenbildung der Verbalstämme auf λ μ ν ρ hat schon in urgriechischer Zeit allerlei Wandlungen erfahren. Auch im Präsens erscheinen diese Stämme nicht immer in ihrer reinen Gestalt, sondern geben großenteils ein j bei (s. S. 102), das mit einem vorausgehenden λ ν ρ gewisse Verbindungen eingeht: λj wurde zu λλ, νj und ρj zu ιν und ιρ; wo also das Präsens auf λλω ausgeht, endigt der Stamm nur auf einfaches λ (στέλλω — στελ, σφάλλω — σφαλ); wo im Präsens vor νω oder ρω ein αι oder ει steht, gehört das ι nicht zum Verbalstamm (φαίνω — φαν, ἀποκτείνω — ἀπο-κτεν; καθαίρω — καθαρ, σπείρω — σπερ, φθείρω — φθερ); wo im Präsens vor νω oder ρω langes ῑ oder ῡ steht, hat der Verbalstamm den entsprechenden Kurzvokal ῐ oder ῠ (κλί̄νω — κλῐν, κρί̄νω — κρῐν, οἰκτί̄ρω — οἰκτῐρ; ἀμύ̄νω — ἀμῠν).

Im **Futur** trat an diese Stämme nicht einfaches σ, sondern εσ an, dessen urgriechisches σ zwischen dem ε und dem vokalischen Anlaut der Endung verschwinden mußte: (στελ-έσ-ω στελέω) στελῶ, (νεμ-έσ-ω νεμέω) νεμῶ, (φαν-έσ-ω φανέω) φανῶ, (φθερ-έσ-ω φθερέω) φθερῶ. Abgewandelt wird ein solches Futur wie das Präsens eines verbum contractum auf έω (s. S. 91 ff.) als futurum contractum.

Diese Futurbildung haben die mehr als zweisilbigen Verba auf ίζω übernommen: νομίζω, Futur νομιῶ; χαρίζομαι, Futur χαριοῦμαι.

Im **Aorist** wurde das σ der Silbe σα einem vorausgehenden λ μ ν ρ angeglichen: aus λσ μσ νσ ρσ entstand also zunächst λλ μμ νν ρρ; doch wurde der doppelte Konsonant vereinfacht und dafür (um die Länge der Silbe zu erhalten) der vorausgehende Vokal gedehnt, α zu η (nach ι und ρ zu ᾱ), ε zu ει (= ẹ̄, s. S. 61), ῐ zu ῑ, ῠ zu ῡ: ἔ-φαν-σα ἔ-φαννα) ἔ-φηνα, (ἔ-νεμ-σα ἔ-νεμμα) ἔνειμα (Ersatzdehnungsaorist).

Im **Perfekt** und **Passiv-Aorist** verwenden **ein**silbige Stämme auf λ ν ρ mit dem Vokal ε die Schwundstufe ohne ε (s. S. 104), wobei für einfaches λ ρ die Silbe αλ αρ, für ν ein bloßes α eingetreten ist: στελ-, ἔ-σταλ-κα aus ἔ-στλ-κα, σπερ-, ἔ-σπαρ-ται aus ἔ-σπρ-ται, φθερ-, ἔ-φθαρ-μαι aus ἔ-φθρ-μαι, τεν-, τέ-τᾰ-κα aus τέτν-κα, τέ-τᾰ-μαι, ἐ-τᾰ̓-θην; jedoch ἀγγελ-, ἤγγελ-κα ἤγγελ-μαι ἠγγέλ-θην.

Abweichend auch κλῐν (κλίνω aus κλῐ̓ ν-jω), κέ-κλῐ-κα, κέ-κλῐ-μαι, ἐ-κλῐ̓ θην; Futur κλῐνῶ, Aor. ἔκλῑνα; κρῐν- (κρίνω aus κρῐ̓-ν-jω), κέ-κρῐ-κα, κέ-κρῐ-μαι, ἐ-κρῐ̓-θην; Futur κρῐνῶ, Aor. ἔκρῑνα.

XXIV. Kapitel

Verbaladjektiva werden durch Anhängung von -τός, -τή, -τόν oder von -τέος, -τέα, -τέον an den Stamm des Verbs gebildet. Die auf -τός entsprechen in Form und Bedeutung den lateinischen Partizipien des Perfekts auf -tus, nehmen aber oft die Bedeutung der Möglichkeit an: στρεπ-τός (von στρέφω) gedreht, drehbar, biegsam; die auf -τέος bezeichnen wie das lateinische Gerundivum die passive Notwendigkeit: σοὶ πειστέον (ἐστί) tibi oboediendum est; φίλοι φίλοις ὠφελητέοι εἰσίν amici amicis iuvandi sunt, aber auch φίλους φίλοις ὠφελητέον; es kann also das Akkusativ-Objekt neben dem Verbaladjektiv auf -τέος trotz seiner passiven Bedeutung erhalten bleiben.

Umgekehrt kann auch ein Genetiv- oder Dativ-Objekt im passiven Satz zum Subjekt werden: καταγελῶσί μου me irrident — καταγελῶμαι irrideor, φθονῶ σοι tibi invideo — φθονῇ tibi invidetur, πιστεύει μοι — πιστεύομαι mihi creditur.

Nicht immer werden die attributiven Bestimmungen zwischen Artikel und Substantiv gesetzt (s. S. 66, 68), sondern mitunter folgen sie dem Substantiv unter Voranstellung (Wiederholung) des Artikels: ἡ μάχη ἡ ἐν Μαραθῶνι, Ἀλέξανδρος ὁ πάνυ der sehr (berühmte) A. Häufig dient der Artikel (besonders οἱ und τά) der Substantivierung von allerlei Ausdrücken: οἱ νῦν die jetzigen (Menschen), οἱ ἐν τῇ πόλει die Stadtbewohner, τὰ τῶν Ἀθηναίων die Lage der Athener, τὰ μετὰ ταῦτα das darauf (Folgende), τὸ τοῦ Δημοσθένους (vgl. illud Demosthenis) der Ausspruch des D.

Ein **prädikatives Partizip** steht bei Verben der unmittelbaren sinnlichen und geistigen Wahrnehmung (ὁρῶμεν τὴν ὄρνιν πετομένην wir sehen den Vogel fliegen, ἤκουσά σου ᾄδοντος ich hörte dich singen, γιγνώσκω ψευσθείς ich erkenne, daß ich getäuscht worden bin; dagegen ἤκουσα τὸν τύραννον φονευθῆναι ich hörte, daß der Tyrann getötet worden sei), ferner bei Verben der Gemütsstimmung (ἥδομαί σε ὁρῶν ich freue mich, dich zu sehen, μεταμέλομαι τοῦτο πράξας [unpersönlich: μεταμέλει μοι τοῦτο πράξαντι] ich bereue, das getan zu haben), schließlich bei einigen Verben, die nur die Beschaffenheit oder Erscheinungsform der durch das Partizip ausgedrückten Handlung andeuten: λανθάνει τὸν ἀδελφὸν ἐπιβουλεύων αὐτῷ er ist dem Bruder verborgen Böses gegen ihn planend = er plant Böses gegen den Bruder, ohne daß dieser es merkt, τυγχάνετε ἀπαντῶντες ἡμῖν ihr trefft es zufällig als uns Begegnende = ihr begegnet uns zufällig, φθάνει τοὺς ἄλλους οἴκαδε ἐλθών er kommt den anderen zuvor nach Hause kommend = er kommt früher nach Hause als die anderen, τύραννοι πολεμοῦντες διάγουσι Tyrannen fahren fort Krieg zu führen = führen fortwährend Krieg, ἀνέχου πάσχων harre aus im Leiden = leide geduldig, Σωκράτης ἐφαίνετο (oder φανερὸς ἦν) θύων S. erschien (war offenkundig) als Opfernder = S. opferte offenkundig, aber ἐφαίνετο θύειν er schien zu opfern.

XXV. Kapitel

Die Ausbreitung des Aorists auf σα und die Zeitformenbildung mit κα und θη gehören erst jüngerer Zeit an. In der urgriechischen Sprache herrschten andere Gebilde vor, deren mehrere sich während des ganzen Altertums erhalten haben, vor allem eine Aoristform (gewöhnlich starker Aorist genannt), die den Erweiterungsvokal annimmt und im Indikativ ebenso abgewandelt wird wie das Imperfekt, aber nicht wie dieses von der im Präsens erscheinenden Stammform, sondern von einer mehr oder weniger verschiedenen, meist einfacheren hergeleitet wird, oft von der Schwundstufe, in der das ε der Stammsilbe geschwunden ist: λείπω (ich verlasse) ἔ-λιπο-ν (λιπ- Schwundstufe von λειπ-), φεύγω (ich fliehe) ἔ-φυγο-ν (φὔγ- Schwundstufe von φευγ-), ἔχω (aus urgriechischem σέχω, s. S. 102, ich habe) ἔ-σχο-ν (σχ Schwundstufe von σεχ; Imperativ σχές), ἕπομαι (aus urgriech. σέπομαι, s. S. 102, ich folge) ἑ-σπό-μην (σπ Schwundstufe von σεπ; Konj. σπῶμαι, Inf. σπέσθαι), τρέπομαι (ich wende mich) ἐ-τραπό-μην (aus ἐ-τρπό-μην, s. S. 105), Stamm ἐλευθ- (kommen) ἤλυθον, daraus ἦλθον (Infinitiv ἐλθεῖν, Imperativ ἐλθέ; Futur ἐλεύσομαι): βάλλω (aus urgriech. βάλ-jω, s. S. 105, ich werfe) ἔ-βαλο-ν.

In einigen Verben ist das Präsens durch eine Reduplikationssilbe mit dem Vokal ι erweitert (sog. Präsensreduplikation), an die sich die Schwundstufe des Stammes anschließt; γί-γνο-μαι (ich werde) ἐ-γενό-μην, πῑ́-πτω (ich falle) ἔ-πεσο-ν (statt ἔ-πετο-ν; Futur πεσοῦμαι, Perf. πέ-πτω-κα), τίκτ-ω (statt τί-τκ-ω, ich gebäre, zeuge) ἔ-τεκο-ν, Futur τέξομαι.

Die Inkohativa hängen zur Bildung des Präsensstammes (ῑ)σκ an: εὑρ-ῑ́σκ-ω (ich finde) ηὗρο-ν (Imperativ εὑρέ), πάσχω (aus πάθ-σκ-ω mit Ausfall des θ vor σ [vgl. S. 102, 103f.] und übergesprungener Aspiration, ich leide) ἔ-παθο-ν (παθ für πνθ, die Schwundstufe von πενθ; vgl. τὸ πάθος das Leid und τὸ πένθος das Leiden, die Trauer), ἀπο-θνῄσκω (θνη-ίσκ-ω mit Veränderung der aus θάνα-τος [Tod] ersichtlichen Grundform des Stammes; vgl. Perf. τέ-θνη-κε(ν) er ist gestorben) ἀπ-έ-θανε(ν), Futur ἀποθανοῦμαι.

Die starken Aoriste bilden auch Konjunktiv, Optativ, Imperativ, Partizip und Infinitiv ganz nach Art des Präsens, alles natürlich ohne Augment (s. S. 74, 83, 86, 89, 90): λίπω, λίποιμι, λίπε, λιπών, λιπεῖν, γένωμαι, γενοίμην, γενοῦ, γενόμενος, γενέσθαι. Der aktive Inf., das aktive Part. und die 2. Person Sing. des med. Imper. dieses Aorists werden auf der Schlußsilbe betont, der mediale Inf. auf der vorletzten Silbe: λιπεῖν, λιπών, λιποῦ, λιπέσθαι.

Mit λιπών vergleichbar ist das Partizip von εἶναι (sein, s. S. 123) ὤν, οὖσα, ὄν, Gen. ὄντος, οὔσης usw. (seiend; einer, der ist).

XXVI. Kapitel

Mehrere Verba bilden den Präsensstamm durch einfache oder doppelte Nasalierung: κάμ-ν-ω (ich ermüde), starker Aorist ἔ-καμο-ν, τέμ-ν-ω (ich schneide) ἔ-τεμο-ν, ἁμαρτ-άν-ω (ich verfehle) ἥμαρτο-ν, αἰσθ-άν-ο-μαι (ich nehme wahr) ᾐσθό-μην, πυ-ν-θ-άν-ο-μαι (ich erfahre) ἐ-πυθό-μην, μα-ν-θ-άν-ω (ich lerne) ἔ-μαθο-ν, λα-ν-θ-άν-ω (ich bin verborgen) ἔ-λαθο-ν, λα-μ-β-άν-ω (ich nehme) ἔ-λαβο-ν (Imperativ λαβέ), τυ-γ-χ-άν-ω (ich treffe) ἔ-τυχο-ν, ἀφ-ῑκ-νέ-ο-μαι (ich komme an) ἀφ-ῑκό-μην (Inf. ἀφ-ῑκέσθαι).

Wie in der lateinischen wird auch in der griechischen Sprache der Konjunktiv in Fragen gebraucht, die der einem Entschlusse vorangehenden Überlegung entspringen (**coniunctivus deliberativus** in Sollfragen), nicht bloß der des Präsens, sondern auch der des Aorists: τί ποιῶμεν (ποιήσωμεν); quid faciamus? was sollen wir tun?

Ein **Verbot** wird ausgedrückt durch μή mit dem Imperativ des Präsens oder mit dem Konjunktiv des Aorists: μὴ θορυβεῖτε oder μὴ θορυβήσητε lärmt nicht! (vgl. lat. ne clamaveritis![1]). Der Unterschied der Bedeutung der zwei Formen ist bedingt durch den Unterschied der Bedeutung des Präsensstammes und des Aoriststammes überhaupt (s. S. 74f.); demzufolge verbietet μὴ θορυβεῖτε den (weiteren) Verlauf des Lärmens (= lärmt nicht weiter, hört auf zu lärmen!), μὴ θορυβήσητε dessen Eintritt (= fangt nicht an zu lärmen!).

Das **Partizip** des **Futurs** (oft mit ὡς verbunden) bezeichnet häufig die Absicht: βασιλεὺς συλλαμβάνει τὸν ἀδελφὸν ὡς ἀποκτενῶν der Großkönig läßt seinen Bruder festnehmen, um ihn hinzurichten.

Zu **Zeitbestimmungen** dienen Genetiv, Dativ und Akkusativ, ähnlich wie im Deutschen (morgens, im letzten Jahr, den ganzen Tag). Der Dativ bezeichnet den Zeitpunkt und steht auf die Frage wann?, der Akkusativ bezeichnet die Zeitdauer auf die Frage wie lange?, der Genetiv den Zeitraum, innerhalb dessen etwas geschieht oder geschehen ist. Dativ, Akkusativ und Genetiv der Zeitbestimmungen verhalten sich also zueinander

[1] Dieser lateinische Perfektkonjunktiv (ohne Vergangenheitsbedeutung) ist ein Rest des im Lateinischen verlorengegangenen Aorists.

wie Punkt, Linie und Fläche: ταύτῃ τῇ νυκτὶ (in dieser Nacht) ἔφυγεν, πᾶσαν τὴν νύκτα (die ganze Nacht hindurch) ἐκάθευδον, νυκτὸς (nachts) ἔφυγεν

XXVII. Kapitel

Das urgriechische **Perfekt** hat noch kein κ gekannt, sondern die Endungen unmittelbar an den reduplizierten Stamm angehängt, dessen ε grundsätzlich zu ο ablautete: γράφω (ich schreibe) γέ-γραφ-α, τρέφω (ich nähre) τέ-τροφ-α, γί-γνο-μαι γέ-γον-α (Stamm γεν, s. S. 108), λείπω λέ-λοιπ-α, πείθομαι πέ-ποιθ-α (vertraue), πάσχω (aus πνθ-σκ-ω, s. S. 108) πέ-πονθ-α (Stamm πενθ, von dem auch das Futur [πένθ-σο-μαι:] πείσομαι [vgl. S. 77, 88] herkommt, das dem Futur von πείθομαι gleichlautet), ἀπο-κτείνω (Stamm κτεν) ἀπέ-κτονα, φθείρω (Stamm φθερ) ἔφθορα, φεύγω πέ-φευγ-α (ευ statt ου), φαίνω (s. S. 105, Stamm φαν, ich zeige) πέφηνα (mit Dehnung des Stammvokals) intransitiv: ich bin erschienen, λανθάνω (s. S. 109) λέ-ληθ-α (mit Dehnung des Stammes λαθ); öfters mit Aspiration des Stammesauslauts: ἄγω, ἦχα, βλάπτω (Stamm βλαβ) βέβλαφ-α, πράττω (Stamm πρᾱγ) πέ-πρᾱχ-α, κλέπτω (Stamm κλεπ) κέκλοφα, πέμπω πέπομφα, τρέπω τέτροφα. — Dieses „starke" Perfekt (und Plusquamperfekt) biegt ebenso wie das „schwache" auf -κα γεγραφέναι, γεγραφώς, ἐγεγράφη.

Eine eigentümliche Art der Reduplikation, die sog. attische Reduplikation, hat sich erhalten in den Perfekten ὀρ-ώρυχ-α von ὀρύττω (aus ὀρύχ-jω ich grabe), ἀκ-ήκο-α (aus ἀκ-ήκου-α: ἀκ-ήκοϝ-α, vgl. S. 82, Anm. 1, 84) von ἀκούω (aus ἀκ-ούσ-ω spitze das Ohr; daher Pass.-Aor. ἠκούσθην, pass. Perf. ἤκουσμαι), ἐλ-ήλεγμαι von ἐλέγχω (ich überführe), ἐλ-ήλυθ-α (statt ἐλ-ήλουθ-α vom Stamme ἐλευθ [s. S. 108], der dem Futur ἐλεύσομαι zugrunde liegt), ἐγρ-ήγορ-α ich bin wach, von ἐγείρω ich wecke auf, Stamm ἐγ(ε)ρ; ferner in dem nach alter Weise reduplizierten Aorist ἤγ-αγο-ν von ἄγω ich führe (Konjunktiv ἀγ-άγω, Optativ ἀγάγοιμι, Partizip ἀγαγών, Infinitiv ἀγαγεῖν). Im Plusquamperfekt haben die mit α oder ο anlautenden Verba ein Dehnungsaugment: ἠκηκόη und ὠρωρύχη, aber ἐληλέγμην, ἐληλύθη.

Im Gegensatz zum lateinischen und deutschen Gebrauch wird die **Irrealität** nicht durch den Konjunktiv ausgedrückt, sondern durch den **Indikativ** des Imperfekts oder Aorists, und zwar im Bedingungssatz ohne jeden Zusatz, im Hauptsatz mit **ἄν**. Zur Verneinung des Bedingungssatzes dient μή. Gewöhnlich bezieht sich der irreale Indikativ des Imperfekts auf die Gegenwart, der des Aorists auf die Vergangenheit: ἐπῃνοῦμεν ἄν ὑμᾶς, εἰ τοῦτο ἐποιεῖτε wir würden euch loben, wenn ihr dieses tätet; ἥσθην ἄν, εἰ ἦλθες ich hätte mich gefreut, wenn du gekommen wärest; οὐκ ἄν εὖ ἐπράττετε, εἰ μὴ ἤλθετε es würde euch nicht gut gehen, wenn ihr nicht gekommen wäret.

Der Indikativ der historischen Tempora mit ἄν bezeichnet aber auch eine Handlung, die in der Vergangenheit möglich war (Potential der Vergangenheit): ἔλεγεν ἄν τις (diceres) man hätte sagen können, man konnte sagen; εἶδες ἄν (videres) man hätte sehen können, man konnte sehen.

Die irrealen Bedingungssätze waren ursprünglich unabhängige Wunschsätze, deren Gegenstand unerfüllbar war (vgl. S. 87, Anm. 1): εἰ (εἰ γὰρ . . εἴθε) τοῦτο ἐποιεῖτε wenn ihr doch dies tätet εἰ (εἰ γὰρ . . εἴθε) μὴ ἤλθετε wenn ihr doch nicht gekommen wäret; der unerfüllbare Wunsch wurde nämlich entweder durch den Indikativ einer erzählenden Zeitform (Imperfekt für die Gegenwart, Aorist für die Vergangenheit) oder durch ὤφελον (ὤφελες, ὤφελε usw.) mit dem Infinitiv ausgedrückt: ὤφελε Κῦρος ζῆν daß doch K. noch lebte! Eigentlich: K. sollte noch leben.

XXVIII. Kapitel

Eine Neubildung ist auch das θ im **Passiv-Aorist** (s. S. 75). Alte Formen des Passiv-Aorists sind ἐγράφην von γράφω ich schreibe (Stamm γραφ), ἐκόπην von κόπτω ich haue (Stamm κοπ, s. S. 102, 104), ἐβλάβην von βλάπτω ich schädige (Stamm βλαβ), ἐτάφην von θάπτω ich begrabe (Stamm θαφ, von dessen zwei Aspiraten eine den Hauch verliert, s. S. 77f., 104), συν-ελέγην von συλλέγω ich sammle (seltener συν-ελέχθην, dagegen nur δι-ελέχθην von δια-λέγομαι ich unterrede mich), ἐσφάγη von σφάττω ich schlachte (Stamm σφαγ, s. S. 102), ἠλλάγην (daneben ἠλλάχθην) von ἀλλάττω ich ändere (Stamm ἀλλαγ), ἐπλήγην (aber **ἐξ**-επλάγην) von πλήττω ich schlage (Stamm πληγ, davon Perf. πέ-πληγ-α), ἐτάκη von τήκω ich schmelze (trans.), ἐφάνην von φαίνω ich zeige (Stamm φαν, ich erschien), ἐμάνην von μαίνομαι ich rase (Stamm μαν), ἐχάρην von χαίρω ich freue mich (Stamm χαρ), ἐσφάλην von σφάλλω ich bringe zu Fall (Stamm σφαλ), (κατ)εκλῐ́νην (neben ἐκλίθην) von κλίνω (aus κλῐ-ν-jω) ich neige; ferner aus der Schwundstufe einsilbiger Stämme auf ρ und λ (s. S. 105) gebildet: ἐσπάρη (statt ἐ-σπρ-η) von σπείρω (Stamm σπερ) ich säe, ἐφθάρην (statt ἐ-φθρ-η-ν) von φθείρω (Stamm φθερ) ich richte zugrunde, ἐδάρην (statt ἐ-δρ-η-ν) von δέρω (Stamm δερ) ich häute, schinde, ἐστάλην (statt ἐ-στλ-η-ν) von στέλλω (Stamm στελ) ich bestelle, rüste, schicke; ebenso ἐστράφην von στρέφω ich drehe, ἐτράφην von τρέφω ich ernähre und ἐτράπην von τρέπω ich wende (vgl. S. 104), ἐκλάπη von κλέπτω ich stehle, ἐπλάκη von πλέκω ich flechte.

Dieser „starke" Passiv-Aorist wird ebenso abgewandelt wie der „schwache" auf -θην, ausgenommen die 2. Pers. Sing. des Imper.: φάνη-**θι** (da kein θ vorhergeht, unterbleibt die Verwandlung von θι in τι).

Auch von diesem Passiv-Aorist wurde ein passives Futur hergeleitet in derselben Weise wie von dem mit θ gebildeten Passiv-Aorist, s. S. 75: βλαβήσομαι, φανήσομαι, φθαρήσομαι.

Der **Akkusativ der Beziehung**, der dem lateinischen ablativus limitationis entspricht, schränkt die Gültigkeit einer Aussage auf einen bestimmten Fall, ein bestimmtes Verhältnis ein: κάμνω τὴν κεφαλήν ich leide — am Kopfe, καλὴ ἦν τὸ εἶδος sie war schön — an Gestalt, Ἕλληνές εἰσι τὸ γένος sie sind Griechen — nach ihrer Herkunft, ὄνομα dem Namen nach, namens, οὐδὲν ἡμᾶς ἔβλαψεν er hat uns — in keiner Beziehung (= gar nicht) — geschädigt, τὰ ἄλλα (τἆλλα) im übrigen, sonst.

Der **Genetiv** bezeichnet den Bereich, auf den sich die Aussage bezieht (ἐν Ἅιδου im Bereich des Gottes Hades), und kann, insofern nur ein Teil des Bereiches in Betracht kommt (οἴνου πίνειν, vgl. französ. boire du vin), partitiv genannt werden: μέτεστί μοί τινος = μετέχω τινός (ich habe Anteil an etwas), τυγχάνω τινός (ich treffe, erreiche etwas), ἁμαρτάνω τινός (ich verfehle etwas), ἐπιθυμῶ τινος (ich begehre nach etwas), ἐπιμελέομαί (ἐπιμέλομαί) τινος (ich kümmere mich um, sorge für) = μέλει μοί τινος, ἀμελῶ τινος (ich vernachlässige), ἅπτομαί τινος (ich berühre), ἄρχω τινός (ich beherrsche). Auch der von Ausdrücken der Fülle (πληροῦν anfüllen, γέμειν voll sein, πλήρης oder μεστός = plenus mit Gen.) abhängige Genetiv bezeichnet den Bereich, aus dem etwas zur Füllung genommen wird.

Im griechischen Genetiv ist der ursprachliche Ablativ aufgegangen (s. S. 99), der den Ausgangspunkt bezeichnet hat (ἄρχομαί τινος incipio ab); daher hat dieser ablativische Genetiv wie der lateinische Ablativ separative Bedeutung angenommen: ἀπέχειν τινός entfernt sein von, ἀπέχεσθαί τινος sich enthalten, παύεσθαί τινος, δεῖσθαί τινος ermangeln, bedürfen = δεῖ μοί τινος (δέομαί τινός τι ich bitte jemand um etwas). Separativ ist auch der genetivus comparationis (s. S. 99): ἡττᾶταί σου = ἥττων ἐστί σου, λείπεσθαί τινος zurückstehen hinter, περιγίγνεσθαί τινος überlegen sein.

Der instrumentale **Dativ** (s. S. 71) bezeichnet nicht bloß das Werkzeug oder Mittel, sondern überhaupt den Begriff, mit dessen Hilfe, in dessen Begleitung die Handlung vollzogen wird (dativus sociativus): ὁμιλεῖν τινι verkehren mit, μάχεσθαί τινι; so auch bei ὁ αὐτός derselbe: ταὐτό μοι λέγει er sagt dasselbe (mit mir =) wie ich. Oft bezeichnet er auch die Art und Weise: τούτῳ τῷ τρόπῳ auf diese Weise (dativus modi).

XXIX. Kapitel

Neben den Verben auf ω steht seit alters eine im Laufe der Zeit immer kleiner gewordene Gruppe, die den Stamm im Präsens und Imperfekt nicht durch den Vokal ε (ο) erweitert; die

Endungen treten vielmehr unmittelbar an die Grundform des Stammes an. Diese Grundform erscheint meistens mit kurzem Vokal oder in der Schwundstufe; nur der **Einzahl** des **aktiven Indikativs** kommt grundsätzlich ein **langer** Vokal zu, also nur 6 Formen jedes dieser Verba, 3 im Präsens und 3 im Imperfekt (sog. Stammabstufung). Auch die Endungen tragen teilweise altertümliches Gepräge, besonders der Indikativ des aktiven Präsens in den 3 Personen der Einzahl: -**μι** (wie im Optativ, s. S. 86), wonach sich die Bezeichnung **„Verba auf μι"** eingebürgert hat, **-ς**, **-σι(ν)** aus älterem τι (vgl. ἐσ-τί); ferner durchwegs **-ᾱσι(ν)** aus -αντι in der 3. Person der Mehrzahl des Indikativs des aktiven Präsens (vgl. πεπαύκᾱσιν, S. 81) und **-σαν** in der 3. Person der Mehrzahl des aktiven Imperfekts (und Aorists), s. S. 75, 97.

Einige der häufigsten dieser Verba auf μι setzen im Präsensstamm (Präsens und Imperfekt) die Präsensreduplikation (s. S. 108) vor: **δί**-δω-μι (Präsensstämme δι-δω, δι-δο) = lat. do, **τί**-θη-μι (Reduplikation mit τ für θ, wie im Perfekt, s. S. 103; Präsensstämme τι-θη, τι-θε) ich setze, **ἵ**-η-μι (eig. jί-jη-μι; Präsensstämme ἱ-η, ἱ-ε) ich sende, **ἵ**-στη-μι statt σί-στη-μι (Präsensstämme ἱ-στη, ἱ-στᾰ = lat. si-sto) ich stelle.

Da die Verba auf μι im Laufe des Altertums, soweit sie nicht überhaupt ausgestorben sind, immer mehr in die Gruppe der Verba auf ω übergetreten sind, ist es begreiflich, daß sie schon frühzeitig Formen mit Erweiterungsvokal gebildet haben, besonders im Konjunktiv und in der Einzahl des aktiven Imperfekts. Sie folgen in der Bildung dieser Formen den verba contracta, weil ihre Stämme fast alle auf α ε ο endigen.

Präsens Indikativ:

δί-δ**ω**-μι	δί-δ**ω**-ς	δί-δ**ω**-σι(ν)
δί-δο-μεν	δί-δο-τε	δι-δό-ᾱσι(ν);
δί-δο-μαι	δί-δο-σαι	δί-δο-ται
δι-δό-μεθα	δί-δο-σθε	δί-δο-νται

Präsens Konjunktiv wesentlich nach Art der Verba auf όω (s. S. 91), aber mit ῳ statt οι:

δι-δῶ (aus δι-δώ-ω)	δι-δῷ-ς (aus δι-δώ-ῃς)	δι-δῷ (aus δι-δώ-ῃ)
δι-δῶ-μεν (aus δι-δώ-ω-μεν)	δι-δῶ-τε (aus δι-δώ-η-τε)	δι-δῶ-σι[ν] (aus δι-δώ-ωσι[ν]);
δι-δῶ-μαι	δι-δῷ	δι-δῶ-ται
δι-δώ-μεθα	δι-δῶ-σθε	δι-δῶ-νται

Präsens Optativ (in der Einzahl des Aktivs mit dem Optativzeichen ιη nach Art der Verba auf όω, s. S. 92):

δι-δο-ίη-ν	δι-δο-ίη-ς	δι-δο-ίη
δι-δο-ῖ-μεν	δι-δο-ῖ-τε	δι-δο-ῖ-εν;
δι-δο-ί-μην	δι-δο-ῖ-ο	δι-δο-ῖ-το
δι-δο-ί-μεθα	δι-δο-ῖ-σθε	δι-δο-ῖ-ντο

Präsens Imperativ: δί-δου (aus δί-δο-ε nach Art der Verba auf όω) δι-δό-τω δί-δο-τε δι-δό-ντων; δί-δο-σο δι-δό-σθω δί-δο-σθε δι-δό-σθων

Präsens Infinitiv: δι-δό-ναι (ναι wie im Passiv Aorist, s. S. 90); δί-δο-σθαι

Präsens Partizip: δι-δούς (aus δι-δό-ντ-ς) δι-δοῦ-σα (aus δι-δό-ντ-jα, διδόνσα) δι-δό-ν (mit Abfall des schließenden τ, s. S. 88), Gen. δι-δό-ντ-ος, δι-δού-σης usw.; δι-δό-μενος

Imperfekt (Einzahl des Aktivs nach dem Vorbild der Verba auf όω):

ἐ-δί-δουν (aus ἐ-δί-δο-ον)	ἐ-δί-δους (aus ἐ-δί-δο-ες)	ἐ-δί-δου (aus ἐ-δί-δο-ε)
ἐ-δί-δο-μεν	ἐ-δί-δο-τε	ἐ-δί-δο-**σαν** (σαν wie im Passiv-Aorist, s. S. 75);
ἐ-δι-δό-μην	ἐ-δί-δο-σο	ἐ-δί-δο-το
ἐ-δι-δό-μεθα	ἐ-δί-δο-σθε	ἐ-δί-δο-ντο

Auch von den Verben auf μι bilden mehrere einen Aorist, dessen Indikativ sich vom Imperfekt nur durch die Stammform unterscheidet (vgl. S. 107f.), indem die Präsensreduplikation wegfällt. Allerdings fehlt es auch nicht an kleineren Abweichungen; insbesondere haben einige Verba in der Einzahl des aktiven

Indikativs die ursprünglichen Formen durch eine Erweiterung nuit κ verdrängt; so **θηκ** von der Wurzel θη, vgl. θήκ-η (Behälter).

Indikativ:

ἔ-**δωκ**-α	ἔ-**δωκ**-ας	ἔ-**δωκ**-ε (ν)
ἔ-δο-μεν	ἔ-δο-τε	ἔ-δο-σαν;
ἐ-δό-μην	ἔ-δου (aus ἔ-δο-σο)	ἔ-δο-το
ἐ-δό-μεθα	ἔ-δο-σθε	ἔ-δο-ντο

Konjunktiv und Optativ gleich denen des Präsens ohne die Präsensreduplikation: δῶ δῷς, δῶμαι δῷ, δοίην δοίης, δοίμην δοῖο

Imperativ: δό-ς (vgl. σχέ-ς) δό-τω δό-τε δό-ντων; δοῦ (aus δό-σο) δό-σθω δό-σθε δό-σθων

Infinitiv: δοῦ-ναι (aus δο-έ-ναι; έναι wie im Perfekt, s. S. 90); δό-σθαι

Partizip: δούς δοῦσα δόν, Gen. δό-ντος, δούσης usw.; δό-μενος

Die weitere Zeitformenbildung von δίδωμι ist regelmäßig: Futur δώσω δώσομαι, Perfekt δέδ**ω**κα δέδ**ο**μαι, Passiv-Aorist ἐδ**ό**θην, Verbaladj. δοτέος

XXX. Kapitel

Ganz entsprechend ist die Abwandlung von τί-θη-μι und ἵ-η-μι (M. ich eile).

Präsens Indikativ:	τί-θ**η**-μι	τί-θ**η**-ς	τί-θ**η**-σι(ν)
	τί-θε-μεν	τί-θε-τε	τι-θέ-ᾱσι(ν);
	ἵ-**η**-μι	ἵ-**η**-ς	ἵ-**η**-σι(ν)
	ἵ-ε-μεν	ἵ-ε-τε	ἱ-ᾶσι[ν] (aus ἱ-έ-ᾱσι[ν]);
	τί-θε-μαι	τί-θε-σαι	τί-θε-ται
	τι-θέ-μεθα	τί-θε-σθε	τί-θε-νται;
	ἵ-ε-μαι	ἵ-ε-σαι	ἵ-ε-ται
	ἱ-έ-μεθα	ἵ-ε-σθε	ἵ-ε-νται

Präsens Konjunktiv ganz nach dem Vorbild der Verba auf έω (s. S. 92):

τι-θῶ (aus τι-θή-ω)	τι-θῇ-ς (aus τι-θή-ῃς);
ἱ-ῶ-μαι (aus ἱ-ή-ωμαι)	ἱ-ῇ (aus ἱ-ή-ῃ)

Präsens Optativ:

τι-θε-ίη-ν	τι-θε-ίη-ς	τι-θε-ίη
τι-θε-ῖ-μεν	τι-θε-ῖ-τε	τι-θε-ῖ-εν;
ἱ-ε-ί-μην	ἱ-ε-ῖ-ο	ἱ-ε-ῖ-το
ἱ-ε-ί-μεθα	ἱ-ε-ῖ-σθε	ἱ-ε-ῖ-ντο

Präsens Imperativ: τί-θει (aus τί-θε-ε nach Art der Verba auf έω)

	τι-θέ-τω	τί-θε-τε	τι-θέ-ντων;
ἵ-ει (aus ἵ-ε-ε)	ἱ-έ-τω	ἵ-ε-τε	ἱ-έ-ντων;
τί-θε-σο	τι-θέ-σθω	τί-θε-σθε	τι-θέ-σθων;
ἵ-ε-σο	ἱ-έ-σθω	ἵ-ε-σθε	ἱ-έ-σθων

Präsens Infinitiv:

τι-θέ-ναι	τί-θε-σθαι;
ἱ-έ-ναι	ἵ-ε-σθαι

Präsens Partizip: τι-θείς (aus τι-θέ-ντ-ς, vgl. παυθείς) τι-θεῖ-σα (aus τι-θέ-ντ-jα, τιθένσα) τι-θέ-ν; τι-θέ-μενος;
ἱ-είς ἱ-εῖ-σα ἱ-έ-ν; ἱ-έ-μενος

Imperfekt: ἐ-τί-θη-ν ἐ-τί-θεις (aus ἐ-τί-θε-ε-ς) ἐ-τί-θει (aus ἐ-τί-θε-ε) nach dem Vorbild der Verba auf έω

ἐ-τί-θε-μεν ἐ-τί-θε-τε ἐ-τί-θε-σαν;
ἵ-ει-ν (nach ἵεις) ἵ-εις ἵ-ει ἵ-ε-μεν ἵ-ε-τε ἵ-ε-σαν;
ἐ-τι-θέ-μην ἐ-τί-θε-σο ἐ-τί-θε-το;
ἱ-έ-μεθα ἵ-ε-σθε ἵ-ε-ντο

Aorist Indikativ:

ἔ-θ**ηκ**-α (verwandt mit lat. fēci)	ἔ-θ**ηκ**-ας	ἔ-θ**ηκ**-ε(ν)
ἔ-θε-μεν	ἔ-θε-τε	ἔ-θε-σαν;
ἧκ-α (eig. ἔ-j**ηκ**-α = lat. iēci)	**ἧκ**-ας	**ἧκ**-ε(ν)
εἷ-μεν (eig. ἕ-jε-μεν)	εἷ-τε	εἷ-σαν;
ἐ-θέ-μην	ἔ-θου (aus ἔ-θε-σο)	ἔ-θε-το
ἐ-θέ-μεθα	ἔ-θε-σθε	ἔ-θε-ντο;
εἵ-μην (eig. ἐ-jέ-μην)	εἷ-σο	εἷτο
εἵ-μεθα	εἷ-σθε	εἷ-ντο

Konjunktiv und Optativ gleich denen des Präsens ohne die Reduplikation: akt. Konj. θῶ θῇς, ὧ ᾗς, med. Konj. θῶμαι θῇ θῆται, ὧμαι ᾗ ἧται; akt. Opt. 1. Person Sing. θείην εἵην, Plur. θεῖμεν εἶμεν, med. Opt. Sing. θείμην θεῖο θεῖτο, εἵμην εἶο εἶτο.

Imperativ:	θέ-ς (vgl. σχές)	θέ-τω	θέ-τε	θέ-ντων;
	ἕ-ς	ἕ-τω	ἕ-τε	ἕ-ντων;
	θοῦ (aus θέ-σο)	θέ-σθω	θέ-σθε	θέ-σθων;
	οὗ (aus ἕ-σο)	ἕ-σθω	ἕ-σθε	ἕ-σθων

Infinitiv:	θεῖναι (aus θε-έναι)	θέ-σθαι;
	εἶναι (aus ἑ-έναι)	ἕ-σθαι

Partizip:	θείς	θεῖσα	θέν;	θέμενος;
	εἵς (aber εἷς = unus)	εἷσα	ἕν;	ἕμενος

Futur: θή-σω θή-σομαι; ἥ-σω ἥ-σομαι

aktives Perfekt: τέ-θη-κα; εἷ-κα (aus jέ-jε-κα, wo der Stammauslaut wie auch im Medium εἷ-μαι kurz geblieben ist)

mediales und passives Perfekt von τίθημι ungebräuchlich, dafür (zumal in Zusammensetzungen) κεῖμαι (ich liege) mit der Abwandlung eines Perfekts (κεῖσαι κεῖται, κεῖσο κείσθω, κεῖσθαι, κείμενος, ἐκείμην ἔκεισο ἔκειτο, Futur κείσομαι); εἷμαι (aus jέ-jε-μαι)

Passiv-Aorist: ἐ-τέ-θη-ν (τ statt θ, indem der aspirierte Anlaut des Stammes θε wegen der folgenden Aspirata durch τ ersetzt ist, s. S. 77f., 83, 103); εἵ-θη-ν (aus ἐ-jέ-θη-ν), Konj. ἑ-θῶ, Opt. ἑ-θε-ίη-ν, Inf. ἑ-θῆ-ναι, Verbaladj. θε-τέος, ἑ-τέος.

XXXI. Kapitel

Gewisse Abweichungen zeigt die Abwandlung von ἵ-στη-μι (ich stelle), ἵ-στα-μαι (Med.: ich stelle mich = intrans. ich trete; trans. ich stelle [etwas] für mich; Passiv: ich werde gestellt).

Präsens Indikativ:

ἵ-στ**η**-μι	ἵ-στ**η**-ς	ἵ-στ**η**-σι(ν)
ἵ-στᾰ-μεν	ἵ-στα-τε	ἱ-στᾶ-σι(ν) (aus ἱ-στά-ᾱσι[ν]);
ἵ-στα-μαι	ἵ-στα-σαι	ἵ-στα-ται
ἱ-στά-μεθα	ἵ-στα-σθε	ἵ-στα-νται

Präsens Konjunktiv wie ζῶ, ζῇς:

ἱ-στῶ	ἱ-στῇς	ἱ-στῇ
ἱ-στῶ-μεν	ἱ-στῆ-τε	ἱ-στῶ-σι(ν);
ἱ-στῶ-μαι	ἱ-στῇ	ἱ-στῆ-ται
ἱ-στώ-μεθα	ἱ-στῆ-σθε	ἱ-στῶ-νται

Präsens Optativ:

ἱ-στα-ίη-ν	ἱ-στα-ίη-ς	ἱ-στα-ίη
ἱ-στα-ῖ-μεν	ἱ-στα-ῖ-τε	ἱ-στα-ῖ-εν;
ἱ-στα-ί-μην	ἱ-στα-ῖ-ο	ἱ-στα-ῖ-το
ἱ-στα-ί-μεθα	ἱ-στα-ῖ-σθε	ἱ-στα-ῖ-ντο

Präsens Imperativ:

ἵ-στη[1]	ἱ-στά-τω	ἵ-στα-τε	ἱ-στά-ντων;
ἵ-στα-σο	ἱ-στά-σθω	ἵ-στα-σθε	ἱ-στά-σθων

Präsens Infinitiv: ἱ-στά-ναι; ἵ-στα-σθαι

Präsens Partizip:

ἱ-στᾱ́ς (aus ἱ-στᾰ́-ντ-ς)	ἱ-στᾶ-σα	ἱ-στᾰ́-ν,	ἱ-στά-μενος
Gen. ἱ-στᾰ́-ντ-ος	ἱ-στᾱ́-σης usw.;		

Imperfekt:

ἵ̄-στ**η**-ν	ἵ-στ**η**-ς	ἵ-στ**η**
ἵ-στα-μεν	ἵ-στα-τε	ἵ-στα-σαν;
ἱ̄-στά-μην	ἵ-στα-σο	ἵ-στα-το
ἱ-στά-μεθα	ἵ-στα-σθε	ἵ-στα-ντο

[1] Der Imperativ ἵστη zeigt die gedehnte Stammform ohne Endung.

Aorist (schon im Aktiv mit der medialen Bedeutung „sich stellen", „treten", weshalb das Medium fehlt; für die aktive Bedeutung „stellen" wurde ein ganz gewöhnlicher Aorist ἔ-στη-σα gebildet [vgl. S. 72]; hiezu trans. Med. ἐστησάμην ich stellte für mich):

Indikativ:	ἔ-στη-ν	ἔ-στη-ς	ἔ-στη
	ἔ-στη-μεν	ἔ-στη-τε	ἔ-στη-σαν

(ausnahmsweise auch die Mehrzahl mit langem Vokal)

Konjunktiv und Optativ gleich dem des aktiven Präsens ohne die Präsensreduplikationssilbe ἱ: στῶ στῇς, σταίην σταίης

Imperativ: στῆ-θι (vgl. φάνη-θι, S. 112) στή-τω στῆ-τε στά-ντων (ausnahmsweise langer Vokal in drei Formen des Imperativs)

Infinitiv: στῆ-ναι

Partizip: στᾱ́ς στᾶσα στᾱ́ν, Gen. στᾱ́-ντος, στᾱ́σης usw.

Futur: στή-σω (ich werde stellen), στή-σομαι

Perfekt: ἕ-στη-κα (aus altem σέ-στη-κα ich habe mich aufgestellt = ich stehe; neben den vollen Formen sind auch Kurzformen üblich, besonders ἕ-στα-μεν, ἑ-στᾶ-σι [aus ἑ-στά-ᾱσι], ἑ-στά-ναι, ἑ-στώς [aus ἑ-στα-ώς; Gen. ἑστῶτος aus ἑσταότος] ἑστῶσα ἑστός, Plusquamperf. ἕστασαν)

Passiv-Aorist: ἐ-στᾰ́-θη-ν.

XXXII. Kapitel

Der Abwandlung von ἵστημι folgt auch (ἐμ-)πί-μ-πλη-μι (ich fülle an). Die übrigen Zeitformen sind (Stamm πλη): Futur ἐμ-πλήσω, Aor. ἐν-έ-πλησα, Passiv-Aor. ἐν-ε-πλήσθην, pass. Perf. ἐμ-πέ-πλησ-μαι. Entsprechend: (ἐμ-)πί-μ-πρη-μι (ich zünde an; Stamm πρη): Futur ἐμ-πρήσω, Aor. ἐν-έπρησα, pass. Aor. ἐνεπρήσθην, pass. Perf. ἐμ-πέπρησμαι und ὀ-νί-νη-μι (ich nütze; Stamm ὀνη): Futur ὀνήσω, Aor. ὤνησα, pass. Aor. ὠνήθην.

Ähnlich wird auch φημί (ich sage) abgewandelt (Stämme φη, φᾰ).

Präsens Indikativ:	φη-μί	φή-ς (oder φῄς)	φη-σί(ν)
	φᾰ-μέν	φᾰ-τέ	φᾱ-σί(ν)

(die zweisilbigen Formen des Indikativs sind enklitisch)

Präsens Konjunktiv wie ζῶ, ζῇς (s. S. 92):

φῶ	φῇς	φῇ	φῶμεν	φῆτε	φῶσι(ν)

Präsens Optativ:	φα-ίη-ν	φα-ίη-ς	φα-ίη	
	φα-ῖ-μεν	φα-ῖ-τε	φα-ῖ-εν	
Präsens Imperativ:	φά-θι	φά-τω	φά-τε	φά-ντων
Präsens Infinitiv:	φά-ναι			
Präsens Partizip:	φᾱ́ς (aus φά-ντ-ς)	φᾶσα	φάν	

(häufiger φάσκων, -ουσα, -ον von φά-σκ-ω)

Imperfekt: ἔ-φη-ν ἔ-φη-σ-θα ἔ-φη ἔ-φα-μεν ἔ-φα-τε ἔ-φα-σαν

Der Indikativ dieses Zeitworts, sowohl der des Präsens wie der des Imperfekts (besonders die 3. Person), wird häufig in eine Rede eingeschoben, wie lat. inquit. Das Imperfekt hat auch Aoristbedeutung.

Wie das Medium ἵσταμαι werden ἐπίσταμαι (ich verstehe), δύναμαι (ich kann), ἄγαμαι (ich bewundere) und κρέμασθαι (hangen) abgewandelt; nur ziehen sie im Konjunktiv und Optativ den Ton zurück (ἱστῶμαι, aber ἐπίστωμαι; ἱσταῖο, aber δύναιο, ἄγαιτο) und kontrahieren in der 2. Pers. Sing. Imper. und Imperf. (ἵστασο, aber ἐπίστω ἐδύνω). Ebenso der Aorist ἐ-πριά-μην (ich kaufte, Infinitiv πρίασθαι): 2. Person ἐπρίω, Konjunktiv πρίωμαι, Optativ πρίαιο, Imperativ πρίω πριάσθω, Partizip πριάμενος.

Die übrigen Zeitformen von ἐπίσταμαι und δύναμαι sind regelmäßig: Futur ἐπιστήσομαι, δυνήσομαι, Aorist ἠπιστήθην, ἐδυνήθην,

Perf. δεδύνημαι. Die Formen von ἄγαμαι (Stamm ἀγᾰς) lauten: Futur ἀγᾰ́σομαι, Aor. ἠγάσθην.

Den Kurzformen des Perfekts ἕστηκα entsprechen Kurzformen von τεθνηκέναι tot sein (s. S. 108): τέθναμεν, τεθνᾶσι(ν), τεθνάναι, τεθνεώς (Gen. τεθνεῶτος) τεθνεῶσα τεθνεός, ἐτέθνασαν. Auch das Perfekt δέδοικα (ich fürchte) bildet einige Kurzformen, so Ind. 3. Pers. δέδιε, δεδίᾱσιν, Inf. δεδιέναι, Partizip δεδιώς δεδιυῖα δεδιός, Gen. δεδιότος.

Ähnlich wie κεῖμαι (s. S. 118) biegt κάθημαι (Grundverb ἧμαι, Stamm ἡσ, ich sitze): κάθησαι κάθηται, Imperativ κάθησο, Inf. καθῆσθαι, Part. καθήμενος, Imperf. (ἐ-)καθήμην (ἐ-) κάθητο (καθῆστο).

XXXIII. Kapitel

Vom Infinitiv ἱ-έ-ναι (zum Stamme ἑ-, Präsens ἵ-η-μι, s. S. 116f.) ist wohl zu unterscheiden der mit der Endung έναι gebildete Infinitiv **ἰ-έναι** gehen (Stamm ἰ, Schwundstufe zu εἰ; lat. ī- von ī-re): Indikativ des Präsens εἶ-μι ich werde gehen. (Der Indikativ hat meist Futurbedeutung.)

Präsens Indikativ:	**εἶ**-μι	**εἶ** (ohne ς!)	**εἶ**-σι(ν)
	ἴ-μεν	ἴ-τε	ἴ-ασι(ν)

Präsens Konjunktiv, Optativ und Partizip nach Art der Verba auf ω:

ἴ-ω	ἴ-ῃς	ἴ-ῃ	ἴ-ω-μεν	ἴ-η-τε	ἴ-ω-σι (ν)
ἴ-οι-μι	ἴ-οι-ς	ἴ-οι	ἴ-οι-μεν	ἴ-οι-τε	ἴ-οι-εν
ἰ-ών (Stamm ἰ-οντ-)	ἰ-οῦσα	ἰόν			

Präsens Imperativ:	ἴ-θι	ἴ-τω	ἴ-τε	ἰ-όντων

Imperfekt: ᾖα (ῃ augmentierter Stamm εἰ, α statt ν wie nach Konsonanten und im Plusquamperfekt, s. S. 97) ᾔ-ει-ς ᾔ-ει, ᾖ-μεν ᾖ-τε ᾖ-σαν

Verbaladjektiv: ἰ-τέον (ἐστίν) man muß gehen.

Die ersten zwei Personen des Indikativs dieses Verbs (εἶμι εἶ) haben denselben Lautbestand wie die des Verbs **εἶναι** (sein), dessen Stamm ἐσ (wie lat. es- von es-se) ist.

Präsens Indikativ: εἰ-μί (ursprünglich ἐσ-μί, daraus ἐμμί, hieraus ẹμί, s. S. 61) εἶ ἐσ-τί(ν), ἐσ-μέν ἐσ-τέ εἰσί(ν) (s. S. 68); die zweisilbigen Formen des Indikativs sind enklitisch.

Präsens Konj.: ὦ (aus ἔσ-ω = ero, ἔ-ω) ᾖς ᾖ, ὦμεν ἦτε ὦσι(ν)

Präsens Optativ: εἴην (aus ἐσ-ίη-ν, vgl. altlat. siem=sim) εἴης εἴη
εἶ-μεν εἶ-τε εἶ-εν

Präsens Imperativ: ἴσ-θι ἔσ-τω ἔσ-τε ἔσ-των

Präsens Infinitiv: εἶναι (aus ἔσ-ναι: ἔνναι: ẹναι; vgl. S. 61)

Präsens Partizip (nach Art der Verba auf ω): ὤν (in Mundart und Dichtung ἐών aus ἐσ-ών) οὖσα ὄν (Stamm ὀντ-)

Imperfekt: ἦν und ἦα kontrahiert zu ἦ (eig. ἦσ-ν) ἦσ-**θα** (s. S. 121) ἦν, ἦ-μεν ἦ τε und ἦσ-τε ἦσ-αν (eig. ἦσ-ν; von der Form ἦσαν ausgehend, breitete sich σαν als Endung aus s. S. 75, 97, 115 ff.)

Futur: ἔσομαι (aus ἔσ-σο-μαι) ἔσῃ **ἔσται** (ohne Erweiterungsvokal; eig. die mediale Form zu ἐσ-τί), ἐσόμεθα ἔσεσθε ἔσονται.

Das Substantiv χρή (= χρεία Bedürfnis) wurde seit jeher ohne Hinzufügung von ἐστί wie ein Verb (= opus est, oportet) mit dem Infinitiv (Acc. c. Inf.) verbunden, wurde aber später allmählich durch das sinnverwandte Verbum δεῖ verdrängt. Andere Formen von εἶναι wurden mit χρή zusammengezogen: (χρὴ ᾖ) χρῇ, (χρὴ εἴη) χρείη, (χρὴ εἶναι) χρῆναι (ohne ι subscriptum, weil εἶναι = ẹναι aus ἔσναι entstanden ist, vgl. S. 61; ähnlich τιμᾶν,

s. S. 91 f.), (χρὴ ὄν) χρεών (mit Quantitätsvertauschung), Imperfekt χρῆν oder ἐχρῆν (mit analogischem Augment).

Das Imperfekt (ἐ)χρῆν und das anderer unpersönlicher Ausdrücke des Sollens und Könnens entspricht oft dem deutschen irrealen Konjunktiv des Imperfekts oder Plusquamperfekts: (ἐ)χρῆν (ἔδει, ἐξῆν) σε τοῦτο ποιεῖν du solltest (müßtest, könntest) dies tun, oder auch: du hättest dies tun sollen (müssen, können); καλὸν ἦν es wäre schön (gewesen); δυνατὸν ἦν es wäre möglich (gewesen). Vgl. im Lat. oportet und oportebat (oportuit) in entsprechender Bedeutung.

XXXIV. Kapitel

Eine Anzahl von Verben geht auf νῡ-μι aus, so δείκ-νῡ-μι ich zeige.

Präsens Indikativ:

δείκ-νῡ-μι	δείκ-νῡ-ς	δείκ-νῡ-σι(ν)
δείκ-νῠ-μεν	δείκ-νῠ-τε	δεικ-νῠ́-ᾱσι(ν);
δείκ-νῠ-μαι	δείκ-νῠ-σαι	δείκ-νῠ-ται
δεικ-νῠ́-μεθα	δείκ-νῠ-σθε	δείκ-νῠ-νται

Präsens Konjunktiv und Optativ ganz nach dem Vorbild der Verba auf ω, also δεικ-νῠ́-ω, δεικ-νῠ́-ωμαι; δεικ-νῠ́-οι-μι, δεικ-νῠ-οί-μην

Präsens Imperativ:

δείκ-νῡ	δεικ-νυ-τω	δείκ-νῠ-τε	δεικ-νῠ́-ντων;
δείκ-νῠ-σο	δεικ-νυ-σθω	δείκ-νῠ-σθε	δεικ-νῠ́-σθων

Präsens Infinitiv: δεικ-νῠ́-ναι; δείκ-νῠ-σθαι

Präsens Partizip: δεικ-νῡ́-ς (aus δεικ-νῠ́-ντ-ς) δεικ-νῦ-σα δεικ-νῠ́-ν, Gen. δεικ-νῠ́-ντ-ος, δεικ-νῡ́-σης usw.; δεικ-νῠ́-μενος

Imperfekt:

ἐ-δείκ-νῡ-ν	ἐ-δείκ-νῡ-ς	ἐ-δείκ-νῡ
ἐ-δείκ-νῠ-μεν	ἐ-δείκ-νῠ-τε	ἐ-δείκ-νῠ-σαν;
ἐ-δεικ-νῠ́-μην	ἐ-δείκ-νῠ-σο	ἐ-δείκ-νῠ-το
ἐ-δεικ-νῠ́-μεθα	ἐ-δείκ-νῠ-σθε	ἐ-δείκ-νῠ-ντο

Futur, Aorist, Perfekt vom Verbalstamm δεικ: δείξω δείξομαι, ἔδειξα ἐδειξάμην, ἐδείχθην, δέδειχα (mit Aspiration des Schlußkonsonanten, s. S. 110) δέδειγμαι.

Andere Verba auf νῡμι. Scheinbar vokalische Stämme: κεράννῡμι ich mische, Stamm κερας, κρᾱ: ἐκέρᾰσα, ἐκρᾱ́θη, κέκρᾱται, κρεμάννῡμι ich hänge auf, Stamm κρεμας: κρεμῶ, -ᾷς, ἐκρέμᾰσα, ἐκρεμάσθη, πετάννῡμι ich breite aus, Stamm π(ε)τας: πετῶ, -ᾷς, ἐπέτασα, ἐπετάσθη, πέπταται, σκεδάννῡμι ich zerstreue, Stamm σκεδας: σκεδῶ, -ᾷς, ἐσκέδασα, ἐσκεδάσθην, ἐσκέδασμαι, ἀμφι-έννῡμι ich bekleide, Stamm -ϝες, vgl. vestis: Futur ἀμφι-ῶ, -εῖς, Aor. ἠμφί-εσα, pass. Perf. ἠμφί-εσμαι, ῥώννῡμι ich stärke, Stamm ῥω(ς): ῥώσω ἔρρωσα, ἐρρώσθην, Perf. ἔρρωμαι, Imperativ ἔρρωσο = vale. Konsonantenstämme: μείγνῡμι ich mische (Stamm μειγ μῐγ: μείξω, ἔμειξα, ἐμείχθη oder ἐμῐ́γη, μέμεικται), ζεύγνῡμι ich verbinde (Stamm ζευγ, ζῠγ: ζεύξω, ἔζευξα, ἐζεύχθην oder ἐζύγην, ἔζευγμαι), κατ-ᾰ́γνῡμι ich zerbreche (Stamm ϝᾰγ, ϝᾱγ: κατ-ᾱ́ξω, κατ-έᾱξα, Passiv-Aorist, auch intrans., κατ-εᾱ́γη, Perf. κατ-έᾱγε intrans.: es ist zerbrochen), πήγνῡμι ich befestige (Stamm πηγ, πᾰγ: πήξω, ἔπηξα, aber Passiv-Aorist ἐπάγη, Perf. πέπηγε intransitiv: es ist fest), ῥήγνῡμι ich zerreiße (Stamm ῥηγ, ῥᾰγ: ῥήξω, ἔρρηξα [vgl. S. 104; Stamm ϝρηγ, vgl. Wrack], Passiv-Aorist ἐρράγη, Perf. ἔρρωγε intransitiv: es ist entzwei), ὄμνῡμι ich schwöre (Stamm ὀμ[ο]: Futur ὀμοῦμαι, Aorist ὤμοσα, Perf. ὀμ-ώμο-κα [Reduplikation wie in ὀρ-ώρυχ-α, s. S. 110]), ἀπ-όλλῡ-μι (aus ἀπ-όλ-νῡ-μι, Stamm -ολ[ε]) ich richte zugrunde: Futur ἀπ-ολῶ, Med. ἀπ-ολοῦμαι, aktiver Aorist ἀπ-ώλε-σα, medialer ἀπ-ωλό-μην (intransitiv: ich ging zugrunde) wie ἀφ-ικό-μην (s. S. 109) von ἀφ-ικ-**νέ**ο-μαι, Perfekt ὀλ-ώλε-κα (s. S. 110) transitiv: ich habe zugrunde gerichtet, ὄλ-ωλ-α intransitiv: ich bin zugrunde gerichtet, ich bin verloren.

XXXV. Kapitel

Wie ἔ-στη-ν (s. S. 120) werden ἔ-βη-ν (vom Stamm βη, βᾰ zu βά-νj-ω: βαίνω ich schreite) und ἔ-φθη-ν (vom Stamm φθη, φθᾰ zu φθά-ν-ω ich komme zuvor) abgewandelt (Wurzelaoriste); ganz ähnlich einige andere Aoriste, die sich nur durch den Stammvokal unterscheiden: ἔ-γνω-ν (vom Stamm γνω zu γι-γνώ-σκ-ω), ἐ-βίω-ν (zu βιόω ich lebe), ἑ-ά́λω-ν (auch ἥλων, vom Stamm ἁλω zu ἁλ-ί́σκο-μαι, eig. ϝαλίσκομαι ich werde gefangen); Infinitive γνῶναι, βιῶναι, ἁλῶναι, Partizipia aber γνούς (Stamm γνοντ-), βιούς (βιοντ-), ἁλούς (ἁλοντ-), Konjunktive γνῶ (γνῷς, γνῷ), βιῶ, ἁλῶ, Optative γνοίην, βιοίην, ἁλοίην; ἀπ-έδρᾱν (vom Stamm -δρᾱ zu ἀπο-δι-δρά́-σκ-ω ich entlaufe), ἔ-φῡ-ν (intransitiv: ich entstand: zu φῡ́ω ich erzeuge), ἔ-δῡ-ν (intransitiv; zu δῡ́ω ich tauche etwas unter); Infinitive ἀποδρᾶναι, φῦναι, δῦναι, Partizipia ἀποδρά́ς (Stamm -δρᾰντ-), δῡ́ς (δῦντ-), φῡ́ς (φῦντ-).

Die übrigen Zeitformen dieser Verba sind: βήσομαι, βέβηκα; γνώσομαι, ἔγνωκα, ἔγνωσμαι, ἐγνώσθην; βιώσομαι, βεβίωκα; ἁλώσομαι, ἑά́λωκα (ich bin gefangen); ἀποδρά́σομαι, ἀποδέδρᾱκα; φῡ́σομαι, πέφῡκα (ich bin geboren, ich bin); δῡ́σομαι, δέδῡκα ich bin (unter) getaucht.

Einige Verba verwenden für die verschiedenen Zeitformen ganz verschiedene Stämme; gewisse Stämme nämlich sind aus Gründen, die sich nicht mehr immer erkennen lassen, für gewisse Zeitformen mit Vorliebe gebraucht worden und haben die entsprechenden Bildungen gleichbedeutender Stämme nicht aufkommen lassen; vgl. bin — war, fero — tuli, ἀγαθός — ἀμείνων — ἄριστος.

αἱρέω ich nehme, αἱρήσω, ᾕρηκα, ᾕρημαι, ᾑρέθην, aber Aorist εἷλον (vom Stamm σελ aus ἔ-σελο-ν, daher Infinitiv ἑλεῖν).

τρέχω ich laufe, Aorist ἔδραμον (eig. ἔδρμον, δρμ Schwundstufe von δρεμ, mit Ablaut δρόμος Lauf, vgl. Hippodrom), Futur δραμοῦμαι, Perf. δεδράμηκα; vgl. ἀποδιδράσκω.

λέγω ich sage, neben λέξω, ἔλεξα, ἐλέχθην häufiger: Aorist εἶπον (eig. ἔ-ειπο-ν aus ἔ-ϝε-ϝπο-ν [von der Schwundstufe ϝπ des Stammes ϝεπ, vgl. ϝέπ-ος: ἔπος vox] mit Reduplikation wie ἤγαγον, s. S. 110; daher Infinitiv εἰπεῖν aus ϝε-ϝπ-εῖν, Imperativ εἰπέ),

Futur ἐρῶ (vom Stamm ϝερ, vgl. ver-bum, Wor-t), Perfekt εἴρηκα (aus ϝέ-ϝρη-κα von der Schwundstufe ϝρ-η der vollen Stammform ϝερ-η), Passiv-Aorist ἐρρήθην (aus ἐ-ϝρή-θην).

φέρω ich trage, Futur οἴσω (Stamm οἰ), Aorist ἤνεγκον (Infinitiv ἐνεγκεῖν), Passiv-Aorist ἠνέχθην (ohne γ!), Perf. ἐν-ήνοχα, ἐν-ήνεγμαι, s. S. 110 (Stamm ἐνε[γ]κ).

ἐσθίω ich esse, Futur ἔδομαι (Stamm ἐδ, lat. ĕd-o), Aorist ἔφαγον (Stamm φαγ, vgl. Λωτο-φάγοι Lotosesser), Perf. ἐδ-ήδο-κα, ἐδήδεσται, s. S. 110 (Stamm ἐδ).

ὁράω ich sehe, Perfekt ἑόρακα s. S. 103, Futur ὄψομαι vom Stamme ὀπ (vgl. ὄμμα aus ὄπ-μα Auge), ebenso Passiv-Aorist ὤφ-θην, pass. Perf. ὦμμαι (aus ὦπ-μαι), aber Aorist εἶδον aus ἔ-ϝιδο-ν (von der Schwundstufe ϝιδ [lat. vid-eo] des Stammes ϝειδ, vgl. ϝεῖδ-ος: εἶδος das Aussehen; daher Infinitiv ἰδεῖν, Imperativ ἰδέ).

In Zeitsätzen mit πρίν (ehe, bevor) steht nach bejahtem Hauptsatz der Infinitiv; wenn das Subjekt von dem des Hauptsatzes verschieden ist, so tritt es in den Akkusativ: ἔκρινε πρὶν ἀκοῦσαι er fällte das Urteil, ehe er hörte (eig. vor dem Hören); ἔκρινε πρὶν ἡμᾶς εἰπεῖν bevor wir gesprochen hatten. Nach verneintem Hauptsatz hat πρίν die gleiche Konstruktion wie die übrigen Zeitsätze: οὐκ ἔκρινε, πρὶν ἤκουσεν oder οὐ κρινεῖ, πρὶν ἂν ἀκούσῃ.

Wenn beim Infinitiv oder Partizip ἄν steht, so drückt es entweder die Möglichkeit (s. S. 86 f.) oder die Irrealität (s. S. 111) aus: οἴομαί σε χαίρειν ἄν, εἰ ταῦτα ἀκούοις (ἤκουες) ich glaube, du dürftest (würdest) dich freuen, wenn du dies hörtest; unabhängig: χαίροις ἄν (ἔχαιρες ἄν), εἰ ταῦτα ἀκούοις (ἤκουες).

XXXVI. Kapitel

Vom Stamme ϝειδ (vgl. εἶδον) wurde durch Ablaut von ε zu ο ein Perfekt ϝοῖδ-α: οἶδ-α gebildet, das schon in Urzeiten auf die Perfektreduplikation verzichtet hat, weil es die Bedeutung eines Präsens „ich weiß“ (eig. ich habe gesehen, ich habe mich durch

Augenschein überzeugt) angenommen hatte. Außerhalb der Einzahl des Indikativs jedoch erscheint die nicht abgelautete Grundform des Stammes εἰδ und im Plural des Indikativs sowie im Imperativ dessen Schwundstufe ἰδ (lat. vĭd; wie im Aorist ε-ἶδο-ν).

Indikativ οἶδα, οἶσθα (aus οἶδ-**θα**, vgl. S. 121, 123), οἶδε(ν), ἴσ-μεν (statt ἴδ-μεν in Anlehnung an ἴστε), ἴσ-τε (aus ἴδ-τε), ἴσ-ᾱσι(ν)

Konjunktiv: εἰδῶ, εἰδῇς, εἰδῇ, εἰδῶμεν, εἰδῆτε, εἰδῶσι(ν)

Optativ: εἰδείην, εἰδείης, εἰδείη, εἰδεῖμεν, εἰδεῖτε, εἰδεῖεν

Imperativ: ἴσ-θι (aus ἴδ-θι, vgl. ἴσ-θι vom Stamme ἐσ, S. 123), ἴσ-τω, ἴσ-τε, ἴσ-των

Infinitiv: εἰδ-έναι

Partizip: εἰδώς (Stamm εἰδοτ-) εἰδυῖα εἰδός

Plusquamperfekt: ᾔδη (aus ᾔδ-ε-α; auch ᾔδειν, s. S. 97), ᾔδ-η-σ-**θα** (s. S. 121, 123, 128; auch ᾔδεις), ᾔδει (aus ᾔδ-ε-ε), ᾔδε-μεν, ᾔδε-τε, ᾔδε-σαν

Futur: εἴσομαι Verbaladjektiv: ἰσ-τέον (ἐστίν).

Abweichende Zeitformenbildung haben einige im Präsensstamm mit **ν** erweiterte Verba (vgl. S. 109):

ἐλαύνω ich ziehe (Stamm ἐλᾰ), Futur ἐλῶ [aus ἐλά(σ)ω], ἐλᾷς, Aor. ἤλᾰ-σα, ἠλά-θην, Perf. ἐλ-ήλᾰ-κα, ἐλ-ήλᾰ-μαι (vgl. S. 110).

τῑ́νω ich büße, Med. ich lasse mir büßen, bestrafe (Stamm τει, τῐ), Futur τείσω, Aor. ἔτεισα.

πῑ́νω ich trinke (Stamm πῑ, πῐ; πω, πο), Futur πίομαι (vgl. ἔδομαι S. 127), Aor. ἔπῐον, Perf. πέπωκα, πέποται, pass. Aor. ἐπόθη.

Weitere Inkohativa sind (vgl. S. 108):

διδάσκω (aus διδάχ-σκω, Stamm διδαχ) ich lehre, Futur διδάξω, Aor. ἐδίδαξα, ἐδιδάχθην, Perf. δεδίδαχα, δεδίδαγμαι.

γηρᾱ́σκω ich altere (Stamm γηρᾱ), Futur γηράσομαι, Aor. ἐγήρᾱσα, Perf. γεγήρᾱκα.

ἀρέσκω ich gefalle (Stamm ἀρε), Futur ἀρέσω, Aor. ἤρεσα.

(ἀνα-)μι-μνήσκω (aus μι-μνη-ίσκω, Stamm μνη) ich erinnere, Futur μνήσω, Aor. ἔμνησα, ἐμνήσθην, Perf. μέ-μνη-μαι memini.

ἀν-ᾱλΐσκω (Stamm ἀν-ᾱλω) ich verwende, Futur ἀν-αλώσω, Aor. ἀν-ήλωσα, ἀν-ηλώθη, Perf. ἀν-ήλωκα, ἀν-ήλωται.

τι-τρώσκω ich verwunde (Stamm τρω), Futur τρώσω, Aor. ἔτρωσα, ἐτρώθην, Perf. τέτρωμαι.

Wie sich θνήσκω mit τέθνηκα (Stamm θνη) zum Stamme θαν(α) verhält (ἔθανον, S. 108), so Perfekt βέ-βλη-κα und Passiv-Aorist ἐ-βλή-θην (Stamm βλη) zum Stamme βαλ (ἔβαλον, s. S. 108), τέ-τμη-κα und ἐ-τμή-θην (Stamm τμη) zum Stamme τεμ (ἔτεμον, s. S. 109), κέ-κμη-κα (Stamm κμη) zum Stamme καμ (ἔκαμον, s. S. 109); ähnlich auch κέ-κλη-κα und ἐ-κλή-θην (Stamm κλη) zu καλέ-ω ich nenne; Futur καλῶ, Aorist ἐκάλεσα.

Wie in εἴρηκα (aus Ϝέ-Ϝρη-κα, s. S. 127) ει nur scheinbar Reduplikationssilbe ist (vgl. dagegen εἴακα, S. 102), so auch in εἴληφα (aus σέ-σληφ-α), εἴλημμαι; die Grundform des Stammes (σ)λᾰβ (ἔ-λαβ-ον, s. S. 109) wurde im Perfekt zu ληβ gedehnt und überdies aspiriert (vgl. βέβλαφα S. 110), gedehnt auch im Futur λήψομαι und im Passiv-Aorist ἐλήφθην. Die gleiche Reduplikation erscheint in δι-είλεγμαι von διαλέγομαι ich unterrede mich und in συν-είλοχα, συν-είλεγμαι von συλ-λέγω ich sammle.

Wie λαμβάνω die Zeitformen von den Stämmen λᾰβ (ἔλαβον) und ληβ (ἐλήφθην, εἴληφα) bildet, so verwenden auch andere Verba zur Zeitformenbildung die ungedehnte und gedehnte Stammform (bzw. die Schwundstufe und Vollstufe, s. S. 107 f.); jene erscheint immer im starken Aorist (vgl. S. 107):

δάκνω ich beiße (Stamm δᾰκ, δηκ), Aor. ἔδακον, Futur δήξομαι, pass. Aor. ἐδήχθην.

λαγχάνω ich erlange (Stamm λᾰχ, ληχ), Aorist ἔλαχον, Futur λήξομαι, Perf. εἴληχα (vgl. εἴληφα).

λανθάνω ich bin verborgen (Stamm λᾰθ, ληθ), Aor. ἔλαθον (s. S. 109), Futur λήσω, Perf. λέληθα ich bin verborgen geblieben.

ἐπι-λανθάνομαι ich vergesse, Aor. ἐπ-ελαθόμην, Futur ἐπι-λήσομαι, Perf. ἐπιλέλησμαι.

ἀφ-ῐκ-νέ-ομαι ich komme an (Stamm -ῐκ, -ῑκ), Aor. ἀφ-ῑκόμην, Infinitiv ἀφῑκέσθαι (s. S. 109), Futur ἀφ-ί̄ξομαι, Perf. ἀφ-ῖγμαι.

πυνθάνομαι ich frage (Stamm πῠθ, πευθ), Aor. ἐπυθόμην (s. S. 109), Perf. πέπυσμαι, Futur πεύσομαι.

τυγχάνω ich treffe (Stamm τῠχ[-η], τευχ), Aor. ἔτυχον (s. S. 109), Perf. τετύχηκα, Futur τεύξομαι.

Unabhängige **Entscheidungsfragen**, die im Deutschen durch kein Fragewort, sondern nur durch die Wortstellung und den Frageton gekennzeichnet sind, pflegt die griechische Sprache mit ἆρα oder ἦ einzuleiten. Wird eine bejahende Antwort erwartet, so wird im Fragesatz entsprechend dem lateinischen und deutschen Sprachgebrauch οὐ (οὐκ) eingesetzt; eine verneinende Antwort wird durch μή vorweggenommen: ἆρα (oder ἦ) χαίρεις; gaudes-ne? ἆρ' οὐ χαίρεις; nonne gaudes? ἆρα μὴ χαίρεις; num gaudes? Abhängige Entscheidungsfragen werden durch εἰ 'ob' eingeleitet: Λέγε μοι, εἰ χαίρεις sag mir, ob du dich freust! In Wahlfragen, abhängigen wie unabhängigen, ist πότερον — ἤ üblich, ganz wie in lateinischen Wahlfragen utrum — an; indirekt auch εἰ — ἤ: πότερον χαίρεις ἢ οὔ; utrum gaudes an non? Freust du dich oder nicht? Λέγε μοι, πότερον (oder εἰ) χαίρεις ἢ οὔ dic mihi, utrum gaudeas necne!

Die Fragewörter der **Ergänzungsfragen** (τίς; quis? τί; quid? ποῖος; qualis? πόσος; quantus? ποῦ; ubi? πότε; quando? πῶς; quomodo?) erscheinen vorzugsweise in unabhängigen Fragesätzen. In abhängigen Fragen werden sie oft durch die verallgemeinernden Relativa ersetzt (ὅστις, ὅ τι, ὁποῖος, ὁπόσος, ὅπου, ὁπότε, ὅπως): 'Ερωτῶ, τί (oder ὅ τι) πράττεις.

Im Gegensatz zum lateinischen Gebrauch ist der Modus des Verbs im abhängigen Fragesatz grundsätzlich derselbe wie im unabhängigen. Nur in Abhängigkeit von einer erzählenden Zeitform kann der optativus obliquus eintreten (s. S. 87): 'Ηρώτησα, τί πράττεις (oder πράττοις). Der Konjunktiv steht im abhängigen Fragesatz nur, wenn er auch im unabhängigen stünde, nämlich als deliberativus (s. S. 109): 'Ηρώτησα, τί πράττωμεν (oder opt. obl. πράττοιμεν) ich fragte, was wir tun sollen.

Konzessivsätze werden durch εἰ καί oder καὶ εἰ, ἐὰν καί oder καὶ ἐάν (= κἄν, mit Konjunktiv) 'wenn auch, auch wenn, obwohl' eingeleitet (Negation μή); im gleichen Sinn steht καίπερ mit Partizip: καίπερ πληττόμενος οὐκ ἔκλαυσε obwohl geschlagen, weinte er nicht.

XXXVII. Kapitel

Die S. 92 besprochenen Verba auf έω mit einsilbigem Stamm sind ursprünglich auf -εύω ausgegangen, haben aber das υ vor Vokal, nachdem es in ϝ übergegangen war, eingebüßt: πλέω ich fahre zu Schiff (Stamm πλευ, πλεϝ), πλεύσομαι, ἔπλευσα, πέπλευκα; πνέω ich hauche (Stamm πνευ, πνεϝ), πνεύσομαι, ἔπνευσα, πέπνευκα; aber χέω ich gieße (Stamm χευ, χεϝ, χῠ), Futur gleichfalls χέω, Aorist ἔχεα (aus ἔχευ[σ]α), Perfekt κέχυκα, κέχυται und Passiv-Aorist ἐχύθη (von der Schwundstufe χυ); ῥεῖν fließen (Stamm ῥευ, ῥεϝ, ῥυ-η), Passiv-Aorist ἐρρύη (vgl. ἐφάνην S. 112) und Passiv-Futur ῥυήσεται in aktiver Bedeutung. Ähnlich sind die Stammverhältnisse in κλαίω (aus κλαϝ-ίω; vom Stamme κλαυ althochdeutsch hlût = laut) ich weine, κλαύσομαι, ἔκλαυσα, κέκλαυμαι; καίω (aus καϝ-ίω, Stamm καυ, καϝ), ich verbrenne (etwas), καύσω, ἔκαυσα, κέκαυκα, κέκαυμαι, ἐκαύθην.

Andere Verba hatten ursprünglich ς als Stammesauslaut, so γελάω ich lache (Stamm γελας), Futur γελᾰ́σομαι (aus γελάσσομαι), Aorist ἐγέλᾰσα, ἐγελᾰ́σθη; σπάω ich ziehe (Stamm σπας), Futur σπᾰ́σω, Aor. ἔσπᾰσα, ἐσπᾰ́σθην, Perf. ἔσπᾰκα, ἔσπᾰσμαι; αἰδέομαι ich scheue mich (Stamm αἰδες), Futur αἰδέσομαι (aus αἰδέσ-σομαι), Aor. ᾐδέσθην, Perf. ᾔδεσμαι; τελέω ich vollende (Stamm τελες), Futur gleichfalls τελῶ (aus τελέσ-σω), Aorist ἐτέλεσα, ἐτελέσθη, Perfekt τετέλεκα, τετέλεσται.

Mehrere Verba, die im Präsens nicht auf έω ausgehen, fügen zur Bildung einiger Zeitformen an ihren Stamm ε (meist gedehnt zu η) an:

αἰσθάνομαι (s. S. 109), Stamm αἰσθ(-η): Futur αἰσθήσομαι, Perf. ᾔσθημαι.

ἁμαρτάνω (s. S. 109), Stamm ἁμαρτ(-η): Futur ἁμαρτήσομαι, Perf. ἡμάρτηκα, ἡμάρτηται, Pass.-Aor. ἡμαρτήθη.

ἀπ-εχθάνομαι ich mache mich verhaßt, Stamm -εχθ(-η): Futur ἀπ-εχθήσομαι, Perf. ἀπ-ήχθημαι (Inf. ἀπ-ηχθῆσθαι), Aor. ἀπ-ηχθόμην (Inf. ἀπ-εχθέσθαι).

μανθάνω (s. S. 109), Stamm μαθ(-η): Futur μαθήσομαι, Perf. μεμάθηκα.

αὐξάνω (auch αὔξω) augeo, Stamm αὐξη: Futur αὐξήσω, Aor. ηὔξησα, Perf. ηὔξηκα, ηὔξημαι, Pass.-Aor. ηὐξήθην.

εὑρίσκω (s. S. 108), Stamm εὑρ(-η), εὑρε: Futur εὑρήσω, Perf. ηὕρηκα, ηὕρημαι, Pass.-Aor. ηὑρέθην.

ἐρ-ωτ-άω ich frage; neben ἐρωτήσω und ἠρώτησα häufiger vom Stamm ἐρ(-η): Futur ἐρήσομαι und Aor. ἠρόμην.

γίγνομαι (s. S. 108 und 110), Stamm γεν(-η): Futur γενήσομαι, Perf. γεγένημαι.

μάχομαι ich kämpfe, Stamm μαχε, μαχη: Futur μαχοῦμαι (wie πεσοῦμαι, s. S. 108), Aor. ἐμαχεσάμην, Perf. μεμάχημαι.

οἴομαι (1. Pers. Sing. zusammengezogen zu οἶμαι, ebenso im Imperfekt ᾤμην statt ᾠόμην, 2. Pers. Sing. Pr. οἴει) ich meine, Stamm οἰ-η: Futur οἰήσομαι, Aor. ᾠήθην.

βούλομαι ich will, Stamm βουλ-η: Futur βουλήσομαι, Aor. ἐβουλήθην, Perf. βεβούλημαι.

(ἐ)θέλω ich will, bin entschlossen, Stamm (ἐ)θελ-η: Futur (ἐ)θελήσω, Aor. ἠθέλησα, Perf. ἠθέληκα.

χαίρω (s. S. 112), Stamm χαιρ-η, χαρ-η: Futur χαιρήσω, Perf. κεχάρηκα ich bin erfreut.

ἔχω (s. S. 108), Stamm σεχ (ἑχ), σχ(-η): Futur σχήσω und ἕξω, Perf. ἔσχηκα, ἔσχημαι; Pass.-Aor. fehlt.

ὑπ-ισχ-νέ-ομαι ich verspreche (ἰσχ aus σι-σ[ε]χ), Futur ὑπο-σχήσομαι, Perf. ὑπ-έσχημαι, Aor. ὑπ-εσχόμην.

μέλλω ich habe vor, gedenke (bin im Begriff) etwas zu tun, zögere, Stamm μελλ-η: Futur μελλήσω, Aor. ἐμέλλησα.

μέλει μοί τινος = ἐπιμελέομαί (oder ἐπιμέλομαί) τινος (s. S. 113), Stamm μελ-η: Futur μελήσει, ἐπιμελήσομαι, Aor. ἐμέλησε, ἐπεμελήθην, Perf. μεμέληκε, ἐπιμεμέλημαι.

δεῖ μοί τινος (s. S. 113), Stamm δεϜ-η: Futur δεήσει, Aor. ἐδέησε, Perf. δεδέηκε; danach δέομαι (nur in den Formen kontrahiert, in denen ε mit ε oder ει zu ει verschmilzt, vgl. S. 92 und S. 131), Futur δεήσομαι, Aor. ἐδεήθην, Perf. δεδέημαι.

Nur wenige Verba verwenden umgekehrt den auf ε ausgehenden Stamm für das Präsens und Imperfekt, einen kürzeren ohne ε zur Bildung anderer Zeitformen:

γαμέω ich heirate (γυναῖκα), Stamm γαμ(-η): Futur γαμῶ, Aor. ἔγημα, Perf. γεγάμηκα; γαμοῦμαι (ἀνδρί, vgl. nubo), Futur γαμοῦμαι, Aor. ἐγημάμην, Perf. γεγάμημαι.

δοκέω (mihi) videor, Stamm δοκ: Futur δόξω, Aor. ἔδοξα, Perf. δέδοκται.

ὠθέω ich stoße, Stamm Ϝωθ (s. S. 103): Futur ὤσω, Aor. ἔωσα (aus ἔϜωσα), pass. Perf. ἔωσμαι, Pass.-Aor. ἐώσθην.

In **Folgesätzen** (eingeleitet mit ὥστε sodaß) steht der Indikativ nur dann, wenn die Folge tatsächlich ist; ist die Folge bloß gedacht (möglich, notwendig, nicht wirklich), so steht der Infinitiv, bei Subjektsverschiedenheit der Acc. c. inf.: κραυγὴν ἐποίησαν, ὥστε πάντες ἤκουσαν sie machten ein Geschrei, sodaß alle es hörten; ὥστε πάντας ἀκοῦσαι sodaß alle es hören konnten (mußten). So stets bei ἢ ὥστε nach einem Komparativ (= quam ut): Τὸ κακὸν μεῖζόν ἐστιν ἢ ὥστε ἡμᾶς φέρειν δύνασθαι (malum maius est, quam ut ferre possimus) das Unglück ist zu groß, als daß wir es ertragen könnten.

Der Infinitiv in Folgesätzen hat die final-konsekutive Bedeutung bewahrt, die ihm von Anfang an zukam: νοσεῖ, ὥστε ἀποθανεῖν er ist (wie) zum Sterben krank = sodaß er sterben muß; vgl.: „Das ist zum Davonlaufen" = sodaß man davonlaufen könnte (muß). Diese Bedeutung entspricht in Abhängigkeit von Verben des Übergebens, Übernehmens und ähnlichen dem lat. Gerundiv (παρέχω ἐμαυτὸν τῷ ἰατρῷ τέμνειν praebeo me medico secandum). In diesem Sinne tritt der Infinitiv auch zu Ausdrücken der Fähigkeit, Würdigkeit, Möglichkeit, unter denen (τοιοῦτος) οἷος oder οἷός τε besonders häufig ist: τοιοῦτος ἦν οἷος πάντα διαπράττεσθαι er war so beschaffen, wie (einer sein muß,) um alles durchzuführen = οἷός τε ἦν πάντα διαπράττεσθαι er war imstande, alles durchzuführen; οὐχ οἷόν τε σῴζειν αὐτόν es ist unmöglich, ihn zu retten.

In Abhängigkeit von Verben negativer Bedeutung (hindern, leugnen) pflegt μή zum Infinitiv zu treten: ἐκώλυον Σωκράτη τοὺς νέους μὴ διδάσκειν sie wollten S. hindern, die Jünglinge zu belehren; ἀρνοῦμαι ταῦτα μὴ δεδρακέναι ich leugne, dies getan zu haben; so regelmäßig bei ἀπαγορεύειν (Aorist ἀπ-εῖπον) verbieten: ἀπαγορεύω σοι μὴ λέγειν (interdico tibi, **ne** loquaris) ich verbiete dir zu reden.

Bei verneinten Verben dieser Art kann zum Infinitiv μὴ οὐ hinzutreten: οὐ κωλύω ὑμᾶς μὴ οὐκ ἀπιέναι ich hindere euch nicht wegzugehen.

Statt des absoluten Genetivs (s. S. 88f.) wurde von unpersönlichen Ausdrücken der absolute Akkusativ gebraucht: θνῄσκω ἐξόν μοι μὴ θανεῖν ich sterbe, obgleich es mir freisteht, nicht zu sterben; Σωκράτης οὐκ ἔφυγε δέον (Partizip von δεῖ: da es notwendig ist) τοῖς νόμοις πείθεσθαι.

Auf Verba des Sorgens, Strebens und ähnliche folgt meist ὅπως (verneint ὅπως μή) mit Indikativ des Futurs: οἱ Περσικοὶ νόμοι ἐπεμελοῦντο, ὅπως μὴ κακοὶ ἔσονται οἱ πολῖται die persischen Gesetze sorgten dafür, daß die Bürger nicht schlecht seien.

Anhang: Übersicht über den attischen Formenbestand

Substantiva

Sing. Nom.	ἡ ψυχή	θύρᾱ	σφαῖρᾰ	θάλαττᾰ
Gen.	τῆς ψυχῆς	θύρᾱς	σφαίρᾱς	θαλάττης
Dat.	τῇ ψυχῇ	θύρᾳ	σφαίρᾳ	θαλάττῃ
Akk.	τὴν ψυχήν	θύρᾱν	σφαῖρᾰν	θάλαττᾰν
Dual Nom., Akk.	τὼ ψυχα	θύρᾱ	σφαίρᾱ	θαλάττᾱ
Gen., Dat.	τοῖν ψυχαῖν	θύραιν	σφαίραιν	θαλάτταιν
Plur. Nom.	αἱ ψυχαί	θύραι	σφαῖραι	θάλατται
Gen.	τῶν ψυχῶν	θυρῶν	σφαιρῶν	θαλαττῶν
Dat.	ταῖς ψυχαῖς	θύραις	σφαίραις	θαλάτταις
Akk.	τὰς ψυχᾱ́ς	θύρᾱς	σφαίρᾱς	θαλάττᾱς

Sing. Nom.	ὁ νεανίᾱς	πολῑ́της	ἄνθρωπος
Gen.	τοῦ νεανίου	πολίτου	ἀνθρώπου
Dat.	τῷ νεανίᾳ	πολίτῃ	ἀνθρώπῳ
Akk.	τὸν νεανίᾱν	πολίτην	ἄνθρωπον
Vok.	ὦ νεανίᾱ	πολῖτᾰ	ἄνθρωπε
Dual Nom., Akk.	τὼ νεανίᾱ	πολίτᾱ	ἀνθρώπω
Gen., Dat.	τοῖν νεανίαιν	πολίταιν	ἀνθρώποιν
Plur. Nom.	οἱ νεανίαι	πολῖται	ἄνθρωποι
Gen.	τῶν νεανιῶν	πολιτῶν	ἀνθρώπων
Dat.	τοῖς νεανίαις	πολίταις	ἀνθρώποις
Akk.	τοὺς νεανίᾱς	πολίτᾱς	ἀνθρώπους

Sing. Nom.	Ἀθηνᾶ	ἡ γῆ	Ἑρμῆς	ὁ πλοῦς	νεώς
Gen.	Ἀθηνᾶς	τῆς γῆς	Ἑρμοῦ	τοῦ πλοῦ	νεώ
Dat.	Ἀθηνᾷ	τῇ γῇ	Ἑρμῇ	τῷ πλῷ	νεῴ
Akk.	Ἀθηνᾶν	τὴν γῆν	Ἑρμῆν	τὸν πλοῦν	νεών
Vok.	Ἀθηνᾶ	γῆ	Ἑρμῆ		

Plur. Nom.	οἱ πλοῖ	νεῴ
Gen.	τῶν πλῶν	νεών
Dat.	τοῖς πλοῖς	νεῴς
Akk.	τοὺς πλοῦς	νεώς

Sing. Nom., Akk.	τὸ φάρμακον
Gen.	τοῦ φαρμάκου
Dat.	τῷ φαρμάκῳ
Dual Nom., Akk.	τὼ φαρμάκω
Gen., Dat.	τοῖν φαρμάκοιν
Plur. Nom., Akk.	τὰ φάρμακα
Gen.	τῶν φαρμάκων
Dat.	τοῖς φαρμάκοις

Sing. Nom.	φύλαξ	δαίμων	ὀδούς	κύων
Gen.	φύλακος	δαίμονος	ὀδόντος	κυνός
Dat.	φύλακι	δαίμονι	ὀδόντι	κυνί
Akk.	φύλακα	δαίμονα	ὀδόντα	κύνα
Vok.	φύλαξ	δαῖμον		κύον
Dual Nom., Akk.	φύλακε	δαίμονε	ὀδόντε	κύνε
Gen., Dat.	φυλάκοιν	δαιμόνοιν	ὀδόντοιν	κυνοῖν
Plur. Nom.	φύλακες	δαίμονες	ὀδόντες	κύνες
Gen.	φυλάκων	δαιμόνων	ὀδόντων	κυνῶν
Dat.	φύλαξι(ν)	δαίμοσι(ν)	ὀδοῦσι(ν)	κυσί(ν)
Akk.	φύλακας	δαίμονας	ὀδόντας	κύνας

Sing. Nom.	ἐλπίς	χάρις	πόλις
Gen.	ἐλπίδος	χάριτος	πόλεως
Dat.	ἐλπίδι	χάριτι	πόλει
Akk.	ἐλπίδα	χάριν	πόλιν
Plur. Nom.	ἐλπίδες	χάριτες	πόλεις
Gen.	ἐλπίδων	χαρίτων	πόλεων
Dat.	ἐλπίσι(ν)	χάρισι(ν)	πόλεσι(ν)
Akk.	ἐλπίδας	χάριτας	πόλεις

Sing.	Nom.	σῦς	πῆχυς	ἄστυ
	Gen.	συός	πήχεως	ἄστεως
	Dat.	συί	πήχει	ἄστει
	Akk.	σῦν	πῆχυν	ἄστυ
Plur.	Nom.	σύες	πήχεις	ἄστη
	Gen.	συῶν	πήχεων	ἄστεων
	Dat.	συσί(ν)	πήχεσι(ν)	ἄστεσι(ν)
	Akk.	σῦς	πήχεις	ἄστη

Sing.	Nom., Akk.	τὸ σῶμα	γένος	κρέας
	Gen.	τοῦ σώματος	γένους	κρέως
	Dat.	τῷ σώματι	γένει	κρέᾳ
Dual	Nom., Akk.	τὼ σώματε	γένει	—
	Gen., Dat.	τοῖν σωμάτοιν	γενοῖν	—
Plur.	Nom., Akk.	τὰ σώματα	γένη	κρέᾱ
	Gen.	τῶν σωμάτων	γενῶν	κρεῶν
	Dat.	τοῖς σώμασι(ν)	γένεσι(ν)	κρέᾰσι(ν)

Sing.	Nom.	βασιλεύς	Ζεύς	ναῦς	βοῦς	Σαπφώ
	Gen.	βασιλέως	Διός	νεώς	βοός	Σαπφοῦς
	Dat.	βασιλεῖ	Διί	νηί	βοί	Σαπφοῖ
	Akk.	βασιλέα	Δία	ναῦν	βοῦν	Σαπφώ
	Vok.	βασιλεῦ	Ζεῦ			Σαπφοῖ
Plur.	Nom.	βασιλῆς (-εῖς)		νῆες	βόες	
	Gen.	βασιλέων		νεῶν	βοῶν	
	Dat.	βασιλεῦσι(ν)		ναυσί(ν)	βουσί(ν)	
	Akk.	βασιλέας (-εῖς)		ναῦς	βοῦς	

Sing.	Nom.	γυνή	θυγάτηρ	ἀνήρ
	Gen.	γυναικός	θυγατρός	ἀνδρός
	Dat.	γυναικί	θυγατρί	ἀνδρί
	Akk.	γυναῖκα	θυγατέρα	ἄνδρα
	Vok.	γύναι	θύγατερ	ἄνερ
Dual	Nom., Akk.	γυναῖκε	θυγατέρε	ἄνδρε
	Gen., Dat.	γυναικοῖν	θυγατέροιν	ἀνδροῖν

Plur.	Nom.	γυναῖκες	θυγατέρες	ἄνδρες
	Gen.	γυναικῶν	θυγατέρων	ἀνδρῶν
	Dat.	γυναιξί(ν)	θυγατράσι(ν)	ἀνδράσι(ν)
	Akk.	γυναῖκας	θυγατέρας	ἄνδρας

Adjektiva

Sing.	ἀγαθός	ἀγαθή	ἰδία	ἀγαθόν
	ἀγαθοῦ	ἀγαθῆς	ἰδίας	ἀγαθοῦ
	ἀγαθῷ	ἀγαθῇ	ἰδίᾳ	ἀγαθῷ
	ἀγαθόν	ἀγαθήν	ἰδίαν	ἀγαθόν
	ἀγαθέ	ἀγαθή	ἰδία	ἀγαθόν
Dual	ἀγαθώ	ἀγαθά	ἰδία	ἀγαθώ
	ἀγαθοῖν	ἀγαθαῖν	ἰδίαιν	ἀγαθοῖν
Plur.	ἀγαθοί	ἀγαθαί	ἴδιαι	ἀγαθά
	ἀγαθῶν	ἀγαθῶν	ἰδίων	ἀγαθῶν
	ἀγαθοῖς	ἀγαθαῖς	ἰδίαις	ἀγαθοῖς
	ἀγαθούς	ἀγαθάς	ἰδίας	ἀγαθά

Sing.	ἁπλοῦς	-ῆ	-οῦν	εὔνους	εὔνουν
	ἁπλοῦ	-ῆς	-οῦ	εὔνου	εὔνου
	ἁπλῷ	-ῇ	-ῷ	εὔνῳ	εὔνῳ
	ἁπλοῦν	-ῆν	-οῦν	εὔνουν	εὔνουν
Dual	ἁπλῶ	-ᾶ	-ῶ	εὔνω	εὔνω
	ἁπλοῖν	-αῖν	-οῖν	εὔνοιν	εὔνοιν
Plur.	ἁπλοῖ	-αῖ	-ᾶ	εὖνοι	εὔνοα
	ἁπλῶν	-ῶν	-ῶν	εὔνων	εὔνων
	ἁπλοῖς	-αῖς	-οῖς	εὔνοις	εὔνοις
	ἁπλοῦς	-ᾶς	-ᾶ	εὔνους	εὔνοα

Sing.	σώφρων	σῶφρον	βελτίων		βέλτιον
	σώφρονος		βελτίονος		
	σώφρονι		βελτίονι		
	σώφρονα	σῶφρον	βελτίονα	(βελτίω)	βέλτιον

Dual	σώφρονε		βελτίονε	
	σωφρόνοιν		βελτιόνοιν	
Plur.	σώφρονες	σώφρονα	βελτίονες (βελτίους)	βελτίονα (βελτίω)
	σωφρόνων		βελτιόνων	
	σώφροσι(ν)		βελτίοσι(ν)	
	σώφρονας	σώφρονα	βελτίονας (βελτίους)	βελτίονα (βελτίω)

Sing.	χαρίεις	χαρίε**σσ**α	χαρίεν	Partizipia	ϑείς	ϑεῖσα	ϑέν
	χαρίεντος	χαριέσσης	χαρίεντος		ϑέντος	ϑείσης	ϑέντος
	χαρίεντι	χαριέσσῃ	χαρίεντι		ϑέντι	ϑείσῃ	ϑέντι
	χαρίεντα	χαρίεσσαν	χαρίεν		ϑέντα	ϑεῖσαν	ϑέν
Plur.	χαρίεντες	χαρίεσσαι	χαρίεντα		ϑέντες	ϑεῖσαι	ϑέντα
	χαριέντων	χαριεσσῶν	χαριέντων		ϑέντων	ϑεισῶν	ϑέντων
	χαρίε**σ**ι(ν)	χαριέσσαις	χαρίεσι(ν)		ϑεῖσι(ν)	ϑείσαις	ϑεῖσι(ν)
	χαρίεντας	χαριέσσας	χαρίεντα		ϑέντας	ϑείσας	ϑέντα
Sing.	πᾶς	πᾶσα	πᾶν		πεπαυκώς	-κυῖα	-κός
	παντός	πάσης	παντός		πεπαυκότος	-κυίας	-κότος
	παντί	πάσῃ	παντί		πεπαυκότι	-κυίᾳ	-κότι
	πάντα	πᾶσαν	πᾶν		πεπαυκότα	-πυῖαν	-κός
Plur.	πάντες	πᾶσαι	πάντα		πεπαυκότες	-κυῖαι	-κότα
	πάντων	πασῶν	πάντων		πεπαυκότων	-κυιῶν	-κότων
	πᾶσι(ν)	πάσαις	πᾶσι(ν)		πεπαυκόσι(ν)	-κυίαις	-κόσι(ν)
	πάντας	πάσας	πάντα		πεπαυκότας	-κυίας	-κότα

Partizipia

Sing.	παύων	παύουσα	παῦον	δούς	δοῦσα	δόν
	παύοντος	παυούσης	παύοντος	δόντος	δούσης	δόντος
	παύοντι	παυούσῃ	παύοντι	δόντι	δούσῃ	δόντι
	παύοντα	παύουσαν	παῦον	δόντα	δοῦσαν	δόν
Plur.	παύοντες	παύουσαι	παύοντα	δόντες	δοῦσαι	δόντα
	παυόντων	παυουσῶν	παυόντων	δόντων	δουσῶν	δόντων
	παύουσι(ν)	παυούσαις	παύουσι(ν)	δοῦσι(ν)	δούσαις	δοῦσι(ν)
	παύοντας	παυούσας	παύοντα	δόντας	δούσας	δόντα

Sing.	εὐγενής		εὐγενές	(Διογένης	Περικλῆς
		εὐγενοῦς		Διογένους	Περικλέους
		εὐγενεῖ		Διογένει	Περικλεῖ
	εὐγενῆ		εὐγενές	Διογένη(ν)	Περικλέα
		ὦ εὐγενές		ὦ Διόγενες	ὦ Περίκλεις)
Plur.	εὐγενεῖς		εὐγενῆ		
		εὐγενῶν			
		εὐγενέσι(ν)			
	εὐγενεῖς		εὐγενῆ		

Sing.	γλυκύς	-κεῖα	-κύ	Plur.	γλυκεῖς	-κεῖαι	-κέα
	γλυκέος	-κείας	-κέος		γλυκέων	-κειῶν	-κέων
	γλυκεῖ	-κείᾳ	-κεῖ		γλυκέσι(ν)	-κείαις	-κέσι(ν)
	γλυκύν	-κεῖαν	-κύ		γλυκεῖς	-κείας	-κέα

Sing.	μέγας	μεγάλη	μέγα	πολύς	πολλή	πολύ
	μεγάλου	μεγάλης	μεγύλου	πολλοῦ	πολλῆς	πολλοῦ
	μεγάλῳ	μεγάλῃ	μεγάλῳ	πολλῷ	πολλῇ	πολλῷ
	μέγαν	μεγάλην	μέγα	πολύν	πολλήν	πολύ
Plur.	μεγάλοι	μεγάλαι	μεγάλα	πολλοί	πολλαί	πολλά
	μεγάλων	μεγάλων	μεγάλων	πολλῶν	πολλῶν	πολλῶν
	μεγάλοις	μεγάλαις	μεγάλοις	πολλοῖς	πολλαῖς	πολλοῖς
	μεγάλους	μεγάλας	μεγάλα	πολλούς	πολλάς	πολλά

Steigerung des Adjektivs: S. 98f.
Adverbia von Adjektiven: S. 87 und 99f.

Pronomina

Sing.	ἐγώ	σύ	
	ἐμοῦ (μοῦ)	σοῦ (σοῦ)	[οὗ]
	ἐμοί (μοί)	σοί (σοί)	οἷ
	ἐμέ (μέ)	σέ (σέ)	[ἕ]
Dual	νώ (vgl. nos)	σφώ	
	νῷν	σφῷν	

Plur.	ἡμεῖς	ὑμεῖς	σφεῖς
	ἡμῶν	ὑμῶν	σφῶν
	ἡμῖν	ὑμῖν	σφίσι(ν)
	ἡμᾶς	ὑμᾶς	σφᾶς

ἐμός	ἐμή	ἐμόν	ἡμέτερος	-ᾱ	-ον
σός	σή	σόν	ὑμέτερος	-ᾱ	-ον

αὐτός	αὐτή	αὐτό
ὁ αὐτός (αὑτός)	ἡ αὐτή (αὑτή)	τὸ αὐτό (ταὐτό⟨ν⟩)

Sing.	ἐμαυτοῦ -ῆς	σ(ε)αυτοῦ -ῆς	ἑαυτοῦ -ῆς (αὑτοῦ -ῆς)
	ἐμαυτῷ -ῇ	σ(ε)αυτῷ -ῇ	ἑαυτῷ -ῇ (αὑτῷ -ῇ)
	ἐμαυτόν -ήν	σ(ε)αυτόν -ήν	ἑαυτόν -ήν (αὑτόν -ήν)
Plur.	ἡμῶν αὐτῶν	ὑμῶν αὐτῶν	σφῶν αὐτῶν (ἑαυτῶν, αὑτῶν)
	ἡμῖν αὐτοῖς -αῖς	ὑμῖν αὐτοῖς -αῖς	σφίσιν αὐτοῖς (ἑαυτοῖς, αὑτοῖς)
	ἡμᾶς αὐτούς -άς	ὑμᾶς αὐτούς -άς	σφᾶς αὐτούς (ἑαυτούς, αὑτούς)

ὅδε	ἥδε	τόδε	ἐκεῖνος	ἐκείνη	ἐκεῖνο usw.
τοῦδε	τῆσδε	τοῦδε usw.			

Sing.	οὗτος	αὕτη	τοῦτο
	τούτου	ταύτης	τούτου
	τούτῳ	ταύτῃ	τούτῳ
	τοῦτον	ταύτην	τοῦτο
Plur.	οὗτοι	αὗται	**ταῦτα**
	τούτων	**τούτων**	τούτων
	τούτοις	ταύταις	τούτοις
	τούτους	ταύτας	**ταῦτα**

τοσοῦτος	τοσαύτη	τοσοῦτο(ν)	τοιοῦτος	τοιαύτη	τοιοῦτο(ν)

Sing.	ὅς	ἥ	ὅ	ὅσος	ὅση	ὅσον	οἷος	οἵα	οἷον
Plur.	οἵ	αἵ	ἅ	πόσος	πόση	πόσον	ποῖος	ποία	ποῖον
				ὁπόσος	-η	-ον	ὁποῖος	-α	-ον

Sing.	τίς	τί	τ(ί)ς	τ(ί)	ὅστις	ἥτις	ὅ τι
	τίνος (τοῦ)		τιν(ό)ς (τ(οῦ))		οὗτινος (ὅτου)	ἧστινος	οὗτινος (ὅτου)
	τίνι (τῷ)		τιν(ί) (τ(ῷ))		ᾧτινι (ὅτῳ)	ᾗτινι	ᾧτινι (ὅτῳ)
	τίνα	τί	τιν(ά)	τ(ί)	ὅντινα	ἥντινα	ὅ τι

Plur.	τίνες	τίνα	τινές	τινά (ἅττα)	οἵτινες	αἵτινες	ἅτινα (öfter ἅττα)
	τίνων		τινῶν		ὧντινων	ὧντινων	ὧντινων
	τίσι(ν)		τισί(ν)		οἷστισι(ν) (ὅτοις)	αἷστισι(ν)	οἷστισι(ν)
	τίνας	τίνα	τινάς	τινά (ἅττα)	οὕστινας	ἅστινας	ἅτινα (öfter ἅττα)

ἄλλος ἄλλη ἄλλο ἀλλήλων -οις (-αις) -ους (-ας -α)

οὐδείς οὐδεμία οὐδέν, οὐδενός οὐδεμιᾶς οὐδενός usw. und ebenso μηδείς wie εἷς.

Zahlwörter

εἷς	μία	ἕν	δύο	τρεῖς	τρία	τέτταρες	τέτταρα
ἑνός	μιᾶς	ἑνός	δυοῖν	τριῶν		τεττάρων	
ἑνί	μιᾷ	ἑνί	δυοῖν	τρισί(ν)		τέτταρσι(ν)	
ἕνα	μίαν	ἕν	δύο	τρεῖς	τρία	τέτταρας	τέτταρα

1	εἷς	πρῶτος	ἅπαξ
2	δύο	δεύτερος	δίς
3	τρεῖς	τρίτος	τρίς
4	τέτταρες	τέταρτος	τετράκις
5	πέντε	πέμπτος	πεντάκις
6	ἕξ	ἕκτος	ἑξάκις
7	ἑπτά	ἕβδομος	ἑπτάκις
8	ὀκτώ	ὄγδοος	ὀκτάκις
9	ἐννέα	ἔνατος	ἐνάκις
10	δέκα	δέκατος	δεκάκις
11	ἕνδεκα	ἑνδέκατος	ἑνδεκάκις
12	δώδεκα	δωδέκατος	δωδεκάκις
13	τρεῖς καὶ δέκα	τρίτος καὶ δέκατος	τρὶς καὶ δεκάκις
14	τέτταρες καὶ δέκα	τέταρτος καὶ δέκατος	τετράκις καὶ δεκάκις
15	πέντε καὶ δέκα	πέμπτος καὶ δέκατος	πεντάκις καὶ δεκάκις
16	ἑκκαίδεκα	ἑκκαιδέκατος	ἑκκαιδεκάκις
17	ἑπτὰ καὶ δέκα	ἕβδομος καὶ δέκατος	ἑπτάκις καὶ δεκάκις
18	ὀκτὼ καὶ δέκα	ὄγδοος καὶ δέκατος	ὀκτάκις καὶ δεκάκις

19	ἐννέα καὶ δέκα	ἔνατος καὶ δέκατος	ἐνάκις καὶ δεκάκις
20	εἴκοσι(ν)	εἰκοστός	εἰκοσάκις
30	τριάκοντα	τριακοστός	τριακοντάκις
40	τετταράκοντα	τετταρακοστός	τετταρακοντάκις
50	πεντήκοντα	πεντηκοστός	πεντηκοντάκις
60	ἑξήκοντα	ἑξηκοστός	ἑξηκοντάκις
70	**ἑβδομ**ήκοντα	ἑβδομηκοστός	ἑβδομηκοντάκις
80	**ὀγδο**ήκοντα	ὀγδοηκοστός	ὀγδοηκοντάκις
90	ἐνενήκοντα	ἐνενηκοστός	ἐνενηκοντάκις
100	ἑκατόν	ἑκατοστός	ἑκατοντάκις
200	διακόσιοι, -αι, -α	διακοσιοστός	διακοσιάκις
300	τριακόσιοι, -αι, -α	τριακοσιοστός	τριακοσιάκις
400	τετρακόσιοι, -αι, -α	τετρακοσιοστός	τετρακοσιάκις
500	πεντακόσιοι, -αι, -α	πεντακοσιοστός	πεντακοσιάκις
600	ἑξακόσιοι, -αι, -α	ἑξακοσιοστός	ἑξακοσιάκις
700	ἑπτακόσιοι, -αι, -α	ἑπτακοσιοστός	ἑπτακοσιάκις
800	ὀκτακόσιοι, -αι, -α	ὀκτακοσιοστός	ὀκτακοσιάκις
900	ἐνακόσιοι, -αι, -α	ἐνακοσιοστός	ἐνακοσιάκις
1.000	χίλιοι, -αι, -α	χιλιοστός	χιλιάκις
2.000	δισχίλιοι, -αι, -α	δισχιλιοστός	δισχιλιάκις
3.000	τρισχίλιοι, -αι, -α	τρισχιλιοστός	τρισχιλιάκις
10.000	μύριοι, -αι, -α	μυριοστός	μυριάκις
20.000	δισμύριοι, -αι, -α	δισμυριοστός	δισμυριάκις

Verba

PRÄSENS

	Aktiv	Medium und Passiv
Indikativ		
Sing.	παύω	παύομαι
	παύεις	παύῃ (παύει)
	παύει	παύεται

	Aktiv	Medium und Passiv
Dual	παύετον	παύεσθον
	παύετον	παύεσθον
Plur.	παύομεν	παυόμεθα
	παύετε	παύεσθε
	παύουσι(ν)	παύονται

Konjunktiv

Sing.	παύω	παύωμαι
	παύῃς	παύῃ
	παύῃ	παύηται
Dual	παύητον	παύησθον
	παύητον	παύησθον
Plur.	παύωμεν	παυώμεθα
	παύητε	παύησθε
	παύωσι(ν)	παύωνται

Optativ

Sing.	παύοιμι	παυοίμην
	παύοις	παύοιο
	παύοι	παύοιτο
Dual	παύοιτον	παύοισθον
	παυοίτην	παυοίσθην
Plur.	παύοιμεν	παυοίμεθα
	παύοιτε	παύοισθε
	παύοιεν	παύοιντο

Imperativ

Sing.	παῦε	παύου
	παυέτω	παυέσθω
Dual	παύετον	παύεσθον
	παυέτων	παυέσθων
Plur.	παύετε	παύεσθε
	παυόντων (παυέτωσαν)	παυέσθων (παυέσθωσαν)

	Aktiv	Medium und Passiv
Partizipia		
	παύων, παύουσα, παῦον Gen. παύοντος, παυούσης, παύοντος	παυόμενος, παυομένη, παυόμενον
Infinitive		
	παύειν	παύεσθαι

IMPERFEKT

Sing.	ἔπαυον	ἐπαυόμην
	ἔπαυες	ἐπαύου
	ἔπαυε(ν)	ἐπαύετο
Dual	ἐπαύετον	ἐπαύεσθον
	ἐπαυέτην	ἐπαυέσθην
Plur.	ἐπαύομεν	ἐπαυόμεθα
	ἐπαύετε	ἐπαύεσθε
	ἔπαυον	ἐπαύοντο

FUTUR

	Aktiv	Medium	Passiv
Sing.	παύσω	παύσομαι	παυθήσομαι
	παύσεις	παύσῃ (παύσει)	παυθήσῃ (παυθήσει)
	παύσει	παύσεται	παυθήσεται
Dual	παύσετον	παύσεσθον	παυθήσεσθον
	παύσετον	παύσεσθον	παυθήσεσθον
Plur.	παύσομεν	παυσόμεθα	παυθησόμεθα
	παύσετε	παύσεσθε	παυθήσεσθε
	παύσουσι(ν)	παύσονται	παυθήσονται

Konjunktiv fehlt

	Aktiv	Medium	Passiv
Optativ			
Sing.	παύσοιμι	παυσοίμην	παυθησοίμην
	παύσοις	παύσοιο	παυθήσοιο
	παύσοι	παύσοιτο	παυθήσοιτο
Dual	παύσοιτον	παύσοισθον	παυθήσοισθον
	παυσοίτην	παυσοίσθην	παυθησοίσθην
Plur.	παύσοιμεν	παυσοίμεθα	παυθησοίμεθα
	παύσοιτε	παύσοισθε	παυθήσοισθε
	παύσοιεν	παύσοιντο	παυθήσοιντο

Imperativ fehlt

Partizipia

παύσων, -σουσα, παῦσον Gen. παύσοντος, παυσούσης, παύσοντος	παυσόμενος	παυθησόμενος

Infinitive

παύσειν	παύσεσθαι	παυθήσεσθαι

AORIST

Indikativ

Sing.	ἔπαυσα	ἐπαυσάμην	ἐπαύθην
	ἔπαυσας	ἐπαύσω	ἐπαύθης
	ἔπαυσε(ν)	ἐπαύσατο	ἐπαύθη
Dual	ἐπαύσατον	ἐπαύσασθον	ἐπαύθητον
	ἐπαυσάτην	ἐπαυσάσθην	ἐπαυθήτην
Plur.	ἐπαύσαμεν	ἐπαυσάμεθα	ἐπαύθημεν
	ἐπαύσατε	ἐπαύσασθε	ἐπαύθητε
	ἔπαυσαν	ἐπαύσαντο	ἐπαύθησαν

	Aktiv	Medium	Passiv
Konjunktiv			
Sing.	παύσω	παύσωμαι	παυθῶ
	παύσῃς	παύσῃ	παυθῇς
	παύσῃ	παύσηται	παυθῇ
Dual	παύσητον	παύσησθον	παυθῆτον
	παύσητον	παύσησθον	παυθῆτον
Plur.	παύσωμεν	παυσώμεθα	παυθῶμεν
	παύσητε	παύσησθε	παυθῆτε
	παύσωσι(ν)	παύσωνται	παυθῶσι(ν)
Optativ			
Sing.	παύσαιμι	παυσαίμην	παυθείην
	παύσαις, παύσειας	παύσαιο	παυθείης
	παύσαι, παύσειε(ν) (ἀναπαύσαι)	παύσαιτο	παυθείη
Dual	παύσαιτον	παύσαισθον	παυθεῖτον
	παυσαίτην	παυσαίσθην	παυθείτην
Plur.	παύσαιμεν	παυσαίμεθα	παυθεῖμεν (παυθείημεν)
	παύσαιτε	παύσαισθε	παυθεῖτε (παυθείητε)
	παύσαιεν, παύσειαν	παύσαιντο	παυθεῖεν (παυθείησαν)
Imperativ			
Sing.	παῦσον (ἀνάπαυσον)	παῦσαι (ἀνάπαυσαι)	παύθητι
	παυσάτω	παυσάσθω	παυθήτω
Dual	παύσατον	παύσασθον	παύθητον
	παυσάτων	παυσάσθων	παυθήτων
Plur.	παύσατε	παύσασθε	παύθητε
	παυσάντων (παυσάτωσαν)	παυσάσθων (παυσάσθωσαν)	παυθέντων (παυθήτωσαν)

	Aktiv	Medium	Passiv
Partizipia			
	παύσας, παύσασα, παῦσαν Gen. παύσαντος, παυσάσης, παύσαντος	παυσάμενος	παυθείς, -θεῖσα, -θέν παυθέντος, παυθείσης, παυθέντος
Infinitive			
	παῦσαι (ἀναπαῦσαι)	παύσασθαι	παυθῆναι

PERFEKT

		Aktiv	Medium und Passiv
Indikativ			
	Sing.	πέπαυκα	πέπαυμαι
		πέπαυκας	πέπαυσαι
		πέπαυκε(ν)	πέπαυται
	Dual	πεπαύκατον	πέπαυσθον
		πεπαύκατον	πέπαυσθον
	Plur.	πεπαύκαμεν	πεπαύμεθα
		πεπαύκατε	πέπαυσθε
		πεπαύκασι(ν)	πέπαυνται
Imperativ			
			πέπαυσο
			πεπαύσθω
			πέπαυσθε
			πεπαύσθων
Partizipia			
		πεπαυκώς, -κυῖα, -κός Gen. πεπαυκότος, -κυίας, -κότος	πεπαυμένος

	Aktiv	Medium und Passiv
Infinitive		
	πεπαυκέναι	πεπαῦσθαι

PLUSQUAMPERFEKT

Sing.	ἐπεπαύκη (-κειν)	ἐπεπαύμην
	ἐπεπαύκης (-κεις)	ἐπέπαυσο
	ἐπεπαύκει	ἐπέπαυτο
Dual	ἐπεπαύκετον	ἐπέπαυσθον
	ἐπεπαυκέτην	ἐπεπαύσθην
Plur.	ἐπεπαύκεμεν	ἐπεπαύμεθα
	ἐπεπαύκετε	ἐπέπαυσθε
	ἐπεπαύκεσαν	ἐπέπαυντο

VERBALADJEKTIVA

παιδευτός, -ή, -όν　　παιδευτέος, -έα, -έον

Verba contracta

τιμάω　　ποιέω　　δουλόω

PRÄSENS

	Aktiv			Medium und Passiv		
Indikativ						
Sing.	τιμῶ	ποιῶ	δουλῶ	τιμῶμαι	ποιοῦμαι	δουλοῦμαι
	τιμᾷς	ποιεῖς	δουλοῖς	τιμᾷ	ποιῇ (ποιεῖ)	δουλοῖ
	τιμᾷ	ποιεῖ	δουλοῖ	τιμᾶται	ποιεῖται	δουλοῦται

	Aktiv			Medium und Passiv		
Dual	τιμᾶτον	ποιεῖτον	δουλοῦτον	τιμᾶσθον	ποιεῖσθον	δουλοῦσθον
	τιμᾶτον	ποιεῖτον	δουλοῦτον	τιμᾶσθον	ποιεῖσθον	δουλοῦσθον
Plur.	τιμῶμεν	ποιοῦμεν	δουλοῦμεν	τιμώμεθα	ποιούμεθα	δουλούμεθα
	τιμᾶτε	ποιεῖτε	δουλοῦτε	τιμᾶσθε	ποιεῖσθε	δουλοῦσθε
	τιμῶσι(ν)	ποιοῦσι(ν)	δουλοῦσι(ν)	τιμῶνται	ποιοῦνται	δουλοῦνται

Konjunktiv

Sing.	τιμῶ	ποιῶ	δουλῶ	τιμῶμαι	ποιῶμαι	δουλῶμαι
	τιμᾷς	ποιῇς	δουλοῖς	τιμᾷ	ποιῇ	δουλοῖ
	τιμᾷ	ποιῇ	δουλοῖ	τιμᾶται	ποιῆται	δουλῶται
Dual	τιμᾶτον	ποιῆτον	δουλῶτον	τιμᾶσθον	ποιῆσθον	δουλῶσθον
	τιμᾶτον	ποιῆτον	δουλῶτον	τιμάσθον	ποιῆσθον	δουλῶσθον
Plur.	τιμῶμεν	ποιῶμεν	δουλῶμεν	τιμώμεθα	ποιώμεθα	δουλώμεθα
	τιμᾶτε	ποιῆτε	δουλῶτε	τιμᾶσθε	ποιῆσθε	δουλῶσθε
	τιμῶσι(ν)	ποιῶσι(ν)	δουλῶσι(ν)	τιμῶνται	ποιῶνται	δουλῶνται

Optativ

Sing.	τιμῴην	ποιοίην	δουλοίην	τιμῴμην	ποιοίμην	δουλοίμην
	τιμῴης	ποιοίης	δουλοίης	τιμῷο	ποιοῖο	δουλοῖο
	τιμῴη	ποιοίη	δουλοίη	τιμῷτο	ποιοῖτο	δουλοῖτο
Dual	τιμῷτον	ποιοῖτον	δουλοῖτον	τιμῷσθον	ποιοῖσθον	δουλοῖσθον
	τιμῴτην	ποιοίτην	δουλοίτην	τιμῴσθην	ποιοίσθην	δουλοίσθην
Plur.	τιμῷμεν	ποιοῖμεν	δουλοῖμεν	τιμῴμεθα	ποιοίμεθα	δουλοίμεθα
	τιμῷτε	ποιοῖτε	δουλοῖτε	τιμῷσθε	ποιοῖσθε	δουλοῖσθε
	τιμῷεν	ποιοῖεν	δουλοῖεν	τιμῷντο	ποιοῖντο	δουλοῖντο

Imperativ

Sing.	τίμα	ποίει	δούλου	τιμῶ	ποιοῦ	δουλοῦ
	τιμάτω	ποιείτω	δουλούτω	τιμάσθω	ποιείσθω	δουλούσθω

	Aktiv			Medium und Passiv		
Dual	τιμᾶτον	ποιεῖτον	δουλοῦτον	τιμᾶσθον	ποιεῖσθον	δουλοῦσθον
	τιμάτων	ποιείτων	δουλούτων	τιμάσθων	ποιείσθων	δουλούσθων
Plur.	τιμᾶτε	ποιεῖτε	δουλοῦτε	τιμᾶσθε	ποιεῖσθε	δουλοῦσθε
	τιμώντων	ποιούντων	δουλούντων	τιμάσθων	ποιείσθων	δουλούσθων

Partizipia

τιμῶν, -ῶσα, -ῶν, -ῶντος, -ώσης, -ῶντος τιμώμενος
ποιῶν, -οῦσα, -οῦν, -οῦντος, -ούσης, -οῦντος ποιούμενος
δουλῶν, -οῦσα, -οῦν, -οῦντος, -ούσης, -οῦντος δουλούμενος

Infinitive

τιμᾶν	ποιεῖν	δουλοῦν	τιμᾶσθαι	ποιεῖσθαι	δουλοῦσθαι

IMPERFEKT

Sing.	ἐτίμων	ἐποίουν	ἐδούλουν	ἐτιμώμην	ἐποιούμην	ἐδουλούμην
	ἐτίμας	ἐποίεις	ἐδούλους	ἐτιμῶ	ἐποιοῦ	ἐδουλοῦ
	ἐτίμα	ἐποίει	ἐδούλου	ἐτιμᾶτο	ἐποιεῖτο	ἐδουλοῦτο
Dual	ἐτιμᾶτον	ἐποιεῖτον	ἐδουλοῦτον	ἐτιμᾶσθον	ἐποιεῖσθον	ἐδουλοῦσθον
	ἐτιμάτην	ἐποιείτην	ἐδουλούτην	ἐτιμάσθην	ἐποιείσθην	ἐδουλούσθην
Plur.	ἐτιμῶμεν	ἐποιοῦμεν	ἐδουλοῦμεν	ἐτιμώμεθα	ἐποιούμεθα	ἐδουλούμεθα
	ἐτιμᾶτε	ἐποιεῖτε	ἐδουλοῦτε	ἐτιμᾶσθε	ἐποιεῖσθε	ἐδουλοῦσθε
	ἐτίμων	ἐποίουν	ἐδούλουν	ἐτιμῶντο	ἐποιοῦντο	ἐδουλοῦντο

ζῆν, διψῆν, πεινῆν, χρῆσθαι; πλεῖν: s. S. 92.
Die übrigen Zeitformen der verba contracta: s. S. 73 und 131.

Zeitformenbildung von Stämmen, die auf einen Konsonanten ausgehen, und zwar:

	κ γ χ	π β φ	τ δ ϑ	λ μ ν ρ	
	(ταγ-, τάττω)	(κρυφ-, κρύπτω)	(ϑαυματ-, ϑαυμάζω)	(στελ-, στέλλω)	(φαν-, φαίνω)
Futur	τάξω	κρύψω	ϑαυμάσομαι	στελῶ	φανῶ
akt. Aorist	ἔταξα	ἔκρυψα	ἐϑαύμασα	ἔστειλα	ἔφηνα
pass. Aorist	ἐτάχϑην	ἐκρύφϑην	ἐϑαυμάσϑην	ἐστάλην	ἐφάν(ϑ)ην
akt. Perf.	τέταχα	κέκρυφα	τεϑαύμακα	ἔσταλκα	πέφαγκα πέφηνα
med. Perfekt	τέταγμαι	κέκρυμμαι	τεϑαύμασμαι	ἔσταλμαι	πέφασμαι

Abwandlung des medialen Perfekts konsonantisch auslautender Stämme

Sing.	τέταγμαι	κέκρυμμαι	τεϑαύμασμαι	ἔσταλμαι	πέφασμαι
	τέταξαι	κέκρυψαι	τεϑαύμασαι	ἔσταλσαι	
	τέτακται	κέκρυπται	τεϑαύμασται	ἔσταλται	πέφανται
Plur.	τετάγμεϑα	κεκρύμμεϑα	τεϑαυμάσμεϑα	ἐστάλμεϑα	πεφάσμεϑα
	τέταχϑε	κέκρυφϑε	τεϑαύμασϑε	ἔσταλϑε	πέφανϑε
	τεταγμένοι εἰσί(ν) (τετάχαται)	κεκρυμμένοι εἰσί(ν)	τεϑαυμασμένοι εἰσί(ν)	ἐσταλμένοι εἰσί(ν)	πεφασμένοι εἰσί(ν)
Infin.	τετάχϑαι	κεκρύφϑαι	τεϑαυμάσϑαι	ἐστάλϑαι	πεφάνϑαι

Verba auf μι

δείκνυμι s. S. 124f.	ἵημι s. S. 116ff.
δίδωμι s. S. 114ff.	ἵστημι s. S. 118ff.
εἰμί s. S. 123	τίϑημι s. S. 116ff.
εἶμι s. S. 122f.	φημί s. S. 121

δύναμαι (ebenso ἐπίσταμαι, ἄγαμαι, κρέμασϑαι, ἐπριάμην): s. S. 121f.

Indikativ

Sing.	δύναμαι	δύνασαι	δύναται
Plur.	δυνάμεθα	δύνασθε	δύνανται

Konjunktiv

Sing.	δύνωμαι	δύνῃ	δύνηται
Plur.	δυνώμεθα	δύνησθε	δύνωνται

Optativ

Sing.	δυναίμην	δύναιο	δύναιτο
Plur.	δυναίμεθα	δύναισθε	δύναιντο

Imperfekt

Sing.	ἐδυνάμην	ἐδύνω	ἐδύνατο
	ἐδυνάμεθα	ἐδύνασθε	ἐδύναντο

Imperativ ἐπίστω, ἐπιστάσθω, ἐπίστασθε, ἐπιστάσθων.

κάθημαι s. S. 122 κεῖμαι s. S. 118
τεθνάναι s. S. 122 δεδιέναι s. S. 122

Alphabetisches Verzeichnis wichtiger Verba

Präsens	Bedeutung	Futur	Aorist	Perfekt
ἄγαμαι	bewundern	ἀγάσομαι	ἠγάσθην D. P.	—
ἀγγέλω	melden	ἀγγελῶ	ἤγγειλα	ἤγγελκα
			ἠγγέλθην	ἤγγελμαι
κατ-ᾱγνῡμι	zerbrechen tr.	κατ-ᾱξω	κατ-έᾱξα	—
	P. zerbrechen intr.		κατ-εᾱγην	κατ-έᾱγα bin zerbrochen
ἄγω	treiben	ἄξω	ἤγαγον	ἦχα
			ἤχθην	ἦγμαι
αἰδοῦμαι (τινά)	sich scheuen	αἰδέσομαι	ᾐδέσθην D. P.	ᾔδεσμαι
ἐπ } -αινῶ	loben (τινα)	ἐπ-(παρ)αινέσω	-ῄνεσα	-ῄνεκα
παρ }	zureden (τινι)	ἐπαινέσομαι	-ῃνέθην	-ῄνημαι
αἱρῶ	nehmen, fangen	αἱρήσω	εἷλον (ἑλεῖν)	ᾕρηκα
(τινα κλοπῆς)	überführen			
	M.: sich nehmen, wählen	αἱρήσομαι	εἱλόμην	ᾑρημαι
	P.: gewählt werden	αἱρεθήσομαι	ᾑρέθην	ᾕρημαι
αἴρω	emporheben	ἀρῶ	ἦρα (ἆραι)	ἦρκα
		ἀρθήσομαι	ἤρθην	ἦρμαι
αἰσθάνομαι (τινός τι)	merken (an jem. etwas)	αἰσθήσομαι	ᾐσθόμην	ᾔσθημαι
αἰσχύνομαι (τινά)	sich schämen (vor jem.)	αἰσχυνοῦμαι	ᾐσχύνθην D. P.	ᾔσχυμμαι
αἰσχύνομαι ποιεῖν	sich schämen zu tun			
αἰσχύνομαι ποιῶν	mit Scham tun			
ἀκούω	etwas hören	ἀκούσομαι	ἤκουσα	ἀκήκοα Plqupf. ἠκηκόη
(τινός od. τι)		ἀκουσθήσομαι	ἠκούσθην	ἤκουσμαι
(παρά) τινός τι	von jem. etwas hören			
ἁλίσκομαι	gefangen werden	ἁλώσομαι	ἑάλων	ἑάλωκα
(μετ)αλλάττω	wechseln	ἀλλάξω	ἤλλαζα	ἤλλαχα
ἀπαλλάττω	befreien	ἀλλαγήσομαι	ἠλλάγην (ἠλλάχθην)	ἤλλαγμαι
ἁμαρτάνω	sündigen	ἁμαρτήσομαι	ἥμαρτον	ἡμάρτηκα
(σκοποῦ)	(d. Ziel) verfehlen		ἡμαρτήθην	ἡμάρτημαι
ἀμφιέννυμι	bekleiden	ἀμφιῶ	ἠμφίεσα	ἠμφίεσ

Präsens	Bedeutung	Futur	Aorist	Perfekt
ἀναλίσκω	verwenden	ἀναλώσω	ἀνήλωσα	ἀνήλωκα
	verbrauchen	ἀναλωθήσομαι	ἀνηλώθην	ἀνήλωμαι
ἀνύω (ἀνύτω)	vollenden	ἀνύσω	ἤνυσα	ἤνυκα
ἀνύω (ἀνύτω)		ἀνυσθήσομαι	ἠνύσθην	ἤνυσμαι
ἀπεχθάνομαι	verhaßt werden	ἀπεχθήσομαι	ἀπηχθόμην	ἀπήχθημαι
ἀρέσκω (τινί)	gefallen	ἀρέσω	ἤρεσα	ἀρεστός beliebt
M. (τινά)	versöhnen			
ἁρμόττω	zusammenfügen	ἁρμόσω	ἥρμοσα	(ἥρμοκα)
	anpassen	ἁρμοσθήσομαι	ἡρμόσθην	ἥρμοσμαι
ἄρχω (τινός)	anfangen, herrschen	ἄρξω	ἦρξα	(ἦρχα)
M.	anfangen	ἄρξομαι	ἠρξάμητ	ἦργμαι
P.	beherrscht w.	ἀρχθήσομαι	ἤρχθην	
αὔξω	vermehren,	αὐξήσω	ηὔξησα	ηὔξηκα
(αὐξάνω)	vergrößern	αὐξήσομαι	ηὐξήθην	ηὔξημαι
ἄχθομαι	sich ärgern	ἀχθεσθήσομαι	ἠχθέσθην D. P.	
(ἐπί) τινι	(über)	ἀχθέσομαι		
βαίνω	gehen	βήσομαι	ἔβην (βῆναι)	βέβηκα
βάλλω	werfen	βαλῶ	ἔβαλον	βέβληκα
		βληθήσομαι	ἐβλήθην	βέβλημαι
βιβάζω	gehen machen	βιβῶ	ἐβίβασα	
βιῶ (-οῦν)	leben	βιώσομαι	ἐβίων	βεβίωκα
βλάπτω (τινά)	schaden	βλάψω	ἔβλαψα	βέβλαφα
		βλαβήσομαι	ἐβλάβην	βέβλαμμαι
βούλομαι	wollen	βουλήσομαι	ἐβουλήθην D. P.	βεβούλημαι
γαμῶ (γυναῖκα)	heiraten	γαμῶ	ἔγημα	γεγάμηκα
γαμοῦμαι		γαμοῦμαι	ἐγημάμην	γεγάμημαι
M. ἀνδρί				
γελῶ (-ᾶν)	lachen	γελάσομαι	ἐγέλασα	—
καταγελῶ τινος	jem. verlachen	(γελασθήσομαι)	ἐγελάσθην	καταγέλαστος
γηράσκω	alt werden	γηράσομαι	ἐγήρασα	(γεγήρακα: bin alt)
γίγνομαι	werden	γενήσομαι	ἐγενόμην	γέγονα, γεγένημαι
γιγνώσκω	kennenlernen	γνώσομαι	ἔγνων (γνῶναι)	ἔγνωκα
			ἐγνώσθην	ἔγνωσμαι
γράφω	schreiben	γράψω	ἔγραψα	γέγραφα
M. (τινός)	anklagen (wegen)	γραφήσομαι	ἐγράφην	γέγραμμαι
δάκνω	beißen	δήξομαι	ἔδακον	—
			ἐδήχθην	δέδηγμαι
δέδοικα (δείδω)	fürchten	δείσομαι	ἔδεισα	δέδοικα = δέδια
δείκνυμι	zeigen	δείξω	ἔδειξα	δέδειχα
		δειχθήσομαι	ἐδείχθην	δέδειγμαι

Präsens	Bedeutung	Futur	Aorist	Perfekt
δέω (δῶ)	binden	δήσω	ἔδησα	δέδεκα
		δεθήσομαι	ἐδέθην	δέδεμαι
δέω	fehlen, er-	δεήσω	ἐδέησα	δεδέηκα
	mangeln			
δεῖ (unpersönl.)	es ist nötig,	δεήσει	ἐδέησε	δεδέηκε
	man muß			
δέομαι	bedürfen	δεήσομαι	ἐδεήθην	δεδέημαι
(τινός)	bitten			
δέρω	schinden	δερῶ	ἔδειρα	δέδαρκα
			ἐδάρην	(δέδαρμαι)
διαφθείρω	verderben	διαφθερῶ	διέφθειρα	διέφθαρκα
		διαφθαρήσομαι	διεφθάρην	διέφθαρμαι
διδάσκω	lehren	διδάξω	ἐδίδαξα	δεδίδαχα
		διδάξομαι	ἐδιδάχθην	δεδίδαγμαι
(ἀπο)-διδράσκω	entlaufen	-δρᾱ́σομαι	-έδρᾱν (-δρᾶναι)	-δέδρᾱκα
(τινά)				
δίδωμι	geben	δώσω	ἔδωκα (δοῦναι)	δέδωκα
M. ἀποδίδομαι	verkaufen	δοθήσομαι	ἐδόθην	δέδομαι
διώκω	verfolgen	διώξομαι (διώξω)	ἐδίωξα	(δεδίωχα)
(τινός)	verklagen	(διωχθήσομαι)	ἐδιώχθην	(δεδίωγμαι)
	wegen			
δοκῶ	scheinen,	δόξω	ἔδοξα	
	meinen			
unpers. δοκεῖ	scheint gut,	δόξει	ἔδοξε	δέδοκται
	wird beschlos-			
	sen			
(κατα) δύω	senken	δύσω	ἔδυσα	
(τινά τι)	einhüllen	δῠθήσομαι	ἐδῠθην	δέδῠμαι
M.	sinken, unter-	δῡ́σομαι	ἔδῡν	δέδῡκα
	gehen			
ἐῶ (ἐ῾ᾶν)	zulassen	ἐάσω	εἴασα	εἴακα
Impf. εἴων		ἐάσομαι	εἰάθην	εἴαμαι
ἐγείρω	erwecken	ἐγερῶ	ἤγειρα	(ἐγήγερκα)
		(ἐγερθήσομαι)	ἠγέρθην	(ἐγήγερμαι)
M.	erwachen	ἐγεροῦμαι	ἠγρόμην	ἐγρήγορα
(ἐ)θέλω	wollen, ge-	ἐθελήσω	ἠθέλησα	ἠθέληκα
	neigt sein			
ἐθίζω	gewöhnen	ἐθιῶ	εἴθισα	εἴθικα
(Impf. εἴθιζον)		(ἐθισθήσομαι)	εἰθίσθην	εἴθισμαι (εἴωθα)
εἰμί	sein	ἔσομαι, ἔσῃ(-ει)	ἐγενόμην	γεγένημαι
(vgl. γίγνομαι)		ἔσται		
ἐλαύνω	treiben (tr.)	ἐλῶ (-ᾶν)	ἤλασα	ἐλήλακα
	ziehen (intr.)	(ἐλαθήσομαι)	ἠλάθην	ἐλήλαμαι

Präsens	Bedeutung	Futur	Aorist	Perfekt
ἐλέγχω	überführen	ἐλέγζω	ἤλεγξα	—
		ἐλεγχθήσομαι	ἠλέγχθην	ἐλήλεγμαι
ἐλίττω	wälzen	ἑλίξω	εἵλιξα	—
			εἱλίχθην	εἵλιγμαι
ἐλπίζω	hoffen	ἐλπιῶ	ἤλπισα	ἤλπικα
			ἠλπίσθην	
ἕπομαί (τινι)	folgen	ἕψομαι	(ἐφ)-εσπόμην	
Impf. εἱπόμην				
ἐργάζομαι	arbeiten	ἐργάσομαι	ἠ(εἰ)ργασάμην	εἴργασμαι
Impf. ἠ(εἰ)ργα-ζόμην		(ἐργασθήσομαι)	ἠ(εἰ)ργάσθην	εἴργασμαι
ἔρχομαι	gehen, kommen	εἶμι (ἐλεύσομαι)	ἦλθον (ἐλθέ)	ἐλήλυθα, ἥκω
Impf. ᾖα				
ἐρωτῶ (-ᾶν)	fragen	ἐρωτήσω	ἠρώτησα,	ἠρώτηκα
		(ἐρήσομαι)	ἠρόμην	
		ἐρωτηθήσομαι	ἠρωτήθην	ἠρώτημαι
ἐσθίω	essen	ἔδομαι	ἔφαγον	ἐδήδοκα
εὑρίσκω	finden	εὑρήσω	ηὗρον (εὑρέ)	ηὕρηκα
		(εὑρεθήσομαι)	ηὑρέθην	ηὕρημαι
εὔχομαι	beten, wünschen	εὔξομαι	ηὐξάμην(εὐξάμην)	
ἔχω	haben	σχήσω (ἕξω)	ἔσχον	ἔσχηκα
(Impf. εἶχον)				
Nbf. ἴσχω				ἔσχημαι
M. (τινός)	sich halten an			
Komposita				
παρέχω	darbieten	παρασχήσω	παρέσχον	παρέσχηκα
		(παρέξω)		παρέσχημαι
ἀνέχομαι	aushalten	ἀνέξομαι	ἠνεσχόμην	ἠνέσχημαι
Impf. ἠνειχόμην				
ὑπισχνοῦμαι	versprechen	ὑποσχήσομαι	ὑπεσχόμην	ὑπέσχημαι
ζεύγνυμι	verbinden	ζεύξω	ἔζευξα	
			ἐζεύχθην	ἔζευγμαι
			(ἐζύγην)	
ζῶ (ζῆν)	leben	βιώσομαι	ἐβίων	(βεβίωκα)
ἥδομαι (τινί)	sich freuen über	ἡσθήσομαι	ἥσθην D. P.	
ἡττῶμαι (-ᾶσθαι) (τινός)	jemandem unterliegen	ἡττηθήσομαι	ἡττήθην D. P.	ἥττημαι
θάπτω	begraben	θάψω	ἔθαψα	τέταφα
		ταφήσομαι	ἐτάφην	τέθαμμαι
θαυμάζω	bewundern	θαυμάσομαι	ἐθαύμασα	τεθαύμακα
		θαυμσθήσομαι	ἐθαυμάσθην	τεθαύμασμαι
ἀποθνήσκω	sterben	ἀποθανοῦμαι	ἀπέθανον	τέθνηκα

Präsens	Bedeutung	Futur	Aorist	Perfekt
καθ-ίζω	setzen, sich setzen	καθιῶ	ἐκάθισα	
-ίζομαι	sich setzen			
-έζομαι	sich setzen, sitzen	καθεδοῦμαι	ἐκαθεζόμην (eig. Impf.)	
-ημαι	sitzen			
ἵημι	senden	ἥσω	ἧκα (εἶναι)	εἷκα
M.	eilen	ἐθήσομαι	εἵθην (ἐθῆναι)	εἷμαι
ἀφικνοῦμαι	(an)kommen	ἀφίξομαι	ἀφικόμην (ἀφικέσθαι)	ἀφῖγμαι
ἵστημι	stellen	στήσω	ἔστησα	
M.	für sich stellen			
intr. M.	sich stellen, treten	στήσομαι	ἔστην	ἕστηκα ich stehe
P.	gestellt werden	σταθήσομαι	ἐστάθην	στατός gestellt
καθαίρω	reinigen	καθαρῶ	ἐκάθηρα	(κεκάθαρκα)
			ἐκαθάρθην	κεκάθαρμαι
καίω (κάω) tr.	verbrennen	καύσω	ἔκαυσα	κέκαυκα
		καυθήσομαι	ἐκαύθην	κέκαυμαι
καλύπτω	verhüllen	καλύψω	ἐκάλυψα	—
			ἐκαλύφθην	κεκάλυμμαι
καλῶ	rufen, nennen	καλῶ	ἐκάλεσα	κέκληκα
		(κληθήσομαι)	ἐκλήθην	κέκλημαι ich heiße
κάμνω	ermüden	καμοῦμαι	ἔκαμον	κέκμηκα
κελεύω	befehlen	κελεύσω	ἐκέλευσα	(κεκέλευκα)
		(κελευσθήσομαι)	ἐκελεύσθην	κεκέλευσμαι
κεράννυμι (τινί)	mischen (mit etwas)	κερῶ (-ᾶν)	ἐκέρασα	—
		κραθήσομαι	ἐκράθην (ἐκεράσθην)	κέκραμαι
κλαίω (κλάω)	weinen	κλαύσομαι	ἔκλαυσα	—
			ἐκλαύσθην	κέκλαυμαι
κλέπτω	stehlen	κλέψω	ἔκλεψα	κέκλοφα
		κλέψουαι	ἐκλάπην	κέκλεμμαι
κλίνω	neigen, lehnen	κλινῶ	ἔκλινα	κέκλικα
		κλιθήσομαι	ἐκλίθην	κέκλιμαι
κόπτω	hauen	κόψω	ἔκοψα	κέκοφα
			ἐκόπην	κέκομμαι
κράζω	schreien	(ἀνα) κράξομαι	ἀνέκραγον	κέκραγα
κρεμάννυμι	aufhängen	κρεμῶ (-ᾶν)	ἐκρέμασα	—
			ἐκρεμάσθην	

Präsens	Bedeutung	Futur	Aorist	Perfekt
κρίνω	scheiden, richten	κρινῶ	ἔκρινα	κέκρικα
		κριθήσομαι	ἐκρίθην	κέκριμαι
ἀποκρίνομαι	antworten	ἀπο-κρινοῦμαι	ἀπ-εκρινάμην	-κέκριμαι
κρύπτω (τινά τι)	verbergen	κρύψω	ἔκρυψα	(κέκρυφα)
		κρυφθήσομαι	ἐκρύφθην	κέκρυμμαι
ἀποκτείνω	töten	ἀποκτενῶ	ἀπέκτεινα	ἀπέκτονα
κτῶμαι (-ᾶσθαι)	sich erwerben	κτήσομαι	ἐκτησάμην ἐκτήθην	κέκτημαι (ἔκτημαι) } ich besitze
λαγχάνω	erlangen, erlosen	λήξομαι	ἔλαχον	εἴληχα
λαμβάνω	nehmen, empfangen	λήψομαι	ἔλαβον (λαβέ)	εἴληφα
		ληφθήσομαι	ἐλήφθην	εἴλημμαι
λανθάνω (τινά)	verborgen sein	λήσω	ἔλαθον	λέληθα
ἐπι-λανθάνομαι (τινός)	vergessen	ἐπιλήσομαι	ἐπελαθόμην	ἐπιλέλησμαι
I. (συλ-, κατα-) λέγω	sammeln	-λέξω	-ἔλεξα	-είλοχα
ἐκλέγω	auswählen	-λεγήσομαι	-ελέγην	-εἴλεγμαι
II. λέγω	reden, sagen	ἐρῶ, φήσω, λέξω	εἶπον (εἰπέ) und εἶπα, ἔφησα, ἔλεξα	εἴρηκα
		ῥηθήσομαι, λεχθήσομαι	ἐῤῥήθην, ἐλέχθην	εἴρημαι, λέλεγμαι
ἀπαγορεύω	versagen	ἀπερῶ	ἀπεῖπον	ἀπείρηκα
δια-λέγομαι (τινί)	sich unterreden	διαλέξομαι	διελέχθην	διείλεγμαι
λείπω	(zurück)lassen	λείψω	ἔλιπον	λέλοιπα
P.	zurückbleiben, nachstehen	λείψομαι	ἐλείφθην	λέλειμμαι
λυμαίνομαι	beschmutzen	λυμανοῦμαι λυμανθήσομαι	ἐλυμηνάμην ἐλυμάνθην }	λελύμασμαι
μαίνομαι	rasen	μανοῦμαι	ἐμάνην	μέμηνα
μανθάνω	lernen, erfahren	μαθήσομαι	ἔμαθον	μεμάθηκα
μάχομαι (τινί und πρός τινα)	kämpfen mit (gegen)	μαχοῦμαι	ἐμαχεσάμην	μεμάχημαι
μείγνυμι	mischen	μείξω	ἔμειξα	—
		μειχθήσομαι	ἐμείχθην (ἐμίγην)	μέμειγμαι

Präsens	Bedeutung	Futur	Aorist	Perfekt
μέλει μοί τινος	mir liegt an etwas	μελήσει	ἐμέλησε	μεμέληκε
μέλλω	vorhaben, zögern	μελλήσω	ἐμέλλησα	
μένω	bleiben,	μενῶ	ἔμεινα	μεμένηκα
μένω τινά	erwarten			
ἀναμιμνήσκω	erinnern	-μνήσω	-έμνησα	μέμνημαι
τινά τι(νος)		-μνησθήσομαι	-εμνήσθην	
νέμω	zuteilen	νεμῶ	ἔνειμα	νενέμηκα
			ἐνεμήθην	νενέμημαι
ἀνοίγω	öffnen	ἀνοίξω	ἀνέῳξα	(ἀνέῳχα)
(Impf. -έῳγον)			ἀνεῴχθην	ἀνέῳγμαι
οἶδα	wissen	εἴσομαι		
οἴομαι	meinen	οἰήσομαι	ᾠήθην	—
ἀπόλλυμι (tr.)	verderben	ἀπολῶ	ἀπώλεσα	ἀπολώλεκα
M. (intr.)	verderben	ἀπολοῦμαι	ἀπωλόμην	ἀπόλωλα
ὄμνυμι	schwören	ὀμοῦμαι	ὤμοσα	ὀμώμοκα
ὀνίνημι	nützen	ὀνήσω	ὤνησα	
P. (τινός)	Nutzen haben von etwas	ὀνήσομαι	ὠνήθην	
ὁρῶ (-ᾶν)	sehen	ὄψομαι	εἶδον (ἰδέ)	ἑόρακα (ἑώρακα)
Impf. ἑώρων		ὀφθήσομαι	ὤφθην	ἑώραμαι, ὦμμαι
ὀρύττω	graben	ὀρύξω	ὤρυξα	ὀρώρυχα
		ὀρυχθήσομαι	ὠρύχθην	ὀρώρυγμαι
παίω (τύπτω,	schlagen, hauen	παίσω, πατάξω	ἔπαισα, ἐπέταξα	πέπληγμαι
πλήττω,		πληγήσομαι	ἐπλήγην	—
πατάσσω)				
πάσχω	erfahren, leiden	πείσομαι	ἔπαθον	πέπονθα
πείθω	überreden, überzeugen	πείσω	ἔπεισα	πέπεικα
πείθομαί τινι M.	gehorchen	πείσομαι	ἐπείσθην	πέπεισμαι
P.	überredet werden	πεισθήσομαι	ἐπείσθην	πέποιθα ich vertraue
πέμπω	schicken	πέμψω	ἔπεμψα	πέπομφα
		πεμφθήσομαι	ἐπέμφθην	πέπεμμαι
περαίνω	vollenden	περανῶ	ἐπέρανα	πεπέρασμαι
			ἐπεράνθην	—
πετάννυμι	ausbreiten	πετῶ (-ᾶν)	ἐπέτασα	—
			ἐπετάσθην	πέπταμαι
πήγνυμι	befestigen	πήξω	ἔπηξα	—
P.	fest werden	παγήσομαι	ἐπάγην	πέπηγα bin fest
(ἐμ)-πίμπλημι	anfüllen	πλήσω	ἔπλησα	πέπληκα
(τινός)		(πλησθήσομαι)	ἐπλήσθην	πέπλησμαι

Präsens	Bedeutung	Futur	Aorist	Perfekt
(ἐμ)-πίμπρημι	in Brand stecken	πρήσω	ἔπρησα ἐπρήσθην	πέπρηκα (πέπρησμαι)
πίνω	trinken	πίομαι (P. ἐπόθην)	ἔπιον	πέπωκα (P. πέπομαι)
πίπτω	fallen	πεσοῦμαι	ἔπεσον	πέπτωκα
πλάττω	bilden, formen	πλάσω (πλασθήσομαι)	ἔπλασα ἐπλάσθην	(πέπλακα) πέπλασμαι
πλέω (πλεῖν)	segeln	πλεύσομαι	ἔπλευσα	πέπλευκα
πλέκω	flechten	πλέξω πλακήσομαι	ἔπλεξα ἐπλάκην	 πέπλεγμαι
ἐκπλήττω (tr.)	erschrecken	-πλήξω	-έπληξα	—
P. ἐκπλήττομαι (intr.)	erschrecken	-πλαγήσομαι	-επλάγην	-πέπληγμαι
πνέω (πνεῖν)	hauchen	πνεύσομαι	ἔπνευσα	πέπνευκα
πορεύομαι	marschieren	πορεύσομαι	ἐπορεύθην D. P.	πεπόρευμαι
πράττω	tun	πράξω	ἔπραξα ἐπράχθην	πέπραχα πέπραγμαι
πτύσσω	falten	πτύξω πτυχθήσομαι	ἔπτυξα ἐπτύχθην	— ἔπτυγμαι
πυνθάνομαι (παρά) τινός τι	erfahren	πεύσομαι	ἐπυθόμην	πέπυσμαι
πωλῶ (ἀποδίδομαι, πιπράσκω); P. auch πιπράσκομαι	verkaufen	πωλήσω, ἀποδώσομαι (πραθήσομαι)	ἀπεδόμην, ἐπώλησα ἐπράθην	πέπρακα πέπραμαι
ῥέω (ῥεῖν)	fließen	(ῥυήσομαι)	ἐῤῥύην	ἐῤῥύηκα
ῥήγνυμι (tr.)	zerreißen	ῥήξω	ἔῤῥηξα	—
P. (intr.)	zerreißen	ῥαγήσομαι	ἐῤῥάγην	ἔῤῥωγα bin zerrissen
σβέννυμι (tr.)	auslöschen auslöschen	(σβέσω) σβεσθήσομαι	ἔσβεσα ἐσβέσθην	ἔσβεσμαι
M. (intr.)		σβήσομαι	ἔσβην	ἔσβηκα
σημαίνω	bezeichnen	σημανῶ	ἐσήμηνα ἐσημάνθην	σεσήμαγκα σεσήμασμαι
σήπομαι	faulen	(σαπήσομαι)	ἐσάπην	σέσηπα
σκεδάννυμι	zerstreuen	σκεδῶ (-ᾶν)	ἐσκέδασα ἐσκεδάσθην	— ἐσκέδασμαι
σκοπῶ (= σκέπτομαι)	betrachten	σκέψομαι	ἐσκεψάμην	ἔσκεμμαι
σπείρω	säen	σπερῶ σπαρήσομαι	ἔσπειρα ἐσπάρην	ἔσπαρκα ἔσπαρμαι

Präsens	Bedeutung	Futur	Aorist	Perfekt
σπένδω	ein Trankopfer darbringen	σπείσω	ἔσπεισα	(ἔσπεικα)
M. (τινί)	einen Vertrag schließen mit jem.	(σπεισθήσομαι)	ἐσπείσθην	ἔσπεισμαι
στέλλω	senden	στελῶ	ἔστειλα	ἔσταλκα
		σταλήσομαι	ἐστάλην	ἔσταλμαι
στρέφω	drehen, wenden	στρέψω	ἔστρεψα	(ἔστροφα)
M. mit κατα-	sich unterwerfen	(στραφήσομαι)	ἐστράφην	ἔστραμμαι
σφάλλω	wanken machen	σφαλῶ	ἔσφηλα	ἔσφαλκα
M. und P.	wanken		ἐσφάλην	ἔσφαλμαι
σφάττω (σφάξω)	schlachten,	(σφάξω)	ἔσφαξα	—
	töten	σφαγήσομαι	ἐσφάγην	(ἔσφαγμαι)
σῴζω	retten	σώσω	ἔσωσα	σέσωκα
P.	sich retten oder gerettet werden	σωθήσομαι	ἐσώθην	σέσῳσμαι
ταράττω	verwirren	ταράξω	ἐτάραξα	—
		ταράξομαι	ἐταράχθην	τετάραγμαι
τάττω	ordnen	τάξω	ἔταξα	τέταχα
		τάξομαι	ἐταξάμην }	τέταγμαι
		ταχθήσομαι	ἐτάχθην }	
τείνω	spannen	τενῶ	ἔτεινα	τέτακα
		ταθήσομαι	ἐτάθην	τέταμαι
τελῶ	vollenden	τελῶ	ἐτέλεσα	τετέλεκα
		(τελεσθήσομαι)	ἐτελέσθην	τετέλεσμαι
τέμνω	schneiden	τεμῶ	ἔτεμον	τέτμηκα
		(τμηθήσομαι)	ἐτμήθην	τέτμημαι
τήκομαι (intr.)	schmelzen	(τακήσομαι)	ἐτάκην	τέτηκα
τίθημι	setzen	θήσω	ἔθηκα	τέθηκα
		τεθήσομαι	ἐτέθην	κεῖμαι
τίκτω	zeugen, gebären	τέξομαι	ἔτεκον	τέτοκα
τίνω	büßen	τείσω und M.	ἔτεισα und M.	τέτεικα
M.	bestrafen			τέτεισμαι
τιτρώσκω	verwunden	τρώσω	ἔτρωσα	—
		τρωθήσομαι	ἐτρώθην	τέτρωμαι
τρέπω	wenden	τρέψω	ἔτρεψα	τέτροφα
M. tr.	von sich wenden, in die Flucht schlagen	τρέψομαι	ἐτρεψάμην	τέτραμμαι
intr.	sich wenden,		ἐτραπόμην	
P.	gewendet werden		ἐτράπην	

Präsens	Bedeutung	Futur	Aorist	Perfekt
τρέφω	nähren	θρέψω	ἔθρεψα	τέτροφα
		θρέψομαι	ἐτράφην	τέθραμμαι
			(ἐθρέφθην)	
τρέχω (θέω)	laufen	δραμοῦμαι	ἔδραμον	δεδράμηκα
τυγχάνω τινός	etw. treffen (erlangen)	τεύξομαι	ἔτυχον	τετύχηκα
(ἀπο-)φαίνω	zeigen	φανῶ	ἔφηνα	πέφαγκα
		φανθήσομαι	ἐφάνθην	πέφασμαι
M.	sich zeigen, erscheinen	φανήσομαι, φανοῦμαι	ἐφάνην	πέφηνα oder πέφασμαι
φέρω	tragen	οἴσω	ἤνεγκον (ἤνεγκα)	ἐνήνοχα
P.	getragen werden, eilen	(ἐνεχθήσομαι)	ἠνέχθην	ἐνήνεγμαι
φεύγω τινά	fliehen	φεύξομαι	ἔφυγον	πέφευγα
φθάνω τινά	zuvorkommen	φθήσομαι	ἔφθασα, ἔφθην	ἔφθακα
φθέγγομαι	reden	φθέγξομαι	ἐφθεγξάμην	ἔφθεγμαι
φυλάττω	bewachen	φυλάξω	ἐφύλαξα	πεφύλαχα
M.	sich hüten	φυλάξομαι	ἐφυλαξάμην }	πεφύλαγμαι
P.			ἐφυλάχθην }	
φύομαι	werden	φύσομαι	ἔφυν	πέφυκα bin
χαίρω τινί	sich über etw. freuen	χαιρήσω	ἐχάρην	κεχάρηκα
χαλεπαίνω	unwillig sein	χαλεπανῶ	ἐχαλέπηνα	—
χαρίζομαι	einen Gefallen erweisen	χαριοῦμαι	ἐχαρισάμην	κεχάρισμαι
χέω (χεῖν)	gießen	χέω	ἔχεα	κέχυκα
		(χυθήσομαι)	ἐχύθην	κέχυμαι
χρῶμαι (-ῆσθαι) τινί	gebrauchen	χρήσομαι	ἐχρησάμην	κέχρημαι
		χρησθήσομαι	ἐχρήσθην	—
χρῶ (χρῆν)	ein Orakel geben	χρήσω	ἔχρησα	
M.	d. Orakel befragen	χρήσομαι	ἐχρησάμην	
P.	d. Orakel wird erteilt	χρησθήσεται	ἐχρήσθη	κέχρη(σ)ται
ψεύδω	tauschen	ψεύσω	ἔψευσα	—
M.	lügen, belügen	ψεύσομαι	ἐψευσάμην	ἔψευσμαι
P. (τινός)	sich täuschen in etw., getäuscht werden	ψευσθήσομαι	ἐψεύσθην	ἔψευσμαι
ὠθῶ	stoßen	ὤσω	ἔωσα	—
(Impf. ἐώθουν)		ὠσθήσομαι	ἐώσθην	ἔωσμαι
ὠνοῦμαι	kaufen	ὠνήσομαι	ἐπριάμην	ἐώνημαι
(Impf. ἐωνούμην)			ἐωνήθην	ἐώνημαι

Wortbildungslehre

Vorbemerkungen

I. Bei einem griechischen Wort sind zu unterscheiden:

1. Bedeutungsträger	= die Wurzel	Stamm	Wort
2. Ordnungsträger	= das Anhängsel oder Suffix		
3. Beziehungsträger	= die Endung	Endung	

per- durch (dringen)

Wurzel	περ-	πειρ-	πορ-	(πι)πρά	πράγ-
Suffixe	-ά	-ά	-ίζ-	-σκ-	ματ-
Endungen	-ω	-ω	-ω	ω	-ος

II. Das Wort als Einheit ist Gegenstand:

1. der Formenlehre im Hinblick auf die lautliche Form der Endungen und Stämme
2. der Satzlehre im Hinblick auf die gegenseitige Beziehung der Wörter innerhalb einer sprachlichen Äußerung
3. des Wörterbuches im Hinblick auf seinen Bedeutungsumfang
   a) alphabetisch, d. h. das Wort wird nach seiner lautlichen Gestalt in seiner Stellung innerhalb des Alphabetes eingeordnet und in seinen verschiedenen Bedeutungen entweder unter geschichtlicher oder logischer oder psychologischer Betrachtung geordnet dargestellt
   b) begrifflich, d. h. die Wörter werden nach Sachgruppen geordnet und die verschiedenen Bezeichnungen eines bestimmten Begriffes zusammengestellt (Synonymenlexikon).

III. Der Wortstamm ist Gegenstand

1. der Formenlehre im Hinblick auf die verschiedenen Formen desselben Stammes, z. B. die Stammzeiten der Verba
2. der Wortbildungslehre im Hinblick auf die begriffliche Ordnung, der die verschiedenen Stämme angehören
3. des rückläufigen Wörterbuches, in dem die Wörter nach ihren Suffixen vom Wortende her (retrograd) angeordnet sind.

IV. Die Wurzel ist Gegenstand der sprachhistorischen Forschung, deren Ergebnisse in etymologischen Wörterbüchern festgehalten wird.

Die Gesichtspunkte, welche zur Stilistik, Seelenkunde und Kultur von der Sprache oder dem einzelnen Wort aus bestehen, sind hier nicht berücksichtigt.

Wortbildungslehre

I. Arten der Wortbildung

1. Wurzelwörter: unmittelbar an die Wurzel wird die Endung angefügt
2. Stammwörter: Wurzel + Suffix = Stamm
   Primärstamm: Bildung durch ein einziges Suffix
   Sekundärstamm: Bildung durch zwei oder mehrere Suffixe
   Komposita: Zusammensetzung mehrerer Stämme oder mit Hilfe von Präfixen (Präpositionen) gebildete Wörter
3. Der Wortart nach werden unterschieden:
   Nominalstämme: Substantiva, Adjektiva, Adverbia, Pronomina, Numeralia
   Verbalstämme: Verba

II. Übersicht über die wichtigsten Substantivsuffixe

Bei einigen Suffixen sind ungefähre Zahlenangaben beigefügt, um eine Vorstellung ihrer Häufigkeit zu geben. Diese Angaben beruhen auf eigenen Zählungen unter Heranziehung von P. Kretschmer - E. Locker, Rückläufiges Wörterbuch der griechischen Sprache, 1944 und Carl D. Buck - W. Petersen, A reverse Index of Greek Noms and Adjectives, Chicago, 1944.

1. *Nomina agentis* (die handelnde Person, Personifikation)
   Maskulina:
   -τηρ: σω-τήρ Retter 650
   -τωρ: ῥή-τωρ Redner 550
   -τη-ς: ποιη-τής Dichter 4400
   -εύ-ς: ἱππ-εύς Reiter 550
   -ός (Oxytona): πομπός Geleiter 3800 (einschließlich der zahlreichen Weiterbildungen)
   -ην: πευθ-ήν Forscher 140
   -ων: τέκτ-ων Zimmermann 1600
   -μην: ποι-μήν Hirte 24
   -μων: ἡγε-μών Führer 600
   Feminina:
   -τειρα: σώτειρα Retterin, -τρια: ποιή-τρια Dichterin
   -τριδ-: ὀρχηστρίς Tänzerin, -τιδ: οἰκέ-τις Dienerin
   -εϝ-ια⟩- εια: βασίλεια Königin, -αν-jα⟩ -αινα: τέκταινα Künstlerin
2. *Nomina actionis* (einen Vorgang bzw. eine Handlung bezeichnend)
   -ᾱ: φθορ-ά Vernichtung, -η: φυγή Flucht 1100
   -ιᾰ: μαν-ίᾰ Raserei, -εία: παιδ-εία Erziehung
   -τηρία: σωτηρ-ία Rettung 7500
   -τη: βρον-τή Donner 370
   -νη: φω-νή Stimme (diese Bildungsweise ist selten, doch etwa 1200 Bildungen mit Erweiterungen -ανη, -ῑνη, -ῑνη, -όνη, -μονή und -σύνη, allerdings gehören nicht alle Stämme dieser Art zu den nomina actionis)

-τις: πίσ-τις Treue, -σις: πρᾶξις Handlung 5400

-μός: ὀδυρ-μός Klagen, hierher gehören auch die zahlreichen Bildungen -ισμός 4000

-(Nichtoxytona) -ος: τρόχος Lauf (gegenüber τροχός Läufer). Eine genauere Zahlenangabe ist hier schwer möglich, da es etwa 35 000 Wörter -ος gibt, die aber auch Adjektiva umfassen; auch von den Substantiva gehört nur ein Bruchteil hierher.

3. *Nomina rei actae* (die durch einen Vorgang bzw. eine Handlung zustande kamen)

-ματ: πρᾶγμα Sache 3300

-ες (Nom. -ος): ψεῦδος Lüge 400

-μη: γνώμη Einsicht 300

4. *Nomina qualitatis* (Eigenschaftsabstrakta)

-τητ- zumeist -ότης: φιλ-ότης Freundschaft, weniger -ύτης: ταχ-ύτης Schnelligkeit 700 (bei Homer nur 9, hauptsächlich in der hellenistischen und christlichen Zeit)

-σύνη: δικαιο-σύνη Gerechtigkeit(ssinn) 270

-εια ⟨-εσ-ια: ἀλήθ-εια Wahrheit

-ιᾰ: εὔνοια Wohlwollen

-ες/-ος: βάθ-ος Tiefe, -ίᾱ: κακ-ίᾱ Bosheit

5. *Nomina instrumenti* (Werkzeuge oder Mittel bezeichnend)

-τρον: ἄρο-τρον Pflug 900; -θρον: κλεῖ-θρον Riegel 100

6. *Nomina loci* (Örtlichkeiten)

-τήριον: βουλευ-τήριον Rathaus 250

-εῖον: Μουσ-εῖον Musensitz 400

-ών: ἄνδρ-ών Männersaal 380

7. *Nomina deminutiva* (Verkleinerungsformen, Zuneigung oder Verachtung ausdrückend); diese Wortbildungen nehmen besonders seit der hellenistischen Zeit sehr zu und verdrängen oft das Grundwort

-ίον: παιδίον Knäblein (im Neugriechischen παιδί Knabe)

-ίσκος: παιδίσκος Söhnchen. Zahlreich sind die Weiterbildungen, z. B. οἰκ-ίδιον Häuschen, παιδ-άριον Kindlein, μελ-ύδριον, ἐπ-ύλλιον Liedchen.

8. *Nomina patronymica* (Abstammung bezeichnend): ιδ: Πριαμίς

-ιδα: 'Ατρείδης Nachkomme des Atreus, fem.

-αδα: Βορεάδης N. des Boreas, fem. -αδ: Βορεάς

-ίων: Κρονίων Sohn des Kronos

9. *Nomina gentilia* (Zugehörigkeit zu einem Gebiet bezeichnend)

-ιο: Δήλ-ιος Delier, fem. -ιαδ Δηλιάς

-ευ: 'Ερετρ-εύς Megarer, fem. -ιδ 'Ερετρίς

-ης: Σπαρτιάτης Spartiate, fem.-τιδ Σπαρτιᾶτις

III. Einige Adjektivsuffixe

Ein Teil der zur Bildung von Substantiva dienenden Suffixe wird auch für die Adjektivbildung herangezogen:

1. die Abstammung, Herkunft oder Zugehörigkeit bezeichnenden:
   -ιο-: οὐράν-ιος himmlisch, Εὐριπιδ-εῖος von Euripides herrührend
2. Beziehung, Tauglichkeit:
   -κος: φυσι-κός natürlich. Von den i-Stämmen wurde -ικός auf andere Stämme übertragen und auch zur Substantivbildung verwendet.
3. Stoff- und Farbbezeichnungen:
   -εο-: χρύσεος golden, goldgelb
   -ινο-: ξύλ-ινος aus Holz, κοράκ-ινος rabenschwarz
   -εντ-: ὑλήεις waldreich, νιφόεις schneeweiß
4. Zeitadjektiva:
   -ινό (Akzent!): χειμερ-ινός winterlich
   Die Bedeutung anderer Suffixe ist weniger bestimmt.

IV. Übersicht über die wichtigsten Verbalsuffixe

Bei einer Reihe von Verbalsuffixen läßt sich ein bestimmter Aspekt der Handlung oder des Zustandes feststellen:

1. Sein, Zustand:
   -έω: εὐτυχέω bin glücklich 6900
   -εύω: χαλκεύω bin Schmied 1500
2. Desiderativa:
   -σείω: θυσείω wünsche zu opfern 90
   Bedeutungsmäßig sind nahestehend
3. Causativa:
   -άω: στρατηγιάω strebe nach der Strategie
   ὁρμάω setze in Bewegung
   ὀρθαλμιάω leide an den Augen 600
4. Beginn eines Zustandes oder Handlung:
   -σκω: γελάσκω beginne zu lachen 1560
5. In einen Zustand versetzen:
   -όω: δουλόω versklave 1750
   -αίνω: θερμαίνω erwärme 760
   -ύνω: βαρύνω beschwere 360
   -άζω: ἀτιμάζω entehre; auch Betätigung: δικάζω richte 1350
   -ίζω: μακαρίζω preise selig 2800

Außer diesen Verbalstämmen, die größtenteils von Nomina abgeleitet sind (daher Denominativa), und den Wurzelverba gibt es eine Reihe von Suffixen, die vor allem zur Bildung des Präsensstammes verwendet werden, deren Bedeutung jedoch nicht einheitlich ist: n- (-ν-, -αν-) und jo- (ιω, das sich mit dem vorhergehenden Laut verbindet).

V. Wortzusammensetzung

1. Die Fähigkeit des Griechischen, mehrere Stämme zur Bildung eines neuen Wortes zusammenzustellen, ist außerordentlich groß und mannigfaltig.

So gibt es z. B. 103 Komposita mit dem Grundwort -αρχία (wie μοναρχία), oder es schafft Aristophanes in den Ekklesiazusen (V. 1169—1175) ein 78 Silben umfassendes Gebilde. Während diese Fähigkeit dem Lateinischen und den romanischen Sprachen in so hohem Maße abgeht, besitzen sie z. B. das Altindische und das Neuhochdeutsche; beim Deutschen ist sie allerdings durch den großen Einfluß, den die dem Griechischen nachgebildeten Wortschöpfungen in den Dichtungen und Übersetzungen des 18. Jh. ausübten, wesentlich aktiviert worden.

2. Man unterscheidet nach dem *2. Glied* (dem Grundwort): Substantiv, Adjektiva (einschließlich Adverbia) und Verba: als *1. Glied* (Bestimmungswort) können alle Wortarten dienen.

3. Der *Kompositionsvokal* in der Kompositionsfuge ist entweder der Stammauslaut des Bestimmungswortes oder o, und dies auch bei nicht auf -o auslautenden Stämmen, z. B.: ἡμερο-δρόμος Tagläufer, φυσιο λόγος naturkundig, ἰχθυο-φάγος fischessend, ἀγωνο-θέτης Kampfrichter, παντο-μισής allverhaßt, ἐπο-ποιός epischer Dichter.

4. *Bedeutungsverschiedenheit* durch verschiedene Betonung: Die Nominalkomposita -ος haben *passive* Bedeutung, wenn das Bestimmungswort betont ist: θηρό-τροφος von Tieren ernährt, hingegen *aktive* Bedeutung, wenn das Grundwort betont ist: θηρο-τρόφος Tiere ernährend.

5. *Bedeutung der Nominalkomposita*

   Kopulativ-Komposita: die beiden Glieder stehen im Verhältnis der Beiordnung (dt. taub-stumm) νυχθ-ήμερον Tag und Nacht. Diese Bildungen sind im Griechischen selten, ebenso im Deutschen, jedoch im Indischen zahlreicher.

   Determinativ-Komposita: das Grundwort wird durch das erste Glied näher bestimmt (dt. Haustür). Diese Bestimmung kann treten an Stelle eines Kasus (λογο-γράφος Reden-Schreiber), eines Attributs (ἀκρό-πολις Ober-Stadt) oder Adverbs (παλαι-γενής ur-alt).

   Possessiv-Komposita: eine Eigenschaft besitzen oder in einem Zustand befindlich: πολύ-καρπος früchte-reich, σώ-φρων einer, der einen gesunden Sinn hat.

6. Die Verbalkomposita beruhen hauptsächlich auf der Zusammensetzung mit einer oder mehreren Präpositionen, deren Bedeutung zumeist erhalten bleibt und die syntaktischen Beziehungen des Kompositums bestimmen. Die Substantivierung nicht nur jeder Wortart durch Voransetzung des Artikels, sondern auch ganzer Wortgruppen, vor allem Infinitivgruppen, kann man ebenfalls als eine Art von Kompositionsbildung auffassen, die nur aus Gründen der Orthographie, weil die einzelnen Glieder getrennt geschrieben werden, nicht als Komposita aufgefaßt werden.

Wortkunde zu den Übungsstücken

Vorbemerkung

Abkürzungen (außer den ohneweiters verständlichen Abkürzungen grammatischer Ausdrücke):

bzw. = beziehungsweise. — **e.** = englisch. — **eig.** = eigentlich. — **erg.** = ergänze. — **fr.** = französisch. — **gew.** = gewöhnlich. — **u. a.** = und andere(s). — **u. ä.** = und ähnlich(es). — **urv.** = urverwandt. — **w.** = wörtlich.

Dem. = Deminutivum (Verkleinerungswort). — **Ggs.** = Gegensatz. — **Plw.** = Pluralwort (nur im Plural vorkommendes Wort). — **Spr.** = Sprachlehre. — **St.** = Steigerung. — **Wk.** = Wortkunde.

1 W.? (**2 W.?** bzw. **Wr.?**) = Man nenne ein dazugehöriges griechisches Wort (zwei, bzw. mehrere dazugehörige griechische Wörter)! — **F.?** (**Fr.?**) = Man nenne ein dazugehöriges Fremdwort (mehrere dazugehörige Fremdwörter)! — **w.?** = Wie lautet die wörtliche Übersetzung?

Die Vokabel sind nach Wortarten und innerhalb der Wortarten nach dem Alphabet geordnet. Die deutsche Bedeutung der Verba wird stets im Infinitiv angegeben.

I. Kapitel

Substantiva

(αἱ) Ἀθῆναι, -ῶν (Plw.)	Athen (Athēnae, -arum)
ἡ ἀλήθεια, -ᾱς	Wahrheit
ἡ ἀρετή, -ῆς	Tüchtigkeit, Tapferkeit, Tugend, Vorzug
ἡ ἀρχή, -ῆς (Archon, Mon-arch)	Anfang, Beginn; Herrschaft, Reich, Amt
ἡ βασίλεια, -ᾱς	Königin (Basilika)
ἡ γλῶττα, -ης (poly-glott)	Zunge, Sprache (vgl. lingua)
ἡ δόξα, -ης (ortho-dox)	Meinung, Schein, Ruf, Ruhm, Ehre
ἡ ἐπιστήμη, -ης	Wissen(schaft)
ἡ ἐρημίᾱ, -ᾱς (Eremit)	Einsamkeit, Einöde
ἡ θάλαττα, -ης	Meer, die See
ἡ θεᾱ́, -ᾶς	Göttin (Theo-log)
ἡ θεο-σέβεια, -ᾱς (θεᾱ́)	Gottesfurcht, Frömmigkeit
ἡ θεράπαινα, -ης	Dienerin, Magd
ἡ θύ̆ρᾱ, -ᾱς	Tür
ἡ μάχαιρα, -ᾱς	Messer, (krummes) Schwert, Säbel
ἡ Μοῦσα, -ης	Muse
Ναυσικάᾱ, -ᾱς	Nausikaa, Tochter des Phaiakenkönigs Alkinoos
ἡ νίκη, -ης	Sieg (Niko-laus)
ἡ σοφίᾱ, -ᾱς (Sophie, Philo-sophie)	Weisheit, Klugheit

ἡ στρατιᾱ́, -ᾶς	Heer (Strat-ege)
ἡ σφαῖρα, -ᾱς (Sphäre, Hemi-sphäre)	Kugel, Ball
ἡ τέχνη, -ης (Technik)	Kunst, Kunstfertigkeit
ἡ τῑμή, -ῆς	Wert, Ehre, Würde
ἡ ὑγίεια, -ᾱς (Hygiene)	Gesundheit
ἡ ὕλη, -ης	Gehölz, Wald
ἡ χώρᾱ, -ᾱς	Land, Gegend
ἡ ψῡχή, -ῆς (Psycho-logie, psych-iatrisch)	Seele, Geist, Leben (eig. Hauch; vgl. anima)

Pronomen

τίς / τί	(stets mit Akut; fragend)	wer? / was? (Nom. u. Akk.)	adj.: welcher (-e, -es)? was für ein?

Verba

ἄρχω (ἀρχή)	der erste sein: 1. anfangen, beginnen; 2. herrschen (über: Gen.), beherrschen (etw.: Gen.)
βαίνω (Basis)	schreiten, gehen
βλέπω	blicken, (an)sehen
εἰκάζω	vergleichen (mit etw.: bloßer Dativ)
ἐστί(ν)[1] (est)	er (sie, es) ist
εὑρίσκω	finden, erfinden
θεραπεύω (θεράπαινα, Therapie)	bedienen, pflegen, heilen, ehren, verehren
θῡ́ω	opfern
λέγω (vgl. lego)	sagen, reden, sprechen, erzählen; nennen
μένω	bleiben, (er)warten
παίζω	spielen, scherzen
σφαίρᾳ παίζω[2]	(mit dem) Ball spielen
παύω (Pause)	aufhören machen, beend(ig)en, beseitigen; abbringen, befreien (von: Gen.)
φέρω (fero)	tragen, ertragen, (ein)bringen
δια-φέρω (differo)	sich unterscheiden, sich auszeichnen, hervorragen
φεύγω (fugio)	fliehen, flüchten (vor: Akk.)
χαίρω	sich freuen (über etw.: bloßer Dativ)

Adverbia

εἰκότως	nach Gebühr, mit Recht
ἔτι (vgl. et)	noch; mehr (nach Negationen)
πολλάκις	oft, häufig (eig. vielmals)

I. [1] Die Einklammerung des Akzents bezeichnet das Wort als enklitisch. — [2] Vgl. pilā ludere: dem lateinischen ablativus instrumenti entspricht der griechische dativus instrumenti.

Präpositionen

ἀπό (beim Gen.[3]) (ab, ā)	von (.. weg, .. aus)
διά (beim Akk.)	wegen
διὰ τί	weswegen? warum?
εἰς (beim Akk.[4]; tonlos; aus ἐν+ς)	in (wohin?), zu, nach, auf, gegen (in b. Akk.)
ἐν (beim Dativ[5], lat. in b. Abl.; tonlos)	in (wo?), auf, bei, unter (partitiv)
παρά (beim Dat.)	bei (eig. an der Seite)
περί (beim Gen.) (Peripherie)	um[6], über, von (lat. de)

Konjunktionen

ἀλλά (= sed)	aber, sondern, (je)doch
δέ[7] (nachgestellt wie autem)	aber, doch
διό (eig. διὰ ὅ = propter quod)	deswegen, darum, daher (eig. weswegen)
καί	und, auch, sogar

Negation

οὐ (οὐκ vor Vokalen, οὐχ vor Hauchlauten; tonlos, nur am Satzende betont: οὔ) — nicht (non)

οὐ χαίρω — ich freue mich nicht (Wortstellung wie non gaudeo)

II. Kapitel

Substantiva

ἡ Αἴγυπτος, -ου	Ägypten
Ἅιδης, -ου	Hades, Gott der Unterwelt
εἰς Ἅιδου	in des Hades (Reich), in die Unterwelt
ἐν Ἅιδου	in der Unterwelt
(Kasus!)	
Αἴσωπος, -ου	Äsop, griech. Fabeldichter um 600 v. Chr.
ἡ ἄμπελος, -ου	Weinstock, Rebe; auch: Weinberg
ὁ ἄνθρωπος, -ου (Anthropo-logie, Phil-anthrop)	Mensch; Pl. auch: Leute
ἡ βίβλος[1], -ου (Bibel, Bibliothek)	Papier, Brief, Buch
ὁ γε-ωργός, -οῦ (ἔργον, Georg)	Landmann, Bauer
τὸ δένδρον, -ου (Rhodo-dendron[2])	Baum

I. [3] Der griechische Genetiv auf die Frage woher? entspricht dem lateinischen Ablativ auf die Frage woher? (Ablativischer Genetiv). — [4] Der Akkusativ steht wie im Deutschen und Lateinischen oft bei Präpositionen auf die Frage wohin? — [5] Der griechische Dativ auf die Frage wo? bei Präpositionen entspricht oft dem lateinischen Ablativ auf die Frage wo? — [6] z. B. um etwas kämpfen. — [7] δέ dient oft nur zur Anknüpfung eines neuen Gedankens und bleibt dann unübersetzt.

II. [1] βίβλος hebräisches Lehnwort, eig. der Bast der Papyrosstaude, aus dem das Papier hergestellt wurde. — [2] eig. Rosenbaum (τὸ ῥόδον, -ου Rose, vgl. Rhodus).

ἡ Δῆλος, -ου	Delos
ὁ διδάσκαλος, -ου (didaktisch)	Lehrer, Lehrmeister, Meister
ἡ δίκη,-ης	Recht, Gerechtigkeit; Rechtssache, Prozeß; Strafe, Buße
τὸ δῶρον, -ου (Theo-dor, Doro-thea) (vgl. do-num)	Gabe, Geschenk
τὸ ἔργον[3], -ου (En-ergie)	Werk, Arbeit, Tat, Handlung
ὁ ἥλιος, -ου (Helio-trop, Peri-helium)	Sonne
Ἥλιος, -ου	Helios, Sonnengott
ὁ θάνατος, -ου	Tod
τὸ θεῖον, -ου (θεός)	Gottheit
θεῖος, -α, -ον	göttlich
ὁ θεός[4], -οῦ (θεά, Theo-logie, Theo-dor)	Gott
ὁ θησαυρός, -οῦ	Schatz(kammer)
ὁ ἰατρός, -οῦ	Arzt[5] (Psych-iater)
τὸ κακόν, -οῦ (κακός)	das Böse, Übel, Unheil, Laster, Fehler
ὁ καρπός, -οῦ (carpere, Herbst)	Frucht, Ertrag, Erfolg
ὁ λόγος, -ου (λέγω[6], logisch, Logik, Theo-log, Geo-log u. a.)	Wort, Ausspruch, Rede, Erzählung, Geschichte; Überlegung, Vernunft
ἡ λύπη, -ης (luctus)	Leid, Schmerz, Trauer
ὁ μαθητής, -οῦ (Mathematik)	Schüler, Jünger
ὁ μῦθος, -ου (Mythe, Mytho-logie)	Wort, Erzählung, Sage, Fabel
ὁ νεᾱνίᾱς, -ου	Jüngling, jung. Mann; Pl.: junge Leute
ὁ Νεῖλος, -ου	Nil
ἡ νῆσος, -ου (Pelopon-nes[7], Poly-nesien)	Insel
ἡ νόσος, -ου	Krankheit
ἡ ὁδός, -οῦ (Ex-odus, Met-hode)	Weg, Straße; Marsch, Reise
ὁ ὀφθαλμός, -οῦ (Ophthalmo-loge)	Auge
ἡ παιδείᾱ, -ᾱς (Pädagogik u.a.)	Erziehung, Bildung, Unterricht
ἡ πήρᾱ, -ᾱς	Sack, Ranzen
ὁ ποιητής, -οῦ	Dichter (Poet, poeta)
ὁ πολίτης, -ου (Politik, Polizei)	Bürger, Mitbürger
ὁ πόνος, -ου	Arbeit, Anstrengung, Mühe, Plage
ὁ πόντος, -ου (Helles-pont[8])	(offenes) Meer, (hohe) See
ὁ ποταμός, -οῦ (Meso-potamien[9])	Fluß, Strom
ἡ σκιά, -ᾶς (Ski-optikon)	Schatten, Schattenbild
ὁ Σπαρτιάτης, -ου	Spartaner
ἡ τράπεζα, -ης (Trapez)	Tisch; Tafel (= Mahl)
ὁ υἱός, -οῦ	Sohn
τὸ φάρμακον, -ου (Pharmazie)	Heilmittel, Arznei
ὁ φίλος, -ου (Phil-ipp, Philo-soph)	Freund
ὁ χρόνος, -ου (chronisch, Chronik)	Zeit

Adjektiva

ἀγαθός, -ή, -όν (Agathe)	gut, edel, tüchtig, brav, trefflich

II. [3] eig. Ϝέργον Werk. — [4] θεός hängt lautlich nicht mit deus zusammen. — [5] Arzt aus ἀρχ-ίατρος, eig.: der erste Arzt, Oberarzt; ἀρχι- (zu ἄρχειν, vgl. Archi-tekt) = Erz-; z. B. ἀρχ-άγγελος Erzengel. — [6] λέγω — λόγος: Ablaut; vgl. flechten, flocht, geflochten; tego — toga. — [7] Πελοπόν-νησος eig.: Pelops-Insel. — [8] Ἑλλήσποντος eig.: Meer der Helle. — [9] d. h. Zwischenstromland (μέσος, -η, -ον mitten, in der Mitte).

Αἰγαῖος, -ᾱ, -ον	Ägäisch
ἀλλότριος, -ᾱ, -ον (Allotria treiben)	einem anderen gehörig, fremd
ἕκαστος, -η, -ον	jeder (von mehreren)
ἑκάτερος, -ᾱ, -ον (ἕκαστος)	jeder (von beiden) = uterque
ἴδιος, -ᾱ, -ον	eigen(tümlich)
ἴσος, -η, -ον	gleich (Isotherme)
ἰσχῡρός, -ᾱ́, -όν	kräftig, stark, streng
κακός, -ή, -όν	schlecht, böse, schlimm
καλός, -ή, -όν (Kal-odont)	schön, herrlich; edel, wacker, ruhmvoll
μεστός, -ή, -όν	voll (von: Gen.; vgl. plenus aquae)
μῑκρός, -ᾱ́, -όν (Mikro-skop, Mikro-phon)	klein, gering, kurz, wenig
ὅλος, -η, -ον	ganz (Kat-holik[10])
ὅλη ἡ νῆσος	die ganze Insel
ὅμοιος, -ᾱ, -ον (Homöo-path)	gleich, ähnlich
πολλοί, -αί, -ά (πολλ-άκις; Singular abweichend)	viele, zahlreiche
φίλος, -η, -ον	lieb, teuer, freund(lich)
χαλεπός, -ή, -όν	schwer, beschwerlich, schwierig, lästig, widrig, heftig, schlimm, hart

Zahlwörter

δεύτερος, -ᾱ, -ον	zweiter
δύο (Nom. u. Akk.) (duo)	zwei

Verba

ἄγω (ago)	treiben, führen, bringen
ἀπο-θνῄ-σκω (θάνατος)	sterben
γι-γνώ-σκω (co-gnō-sco)	erkennen, kennen lernen, kennen, verstehen
εἰσίν	sie sind
οὐκ ἔστι(ν) (Betonung!)	er (sie, es) ist nicht
ἔχω	halten, haben, besitzen
ἦν (eram oder erat)	(ich oder er) war
μέλλω	1. vorhaben, wollen, im Begriffe sein, bevorstehen; 2. zögern, zaudern
ὀρύττω	graben, umgraben

Adverbia

ἀεί[11] (aevum, ewig)	immer, stets
ἔμ-προσθεν	vorn
νῦν (nun-c)	nun, jetzt
ὄπισθεν	hinten, rückwärts

Präpositionen

ἐκ (vor Vokalen ἐξ, tonlos; beim Gen.)	aus, von . . aus (e, ex)
μετά (b. Akk.) (Meta-physik)	nach (post)
πρός (b. Akk.)	gegen (. . hin), zu
ὑπέρ[12] (b. Akk.) (super, supra)	über (. . hinaus)

Konjunktionen

ὅτι	daß; weil, da

H. [10] καθ-ολικός, -ή, -όν allgemein. — [11] eig.: αἰϝεί in (ununterbrochen) langer Zeit (Lokativ). — [12] ὑπέρ — super: Anlautendem s des Lateinischen entspricht im Griechischen der spiritus asper.

μέν (nachgestellt)	zwar
μὲν . . δέ	(zwar) . . aber
(μέν bleibt meist, δέ oft unübersetzt)	
ὁ μὲν . . ὁ δέ	der . . der, der eine . . der andere

III. Kapitel

Substantiva

ὁ ἀετός[1], -οῦ	Adler
ὁ ἀθλητής, -οῦ	Wettkämpfer, Athlet
ἡ βουλή, -ῆς (vgl. consilium)	Rat(schlag), Ratschluß, Plan; Beratung, Rat(versammlung)
ὁ γάμος, -ου (Mono-gamie u. a.)	Hochzeit, Ehe
ἡ γῆ[2], γῆς (Geo-graphie, Geo-metrie u. a.)	Erde, Land
ἡ δημο-κρατίᾱ, -ᾱς (δῆμος)	Volksherrschaft, Demokratie
ὁ δῆμος, -ου	Volk; Gemeinde
Διώξ-ιππος, -ου	Dioxippos (griech. Männername)
ἡ ἔρευνα, -ης	Nachforschung
ἡ εὐ-μορφίᾱ, -ᾱς	Wohlgestalt, Schönheit
τὸ ζυγόν, -οῦ	Joch (iugum)
ἡ ἡμέρᾱ, -ᾱς	Tag
ἡμέρᾳ καλῇ (Spr. XXVI)	an einem schönen Tag
αἱ θύραι, -ῶν	auch: (Herrscher-) Hof; vgl. „die Pforte“
ἡ κεφαλή, -ῆς (Mikro-kephale)	Haupt, Kopf
ὁ κόλπος, -ου (Golf; vgl. sinus)	Gewandbausch, Brust, (Meer-)Busen
ἡ λίμνη, -ης	der See, Teich
τὸ ξύλον, -ου (Xylo-phon)	Holz
ὁ Ὀλυμπιο-νίκης, -ου (νίκη)	Olympiasieger; Adj.: in den olympischen Spielen siegreich
ἡ παιδίσκη, -ης (παιδεύω, παιδεία)	Mädchen
ἡ παρ-οιμίᾱ, -ᾱς	Sprichwort
ὁ ῥυθμός, -οῦ	Rhythmus, Takt, Ebenmaß
τὸ σάνδαλον, -ου	Sandale
Ψαμμήτιχος, -ου	Psammetich(os), ägyptischer König (um 650 v. Chr.)

Adjektiva

ἀ-θάνατος[3], -ον (θάνατος)	unsterblich, unvergänglich
Ἀθηναῖος, -ᾱ, -ον	athenisch, aus Athen
ὁ Ἀθηναῖος, -ου	Athener
Αἰγύπτιος, -ᾱ, -ον	ägyptisch (Αἴγυπτος)
αἰσχρός, -ᾱ́, -όν	häßlich, schändlich, schimpflich
βασιλικός, -ή, -όν (βασίλεια, Basilika)	königlich, Königs-
ἐναντίος, -ᾱ, -ον	gegenüberstehend, entgegengesetzt
ὁ ἐναντίος, -ου	Gegner, Widersacher
ἔνιοι, -αι, -α	einige, manche
(ὁ) ἕτερος, -ᾱ, -ον (vgl. ceteri)	der eine (von beiden), der andere (v. b.); ein anderer (von mehreren)

III. [1] ἀετός aus ἀϝιετός, vgl. avis. — [2] γῆ hat in allen Kasus den Zirkumflex. — [3] ἀ- (vor Vokalen ἀν-) = un-, lat. in-: sogenanntes α privativum; vgl. A-theist, An-alphabet.

ἐχθρός, -ά, -όν (inimicus)	feindlich; feindselig; verhaßt
ὁ ἐχθρός, -οῦ	(persönlicher) Feind
θερμός, -ή, -όν (Thermometer)	warm, heiß
κοινός, -ή, -όν (vgl. cum)	gemeinsam, gemeinschaftlich
ξηρός, -ά, -όν	dürr, trocken, vertrocknet
παλαιός, -ά, -όν (Palä-ontologie)	alt (antiquus)
οἱ παλαιοί	die Alten
πιστός, -ή, -όν	treu, zuverlässig
ἄ-πιστος[3], -ον	untreu, treulos
πολέμιος, -ᾱ, -ον	feindlich (Polemik)
ὁ πολέμιος, -ου	Feind (hostis)
πονηρός, -ά, -όν (πόνος)	mühselig, schlimm, schlecht, böse, übel
σοφός, -ή, -όν (σοφία, Philo-soph)	weise, klug
ὁ σοφός, -οῦ	der Weise
χρηστός, -ή, -όν (Chrestomathie)	brauchbar, nützlich, tüchtig, brav, gut

Pronomina

αὐτός, -ή, -ό (vgl. τό) (Auto, Automat)	1. selbst (= ipse); 2. er, sie, es[4] (= is)
ὁ αὐτός, ἡ αὐτή, τὸ αὐτό (ταὐτό[ν])	derselbe, der gleiche (idem)
ἐγώ (ego)	ich (betont)
ἡμεῖς	wir (betont)
σύ (tu)	du (betont)

Verba

ἁρπάζω	wegraffen, rauben
βλάπτω (m. Akk.)	schädigen, schaden
γίγνομαι D.[5] (gigno)	werden, geboren werden, entstehen, geschehen, eintreten, stattfinden, sich erweisen
διδάσκω (διδάσκαλος)	lehren, belehren, unterrichten
δικάζω (δίκη)	richten, Recht sprechen
ἕλκω	ziehen, schleppen
ἥδομαι D.	sich freuen (über: Dativ)
θαυμάζω	bewundern; sich wundern, staunen
κατα-πέτομαι D.	herabfliegen
πέτομαι D. (petere, impetus, penna aus pet-na)	fliegen
κηρύττω	verkünden (als Herold oder durch Heroldsruf)
κομίζω	bringen, schaffen
λούω (lavare)	waschen, baden (trans.)
λούομαι M.[6]	sich waschen, baden (intr.)
παιδεύω (παιδείᾱ)	erziehen, (aus)bilden, unterrichten, (be-)lehren
παύομαι M.	aufhören, ablassen (von: Gen.), abbrechen (τοῦ λόγου), los werden (τῆς νόσου)
πείθω (πιστός)	bereden, überreden, überzeugen
πείθομαι P.[7]	sich bereden lassen; gehorchen, folgen
πολῑτεύω (πολίτης)	Bürger sein

III. [4] αὐτός vertritt wie is das fehlende Personalpronomen der 3. Person in den casus oblīqui (Gen., Dat., Akk.). — [5] D. = Deponens. [6] M. = Medium. — [7] P. = Passiv.

πολῑτεύομαι M.	als Bürger (politisch) tätig sein, Politik treiben
πορεύομαι D. (vgl. proficisci)	sich auf den Weg machen, aufbrechen, gehen, wandern, marschieren, fahren, reisen, ziehen
ῥίπτω	werfen, schleudern
στρέφω (Strophe, straff)	(ver)drehen, kehren, wenden
τι-τρώ-σκω	verwunden
τρέπω	wenden, kehren
τρέπομαι M.	sich wenden
φαίνω (Phänomen, Phantasie)	ans Licht bringen, erscheinen lassen, zeigen
φαίνομαι P.	sich zeigen, (er)scheinen, offenbar werden, offenbar sein

Adverbia

ἐξ-αίφνης	plötzlich, unvermutet
ἤδη	schon, bereits, nunmehr, endlich (schon einmal)
οὔ-πω (οὐ)	noch nicht, noch nie

Präposition

ὑπό (beim Gen.) (sub)	unter; beim Passiv: von (= unter der Einwirkung von)

Konjunktionen

ἆρα (Fragepartikel) = lat. -ne

ὅτε (temporal)	wann, wenn; als
οὖν (nachgestellt wie igitur)	also, daher, nun

Interjektion

ἰδού (vgl. ecce)	sieh! sieh da!

IV. Kapitel

Substantiva

ὁ ἀδελφός, -οῦ (Phil-adelphia)	Bruder
Ἀρταξέρξης, -ου	Artaxerxes, Perserkönig (um 400 v. Chr.)
ἡ δια-θήκη, -ης	Anordnung, letzter Wille, Testament
ὁ δικαστής, -οῦ (δίκη, δικάζω)	Richter
ἡ εἰρήνη, -ης	Friede (Irene)
ὁ κύριος, -ου (Kyrie eleison, Kirche[1], e. church)	Herr
Κῦρος, -ου	Kyros (der Jüngere), persischer Prinz (gest. 401 v. Chr.)
ἡ μάχη, -ης (μάχαιρα)	Kampf, Schlacht
ὁ οὐρανός, -οῦ	Himmel (Urania)
ὁ στρατιώτης, -ου (στρατιά, στρατεύω)	Krieger, Kämpfer, Soldat
ὁ σχολαστικός, -οῦ (Scholastik)	Studierender; zerstreuter Gelehrter
ἡ σχολή, -ῆς (schola)	Muße; Studium, Schule
Φίλ-ιππος, -ου (φίλος)	Philipp(os), König von Makedonien (gest. 336)
ὁ ἵππος, -ου (Hippo-drom, equus)	Pferd, Roß

IV. [1] Von ἡ κῡριακή (Adj., erg. οἰκία Haus) Haus des Herrn.

Adjektiva	
γελοῖος, -ᾱ, -ον	lächerlich, spaßig, lustig
δίδυμος, -η, -ον (δύο)	doppelt, zweifach
δίδυμος ἀδελφός	Zwillingsbruder
καινός, -ή, -όν	neu

Pronomen	
ὑμεῖς	ihr (vos, betont)

Verba	
ἀκούω (Akustik) (mit Gen. der Person; Futur ἀκούσομαι M.)	hören, zuhören, vernehmen
βουλεύω (βουλή)	beraten, Ratsherr sein; M. (sich) beraten, überlegen
ἐβούλευσα	auch: ich wurde Ratsherr
ἐβουλευσάμην (Aorist M.)	auch: ich entschloß mich
διώκω (Διώξ-ιππος)	verfolgen, nachjagen (jem.: Akk.)
δράω (Drama)	tun, handeln
ἐλευθερόω	befreien (von: Gen.)
ἐν-τυγχάνω (mit Dativ)	(zufällig) treffen, begegnen
ἔρχομαι D.	kommen, gehen
κατα-δουλόω (u. M.)	unterwerfen (sich jem.)
δουλόω	zum Sklaven machen, knechten, unterwerfen
νῑκάω (νίκη)	siegen, besiegen
νοσέω (νόσος)	krank sein
Aor. ἐνόσησα	ich wurde krank, erkrankte
πιστεύω (πιστός)	(ver)trauen, glauben
ποιέω (ποιη-τής eig.: der Schaffende)	tun, machen, handeln, schaffen, dichten, bewirken
πυνθάνομαι D.	sich erkundigen, nachforschen, (be)fragen (jem.: Gen.)
στρατεύω u. M. (στρατιά)	ins Feld ziehen, zu Felde ziehen
τελευτάω	(be)enden; intr.: enden[2], sterben
τῑμάω (τιμή)	schätzen, (ver)ehren
φονεύω	(er)morden, töten

Adverbia	
ἅπαξ	einmal (semel)
ποῖ (fragend)	wohin?
πῶς (fragend)	wie? auf welche Weise?

Präpositionen	
κατά (b. Gen.) (κατα-πέτομαι, κατα-δουλόω, Kata-rrh)	von .. herab, unter; gegen, wider
μετά (b. Gen.)	mit
ὑπέρ (b. Gen.) (super)	über; für (= zum Schutze von, lat. pro)

Konjunktionen	
εἰ (= si)	wenn
εἰ μή	wenn nicht
ἤ	oder
ὡς	1. wie (relativ u. beim Ausruf); 2. daß (= ὅτι)

Negation	
μή	nicht (entsprechend dem lat. nē und in Bedingungssätzen)

Interjektionen	
οἴμοι (= οἴ + μοι)	weh mir! weh! ach!
ἀμήν (hebräisch)	wahrlich, Amen

IV. [2] d. i. das Leben beenden.

V. Kapitel

Substantiva

ἡ ἀ-τυχίᾱ, -ᾱς	Unglück, Mißgeschick
ἡ τύχη, -ης (ἐν-τυγχ-άνω)	Zufall, Geschick, Schicksal, Glück
ὁ βίος, -ου (Biologie, Biographie)	Leben, Lebensweise, Lebensunterhalt
ὁ δοῦλος, -ου	Sklave, Knecht, Diener
(δουλόω, eig.: ich mache zum Knecht)	
ὁ θόρυβος, -ου	Lärm, Verwirrung
ὁ κόπος, -ου	Ermüdung, Anstrengung, Beschwerlichkeit
ὁ κυβερνήτης, -ου (gubernator)	Steuermann, Lenker, Leiter
ὁ ξυλο-φόρος, -ου (ξύλον, φέρω)	Holzträger
τὸ πλοῖον, -ου	Fahrzeug, Schiff
ἡ τελευτή, -ῆς (τελευτάω)	Ende, Lebensende
τὸ φορτίον, -ου (φέρω)	(Trag-)Last, Bürde
ὁ ὦμος, -ου (umerus)	Schulter

Adjektiva

γεραιός, -ά, -όν	alt, bejahrt, greis
ὁ γεραιός, -οῦ	Greis
ἐλαφρός, -ά, -όν	leicht; behend, flink
μακρός, -ά, -όν (Makro-kosmos)	lang, weit, groß

Pronomina

ἄλλος, ἄλλη, ἄλλο[1]	ein anderer (alius);
ὁ ἄλλος	der andere (alter)
ἐμός, -ή, -όν	mein
ἡμέτερος, -ᾱ, -ον	unser (ἡμεῖς)
σός, σή, σόν	dein (σύ)
ὑμέτερος, -ᾱ, -ον	euer (ὑμεῖς)

Verba

αἴρω (vgl. tollo)	(er)heben, aufheben, beseitigen, wegnehmen
ἀληθεύω (ἀλήθεια)	wahr sprechen, die Wahrheit sprechen (sagen)
ἀπο-κρίνομαι[2] M.	antworten, beantworten
κρίνω (Kritik, Krise; vgl. cerno)	sondern, (ent)scheiden, beschließen, urteilen, richten
βασιλεύω (βασίλεια, βασιλικός)	König sein, herrschen (über: Gen.)
βούλομαι D. (volo) (vgl. βουλεύω, βουλή) (2. Pers. Sing. Pr. βούλει)	wollen, wünschen
εὔχομαι D.	beten, bitten, wünschen
εὔχομαι θεῷ ὑγίειαν	ich bete zu Gott um Gesundheit
κατα-βάλλω	hinab- (herab-) werfen, abwerfen, niederwerfen
βάλλω	werfen, bewerfen, beschießen
λῡ́ω (Ana-lyse)	lösen, auflösen; erlösen (von: Gen.)
παρα-καλέω (Paraklet)	herbeirufen, zu Hilfe rufen, auffordern, bitten

---

V. [1] eig. ἄλλοδ, vgl. aliu**d**, ebenso τό und αὐτό; **d** ist die pronominale Endung des Neutr. Sing., die im Griech. nach dem Auslautgesetz abfällt. — [2] eig.: von sich aus entscheiden, einen Bescheid geben.

καλέω (Kalendae)	rufen, nennen
(Aor. ἐκάλεσα, auch Futur abweichend)	
πράττω (praktisch, Praxis)	tun, handeln
προσ-έρχομαι D.	heran- (herbei-) kommen, (hin)kommen (zu: auch bloßer Dativ)
ψέγω	tadeln

Adverbia

αὐτίκα (αὐτός)	sofort, sogleich (eig.: im selben Augenblick)
χαμαί (humi)	am (Erd-)Boden, zu Boden

Präposition

ἐπί (beim Gen.)	auf, an (wo?)
ἐπί (beim Akk.)	auf (wohin?); gegen (= auf . . los), zu

Konjunktionen

ἐάν	mit Konjunktiv (aus εἰ + ἄν[3])	wenn (etwa)
ἐὰν μή	mit Konjunktiv (aus εἰ + ἄν[3])	wenn nicht
ἵνα	mit Konjunktiv (final)	auf daß, damit; verkürzt: um zu
ἵνα μή	mit Konjunktiv (final)	auf daß nicht, damit nicht; verkürzt: um nicht zu
μηδέ[4] (= μὴ δέ)		und nicht, auch nicht, nicht einmal
οὐδέ (= οὐ δέ)		und nicht, auch nicht, nicht einmal
ὅπως (vgl. πῶς, ὡς)		wie auch immer
m. Konjunktiv (final, Negation μή)		auf daß, damit; verkürzt: um zu

VI. Kapitel

Substantiva

ὁ ἀγών, -ῶνος (ἄγω, Agonie)	Wettkampf, (Wett-)Spiel, Kampf (eig. Kampfplatz)
Ἀθηνᾶ[1], -ᾶς	Athena, Göttin der Weisheit und Kunstfertigkeit
ἡ βάλανος, -ου	Eichel
ὁ βάτραχος	Frosch
ἡ δρῦς, δρυός	Eiche
ἡ εὐ-εργεσίᾱ (εὖ Adv.: gut, wohl; ἔργον)	Wohltat
ὁ ἡγεμών, -όνος (Hegemonie)	Wegweiser, Führer, Heerführer, Fürst
ἡ ἰσχύς, -ύος (1 W.?)	Kraft, Stärke
ὁ ἰχθύς, -ύος	Fisch (Ichthyosaurus)
ὁ λέων, λέοντος	Löwe (leō, Leo)
ἡ μεσ-ημβρίᾱ[2] (1 W.?)	Mittag; Süden

V. [3] Die Partikel ἄν bedeutet etwa, allenfalls. — [4] οὐδέ (μηδέ) „und nicht" setzt einen verneinten Satz negativ fort (V, Satz 7), καὶ οὐ (καὶ μή) einen bejahten Satz (V, Satz 11, Schluß). μηδέ steht, wenn die Verneinung des Satzes μή ist, also z. B. beim Konjunktiv; ebenso dann auch μήπω (noch nicht, noch nie) statt οὔπω.

VI. [1] Ἀθηνᾶ hat wie γῆ in allen Kasus den Zirkumflex. — [2] Aus μεσ-ημρία mit Einschub eines β zur Erleichterung der Aussprache; vgl. fr. nombre zu numerus.

μέσος, -η, -ον (medius)	(in)mitten, in der Mitte, mittlerer
ὁ μῦς, μυός (mūs)	Maus
ὁ ὁδοι-πόρος[3] (2 W.?)	Wanderer
ἡ Πελοπόν-νησος, -ου	Peloponnes (eig.?)
ἡ πίτυς, -υος (pinus)	Pinie, Fichte
ἡ πληγή	Schlag, Hieb, Streich
ὁ (ἡ) σῦς, συός (sūs)	Schwein, Eber, Sau
ἡ τροφή	Nahrung, Kost, Speise, Futter
ἡ φωνή (Tele-phon, Phono-graph)	Laut, Ton, Stimme
ἡ ὥρᾱ (hōra, Horo-skop)	Jahres- (Tages-)zeit, Zeit, Stunde

Adjektiva

ἀ-χάριστος, -ον	undankbar
ἀ-χρεῖος, -ον (χρηστός)	unbrauchbar, unnütz, nutzlos
νέος[4], -ᾱ, -ον (νε-ανίας, novus)	neu, frisch, jung
ὁ νέος	Jüngling, jung. Mann
ὀλίγος, -η, -ον (Olig-archie)	wenig, klein, gering, kurz (von der Zeit)
σκιερός, -ᾱ́, -όν (1 W.?)	schattig
στερεός, -ᾱ́, -όν (Stereometrie)	starr, hart, fest, stark
ὑψηλός, -ή, -όν	hoch

Verba

ἀνα-βλέπω (1 W.?)	hinaufschauen, emporblicken
ἀνα-παύομαι M. (2 W.?)	ausruhen, rasten
ἀπο-λαύω (mit Gen.)	genießen
ἄρχομαι M. (2 W.?)	anfangen, beginnen
δαμάζω	zähmen, bezwingen
ἔστι(ν)	(er, sie, es) ist = existiert, es gibt
θεάομαι D. M.[5] (Theater)	anschauen, zusehen
Aor. ἐθεᾱσάμην	ich sah, erblickte
καθ-έζομαι[6] D. (Katheder[7], Kathedrale[8])	sich niedersetzen, sich lagern, sitzen
ὄζω (odor)	riechen, stinken
ὀνειδίζω (meist m. Dat.)	schmähen, beschimpfen

Adverbia

ἅλις	genug, genügend
ἔτι καὶ νῦν	auch jetzt (heute) noch
ἡδέως (ἥδομαι)	freudig, gern
πόρρω (porro)	vorwärts, weiter
πρῴ	früh (morgens), in der Frühe, zeitig
ὕστερον adv. Akk. n. zu	später, nachher
ὕστερος, -ᾱ, -ον	später (kommend)
ὥσπερ[9] (1 W.?)	wie (relativ)

VI. [3] ὅδοι ist Lokativ (Ortsfall) von ὁδός; ὁδοι-πόρος also eig.: der auf dem Weg Gehende (πορεύομαι). — [4] eig.: νέϝος = novus. — [5] D. M. = Deponens mit medialem Aorist; dagegen D. P. = Deponens mit Passivaorist (in aktiver Bedeutung); so πορεύομαι, Futur πορεύσομαι (M.), Aor. ἐπορεύθην (P.). — [6] Stamm ἑδ = sed- (sedere). — [7] ἡ καθ-έδρᾱ Sitz, Lehrstuhl. — [8] = (ecclesia) cathedralis Kirche am Bischofssitz. — [9] ὥσ-περ = ὡς, verstärkt durch das enklitische πὲ́ρ (steigernd: sehr, auch); hieraus erklärt sich der abweichende Akzent.

Präposition

ὑπό (b. Dativ)	unter (= sub beim Abl.)

Konjunktion

ἐπεί (vgl. cum)	1. als, nachdem (temporal); 2. da, weil (kausal)

Interjektion

ὦ (v. d. Vokativ)	o, ach (bleibt meist unübersetzt)

VII. Kapitel

Substantiva

ὁ ἀήρ, ἀέρος (āēr)	Luft (Aeroplan)
ὁ Αἰθίοψ[1], -οπος	Äthiope
ἡ ἀλώπηξ, -εκος	Fuchs (vulpes)
ἡ ἀσπίς, -ίδος	der Schild
ἐπ' ἀσπίδα	links um!
ὁ γείτων, -ονος	Nachbar
ὁ γέρων, -οντος (1 W.? Geront, Gerusie)	Greis
ἡ γλαύξ, γλαυκός	Eule
ἡ γνώμη (γι-γνώ-σκω)	Erkenntnis, Einsicht, Meinung, Wille, Sinn, Sinnspruch, Spruch
τὸ γόνυ, γόνατος	Knie (genu)
ὁ γῦψ, γῡπός	Geier
ὁ δαίμων, -ονος (Dämon)	Gott, Gottheit, (guter oder böser) Geist
τὸ δόρυ, δόρατος	Speer, Lanze
ἐπὶ δόρυ	rechts um!
ἡ Ἑλλάς, -άδος	Hellas, Griechenland
ὁ Ἕλλην, -ηνος	Hellene, Grieche
ἡ ἐλπίς, -ίδος	Hoffnung
Εὐκλείδης, -ου	Eukleides (Euklid), griech. Mathematiker (um 300 v. Chr.)
ἡ θρίξ, τριχός	Haar (Trichine)
ὁ κόραξ, -ακος	Rabe (corvus)
ὁ (ἡ) κύων, κυνός (canis; Kyniker, zynisch)	Hund
ὁ λύκος (lupus)	Wolf
τὸ μάθημα, -ατος (1 W.? Mathematik)	Lehre, Kenntnis, Erkenntnis, Wissenschaft
τὸ νεῦρον (Neuralgie, nervus, Nerv)	Sehne; Pl. auch: Triebkraft
ὁ ὀδούς, -όντος (Kalodont, Odol) (dēns)	Zahn
ὁ ὄνυξ, -υχος (Onyx)	Klaue, Kralle, Fingernagel
τὸ οὖς, ὠτός Gen. Pl. ὤτων	Ohr
ὁ (ἡ) παῖς, παιδός Gen. Pl. παίδων (3 W.?)	Kind: Knabe, Sohn; Mädchen, Tochter
ἡ πατρίς, -ίδος (patria, Patriot)	Vaterland, Heimat, Vaterstadt
τὸ πῆμα, -ατος	Leid, Unglück
Πλᾰ́των, -ωνος	Platon, ath. Philosoph, Sokrates' Schüler
ὁ πλοῦτος[2] (Plutokratie, Pluton)	Reichtum (eig. Fülle)
ὁ ποιμήν, -ένος	Hirt
ὁ πούς, ποδός, Dat. Pl. ποσί(ν)	Fuß (pēs) (Podium, Antipode)

VII. [1] Von αἴθω (vgl. aedis eig.: Brandstätte = Hausherd) brennen und Wurzel ὀπ Gesicht (Op-tik); also eig.: „Brandgesicht“ (d. h. mit sonnverbranntem Gesicht). — [2] πλοῦτος verwandt mit plus, plenus.

τὸ πρᾶγμα, -ατος (πράττω, pragmatisch)	Tat, Geschäft, Sache, Ding; Pl. auch: Lage (res)
ὁ προ-φήτης, -ου	Verkünder, Prophet
τὸ πῦρ, πῠρός	Feuer (Pyrotechnik)
Pl. τὰ πῠρά, -ῶν, -οῖς	Wachtfeuer
τὸ σῶμα, -ατος (Somato-logie)	Leib, Körper; Leichnam
τὸ ὕδωρ, ὕδατος (Hydrant u. a.)	Wasser
ὁ φιλό-σοφος (3 W.?)	Philosoph, Denker
ὁ φύλαξ, -ακος (Hundename Phylax)	Wächter, Hüter, Wache
ἡ χείρ, χειρός	Hand
Dativ Pl. χερσί(ν) (Chirurg)	
χρή (undekl.; χρηστός)	eig.: Not(wendigkeit)
mit Inf. od. Acc. c. inf. (erg. ἐστίν, vgl. necesse est)	es ist nötig, notwendig, man soll, man muß
τὸ χρῆμα, -ατος (χρηστός, χρή)	(brauchbarer) Gegenstand, Sache, Ding; Pl. auch: Mittel, Geld

Adjektiva

αἴτιος, -ᾱ, -ον	schuld (an: Gen.); schuldig
ἄ-λογος, -ον (1 W.?)	unvernünftig
δειλός, -ή, -όν	furchtsam, feig, elend, unselig, arm
μῶρος, -ᾱ, -ον	töricht, dumm
ὁ μῶρος	der Tor

Zahlwort

τέτταρες[3], -α	vier

(südslaw. četiri; russisch tschetüre)

Pronomina

ἀλλήλων, -οις, -αις usw. (ἄλλος, par-allel)	einander
ἐμ-αυτοῦ, -ῆς	meiner (selbst)
σ(ε-)αυτοῦ, -ῆς	deiner (selbst)
ἑ-αυτοῦ (αὑτοῦ)	seiner (selbst)
ἑ-αυτῆς (αὑτῆς)	ihrer (selbst)
ἡμῶν αὐτῶν	unser (selbst)
ὑμῶν αὐτῶν	euer (selbst)
ἑ-αυτῶν (αὑτῶν)	ihrer (selbst)

Verba

ἀγαπάω	liebreich behandeln, lieben
ἀλλάττω (ἄλλος)	verändern, wechseln
ἅπτομαι D. (mit Gen.)	anfassen, berühren
δια-σπαράττω	zerreißen
ἐμ-βαίνω (1 W.?)	(hin)einsteigen, besteigen (εἰς), daraufsteigen, darauftreten (auf: Dativ)
ἐπι-πίπτω (m. Dativ)	überfallen, herfallen (über), angreifen
πίπτω	fallen, stürzen
ἔφη[4] (Imperfekt)	er sagte, sprach
λευκαίνω	weißmachen, weiß waschen
λευκός, -ή, -όν (lux, lucis, Levkoje)	(leuchtend) weiß
νίζω	waschen
τέρπω (Euterpe)	erfreuen
τρέφω (τροφή)	(er)nähren, füttern; aufziehen, erhalten

(eig.: dick machen) (= Unterhalt geben)

Adverbia

εὖ (Eu-gen)	gut, wohl

VII. [3] Hiezu τράπεζα, eig. τετρά-πεζα (τετρα- + Wurzel πεδ von πούς, pēs): eig. Vierfüßler. — [4] ἔφη Imperfekt mit Aoristbedeutung vom Stamm φη, φᾰ (vgl. προφή-της, fa-ri) = inquit (oft in die direkte Rede eingeschoben).

μακράν (erg. ὁδόν)	weit (weg), weithin
οὕτω(ς)	auf diese Weise, so
πλησίον	nahe, in der Nähe
ὁ πλησίον	der Nächste, Mitmensch
πρότερον	zuvor, vorher, früher,
adv. Akk. n. zu	eher
πρότερος, -ᾱ, -ον	früher(er)

Präposition

ἀντί[5] (b. Gen.) (Anti-alkoholiker u. a.)	statt, anstatt, an Stelle (von), für, um

Konjunktion

γάρ (nachgestellt wie enim)	denn, nämlich

VIII. Kapitel

Substantiva

ὁ ἄγγελος (Angelika, Evangelium)	Bote, Botschaft; auch: Engel
Ἄρης, -εως, -ει, -η	Ares, Kriegsgott
Ἀριστο-φάνης, -ους	Aristophanes, athen. Komödiendichter (um 420 v. Chr.)
τὸ γένος, -ους (genus)	Geschlecht, Herkunft, Gattung, Art
ἡ δεινότης[1], -τητος	Furchtbarkeit, Gewalt
Δημο-σθένης[2], -ους (1 W.? eig.?)	Demosthenes, athen. Staatsmann (4. Jh.)
Διο-γένης, -ους (1 W.?)	Diogenes, kynischer Philosoph (4. Jh.)
τὰ Διονύσια, -ων (Plw.)	Dionysien, athen. Fest zu Ehren des Dionysos
ἡ δυσ-γένεια[3] (γένος)	unedle Geburt, niedere Herkunft
τὸ ἔθος, -ους	Gewohnheit, Sitte, Brauch
τὸ ἔπος, -ους (Epos)	Wort, Nachricht, Vers; Pl.: Heldengedicht, Gedicht
ἡ εὐ-τέλεια (εὐ-τελής)	Wohlfeilheit, Billigkeit; Einfachheit, Genügsamkeit
τὸ ἦθος, -ους (Ethik)	Sitte, Charakter
τὸ κάλλος, -ους (1 W.?)	Schönheit, Pracht
τὸ κέρας, κέρως (κέρ-ατος) (cornu)	Horn; Flügel (des Heeres)
τὸ κέρδος, -ους	Gewinn, Vorteil
ἡ κοτύλη	Napf, Schälchen
τὸ κρέας, κρέως (auch Pl. τὰ κρέᾱ)	Fleisch
ἡ κωμῳδίᾱ	Komödie, Lustspiel
ὁ κωμῳδ(ι)ο-ποιός (Wr.?)	Komödiendichter
Μένανδρος	Menander, athen. Komödiendichter (um 300 v. Chr.)
τὸ μέρος, -ους	Teil, Anteil
ἐκ μέρους	(nur) zum Teil, teilweise

VII. [5] ἀντί hat die Grundbedeutung gegen (vgl. ant-worten) nur in Zusammensetzungen.

VIII. [1] Das Suffix -της (-τητος) entspricht dem lat. -tās (-tātis). — [2] τὸ σθένος, -ους Kraft, Stärke, Macht; Δημο-σθένης = Diet-rich (diet Volk, rich mächtig, vgl. rex). — [3] δυς- (untrennbare Vorsilbe) = miß- (schlecht).

ὁ οἶνος[4] (Oeno-loge, vīnum)	Wein
Ὅμηρος	Homer, epischer Dichter (um 800 v. Chr.)
ἡ ὁμῑλίᾱ	Verkehr, Umgang
τὸ ὄνειδος, -ους (1 W.?)	Schmach, Schimpf, Schande, Vorwurf
Περι-κλῆς[5], -κλέους	Perikles (gest. 429)
τὸ πνεῦμα, -ατος (Pneumatik)	Hauch, Atem; Geist (vgl. spiritus)
ὁ πόλεμος (1 W.?)	Kampf, Krieg
ὁ ῥήτωρ, -ορος	Redner (Rhetorik)
ἡ σάρξ, σαρκός	Fleisch (Sarkophag)
Σοφο-κλῆς[5], -κλέους (eig.?)	Sophokles, athen. Tragödiendichter (5. Jh.)
ἡ συμ-φορᾱ́[6] (φέρω)	Ereignis; Unglück, Unglücksfall
Σωκράτης[7], -ους	Sokrates (gest. 399)
ἡ τραγῳδίᾱ	Tragödie, Trauerspiel
τὸ ὕψος, -ους (1 W.?)	Höhe; das Hohe, Hochstehende, Erhabene
τὸ ψεῦδος, -ους (1 W.?) (Pseudonym)	Lüge, Täuschung, Betrug

Adjektiva

ἀ-ληθής, -ές (2 W.?)	wahr, wahrhaft, wirklich
τὸ ἀληθές (= τἀληθές)	Wahrheit
ἀ-μαθής, -ές (2 W.?)	unwissend, ungebildet
ἀ-σθενής[2], -ές	kraftlos, schwach
ἀ-σφαλής, -ές	nicht wankend, fest, sicher
αὐτ-άρκης, αὔτ-αρκες (1 W.?)	sich selbst genügend, unabhängig
δυσ-τυχής[3], -ές; ἀ-τυχής, -ές (Wr.?)	unglücklich, un(glück)selig
ἐπι-φανής, -ές (φαίνω, Epiphanie)	sichtbar, ausgezeichnet, hervorragend
εὐ-γενής, -ές (2 W.? Eugen)	(wohlgeboren:) vornehm, edel (gesinnt)
εὐ-κλεής[5], -ές	ruhmvoll, berühmt
εὐ-τελής, -ές	wohlfeil, billig, einfach, genügsam
εὐ-τυχής, -ές (Wr.?)	glücklich
θνητός, -ή, -όν (θάνατος, ἀ-θάνατος)	sterblich, vergänglich
πολῑτικός, -ή, -όν (1 W.?)	(staats)bürgerlich, politisch;
ὁ πολῑτικός	Staatsmann, Politiker
πολυ-χρόνιος, -ον (1 W.?)	(lang) dauernd, von langer Dauer
πρό-θῡμος, -ον	(bereit)willig
συν-ήθης, σύν-ηθες (ἦθος)	vertraut, (gut) bekannt (eig.: zusammengewöhnt)
ὁ συνήθης, -ους	der vertraute Freund
ψευδής, -ές (2 W.?)	lügnerisch, lügenhaft, trügerisch, falsch

Pronomen

τὶς (m., f. Nom.), τὶ (n. Nom., Akk.) (vgl. τίς; τί; quis? quis)	(irgend)wer, (irgend)einer, jemand, mancher, man, ein (gewisser); n. (irgend)etwas	= (ali)quis und quidam

---

VIII. [4] eig. Ϝοῖνος. — [5] τὸ κλέος, -ους Ruf, Ruhm; -κλῆς entspricht dem deutschen -mar berühmt (z. B. Diet-mar = Δημο-κλῆς). — [6] eig.: was sich (mit) zuträgt. — [7] τὸ κράτος, -ους Stärke, Kraft.

Verba

εἶναι	sein (esse)
ἐκ-ρίπτω (1 W.?)	hinauswerfen (aus: Gen.)
ἐπ-ᾴδω	hinzusingen, dazudichten
ᾄδω	singen, besingen
πίνω (bibo)	trinken
σκώπτω	(ver)spotten, (ver-)höhnen
στέργω	lieben, lieb haben
φθείρω	zugrunde richten, verderben

Infinitiv Präs. Akt.: παύ-ειν abbringen

Adverbia

ἐγγύς (als Präp. beim Gen.)	nahe, in der Nähe
καλῶς	schön, edel, tapfer, gut
μάλιστα	am meisten, gar sehr, besonders; (als Antwort:) gewiß, jawohl
μόνον (adv. Akk. n. zu μόνος, -η, -ον) (Monarch, Monolog, Mönch[8])	allein, nur, bloß
οὔ-ποτε, μή-ποτε	(Wr.?) niemals, nie
ποτέ (vgl. ὅτε)	(irgend)einmal, einst, jemals, je

Präposition

ἐπί (b. Dativ)	auf, an, bei (wo?); auf Grund, wegen

Partikel

νή (oder ναί)	ja, wahrlich, fürwahr (lat. nē)
νή τοὺς θεούς (Akk. des Ausrufs)	(fürwahr) bei den Göttern

IX. Kapitel

Substantiva

ἡ ἀκρό-πολις, -εως	Oberstadt, Stadtburg, Akropolis
ἄκρος, -ᾱ, -ον	spitz, hoch (acer)
ὁ ἀ-μάραντος	Immortelle, Tausendschön
τὸ ἄνθος, -ους (Chrys-anthem, Antho-logie)	Blüte, Blume
Ἀπόλλων, -ωνος Akk. auch Ἀπόλλω	Apollon
Ἀριστο-τέλης, -ους	Aristoteles, griech. Philosoph, Schüler Platons
τὸ ἄστυ, -εως (oft ohne Artikel = Athen[1])	(innere) Stadt, Hauptstadt
ὁ Ἀτρείδης[2], -ου	der Atreide = Atreus' Sohn
ἡ γένεσις, -εως (1 W.? Genesis)	Werden, Entstehung, Geburt
ὁ διά-λογος (2 W.?)	Unterredung, Gespräch (Dialog)
ἡ δύναμις, -εως (Dynamo, Dynamit, Dynastie)	Vermögen, Kraft, Macht, Einfluß, Bedeutung

---

VIII. [8] ὁ μοναχός, -οῦ (monachus).

IX. [1] Wie bei uns: Wir gehen in die „Stadt". — [2] Ἀτρείδης sogen. Patronymikon, Bezeichnung nach dem Namen des Vaters; vgl. „Paulsen" = Pauls Sohn.

ἡ ἔρις, -ιδος, Akk. ἔριν (Göttin Eris)	Streit(igkeit), Zank, Hader
ἡ εὐ-ωδίᾱ (ὄζω)	Wohlgeruch, Duft
τὸ ζῷον (Zoologie) (vgl. animal)	Lebewesen, Wesen, Geschöpf, Tier
ἡ ἡδονή (2 W.?)	Freude, Lust, Vergnügen, Genuß
τὸ θέλημα, -ατος	Wille (θέλω)
Ἱππο-κράτης, -ους (eig.?)	Hippokrates, griech. Arzt und Naturforscher (um 400 v. Chr.)
ὁ κίνδῡνος	Gefahr
ἡ κόρυς, -υθος Akk. κόρυν (od. κόρυθα)	Helm
τὸ μυστήριον	Geheimnis, Mysterium
οἱ ὀλίγοι (w.?)	die Oligarchen, Adeligen
ἡ ὄψις, -εως (Stamm ὀπ, F.?)	das Sehen, Gesicht(s-sinn), Aussehen, Anblick
ὁ πῆχυς, -εως	Ellenbogen, Elle
ἡ πόλις, -εως (2 W.?) (Politik, Polizei)	Stadt, Staat, Stadtstaat[3]
τὸ ῥόδον (Rhodos)	Rose
ἡ στάσις, -εως	Aufstand, Zwist(igkeit), Parteizwist, Partei(ung)
ἡ τέρψις, -εως (1 W.?)	Freude, Genuß
ἡ ὕβρις, -εως	Übermut, Überhebung, Frevel(mut)
Φαῖδρος	Phaidros, junger Athener, Sokrates' Schüler
ἡ φῠ́σις, -εως (Physik, physisch)	Natur, Naturanlage, Wesen
φύσει	von Natur aus (w.?)
ἡ χάρις, -ιτος Akk. χάριν (1 W.?) (Charitin)	Anmut, Reiz, Huld, Liebe(sdienst), Gunst, Gnade, Dank (vgl. gratia)
ὁ χειμών, -ῶνος (hiems)	Wintersturm, Winter, Sturm
τὸ χωρίον, -ου (1 W.?)	(freier) Raum, Ort, Land (Ggs. Stadt), Flur

Adjektiva

βαρύς, -εῖα, -ύ (Barometer, Bariton)	schwer (von Gewicht), beschwerlich, lästig
βραχύς, -εῖα, -ύ	kurz, klein, gering,
ἐν βραχεῖ (χρόνῳ)	in kurzem, in kurzer Zeit, bald
γλυκύς, -εῖα, -ύ (Glyzerin, Lakritze[4])	süß, angenehm
Ἑλληνικός, -ή, -όν (2 W.?)	hellenisch, griechisch
ἡδύς[5], -εῖα, -ύ (1 W.? suāvis)	erfreulich, angenehm, lieb, süß
ὀξύς, -εῖα, -ύ (Oxyd, Oxygen)	scharf, sauer; schnell, reißend, heftig; scharfsinnig
ταχύς, -εῖα, -ύ	schnell, rasch, flink

Verba

βιοτεύω (1 W.?)	leben
δι-άγω (Wr.?)	(hindurch)führen, verbringen (das Leben)

IX. [3] Bei den Griechen waren lange Zeit Stadt und Staat dasselbe. — [4] ἡ γλυκύρριζα (ἡ ῥίζα Wurzel): Süßwurzel. — [5] eig. σϝηδύς = suā(d)vis (e. sweet); hiezu suadere (an)genehm machen, raten.

δια-φθείρω (Wr.?)	(ganz) verderben, vernichten, zugrunde richten, zerstören; P. intr.: zugrunde gehen
ἐθέλω oder θέλω	entschlossen sein, bereit sein, wollen
ἐλεέω (mit Akk.) (Eleison)	bemitleiden, sich erbarmen
ἐξ-έρχομαι D. (Wr.?)	heraus- (hinaus-) kommen, -gehen, hervorgehen
ἐργάζομαι D. M. (1 W.?)	(be)arbeiten, tun, verrichten, bewirken, vollbringen
ἐσθίω (ēdo, ēsse)	essen
ἦσαν (erant)	sie waren
κόπτω (κόπος „Zerschlagenheit")	schlagen, abschlagen, abhauen
κτάομαι D. M.	(sich) erwerben, gewinnen
μακαρίζω	glücklich (selig) preisen (wegen: Gen.)
μαραίνω (ἀ-μάραντος, Marasmus)	hinschwinden lassen; intr. P. verwelken
μετα-βάλλω (Wr.?)	herumwerfen, verändern
τὸ μεταβάλλειν	Veränderung, Wechsel
τίκτω	gebären, erzeugen, schaffen
φοβέομαι D. P.	(sich) fürchten (vor: Akk.)
ψεύδω (2 W.? F.?)	täuschen, betrügen; P. sich täuschen (lassen), (sich) irren; M. (be)lügen[6]

Adverbium

σχεδόν	nahezu, beinahe, fast, so ziemlich

Präpositionen

ἄνευ (beim Gen.)	ohne
διά (beim Gen.) (Diagonale)	durch (= per); zeitlich: während

Konjunktion

καὶ . . καί (et — et)	sowohl . . als auch

X. Kapitel

Substantiva

Ἀλέξανδρος	Alexander
Ἀλέξανδρος ὁ μέγας	Alexander der Große (356—323)
ἡ ἀνδρείᾱ	Mannesmut, Heldenmut, Mut, Tapferkeit
Ἄρτεμις, -ιδος Akk. -ιν	Artemis
Ἀχιλλεύς, -έως	Achille(u)s
ὁ βασιλεύς, -έως (3 W.?)	König, Fürst
βασιλεύς / βασιλεὺς μέγας (ohne Artikel)	der Perserkönig, der Großkönig
οἱ γονῆς, -έων (Wr.?)	Eltern
Sing. ὁ γονεύς, -έως	Erzeuger, Vater
ὁ ἑρμηνεύς, -έως	Dolmetsch
ὁ ἥρως, -ωος	Held, Heros
ἡ ἠχώ, ἠχοῦς	Echo, Widerhall
ὁ ἱερεύς, -έως	Priester

IX. [6] eig.: für sich (zu seinem Vorteil) täuschen.

ἱερος, -ᾱ́, -όν	heilig, geweiht
(Hiero-glyphe, Hieronymus)	
Ἴλιον (= Τροίᾱ)	Ilion (= Troja)
ὁ ἱππεύς, -έως (1 W.?)	Reiter, Ritter
ὁ κῆρῡξ, -ῡκος (1 W.?)	Herold
ἡ λύρᾱ (Lyrik)	Lyra, Leier, Laute
ὁ Μακεδών, -όνος	Makedonier
Πάρις, -ιδος Akk. Πάριν	Páris, Sohn des Priamos
Πηλεύς, -έως	Peleus, König von Phthia
ἡ προ-μηθίᾱ, meist προμήθεια	Voraussicht, Vorsicht (Prometheus)
ὁ πτωχός	Bettler; Adj. (bettel-) arm
Σαπφώ, -οῦς	Sappho, Liederdichterin aus Lesbos (um 600 v. Chr.)
τὸ στράτευμα, -ατος (Wr.?)	Heer
ὁ ὕπνος (Hypnose)	Schlaf
ἡ ᾠδή (ᾄδω)	Gesang, Lied, Ode

Adjektiva

δίκαιος, -ᾱ, -ον (3 W.?)	gerecht, recht, billig
εὐ-δαίμων[1], εὔδαιμον, -ονος (1 W.?)	glücklich, (glück)selig, gesegnet, reich
Ἐφέσιος, -ᾱ, -ον (Adj. zu ἡ Ἔφεσος)	ephesisch, aus Ephesos (in Kleinasien)
ὁ Ἐφέσιος	Ephesier

ἥμισυς, -εια, -υ	halb (Hemisphäre, semis)
τὸ ἥμισυ, -εος	die Hälfte
καθαρός[2], -ᾱ́, -όν	rein
(Katharina, Katharer, Ketzer = die Reinen, Katharsis)	
μέγας, μεγάλη, μέγα, μεγάλου, μεγάλης	groß, bedeutend (Megaphon)
μέλας, μέλαινα, μέλαν, μέλανος, μελαίνης	schwarz, dunkel (Melanie, Melancholie)
πᾶς, πᾶσα, πᾶν, παντός, πάσης, Pl. m. n. Gen. πάντων, Dat. πᾶσι(ν)	jeder, ganz, all (Pantheismus, Paneuropa u. a.)
πᾶσα πόλις	jede Stadt
πᾶσα ἡ πόλις	die ganze Stadt; Pl.: alle Städte
πεζός[3], -ή, -όν (πούς, pēs)	zu Fuß
οἱ πεζοί	Fußsoldaten, Fußtruppen
πένης, -ητος (πόνος)	arm
πλούσιος[4], -ᾱ, -ον (1 W.?)	reich
πολύς, πολλή, πολύ, πολλοῦ, πολλῆς	viel, zahlreich; lang (Zeit), gewaltig
(Poly-gon, Poly-nesien u. a.)	
σώ-φρων[5], σῶφρον, σώφρονος	besonnen, vernünftig, maßvoll, bescheiden
χαρίεις, -εσσα, -εν, χαρίεντος, -έσσης, Dat. Pl. χαρίεσι(ν)	anmutig, reizend, hold, lieb(lich) (2 W.?)

X. [1] εὐδαίμων eig.: wer einen guten δαίμων hat. — [2] καθαρός hat mit Katarrh nichts zu tun. — [3] Wurzel πεδ. — [4] πλούσιος aus πλούτιος: τι wird zu σι; vgl. die übliche lateinische Aussprache von ti = zi (natio). — [5] Vom Stamm σω „heil" und ἡ φρήν, φρενός Zwerchfell, gew. Pl.: Denken, Sinn, Verstand, Geist. (Das Zwerchfell galt in alter Zeit als Sitz der Seele und der geistigen Vorgänge.) σώ-φρων also eig.: „heilen (gesunden) Sinnes".

Zahlwörter

δέκα (Deka, decem)	zehn (althochdeutsch zehan)
δέκατος, -η, -ον	zehnter

Verba

ἐρίζω (1 W.?)	streiten, hadern (mit: Dativ)
καθ-εύδω	schlafen
ὀρέγομαι D.	(ver)langen, begehren, streben (nach: Gen.)

Adverbium

μάλα (Sup. μάλιστα)	sehr

Präpositionen

πρό (beim Gen.) (prō)	vor (örtl. u. zeitl.)
σύν (b. Dativ) (cum)	mit

Konjunktionen

εἰ (im abh. Fragesatz) ob

καὶ εἰ = εἰ καί καὶ ἐάν = ἐὰν καί mit Konj.	auch wenn, wenn auch, obwohl, obgleich (vgl. etsi, etiamsi)

Partikel

τοί [6] fürwahr, gewiß, ja

XI. Kapitel

Substantiva

ἡ Ἀσίᾱ	Asien
τὸ δεσμωτήριον	Gefängnis, Kerker
ὁ δεσπότης, -ου Vok. δέσποτα	Herr, Gebieter (Despot)
ἡ ἐκ-κλησίᾱ (vom Stamm κλη zu καλέω) (ecclesia, fr. église)	Volksversammlung, Versammlung; später: (christliche) Gemeinde, Kirche
ἡ ἐξ-ουσίᾱ (vgl. potestas)	Erlaubnis, Berechtigung, Recht, Gewalt, Macht, Behörde, Obrigkeit
ἡ εὐ-δαιμονίᾱ (Wr.?)	Glück(seligkeit)
τὸ θέρος, -ους (θερμός)	Sommer
τὸ καῦμα, -ατος	Hitze, Glut
Κρῖτων, -ωνος	Kriton, Sokrates' Freund

X. [6] τοί ist eig. ein Dativ von τύ (Nebenform von σύ, vgl. tu, du); dieser Dativ ist eine Bekräftigung des Gesagten (= ich sage es dir). Ebenso wird im Deutschen dir (umgangssprachlich d'r) gebraucht: „Das war dir ein Spaß (d'r a Gspaß)."

(τὰ) Μέγαρα, -ων (Plw.)	Megara, Stadt zwischen Athen und Korinth
ὁ μισθός	Lohn, Mietlohn, Sold
ὁ νόμος (auto-nom)	Brauch; Gesetz
ὁ ὄνος	Esel
ἡ σῑγή (eig. σϝῑγή)	Schweigen, Stillschweigen
τὸ τέλος, -ους (2 W.?)	Ende, Schluß, Ziel, Zweck (vgl. finis)
ὁ φόβος (1 W.?)	Furcht, Schrecken

Adjektivum

σπουδαῖος, -ᾱ, -ον	eifrig, fleißig; ernst, wichtig

Verba

εἶπον (Aorist auf -ον[1] vom Stamm εἰπ zu λέγειν)	ich sagte, sprach
κελεύω[2] (celer) (mit Akk., vgl. iubeo)	heißen, befehlen, gebieten
κωλύω	(ver)hindern
μισθόω (μισθός)	vermieten, verdingen; M. mieten (eig.: sich vermieten lassen)
προ-φέρω (Wr.?)	(her)vorbringen
σῑγάω (σῑγή) Aor. ἐσίγησα	(ver)schweigen ich wurde still, verstummte
σῴζω (Zeitformen vom Stamm σω-: σώσω, ἔσωσα, ἐσώθην)	(er)retten, erhalten, beschützen
ὑγιαίνω (1 W.?)	gesund sein, gesund bleiben
φυλάττω (φύλαξ)	(be)wachen, (be)hüten, (be)wahren, erhalten, (be)schützen

Adverbia

ἔπ-ειτα	dann, hierauf, hernach
σφόδρα	heftig, (gar) sehr

Konjunktionen

εἰ γάρ / εἴ-θε (= utinam)	wenn doch, ach (o) daß doch, (ach, o) . . doch
ἐπει-δή (1 W.?) (quon-iam aus quom-[= cum]iam)	als nun, nachdem nun, da (weil) ja
τέ . . καί (τέ = -que)	sowohl . . als auch; (meist bloß:) und

Partikel

ἄν	eig.: allenfalls, etwa; beim Optativ: wohl

XII. Kapitel

Substantiva

Ἀριστο-γείτων, A., -ονος / Ἁρμόδιος H.,	Mörder des Tyrannen Hipparchos (514 v. Chr.)
ἡ ἀ-σέβεια (Wr.?)	Gottlosigkeit (Ggs.?)
ἡ βλάβη (1 W.?)	Schaden, Nachteil
ὁ δια-φθορεύς, -έως (1 W.?)	Verderber, Verführer

XI. [1] Sogenannter starker Aorist, dessen Indikativ wie das Imperfekt abgewandelt wird: εἶπ-ον, εἶπ-ες, εἶπ-ε(ν), εἴπ-ομεν, εἴπ-ετε, εἶπ-ον. — [2] eig.: (zu schneller Bewegung) antreiben.

ὁ κατ-ήγορος[1] (Kategorie)	Kläger, Ankläger
Μέλητος	Meletos, einer der Ankläger des Sokrates
ἡ ὀργή (ὀρέγομαι)	Trieb, Leidenschaft, Zorn
τὸ πεδίον	Ebene
ἡ πέτρᾱ (Petrus, Petr-oleum)	Fels
Σόλων, -ωνος	Solon, athen. Staatsmann und Dichter (um 590 v. Chr.)
ὁ τύραννος	Alleinherrscher, Gewaltherrscher, Tyrann

Adjektiva

ἄ-δηλος, -ον	unklar, ungewiß
ἄκων, ἄκουσα, ἆκον, ἄκοντος, ἀκούσης (= ἀέκων)	unfreiwillig, widerwillig, ungern, unabsichtlich, unvorsätzlich
ἀ-σεβής, -ές (θεο-σέβεια)	unfromm, gottlos, ruchlos
εὐ-σεβής, -ές	fromm, gottesfürchtig
βραδύς, -εῖα, -ύ	langsam, träge
δαιμόνιος, -ᾱ, -ον (1 W.? dämonisch)	göttlich, übermenschlich, wunderbar
τὸ δαιμόνιον	das göttliche Zeichen
δεινός, -ή, -όν (1 W.?)	furchtbar, schrecklich, gefährlich, gewaltig
δῆλος, -η, -ον	klar, offenbar
ἑκών, ἑκοῦσα, ἑκόν, ἑκόντος, ἑκούσης	(frei)willig, gern, absichtlich, vorsätzlich
ἔν-δοξος, -ον (2 W.?)	berühmt, ruhmvoll

Verba

ἁμαρτάνω	fehlen, irren, sündigen
ἀπο-τρέπω (Wr.?)	abwenden, abhalten, warnen
βουλὴν[2] βουλεύομαι	Rat pflegen; Aor.: ich faßte einen Entschluß
γηράσκω (2 W.?)	alt werden, altern
γράφω (Graphit, Geograph u. a.; urv. kerben)	schreiben, malen; M. (schriftlich) anklagen[3] (wegen: Gen.)
ἐρωτάω	fragen, befragen
κατα-ψηφίζομαι M.	verurteilen (πολίτου θάνατον einen Bürger zum Tode[4])
ψηφίζομαι M.	seine Stimme abgeben, abstimmen, beschließen
τὸ μέλλον, -οντος	Zukunft (eig.?)
νομίζω (νόμος)	meinen, glauben, halten (jem. für: doppelter Akk.)
παρ-άγω (Wr.?)	irreführen, verleiten (eig.: danebenführen)
πάσχω	leiden, erleiden, erdulden, erfahren (= erleben)
εὖ (κακῶς) πράττω (intrans.)	ich befinde mich gut (schlecht), es (er-)geht mir gut (schlecht)
προ-τρέπω (Wr.?)	hinwenden, antreiben, ermahnen
σέβομαι M. (Wr.?)	ehren, verehren, hochachten
σπεύδω (σπουδαῖος, eig.: eilig)	sich sputen, eilen, sich bemühen
φυτεύω (φύ-σις)	pflanzen

XII. [1] Von κατ-ηγορέω eig.: gegen jem. sprechen, aussagen, jem. anklagen; ἡ κατηγορία Aussage, Anklage. — [2] Inneres Akkusativobjekt; vgl. pugnam pugnare. — [3] eig.: für sich aufschreiben (lassen). — [4] eig.: gegen einen Bürger (κατά beim Gen.) den Tod beschließen.

Adverbia

ἄγαν	(gar) sehr, (all)zusehr
ἀληθῶς (Wr.?)	in Wahrheit, in der Tat
ἐκ-ποδών[5] (eig.?)	aus dem Wege, fern
ἔνδον	(dr)innen, im Innern
ἡ ἔνδον φωνή	die innere Stimme
οὐδ-αμῶς[6] } (Wr.?)	auf keine Weise,
μηδ-αμῶς }	keineswegs

Konjunktionen

οὔ-τε . . οὔ-τε }	(Wr.? Akzent?)	weder . . noch
μή-τε . . μή-τε }	(neque . . neque)	

XIII. Kapitel

Substantiva

ὁ ἀπό-στολος	Abgesandter, Apostel
ἡ γεω-μετρίᾱ (γῆ)	Feldmeßkunst, Geometrie
ὁ μαθηματικός (2 W.?)	Mathematiker
Μέν-αιχμος (μένω)	Menaichmos, griech. Männername
Παῦλος	Paulus
ἡ ῥίζα, -ης	Wurzel
ἡ φιλ-αργυρίᾱ (1 W.?)	Geldgier, Habsucht, Geiz
ὁ ἄργυρος (argentum)	Silber, Geld
ἡ φιλίᾱ (1 W.?)	Freundschaft, Liebe

Adjektiva

δυνατός, -ή, -όν (1 W.?)	vermögend, imstande, fähig; möglich
ἰδιωτικός, -ή, -όν (ἴδιος)	einem einzelnen gehörig, privat
ὁ ἰδιώτης, -ου (Idiot)	der einzelne, Privatmann, Mann ohne Amt u. Würde, Laie
κωφός, -ή, -όν	stumm, taub
σύν-τομος, -ον	abgekürzt, kurz (eig. zusammengeschnitten; vgl. das „Abschneiden" von Serpentinen!)
φαῦλος, -η, -ον	gering, minderwertig, schlecht

Verba

ἀ-δικέω (4 W.?)	Unrecht tun (jem.: Akk.); P. Unrecht (er)leiden
αἰσθάνομαι D. M. (Ästhetik)	wahrnehmen, empfinden, (be)merken
ἀπο-λῡ́ω (Wr.?)	loslösen, befreien; freisprechen (von: Gen.)
ἀριθμέω (Arithmetik)	zählen
ὁ ἀριθμός	Zahl
αὐλέω	Flöte blasen, Flöte spielen
ὁ αὐλός	Röhre, Flöte
αὐξάνω (augeo)	vermehren, vergrößern, großmachen, fördern

XII. [5] ἐκποδών ist aus ἐκ ποδῶν zum Adverbium erstarrt; vgl. inmitten, obviam. — [6] Aus οὐδέ + ἀμῶς (auf irgendeine Weise, Adv. von dem ungebräuchlichen Pronomen ἀμός irgendein, e. some).

ἐκ-βάλλω (Wr.?)	hinauswerfen, vertreiben
ἐπι-βουλεύω (2 W.?)	Böses planen (gegen: Dat.), bedrohen, auflauern, einen Anschlag planen (gegen)
λογίζομαι D. M. (Wr.?)	(be)rechnen, (be)denken, überlegen
οἴομαι[1] D. P. (2. Pers. Sing. Pr. οἴει)	vermuten, meinen, glauben
ὀρχέομαι D. M.	tanzen (Orchester[2])
συγ-γίγνομαι D. M.	zusammenkommen, verkehren (mit: Dat.)
συμ-βουλεύω (3 W.?)	raten
συ-στρατεύω u. M. (4 W.?)	mit zu Felde ziehen, am Feldzug teilnehmen (mit: Dativ)

Adverbia

εὐθύς	gerade, sogleich, sofort
οὐκ-έτι μη-κ-έτι[3]	(Wr.?) nicht mehr

Präposition

κατά (beim Akk.)	längs .. hin(ab), durch (.. hin), gemäß, nach (vgl. secundum)

Partikel

δῆτα	(doch) wirklich, gewiß
οὐ δῆτα	gewiß nicht
δέομαι[1] (m. Gen.)	ermangeln, bedürfen (einer Sache)
δέομαί σου πολλά	ich bitte dich um vieles
δια-λύω (Wr.?)	(auf)lösen, zerstören, vernichten

XIV. Kapitel

Substantiva

ἡ ἀνάγκη	Zwang, Notwendigkeit
Δημό-κριτος (Wr.?)	Demokrit(os), griech. Naturforscher (um 400 v. Chr.)
Εὐρῑπίδης, -ου	Euripides, athen. Tragödiendichter (5. Jh. v. Chr.)
ἡ ζω-γραφίᾱ (ζῷον u. 1 W.?)	Malerei
θέρους (Spr. XXVI)	im Sommer
ἡ μαλακίᾱ	Weichlichkeit, Schlaffheit
Μᾶρκος Αὐρήλιος	Markus Aurelius, röm. Kaiser (2. Jh. n. Chr.)
ὁ μύρμηξ, -ηκος	Ameise
τὸ πάθος, -ους	Leid, Leidenschaft (Pathos, Sympathie; πάσχω)
ἡ ποίησις, -εως (2 W.?)	Dichtkunst, Dichtung, Poesie
ἡ πρᾶξις, -εως (2 W.? F.?)	Handlung, Tat
Σιμωνίδης, -ου	Simonides, griech. Lyriker (um 480 v. Chr.)
ὁ τέττιξ, -ιγος	Baumgrille, Zikade
ἡ φθορά (φθείρω u. 1 W.?)	Verderben, Vernichtung

XIII. [1] Zeitformenbildung abweichend. — [2] ἡ ὀρχήστρᾱ Tanzplatz (im Theater). — [3] μη-κ-έτι ist mit eingeschobenem κ nach dem Vorbild von οὐκ-έτι gebildet (Analogie).

Adjektiva

ἀστεῖος, -ᾱ, -ον (1 W.? vgl. urbanus)	städtisch, fein, gebildet, witzig
ἐμ-φύλιος, -ον	stammverwandt
ἡ ἐμ-φύλιος στάσις	Bürgerzwist
ἐσθλός, -ή, -όν	wacker, edel, brav, tüchtig
ἑτερ-όφθαλμος, -ον	einäugig (Wr.? w.?)
μουσικός, -ή, -όν (1 W.?)	mus(ikal)isch, harmonisch, melodisch
ταπεινός, -ή, -όν (vgl. humilis)	niedrig, gering, demütig

Verba

ἀγανακτέω	ungehalten sein, empört sein
αἰτέω (mit dopp. Akk.)	bitten, fordern, verlangen
ἀξιόω	für wert halten, beanspruchen, fordern, bitten (m. dopp. Akk.)
ἀ-πορέω (πορεύεσθαι, ὁ πόρος Weg, Mittel; eig.: ohne Weg sein)	in Verlegenheit (Not) sein, Mangel haben (an: Gen.), ratlos sein, im Zweifel sein, nicht (ein und aus) wissen
γελάω [1]	lachen
δοκέω [1] (δόξα, Dogma)	meinen, glauben; scheinen
ἐν-αντιόομαι [2] D. P. (1 W.?)	entgegentreten, sich widersetzen
εὐ-τυχέω (Wr.?)	glücklich sein
ἀ-τυχέω (Wr.?)	unglücklich sein
ἔχω (intrans.) (vgl. πράττω intr.)	sich verhalten, sich befinden
εὖ ἔχω	ich befinde mich wohl, es geht mir gut
ζηλόω (Zelot, fr. zèle)	nacheifern, nachstreben (jem.: Akk.)
ἦλθον (starker Aorist vom Stamm ἐλθ zu ἔρχομαι)	ich kam
ἡττάομαι D. P.	unterliegen, besiegt werden (eig.: schwächer sein)
λαλέω (lallen)	plaudern, reden
μῑμέομαι D. M.	nachahmen (Mimik)
ὁράω [3] (Pan-orama)	(zu)sehen, schauen
ποιέω (mit dopp. Akk.)	jem. zu etw. machen
σιωπάω	schweigen, still sein
συγ-χωρέω (χωρίον, χώρα)	Platz machen, nachgeben; gestatten
συν-άγω (Synagoge, Wr.?)	zusammenführen, (ver)sammeln
ταπεινόω [4] (ταπεινός)	erniedrigen, demütigen
ὑψόω (2 W.?)	erhöhen
φιλο-καλέω (Wr.? καλός)	das Schöne lieben, die Kunst pflegen
φιλο-σοφέω (Wr.?)	die Wissenschaft lieben (pflegen), philosophieren
φθονέω	beneiden (jem.: Dativ)
φρονέω (φρήν, σώ-φρων)	sinnen, denken

XIV. [1] Zeitformenbildung abweichend. — [2] Impf. ἠναντιούμην. Das Augment zeigt, daß die Zusammensetzung von ἐν-αντίος nicht mehr als solche empfunden wurde. — [3] Wurzel ϝορ, vgl. gewahren. Augment und Zeitformenbildung abweichend. — [4] eig.: niedrig machen. Die Verba auf -όω bedeuten öfters zu etwas machen, z. B. δουλόω zum Sklaven machen.

μέγα φρονέω (w.?)	hochmütig sein, stolz sein
ὠφελέω	fördern, nützen (jem.: Akk.)

Adverbium

τότε (vgl. πότε, ποτέ, ὅτε)	damals, dann, da

XV. Kapitel

Substantiva

ὁ ἀγωνο-θέτης, -ου (1 W.?)	Kampfrichter
ἀνάγκη (erg. ἐστίν, mit Inf. oder AcI)	es ist notwendig, man muß (= necesse est)
ὁ ἄνεμος	Wind (eig.: Hauch)
(animus, Anemone, eig.: Windblume)	
Ἐπί-κουρος	Epikur(os), athen. Philosoph (um 300 v. Chr.)
Ἡράκλειτος	Herakleitos (Heraklit), ionischer Naturforscher (um 500 v. Chr.)
Θεμιστο-κλῆς, -κλέους (Wr.?)	Themistokles, athen. Staatsmann (um 480 v. Chr.)
ἡ Λιβύη	Libyen, Afrika
(ὁ) Μαραθών, -ῶνος	Marathon, Dorf in Attika
ὁ μάρτυς, -υρος, Dat. Pl. μάρτυσι(ν)	Zeuge (Märtyrer[1], Marter)
Μιλτιάδης, -ου	Miltiades, athen. Feldherr (um 490 v. Chr.)
ὁ ναύτης, -ου (nauta, Argonaut)	Schiffer, Seemann, Matrose
τὸ πήδημα, -ατος	Sprung
Πομπήιος	Pompejus, Gegner Cäsars (gest. 48)
(ἡ) Ῥόδος (ῥόδον)	Rhodos
(ἡ) Ῥώμη	Rom
τὸ τρόπαιον[2] (τρέπω, Trophäe)	Siegeszeichen, Siegesdenkmal
ἡ χύτρᾱ	Topf

Adjektivum

σῖτ-αγωγός, -όν (1 W.?)	Getreide führend
ὁ σῖτος, Pl. τὰ σῖτα	Getreide, Brot, Speise
πλοῖον σῖτ-αγωγόν	Getreide(transport)-schiff

Pronomen

ὅσος, -η, -ον (relativ)	wie (groß), wie (viel) (quantus); Pl. auch: alle, die; n. alles, was

Verba

ἀπο-δημέω (1 W.?)	verreist sein; Aor.: ich verreiste
ἀριστεύω (ἄριστα, F.?)	der Beste sein, sich auszeichnen (in etw.: Akk.)
βοάω	rufen, schreien
δεῖ μοι χρήματος	es mangelt mir an einer Sache, ich habe nötig, bedarf, brauche e. S.

XV. [1] d. i.: Blutzeuge. — [2] eig.: Wendezeichen, da es dort errichtet wurde, wo sich der Feind zur Flucht gewendet hatte.

δεῖ m. Inf. (AcI) (vgl. χρή)	es ist nötig, notwendig, man muß, man soll
διψῶ[3], -ῆν	dürsten, Durst haben
ἐάω[4]	lassen, zulassen
ζέω	sieden
ζῶ[3], ζῆν (ζῷον)	leben
θαρρέω	mutig sein, Mut haben, sich nicht fürchten
ἰάομαι D. M. (1 W.?)	heilen
κομπάζω	prahlen, sich brüsten
οἰκέω (Öko-nom)	hausen, (be)wohnen, verwalten (πόλιν)
ὁ οἶκος[5] (vīcus)	Haus, Wohnung
ὁμοιόω (1 W.?)	gleichmachen, vergleichen (mit: Dativ)
πεινῶ[3], -ῆν	hungern, Hunger haben
πηδάω[6]	springen
πήδημα[7] πηδάω	einen Sprung tun
εἰσ-πηδάω	hineinspringen
πλέω (πλοῖον)	(zu Schiff) fahren, segeln
ἀπο-πλέω	abfahren, absegeln
πνέω (πνεῦμα, F.?)	hauchen, wehen
ῥεῖν (Rheuma)	fließen, strömen
ῥῑγόω (frīgus)	frieren
στεφανόω	bekränzen
ὁ στέφανος	Kranz (Stefan)
χρῶμαι[3], χρῆσθαι (χρή, χρηστός, χρῆμα)	benützen, gebrauchen, verwenden, sich bedienen

mit Dativ (χρήμασιν), eig.: sich nützen mit etw., vgl. utor m. Abl.; mit doppeltem Dativ (σοὶ φίλῳ): jem. gebrauchen (haben, nehmen) als (zu) . ., vgl. uti Socrate magistro

Adverbia

ἄριστα (adv. Akk. n. Pl.) (ἀρ-ετή, Aristo-krat)	am besten, sehr gut
ἐκεῖ	dort
οἴκαδε (οἶκος)	nach Hause, heim
οἴκοι[8] (Lokativ)	zu Hause, daheim
πάλιν	zurück, wieder(um)
πέλας (vgl. πλησίον)	nahe, in der Nähe
ὁ πέλας	Nachbar
πώ (vgl. οὔ-πω)	irgendwie; nach Negationen: noch

XVI. Kapitel

Substantiva

Ἀγαμέμνων, -ονος	Agamemnon, König von Mykenai
ὁ ἀνήρ, ἀνδρός	Mann, Gatte, Gemahl
(ἀνδρείᾱ, Ἀλέξ-ανδρος, Andreas)	
ὁ Ἀχαιός	Achaier, alter Gesamtname der Griechen
ὁ (ἡ) βοῦς, βοός (bōs)	Rind; m. Ochse, f. Kuh
ἡ γυνή, γυναικός (Gynäko-loge, e. queen)	Weib, Frau, Gattin
Ἑλένη	Helena
τὸ ἔτος[1], -ους	Jahr (vetus)

XV. [3] Die hier falsche Form auf -άω, (-άομαι) ist zu vermeiden. — [4] Augment abweichend. — [5] eig. ϝοῖκος = vīcus. — [6] Die Wurzel πηδ ist gedehnte Ablautsform (Dehnstufe) zu πεδ; vgl. pēs, pĕdis. — [7] Inneres Objekt. — [8] Der Lokativ Sing. hatte die Endung ι (οἴκο-ι, vgl. domi).

XVI. [1] eig. ϝέτος = vetus; vetus eig.: jährig, (schon) ein Jahr alt (z. B. Wein, Haustiere), im Ggs. zu den Erzeugnissen des laufenden („heurigen") Jahres.

Ζεύς, Διός[2]	Zeus (eig.: Himmelsgott)
(Dios-kuren, Διο-γένης, Ziu)	
ἡ θυγάτηρ, -τρός	Tochter (e. daughter)
ὁ ἱστός	Mastbaum; Webebaum, Webstuhl
ὁ κόσμος (Kosmos, Kosmetik)	Ordnung, Schmuck, Zier(de); Welt(all)
ὁ λεώς, λεώ	Volk, Kriegsvolk, Heer; Pl.: Mannen
Μενέ-λεως, -εω (Wr.?)	Menelaos
ἡ μήτηρ, μητρός (mater, Metro-pole)	Mutter
ἡ ναῦς, νεώς (1 W.? nāvis)	Schiff
ὁ νεώς, νεώ	Tempel, Heiligtum
τὸ ὄνομα, -ατος (nomen, anonym)	Name; als gramm. Fachausdruck: Nomen
ὁ πατήρ, πατρός (1 W.? pater)	Vater
ἡ πτῶσις, -εως (πί-πτ-ω)	Fall (auch als Fachausdruck = Kasus)
(ἡ) Σπάρτη (1 W.?)	Sparta
τὸ τεῖχος, -ους (Deich)	Mauer
ὁ τόπος (Topo-graphie)	Ort, Gegend, Stelle, Platz
ὁ Τρώς, Τρωός, Gen. Pl. Τρώων	Troer, Trojaner
ὁ χαρακτήρ, -ῆρος	Gepräge, Ausdruck, Charakter

Adjektiva

ἀν-αρίθμητος, -ον (2 W.?)	unzählbar, zahllos
ἄξιος, -ᾱ, -ον (1 W.?)	wert, würdig
ἔν-τῑμος, -ον (2 W.?)	geehrt, geachtet
ἄ-τῑμος, -ον	ungeehrt, ehrlos
ἵλεως, ἵλεων	gnädig, gütig
Λατῖνος, -η, -ον (Latinus)	lateinisch

Verba

γνωρίζω	(er)kennen
ἐ-γενόμην[3] (starker Aorist vom Stamme γεν	ich wurde, ward, wurde geboren usw. zu γί-γν-ομαι, vgl. γένος)
ἐκ-πολι-ορκέω (πόλις)	erobern (durch Belagerung)
πολι-ορκέω[4]	belagern
ἐπ-αν-έρχομαι D. (Aor. ἐπ-αν-ῆλθον)	zurückkommen, zurück-(heim-)kehren
ἔ-φυγον[5] (starker Aorist von φεύγω)	ich entfloh, ergriff die Flucht, entkam, entrann
ἡγέομαι D. M. (1 W.? Hegemonie) (vgl. die entsprechenden Bedeutungen von ducere)	1. führen (anführen: mit Gen.; Weg weisen: mit Dativ); 2. glauben, meinen, halten für (Akk.)
κατα-λείπω (re-linquo)	zurücklassen, hinterlassen, verlassen, im Stiche lassen

---

XVI. [2] Wurzel Δjευ (Vollstufe, hiezu Iuppiter aus Ioupiter = Djeu pater) und Διϝ (Schwundstufe) = Himmel. — [3] Der Präsensstamm γι-γν ist mit Präsensreduplikation (γι) aus der um ε verkürzten (reduzierten) Stammform γν (Schwundstufe) gebildet, der Aoriststamm γεν zeigt die unverkürzte Vollstufe. Ebenso gi-**gn**-o — **gen**-ui. — [4] eig.: eine Stadt mit einer Umwallung (τὸ ἕρκος, -ους) umschließen. — [5] Auch die starken Aoriste ἔ-φυγ-ον (Präs. φεύγ-ω) und ἔ-λιπ-ον (Präs. λείπ-ω) sind von der um ε verkürzten Schwundstufe gebildet: φευγ — φυγ, λειπ — λιπ.

λείπω (starker Aorist ἔλιπον[5])	(ver)lassen, zurücklassen
κυβερνάω (1 W.? gubernare)	steuern, lenken, leiten, regieren
μάχομαι D. M. (2 W.?)	kämpfen, streiten, fechten (mit: Dativ)
ὀνομάζω (ὄνομα)	nennen, benennen
πορθέω	zerstören, vernichten, verwüsten
ὕω	regnen (lassen)

φιλέω (2 W.?)	lieben, lieb haben

Präposition

ἕνεκα (nach d. Gen.)	wegen, halber, um willen (vgl. causā, gratiā)

Konjunktionen

ὅμως (= tamen)	gleichwohl, dennoch, doch, trotzdem
τέ . . τέ (dichterisch) (-que . . -que)	sowohl . . als auch, und

XVII. Kapitel

Substantiva

ἡ βασιλείᾱ (4 W.?)	Königsherrschaft, Königreich, Reich
τὸ γῆρας, γήρως (3 W.?)	Greisenalter, Alter
ἡ ἐλευθερίᾱ (1 W.?)	Freiheit
ἡ ἐσθής[1], -ῆτος (vestis)	Kleid(ung), Gewand
ἡ ἥβη (Hebe)	Jugend(alter), Reife
Ἡρᾰκλῆς, -κλέους (ἥρως, κλέος)	Herakles, griech. Heros
Ἰησοῦς, Gen., Dat., Vok. Ἰησοῦ, Akk. Ἰησοῦν	Jesus
ὁ καιρός	(entscheidender) Zeitpunkt, Augenblick, (rechte) Zeit
ἡ κακίᾱ (1 W.?)	Schlechtigkeit, Laster
τὸ μέτρον (Meter, Metrik, metiri)	Maß
ἡ ὁμοιότης, -τητος (2 W.?)	Gleichheit, Ähnlichkeit
ὁ τρόπος (τρέπω, Tropen[2])	Art, Weise, Sitte, Charakter (eig.: Wendung)

Adjektiva

ἁβρός, -ᾱ́, -όν	weichlich, üppig
ἄ-πειρος, -ον (mit Gen. wie imperitus)	unerfahren, unkundig
ἄ-πονος, -ον (1 W.?)	mühelos, ohne Mühe
δια-φανής, -ές (Wr.?)	durchscheinend, durchsichtig
εὐ-πρεπής, -ές	(wohl)anständig, schicklich, stattlich
πρέπει (unpers.)	es (ge)ziemt, schickt sich
κόσμιος, -ᾱ, -ον (1 W.?)	ordentlich, züchtig

XVII. [1] eig. Ϝεσθής. — [2] d. i. die Gegend zwischen den Wendekreisen; auch = Redefiguren (eig. Redewendungen).

λαμπρός, -ά, -όν (Lampe)	leuchtend, glänzend, prächtig, herrlich
μαλακός, -ή, -όν (1 W.?)	weich, sanft
ῥᾴδιος, -ᾱ, -ον	leicht (zu tun; = facilis)

Pronomina

ἐκεῖνος, -η, -ο (ille)	jener (vgl. ἐκεῖ)
ὅ-δε[3], ἥ-δε, τό-δε (hic)	der (hier), dieser (mein)
τόδε (τάδε)	oft: folgendes
οἷος, -ᾱ, -ον (qualis)	wie (beschaffen), was für ein, welch
ὅς, ἥ, ὅ (qui)	der, die, das; welcher; wer, was
οὗτος, αὕτη, τοῦτο (iste, hic)	der (da), dieser (dein)
μετὰ ταῦτα	hierauf, hernach
πότερος, -ᾱ, -ον (fragend; uter)	welcher (von beiden)?
τοι-οῦτος, τοι-αύτη, τοι-οῦτο(ν) (talis)	so (beschaffen), solch
τοι-οῦτος . . οἷος	so (beschaffen) . . wie
τοσ-οῦτος, τοσ-αύτη, τοσ-οῦτο(ν) (tantus)	so groß, so viel
τοσ-οῦτος . . ὅσος	so groß (so viel) . . . wie

Verba

αἱρέω[4]	nehmen, fangen, erreichen, erobern; M. für sich nehmen, wählen (jem. zu: doppelter Akk.)
ἀ-κολουθέω	folgen, begleiten
ἀπ-αντάω	begegnen
ἀπατάω	betrügen, täuschen
δηλόω (2 W.?)	klarmachen, bekanntgeben, zeigen
δωρέομαι D. M. (1 W.?)	schenken
εἶδον[5]	ich sah, erblickte

(starker Aorist vom Stamm ἰδ zu ὁράω, vgl. videre)

ἐμ-μένω (Wr.?)	dabei bleiben, treu bleiben
ἕπομαι[6] D. M. (sequor) (τινί)	folgen, nachfolgen, begleiten (jem.)
ἥκω	gekommen sein, da sein; Imperfekt auch mit Aoristbedeutung: ich war gekommen, ich kam
κολάζω	züchtigen, (be)strafen
κοσμέω (2 W.?)	ordnen, schmücken, zieren
μετ-έχω (Wr.?) (μετά b. Gen.)	(An)teil haben (an: Gen.) (eig.: mithaben)
μετρέω (μέτρον)	(be)messen
μῑσέω (Mis-anthrop)	hassen
ὀργίζομαι D. P. (1 W.?)	zürnen
ὁρμάω	in Bewegung setzen; intr. u. P.: aufbrechen, eilen, übergehen (εἰς ἥβην)
ποιέω σε ἀγαθά	ich tue dir Gutes
ποιοῦμαί (M.) σε φίλον	ich mache mir dich zum Freunde

XVII. [3] -δε enklitisches Suffix (auch in οἴκα-δε); hieraus erklärt sich der Akzent von ἥδε. — [4] Zeitformenbildung abweichend außer αἱρήσω, ᾕρηκα, ᾕρημαι. — [5] Stamm eig. ϝιδ (vid-ere); Aorist ἔ-ϝιδον = εἶδον. — [6] Augment und Zeitformenbildung abweichend.

σκοπέω[7] (Mikro-skop)	(aus)schauen, beachten, überlegen, erwägen, bedenken
ὑπ-ισχνέομαι[7] D. M.	auf sich nehmen, versprechen, verheißen
χαρίζομαι D. M. (3 W.?)	einen Liebesdienst erweisen, (gerne) schenken

Präpositionen

ἐκ παίδων	vom Knabenalter an, von Kindheit an
μέχρι (b. Gen.)	bis zu (örtl. u. zeitl.)

Konjunktion

πότερον . . ἤ	(ob . .) oder (utrum . . an) (in unabh. u. abh. Doppelfragen)

XVIII. Kapitel

Substantiva

ἡ ἀξίνη	Axt
Ἑρμῆς, -οῦ	Hermes
ἡ Κόρινθος	Korinth
ὁ νοῦς, νοῦ	Sinn, Verstand, Vernunft, Geist, Gedanke
ὁ πέλεκυς, -εως	Axt, Beil
ὁ πλοῦς, πλοῦ (2 W.?)	Schiffahrt, Fahrt
ὁ σίδηρος	Eisen
ὁ ψεύστης, -ου (3 W.?)	Lügner, Betrüger

Adjektiva

ἀ-δύνατος, -ον (2 W.?)	unvermögend, unfähig; unmöglich
ἀν-ίᾱτος, -ον (2 W.?)	unheilbar
ἅ-πᾶς, ἅ-πᾶσα, ἅ-πᾶν, ἅπαντος, ἁ-πάσης (verstärktes πᾶς)	jeder, ganz; Pl.: alle zusammen, insgesamt
ἁ-πλοῦς[1], -ῆ, -οῦν (vgl. sim-plex)	einfach, schlicht, aufrichtig
ἀργυροῦς, -ᾶ, -οῦν (1 W.?)	silbern, aus Silber
εὔ-νους, εὔ-νουν (Wr.?)	wohlgesinnt, wohlwollend, gütig
Λακεδαιμόνιος, -ᾱ, -ον	lakedaimonisch, spartanisch
ὁ Λακεδαιμόνιος	Lakedaimonier, Spartaner
σιδηροῦς, -ᾶ, -οῦν (1 W.?)	eisern, aus Eisen
φθονερός, -ά, -όν (1 W.?)	neidisch, mißgünstig
χαλκοῦς, -ῆ, -οῦν	ehern, bronzen
ὁ χαλκός	Erz, Bronze
χρῡσοῦς, -ῆ, -οῦν	golden, aus Gold
ὁ χρῡσός	Gold (Chrys-antheme)

Pronomina

ὁ-ποῖος, -ᾱ, -ον (1. verallg. rel.; 2. ind. frag.)	1. wie beschaffen auch immer; 2. wie beschaffen, was für ein
ὁ-πόσος, -η, -ον (1. verallg. rel.; 2. ind. frag.)	1. wie groß (viel) auch immer, Pl. auch: alle, die, n. alles, was; 2. wie groß (viel)

XVII. [7] Zeitformenbildung abweichend.

XVIII. [1] Nicht von πλοῦς, sondern von der Wurzel πελ falten, fr. plier.

ὅσ-τις, ἥ-τις, ὅ τι	1. wer (welcher) auch immer; jeder, der; n. alles, was (verallg. rel.); 2. wer, was; welcher; was für ein (indir. frag.)
ποῖος, -ᾱ, -ον (fragend)	wie beschaffen? was für ein? (qualis?)
πόσος, -η, -ον (fragend)	wie groß? (quantus?) wie viel? n. auch: wie weit?

Zahlwort

ἀμφότεροι, -αι, -α	beide (ambo)
ἀμφότεροι οἱ υἱοί	beide Söhne

Verba

ἀνα-φέρω (Wr.?)	hinauftragen, heraufholen, emporbringen
ἀνά (Präp. b. Akk.)	(hin)auf, über .. hin
ἀπο-βάλλω (Wr.?)	wegwerfen, verlieren
ἀρνέομαι D. P.	verneinen, leugnen
ἔ-βαλ-ον (starker Aorist vom Stamm βαλ zu βάλλω)	ich warf (ab), traf, erlegte
ἐπι-θῡμέω (τινός)	verlangen, begehren
ὁ θῡμός[2] (Thymian)	(erregtes) Gemüt, Leidenschaft, Mut, Sinn
ζημιόω	(be)strafen
θρηνέω	(be)klagen
κατ-έχω	festhalten, zurück(be)halten, innehaben (eig.: niederhalten)
κέ-κτη-μαι (κτάομαι)	besitzen (w.?)
νεμεσάω (Nemesis)	unwillig sein, verargen
νοέω (Wr.?)	wahrnehmen, (be)denken
ξυλεύομαι (2 W.?)	Holz sammeln
πειράομαι D. M. u. D. P. (τινός; ἄ-πειρος, vgl. peritus, experior, Pirat)	versuchen, erproben (jem.)

Adverbia

αὖθις	wieder(um)
πότε (fragend) (vgl. ποτέ)	wann?
ποῦ (fragend)	wo?
ὅπου	wo (auch immer)
τέλος (adv. Akk.)	endlich, schließlich

Konjunktionen

ὁπότε (vgl. πότε, ὅτε) ὁπόταν (= ὁπότε + ἄν) mit Konj.	wann immer, (jedesmal) wenn, sooft

XIX. Kapitel

Substantiva

ἡ ἀγάπη (1 W.?)	(christliche) Liebe
τὸ ἀκρόᾱμα, -ατος	das (gern) Gehörte: Ohrenschmaus
ὁ ἄρχων, -οντος (Wr.?)	Herrscher, Vorgesetzter, Beamter, Archont
ἡ δόσις, -εως (Dosis)	Gabe

XVIII. [2] θυμός (urv. fūmus) ist eig. das in wallender Erregung befindliche Gemüt.

ὁ ἔπ-αινος	Lob, Lobrede
τὸ ἐπιτήδευμα, -ατος	Beschäftigung, Geschäft, Beruf
Ἡσίοδος	Hesiod(os), griech. Dichter (um 700 v. Chr.)
τὸ θέᾱτρον (1 W.?)	Schauplatz, Theater
τὸ κτῆμα, -ατος (1 W.?)	Besitz
ὁ λαγῳός	Hase
τὸ μέλι, -ιτος	Honig (mel)
ἡ μεσότης, -τητος (1 W.?)	Mitte, Mittelweg
ἡ πίσσα, -ης	Pech (pix)
ἡ πίστις, -εως (4 W.?)	Treue, Vertrauen, Glaube
τὸ πρό-βατον (gew. Pl.; βαίνω; eig.: das Vorwärtsschreitende)	Kleinvieh: Schaf, Ziege
ὁ σοφιστής, -οῦ (Wr.?)	Weiser, Weisheitslehrer, Sophist
ἡ συγ-γνώμη[1] (Wr.?)	Verzeihung, Vergebung, Nachsicht
ἡ τῑμ-ωρίᾱ[2] (τιμή)	Rache, Strafe
ἡ χιών, -όνος	Schnee
ἡ ψῆφος (2 W.?)	Stimmstein, Stimme

Adjektiva

βροτός, -ή, -όν (dichterisch; mortalis)	sterblich; ὁ βρ. der Sterbliche, Mensch
κακο-δαίμων, κακό-δαιμον, -ονος (Wr.?)	unglücklich, elend (eig.?)
πρέσβῡς (nur Nom., Akk. -υν, Vok. Sing. -υ) (Presbyter(ium), Priester)	alt, bejahrt

Steigerungsformen mit Stammwechsel

ἀμείνων, ἄμεινον, Sup. ἄριστος (zu ἀγαθός, Wr.? F.?)	besser, tüchtiger
βελτίων, βέλτῑον, Sup. βέλτιστος (zu ἀγαθός)	besser, trefflicher
ἐλάττων, ἔλᾱττον, Sup. ἐλάχιστος (zu ὀλίγος)	weniger, geringer, kleiner
ἥττων, ἧττον (1 W.?)	schwächer, geringer
Sup. Adv. ἥκιστα	am wenigsten, gar nicht
κρείττων, κρεῖττον, Sup. κράτιστος (zu τὸ κράτος)	stärker, mächtiger, besser
πλείων, πλέον, Sup. πλεῖστος (zu πολύς)	mehr (plus); Sup.: der meiste
χείρων, χεῖρον, Sup. χείριστος (deterior, deterrimus)	geringer, minder(wertiger), schlechter

Verba

ἄρχομαι P. (Spr. XXIV)	beherrscht werden
ὁ ἀρχόμενος	der Beherrschte, der Untergebene
μωμάομαι D. M.	tadeln, nörgeln
πειθ-αρχέω (Wr.?)	(dem Vorgesetzten) gehorchen
προσ-ήκει (Wr.?) (unpers.)	es kommt zu, schickt sich, gebührt sich
συν-εἶναί τινι	zusammensein, verkehren, umgehen (mit jem.)

Adverbia

ἐνίοτε (vgl. ὅτε)	manchmal, bisweilen

XIX. [1] συγ-γνώμη eig.: die Miteinsicht, das Mitverstehen; vgl.: Tout comprendre c'est tout pardonner. — [2] Von τῑμή (Genugtuung, Rache) und Wurzel ϝορ [zu ὁρᾶν gewahren: also τῑμωρίᾱ Wahrung der Genugtuung (Rache)].

μᾶλλον[3] (μάλα)	mehr (= magis), lieber
πέρυσι(ν)	im vorigen Jahre
τὰ πέρυσι(ν)	das Vorjährige
ὡς beim Superlativ	= quam beim Sup.
ὡς τάχιστα[4] (quam celerrime)	möglichst schnell, so schnell wie möglich

Konjunktionen

ἤ (nach Komparativen)	als
ἤ . . ἤ	entweder . . oder

XX. Kapitel

Substantiva

ἡ αἰτίᾱ (1 W.?)	Schuld, Ursache, Grund
ὁ ἀλεκτρυών, -όνος	Hahn
τὸ ἀπό-φθεγμα, -ατος	(geistreicher, witziger) Ausspruch (anekdotenhaft)
ὁ βάρβαρος[1] (Barbara)	Nichtgrieche, Fremdländer, Barbar
ἡ δραχμή	Drachme, athen. Silbermünze (etwa S 1.30)
τὸ ἔαρ[2], ἔαρος (vēr)	Frühling, Lenz
ὁ ἐνιαυτός	Jahr
Θαλῆς, -οῦ	Thales, ionischer Naturforscher (um 600 v. Chr.)
τὸ θηρίον (fĕrus)	(wildes) Tier, Wild
ὁ μήν, μηνός (mēnsis)	Monat (eig. Mond)
ἡ μνᾶ, -ᾶς	Mine (= 100 Drachmen)
ὁ ὀβολός	Obolos, kleinste athen. Scheidemünze
ἡ ὀλυμπιάς[3], -άδος	Olympiade, Zeitraum von 4 Jahren
ὁ (ἡ) ὄρνις, -ιθος Akk. ὄρνιν (Ornitho-loge, urv. Aar)	Vogel
Πέτρος	Petrus
ὁ πέτρος (= ἡ πέτρα)	Fels (F.?)
τὸ τάλαντον (eig.: Waage, Gewicht)	Talent, Geldsumme
χάριν ἔχω (w.?)	Dank wissen, dankbar sein
ἡ χελῑδών, -όνος	Schwalbe

Adjektivum

λῴων, λῷον, λῴονος, Sup. λῷστος	besser, Sup.: bester (öfters ironisch)

XIX. [3] Aus μάλιον. Vgl. alius — ἄλλος. — [4] eig.: wie (es) am schnellsten (möglich ist).

XX. [1] βάρ-βαρος ist durch Verdopplung des Lallwortes βαρ gebildet; das Wort soll das Stammeln des Nichtgriechen nachahmen, der das Griechische radebrecht; also eig.: Stammler. — [2] eig. Ϝέαρ. — [3] Als erstes Jahr der Olympiadenrechnung gilt das Jahr 776 v. Chr.

Pronomina

οὐδ-είς, οὐδε-μία, οὐδ-έν, μηδ-είς, μηδε-μία, μηδ-έν	-ενός, -μιᾶς (Wr.?)	auch nicht ein(er), kein(er), niemand, n. nichts

Zahlwörter: s. Spr. XX

δι-πλάσιος, -ᾱ, -ον doppelt, doppelt so groß (so viel)

Verba

ἀπ-έ-θανε(ν) er starb (st. Aorist vom St. θαν [vgl. θάνατος] zu ἀπο-θνῄσκω)

βαδίζω (βαίνω) (einher)schreiten, gehen, wandern

δια-λέγομαι D. P. (τινί; Dialekt) (Wr.?) sich unterreden, sich unterhalten (mit)

ὠνέομαι[4] D. M. kaufen (vgl. vēndere)

Adverbia

ἴσως (1 W.?)	in gleicher Weise; vielleicht
ὁμοῦ	zusammen, zugleich
πρῶτον	zum erstenmal, zuerst, erstens
δεύτερον	zum zweiten Male, zweitens

XXI. Kapitel

Substantiva

ἡ ἀπάτη (1 W.?)	Betrug, Täuschung
τὸ βιβλίον (Bibel[1], Biblio-thek; Dem. zu βίβλος)	Brief, Büchlein, Buch
ἡ γραῦς[2], γρᾱός	alte Frau, Greisin, Alte
(οἱ) Δελφοί, -ῶν (Plw.)	Delphi
ἡ ἐπι-στολή (epistula, Epistel)	Sendschreiben, Brief
ἡ ἑσπέρᾱ[3] (Hesperiden, vesper)	Abend; Westen
ὁ ἑταῖρος	Gefährte, Kamerad
Θουκυδίδης, -ου	Thukydides, athen. Geschichtsschreiber (um 420 v. Chr.)
τὸ ἱερόν (2 W.?)	Heiligtum, Tempel
ὁ κληρο-νόμος	Erbe
ὁ κύκλος (Zyklus)	Kreis
κύκλῳ	im Kreise
Ξενοφῶν, -ῶντος	Xenophon, athenischer Schriftsteller, Sokrates' Schüler
τὸ ὄρος, -ους (Oro-graphie)	Berg, Gebirge
οἱ Πελοπον-νήσιοι	Peloponnesier
ἡ πρό-φᾰσις, -εως (φαίνω)	Entschuldigungsgrund, Vorwand, Ausrede
ὁ σταθμός	Standort, Stall, Gehöft; Rastort, Tagmarsch[4]

XX. [4] eig. ϝωνέομαι. Augment abweichend.

XXI. [1] eig. biblia (sacra) n. die (hl.) Schrift(en). — [2] Stamm γρᾱϝ. Abwandlung: Dat. γρᾱί, Akk. γραῦν, Pl. γρᾶες, γρᾱῶν, γραυσί(ν), γραῦς. Vgl. ναῦς. — [3] eig. ϝεσπέρα. — [4] d. i. die Wegstrecke zwischen zwei Rastorten. Vgl.: „Ich fahre drei Stationen weit."

ὁ στρατηγός (στρατός u. a., ἄγω)	Heerführer, Feldherr, Stratege
ὁ στρατός (Wr.?)	Heer
τὸ τέκνον (τίκτω)	Kind
ὁ φθόνος (2 W.?)	Neid, Mißgunst

Adjektiva

εὐ-ήθης, εὔ-ηθες (Wr.?)	gutmütig, einfältig, albern
μετ-έωρος, -ον (Meteor)	in der Mitte (zwischen Himmel und Erde) schwebend, überirdisch
τὰ μετέωρα	Himmelserscheinungen
ξένος, -η, -ον	fremd
ὁ ξένος	Fremder, Gastfreund; auch: Söldner
ἡ ξένη (erg. χώρᾱ)	Fremde, Ausland
σεμ-νός, -ή, -όν (σέβ-ομαι, Wr.?)	ehrwürdig, erhaben, feierlich
φιλ-άργυρος, -ον (Wr.?)	geldgierig, habsüchtig, geizig
ὁ φιλ-άργυρος	Geizhals

Verba

ἀγοράζω	(auf dem Markt) kaufen
ἡ ἀγορά	Versammlungsplatz, Markt
ἀθροίζω (oder ἁθροίζω)	(ver)sammeln
ἀκούω σου λέγοντος[5]	ich höre dich sprechen, höre, daß (wie) du sprichst
ἀνα-ζητέω	aufsuchen, erforschen
ζητέω	suchen, forschen
ἀνα-χωρέω	zurückweichen, zurückkehren
ἀπ-αλλάττομαι P.	intr.: sich entfernen, sich trennen, abziehen
ὁ βουλόμενος	jeder, der will; jeder beliebige
γυμνάζω (Gymnasium, Gymnastik)	üben, stählen
γυμνός, -ή, -όν	nackt
δέχομαι D. M.	annehmen, aufnehmen, empfangen, erhalten
ἐθίζω (1 W.? consuē-sco), Impf. εἴθιζον	gewöhnen
ἐλπίζω (1 W.?) meist mit Inf. (AcI) des Futurs	hoffen
κλαίω[6] (auch κλᾱ́ω)	weinen, klagen
κλέπτω	stehlen (Klepto-manie)
κρύπτω (τινά) (Krypta, Gruft)	verbergen (vor jem.)
λείπομαι P.	intr.: zurückbleiben, hinterbleiben
λήγω τινός	aufhören, (ab)lassen (von)
λήγω (oder παύομαι) κλαίων[5]	ich höre zu weinen auf
παρα-σκευάζω	(zu)bereiten, vorbereiten, rüsten; M. sich rüsten
παρ-έχω (Wr.?) (vgl. praebeo aus prae-hibeo)	darbieten, gewähren, bereiten, zur Verfügung stellen
πέμπω	schicken, senden
περι-στεφανόω (Wr.?)	umkränzen
πληρόω	anfüllen, erfüllen
πλήττω (πληγή)	schlagen, treffen
προσ-ρίπτω (Wr.?)	hinwerfen, vorwerfen

XXI. [5] Prädikatives Partizip. — [6] Zeitformenbildung abweichend.

συγ-γράφω (Wr.? eig.?)	beschreiben, darstellen, aufzeichnen
συλ-λέγω (Wr.?)	(ver)sammeln
συν-άγομαι P.	intr.: sich (ver)sammeln
τάττω (Taktik, Taxe)	(auf)stellen, (an)ordnen, festsetzen, einsetzen
τύπτω (Typus)	schlagen
φυλάττομαι M. (τινά)	sich (be)schützen, sich hüten, sich in acht nehmen (vor jem.)
χωρέω (Wr.?)	weichen (eig.: Raum machen)
ψεύδομαι (P.) τῆς ἐλπίδος	sich in der Hoffnung täuschen
ὠθέω Impf. ἐώθουν	stoßen

Adverbia

ἐνταῦθα	hier, da (örtl. u. zeitl.)
μετ-έπειτα (Wr.?)	nachher, hernach

Präposition

περί (beim Akk.) (Peripherie)	um (.. herum)

Konjunktionen

ἤν	= ἐάν
ὡς (temporal, vgl. ut)	(so) wie, als, nachdem
οὐ μόνον .. ἀλλὰ καί	nicht nur .. sondern auch

XXII. Kapitel

Substantiva

Ἀγησί-λᾱος[1]	Agesilaos, Spartanerkönig (um 370 v. Chr.)
Ἀθήνησι(ν)[2] (Lokativ)	in Athen
ὁ ἀνδριάς, -άντος (Wr.?)	Bild (eines Mannes), Standbild
ἡ διά-νοια (Wr.?)	Denken, Verstand, Geist
τὸ Δί-πυλον	Dipylon („Doppeltor"), Name eines Stadttors in Athen
ἡ πῠ́λη (gew. Pl.)	Tor
ὁ θώρᾱξ, -ᾱκος	Panzer, Harnisch
ὁ κύβος (Kubik-)	Würfel
ὁ Λάκων, -ωνος	Lak(edaim)onier, Spartaner
ὁ λιμήν, -ένος	Hafen
τὸ μνῆμα, -ατος; τὸ μνημεῖον	Andenken; Denkmal
ἡ μνήμη (Mnemotechnik, Amnestie)	Erinnerung, Gedächtnis, Andenken
ὁ ὁπλίτης, -ου	Schwerbewaffneter, Hoplit
ὁ Πέρσης, -ου	Perser
ὁ πίναξ, -ακος (Pinakothek)	Tafel (aus Holz), Tafelbild, Bild
πίναξ γεγραμμένος	Gemälde (eig.?)
ὁ τάφος (Kenotaph[3])	Grab(stätte)
ἡ φάλαγξ, -γγος	Schlachtreihe, Phalanx

XXII. [1] λᾱός = attisch λεώς. — [2] σι(ν) ist die Endung des Lokativs Plur., die auch im Dativ Plur. erscheint: συ-σί(ν). — [3] d. i. leeres Grab (κενός, -ή, -όν leer).

ἡ φυγή (1 W.? fuga)	Flucht; Verbannung
εἰς φυγὴν τρέπω	in die Flucht schlagen

Adjektiva

ἀνδρεῖος, -ᾱ, -ον (2 W.?)	mannhaft, mutig, tapfer
δημόσιος, -ᾱ, -ον (Wr.? vgl. publicus)	das Volk betreffend, öffentlich, staatlich
ἱκανός, -ή, -όν	genügend, geeignet, fähig; würdig
Λακωνικός, -ή, -όν	lakonisch
Μηδικός, -ή, -όν	medisch, persisch
τὰ Μηδικά	Perserkrieg(e)
στρατηγικός, -ή, -όν (Wr.?)	den Feldherrn betreffend, Feldherrn-
ψῑλός, -ή, -όν (e-psīlon, y-psīlon[4])	entblößt, bloß; leicht bewaffnet (d. i. der schweren Waffen bloß)
ὁ ψῑλός	Leichtbewaffneter

Pronomen

ὅσ-περ, ἥ-περ, ὅ-περ (= ὅς + πέρ)	der (welcher) auch, der eben

Verba

ἀγωνίζομαί τινι D. M. (2 W.?)	wettkämpfen, (entscheidend) kämpfen (mit jem.)
ἀναγκάζω (1 W.?)	zwingen, nötigen
ἀνα-ρρίπτω (Wr.?)	(empor)werfen
δια-πράττομαι M. (Wr.?)	durchführen, ausführen, durchsetzen
ἐγ-γράφω (Wr.?)	einschreiben, einmeißeln
ἐπι-τάττω (Wr.?)	anordnen, auftragen
θάπτω (τάφος)	begraben, bestatten, beisetzen
κατ-άγω (Wr.?)	herabführen, zurückführen; M. (P.) auch intr.: (in den Hafen) einlaufen[5], landen
κατα-στρέφομαί[6] τινα M. (Katastrophe)	(sich) jem. unterwerfen, unterjochen
πέπεισμαι, ὡς (auch Inf. oder AcI)	überzeugt sein, daß
πολεμέω τινί (2 W.?)	Krieg führen mit jem., (be)kämpfen
σκέπτομαι D. M. (skeptisch)	= σκοπέω[7]
συν-τάττω (Wr.? Syntax[8])	zusammenstellen, (an)ordnen
σῴζομαί τι M.	sich etw. erhalten
ταράττω	aufrühren, aufwühlen, aufregen, verwirren
τειχίζω (1 W.?)	ummauern, befestigen

Adverbium

ἐντός	drinnen; als Präp. beim Gen.: innerhalb, in .. drinnen

Präposition

πρός (b. Dativ)	hinzu, neben, bei, an

Konjunktion

ἆρ' (= ἆρα) οὐ (Fragepartikel = nonne; Spr. XXXVI)	nicht wahr? nicht?

XXII. [4] ἒ ψῑλόν (bzw. ὖ ψῑλόν) das bloße (einfache) e, bzw. y: s. Spr. S. 59. — [5] d. i. eig.: von der hohen See „herabfahren". — [6] eig.: niederdrehen (beim Ringkampf). — [7] σκοπέω bildet außer den Präsensstammformen die Zeitformen von σκέπτομαι. — [8] ἡ σύν-ταξις, -εως die Lehre von der Verbindung der Wörter im Satze.

Partikel

γε[9] (vgl. quidem)	wenigstens, jedenfalls, eben, ja (doch)

XXIII. Kapitel

Substantiva

Αἰγὸς ποταμοί (Plw.)	Ziegenfluß (im thrakischen Chersonnes)
ἡ αἴξ, αἰγός	Ziege
ἡ ἀ-πορίᾱ (Wr.?)	Ratlosigkeit, Verlegenheit, Not (eig.: Weglosigkeit)
ἡ αὐλητρίς, -ίδος (Wr.?)	Flötenspielerin
ὑπ' αὐλητρίδων	unter dem Spiel von Flötenspielerinnen, unter Flötenspiel
ἡ ἧττα[1], -ης (2 W.?)	Niederlage
Θηρα-μένης[2], -ους	Theramenes, athenischer Adeliger
ἡ ναυ-μαχία (Wr.?)	Seeschlacht
ὁ ὅρκος	Eid(schwur)
Πειραιεύς, -ῶς Akk. -ᾶ	Piräus
οἱ πρέσβεις, -εων	die Gesandten (eig.?)
Sg. ὁ πρεσβευτής, -οῦ	Gesandter
ἡ σωτηρίᾱ (1 W.?)	Rettung, Heil
ὁ σωτήρ, -ῆρος	Retter, Heiland
τὸ τόξον	Bogen (als Waffe)

Adjektiva

ἀ-βέβαιος, -ον	unbeständig, unsicher
βέβαιος, (-ᾱ), -ον (zu βαίνειν)	fest(stehend), beständig, sicher
αὐτο-κράτωρ, -ορος (Wr.? Autokrat)	selbstherrschend, mit unumschränkter Vollmacht (entscheidend)
ἕτοιμος, (-η), -ον	bereit(willig), entschlossen
ναυτικός, -ή, -όν (2 W.? Nautik)	die Schiffahrt oder das Seewesen betreffend, Schiff-, See-
τὸ ναυτικόν	Flotte
Πελοπον-νησιακός, -ή, -όν	peloponnesisch

Verba

ἀγγέλλω (ἄγγελος, Fr.? L.?)	melden, verkünden
ἀπ-αγγέλλω	(zurück)melden, berichten
ἐπ-αγγέλλομαι M. (meist mit Inf. oder AcI des Futurs vgl. profiteri)	sich erbieten, versprechen, verheißen (eig. etw. von sich ankündigen)

XXII. [9] γε hebt das vorhergehende Wort nachdrücklich hervor und stellt es oft zu einem anderen (auch nicht ausgesprochenen) Gedanken in Gegensatz; diese Partikel kann meist nicht übersetzt, sondern nur durch starke Betonung wiedergegeben werden.

XXIII. [1] Aus ἧκ-ja wie ἥττων aus ἡκ-ίων. — [2] θηράω (vgl. θηρίον) jagen; τὸ μένος, -ους (erregter) Sinn, Mut, Leidenschaft (vgl. mens).

παρ-αγγέλλω	verkündigen; befehlen, gebieten
ἀ-θυμέω (Wr.?)	mutlos sein; Aor.: mutlos werden, den Mut verlieren
ἀμύνω	abwehren (τινά); beistehen, helfen[3] (τινί)
ἀμύνομαι M. (τινά)	von sich abwehren, sich wehren, sich verteidigen (gegen jem.)
ἀμύνομαι ὑπέρ τινος	jem. verteidigen (eig.: sich zur Wehr setzen für jem.)
ἀνδρα-ποδίζω	als Sklaven (in die Sklaverei) verkaufen
τὸ ἀνδρά-ποδον[4] (Wr.?)	(Kriegs-)Sklave
ἀπο-κτείνω	töten, hinrichten
ἀπο-στέλλω (ἀπό-στολος, F.?)	(ab)senden, (ab)schikken, entsenden
στέλλω (Stola)	stellen (in Ordnung), (aus)rüsten; senden, schicken
ἀπο-φαίνομαι M. (γνώμην)	äußern, aussprechen, darlegen (seine Meinung) (eig.: von sich [vor]zeigen)
θερίζω[5] (Wr.?)	abmähen, ernten
καθ-αιρέω	herabnehmen, niederreißen, schleifen (τείχη)
καθαίρω (καθαρός)	reinigen
κατα-σκάπτω	untergraben, niederreißen, zerstören
σκάπτω (schaben)	graben

κλίνω (Klinik, deklinieren, enklitisch)	lehnen, neigen, biegen; auch intr.: sich neigen
μέλλω λέξειν (auch λέγειν) = dicturus sum	ich beabsichtige, habe vor zu spr.; auch: ich soll (muß) . . (= es ist zu erwarten, daß ich)
νέμω (νόμος eig.: das Zugeteilte)	(zu)teilen, erweisen; weiden (lassen)
οἰκτίρω	(be)jammern, (be-)klagen, bemitleiden
περαίνω	zu Ende (zustande) bringen, vollenden, erreichen
εἰρήνην ποιεῖν	Frieden stiften, Frieden vermitteln
εἰρήνην ποιεῖσθαι M.	Frieden schließen
σπείρω (spargere)	(aus)streuen, säen
σπένδω	spenden = ein Trankopfer darbringen
σπένδομαί τινι	einen Vertrag (Frieden) schließen mit jem.[6]
σφάλλω (ἀ-σφαλής)	ins Wanken (zu Fall) bringen, stürzen (trans.), täuschen; intr. M. u. P. zu Fall kommen, stürzen (intr.), sich täuschen τῆς ἐλπίδος in der Hoffnung
τείνω (tendo, tenuis, Ton, Hypotenuse[7])	dehnen, spannen, strecken

---

XXIII. [3] eig.: jemandem (einen) abwehren. — [4] eig.: das auf „Männerfüßen" gehende Kriegsbeutestück, das als Sache gilt! Vgl. mancipium. — [5] τὸ θέρος auch: das im Hochsommer ausgereifte Getreide, die Ernte. — [6] Dies geschah unter Darbringung eines Trankopfers. — [7] ἡ ὑποτείνουσα (γραμμή Linie): die sich darunter (näml. unter dem rechten Winkel) erstreckende Linie (△).

χαλάω	nachlassen, abspannen

Präpositionen

ἐπί (b. Dativ)	auch: unter der Bedingung (d. i. auf Grund der Bedingung)

κατὰ γῆν καὶ κατὰ θάλατταν	zu Wasser und zu Land (eig.: über . . hin)

Adverbia

ὅ-ποι (1 W.?)	wohin (auch immer)
πλήν	außer, nur
als Präp. (beim Gen.)	außer, mit Ausnahme

XXIV. Kapitel

Substantiva

ἡ παῤ-ῥησίᾱ[1]	Redefreiheit, Freimut, Offenheit
Πλούταρχος	Plutarch(os), griech. Schriftsteller (um 100 n. Chr.)
ἡ τάξις, -εως (1 W.? Fr.?)	Stellung, Ordnung, Schlachtlinie, Reihe, Posten
τάττειν τινὰ ἐπὶ τάξεως	jem. auf einen Posten stellen

Adjektiva

ἄ-δικος, -ον (Wr.?)	ungerecht
ἀν-εξ-έταστος, -ον (ἐξετάζω)	ungeprüft, ohne Prüfung
ἀ-παίδευτος, -ον (Wr.?)	unerzogen, ungebildet
παιδευτός, -ή, -όν	erziehbar, erlernbar
βιωτός, -ή, -όν (2 W.?) Verbaladj. von βιόω	lebenswert leben
περι-βόητος, -ον (βοάω)	allbekannt, berühmt (eig.: ringsum ausgerufen)
στρεπτός, -ή, -όν (στρέφω)	gedreht; drehbar, biegsam
Σωκρατικός, -ή, -όν	sokratisch
φανερός, -ά, -όν (Wr.?)	sichtbar, offenbar, klar
φανερός ἐστι ψευδόμενος	er lügt offenbar (eig.?)

Verba

ἀ-μελέω (τινός)	außer acht lassen, vernachlässigen (jem.)
ἀν-έχομαι M. Impf. ἠν-ειχόμην	aushalten, ertragen
ἀνέχομαι πάσχων	ich leide geduldig
δι-άγω λέγων (eig.?)	ich spreche fortwährend (unaufhörlich, unablässig)
δια-νοέομαι D. P.	durchdenken, denken
ἐλέγχω	(prüfend) überführen, widerlegen, ausforschen

XXIV. [1] Aus πᾶν und Stamm ῥη (sagen; vgl. ῥή-τωρ); also eig.: die Fähigkeit oder Möglichkeit, alles zu sagen.

ἐξ-ετάζω	prüfen, untersuchen
κατα-γελάω (τινός) (Wr.?)	verlachen (jem.)
λανθάνω τινά	verborgen sein (bleiben) vor jem., entgehen;
mit präd. Part. wiederzugeben durch: im verborgenen,	heimlich, unbemerkt, ohne daß es jem. merkt
λανθάνω σε ἐλθών	ich komme, ohne daß du es merkst
μετα-μέλει μοί / μετα-μέλομαί D. P. } τινος	es reut mich etwas, ich bereue etwas
(μέλει s. Wk. XXVIII)	
μεταμέλει μοι ἀδικήσαντι = μεταμέλομαι ἀδικήσας	ich bereue, Unrecht getan zu haben
περὶ πολλοῦ[2] ποιεῖσθαι	hochschätzen
συν-δια-τρίβω (τινί)	die Zeit verbringen, verkehren, umgehen (mit jem.)
τρίβω (vgl. terere, trīvi, trītum)	reiben
δια-τρίβειν (vgl. tempus terere)	zerreiben; (Zeit) hinbringen (verbringen)
τυγχάνω τινός	etw. (durch Zufall) treffen, finden, erlangen, (Treffer-) Glück haben;
mit präd. Part.	wiederzugeben durch: zufällig, gerade, eben
τυγχάνω ἐλθών	ich komme zufällig (gerade)
φθάνω (τινά)	zuvorkommen (jem.)
mit präd. Part.	wiederzugeben durch: früher
φθάνω τὸν ἀδελφὸν οἴκαδε ἐλθών	ich komme früher nach Hause als der Bruder

Adverbium

πάνυ (zu πᾶν)	ganz, (gar) sehr

Präposition

κατά (b. Akk., zeitl.)	durch . . hin, während, zur Zeit
καθ' ἑκάστην ἡμέραν	an jedem Tage, täglich

XXV. Kapitel

Substantiva

Ἀλκιβιάδης, -ου	Alkibiades, athen. Staatsmann und Feldherr, Sokrates' Schüler
ὁ ἄνθραξ, -ακος (Anthrazen-tinte)	(Glut) Kohle
τὸ διδασκαλεῖον (Wr.?)	Schulhaus, Schule
ἡ διδασκαλίᾱ (Wr.?)	Lehre, Belehrung, Unterweisung
ἡ δούλη (2 W.?)	Sklavin, Magd, Dienerin
ἡ Ἰλιάς, -άδος	Ilias
ὁ καπνός	Rauch
ὁ κόλαξ, -ακος	Schmeichler
ὁ κόνδυλος	Faustschlag, Ohrfeige
ὁ λίθος (Litho-graph)	Stein

XXIV. [2] περὶ πολλοῦ eig.: über vieles hinaus, mehr als vieles.

τὸ πένθος, -ους (πάθος)	Leid(en), Schmerz
ἡ ῥαψ-ῳδίᾱ (ᾠδή, Rhapsodie)	Abschnitt der Homerischen Epen, Gesang, Buch
τὸ ῥῆμα, -ατος (Stamm ῥη, Wr.?)	Wort; Gebot

Adjektiva

ἀν-αμάρτητος, -ον (1 W.?)	fehlerlos, ohne Fehler, ohne Sünde
τὸ ἁμάρτημα, -ατος	Fehler, Vergehen, Sünde
ἀπό-ῤῥητος, -ον (Stamm ῥη, Wr.?)	unsagbar, geheim
διά-πυρος, -ον (Wr.?)	durch und durch feurig, glühend
τυφλός, -ή, -όν	blind

Verba

ἐμ-πίπτω (Wr.?)	hineinfallen, verfallen, geraten (εἰς in, unter)
ἐν-τρίβω (Wr.?)	einreiben, „anreiben“
ἔξ-εστι(ν)	es ist möglich, es ist erlaubt, es steht frei, man darf (kann)
ἐπ-έχω (Wr.?)	anhalten, zurückhalten; intr.: sich zurückhalten, an sich halten
θνήσκω (dichterisch)	= ἀπο-θνήσκω
παρ-έρχομαι D. (Wr.?)	vorübergehen (τι an etw.), weitergehen, vergehen
ὠδίνω	(Geburts-)Wehen haben, kreißen

Adverbium

εἶτα (vgl. ἔπ-ειτα)	dann, hernach, hierauf

Konjunktion

ἕως	so lange (als), (so lange) bis

Interjektion

φεῦ	ach! weh(e)! oh!

XXVI. Kapitel

Substantiva

ἡ ἀνα-τολή (auch Pl.) (Anatolien)	Sonnenaufgang, Osten
ὁ ἀρχ-ιερεύς[1], -έως (Wr.?)	Oberpriester, Hohepriester
ὁ ἀστήρ, -έρος, Dat. Pl. ἀστράσι(ν) (astrum, Aster, Astronom u. a.)	Stern, Gestirn
Βηθλεέμ (undekl.)	Bethlehem
τὸ γράμμα, -ατος (γράφω, Gramm, Grammatik u. a.; vgl. littera[e])	Buchstabe; Pl.: Lesen und Schreiben, Schrift(en), Wissenschaft(en)
ὁ γραμματεύς, -έως (Wr.?)	Schreiber, Schriftgelehrter
Ἡρῴδης, -ου	Herodes, König von Judäa
Ἱεροσόλυμα, -ων (Plw.)	Jerusalem

XXVI. [1] ἀρχ(ι): s. Wk. II, Anm. 5.

Ἰούδα (undekl.)	(Stamm) Juda
ἡ Ἰουδαίᾱ (χώρᾱ)	Judäa
Βηθλεὲμ τῆς Ἰουδαίᾱς (partitiver Gen.)	Bethlehem in Judäa
ὁ Ἰουδαῖος	Jude
Ἰσραήλ (undekl.)	Israel
ὁ κουρεύς, -έως (κείρω)	Haar- (Bart-) scherer, Barbier
Λεωνίδᾱς[2], -ου (1 W.?)	Leonidas, Spartanerkönig (gefallen 480)
ὁ λίβανος (hebr.)	Weihrauch(baum)
ὁ μάγος (Magie)	Magier, Weiser; Zauberer
Μαθθαῖος	Matthäus
Μαρίᾱ	Maria
ἡ νύξ, νυκτός	Nacht (nox)
(τῆς) νυκτός	nachts, in der Nacht
Ξέρξης, -ου	Xerxes, Perserkönig (um 480 v. Chr.)
τὸ ὅπλον (1 W.?)	Gerät; Pl.: Waffen
τὸ παιδίον (Wr.?) (Dem. von παῖς)	(kleines) Kind, Kindlein
ἡ σμύρνα, -ης	Myrrhe
ὁ Χρῑστός	der Gesalbte, der Messias, Christus
χρίω	salben

Adjektiva

ἅγιος, -ᾱ, -ον (Hagia Sophia)	heilig
ἀκριβής, -ές	genau, sorgfältig
ἄ-φρων, -ον (Wr.?)	unbesonnen, unvernünftig, töricht
δι-πλοῦς, -ῆ, -οῦν (1 W.?)	zweifach, doppelt
εὐ-τράπελος, -ον (τρέπω)	gewandt, schlagfertig
φλύαρος, -ον	geschwätzig

Verba

ἀπ-αιτέω (τινά τι) (Wr.?)	ab- (zurück-)fordern, abverlangen (jem. etwas)
τὰ ὅπλα ἀπαιτεῖν	die Auslieferung der Waffen verlangen
ἀπ-έρχομαι D.	(hin)weggehen, dahingehen
ἀφ-ῑκνέομαι D. M.	ankommen (εἰς in), (hin)gelangen
ἐπι-λανθάνομαι[3] D. M. (τινός) (1 W.?)	vergessen (jem. oder etw.)
εὐ-δαιμονέω (Wr.?)	glücklich sein, glückselig (wohlhabend) sein
θορυβέω (1 W.?)	lärmen
κάμνω	sich abmühen, sich plagen, ermüden, erschöpft sein, krank sein, leiden
κείρω	scheren, abschneiden
λαγχάνω (τινός)	erlosen, (durch das Los) erlangen, erhalten (etw.), teilhaftig werden
λαμβάνω	nehmen, ergreifen, fangen, erobern, empfangen, bekommen
συλ-λαμβάνω	festnehmen, ergreifen
μανθάνω	lernen, kennenlernen, erfahren, verstehen
παρα-γίγνομαι D. M. (Wr.?)	sich einfinden, dazu- (herbei-) kommen; dabei (zugegen) sein
ποιμαίνω (1 W.?)	Hirt sein, weiden

XXVI. [2] Dorische Namensform, die ᾱ statt des attischen η hat. — [3] Aktiv (dichterisch): eine Sache über einer anderen verbergen, vergessen lassen.

προσ-κυνέω[4]	(göttlich) verehren, anbeten
προσ-πίπτω (τινί)	hinfallen (vor jem.), sich zu Füßen werfen
τέμνω (Ana-tom)	(ab)schneiden
τολμάω	wagen

Adverbium

ἄρτι	(so)eben, gerade

Präposition

παρά (b. Gen.)	von seiten, von

Konjunktion

ὅταν (= ὅτε + ἄν) mit Konj.	wann (etwa), (jedesmal) wenn, sooft

XXVII. Kapitel

Substantiva

ἡ γραμμή (γράφω u. a.)	Linie, Strich
γραμμὴν ἄγειν	eine Linie ziehen, einen Strich machen
ἡ δια-βολή	Verleumdung
ὁ διά-βολος	Verleumder; Teufel
τὸ εἶδος, -ους (εἶδον, Idee, Ideal)	Aussehen, Gestalt, Form
τὸ ἐν-ύπνιον (1 W.?)	Traum(bild)
τὸ ἐπί-γραμμα, -ατος (γράφω u. a.)	Aufschrift, Inschrift, Epigramm
τὰ Ὀλύμπια, -ων (Plw.)	die olympischen Spiele
Ὀλυμπίοις	bei den olymp. Spielen
Πίνδαρος	Pindar(os), griechischer Chorlyriker (um 480 v. Chr.)
ἡ ῥώμη	Kraft, Stärke
Σερίφιος	Seriphier, Bewohner der kleinen Insel Seriphos im Ägäischen Meere

Verba

ἀπο-φεύγω (Wr.?) (gerichtlicher Fachausdruck)	loskommen, freigesprochen werden
γεγονώς, -υῖα, -ός	mit Akk.: alt (= natus)
ἐγείρω	(er)wecken, erregen; intr. P. aufwachen
Pf. ἐγρήγορα	ich bin wach
εἰσ-έρχομαι D.	hinein- (herein-) kommen, (hin)eingehen
ἐκ-φεύγω (τινά) (Wr.?)	entfliehen, entrinnen, entgehen (jem.)
ἐπ-αινέω[1] (1 W.?)	loben

XXVI. [4] Von κυνέω (Aor. ἔκυσσα, auch ἔκυσα, aber προσεκύνησα) küssen; προσκυνεῖν eig.: jemandem die Kußhand zuwerfen, d. h. die eigene Hand küssen und sie ausstrecken (z. B. gegen ein Götterbild), ein Zeichen göttlicher Verehrung; dann auch: fußfällig verehren, d. h. sich zu Boden werfend die Füße oder Kleider des Götterbildes oder des göttlich verehrten Fürsten küssen.

XXVII. [1] Zeitformen größtenteils abweichend: ἐπ-αινέσομαι, ἐπ-ῄνεσα, ἐπ-ῃνέθην, ἐπ-ῄνεκα, aber ἐπ-ῄνημαι.

ἦν (auch eram)	ich war
μετα-πίπτω (Wr.?)	umfallen, anders ausfallen
ὀφείλω hiezu st. Aorist: ὤφελον m. Inf.	schulden, verdanken, müssen, sollen würde, wäre ich doch
(Umschreibung eines irrealen Wunsches)	
εὖ πάσχω	Gutes erfahren, gut behandelt werden
πέποιθα (Pf. zu πείθομαι)	überzeugt sein, (ver-) trauen
συρίττω	pfeifen, auspfeifen

Adverbia

πώ-ποτε (Wr.?)	irgend je(mals)
τήμερον (1 W.?)	heute (vgl. ho-die)

Konjunktion

εἴ-περ (= εἰ + πέρ)	wenn eben, wenn (ja) wirklich

XXVIII. Kapitel

Substantiva

Ἀντι-σθένης, -ους (eig.?)	Antisthenes, athen. Philosoph, Sokrates' Schüler, Begründer der kynischen Schule
Κούναξα, -ων (Plw.)	Kunaxa, Dorf bei Babylon
ὄνομα (Beziehungsakk.)	mit Namen, namens
τὸ ὀστοῦν, -οῦ (os, ossis)	Knochen, Bein; Pl.: Gebeine
ὁ σκοπός (2 W.?)	Ziel, Zweck (eig.?)
ὁ τοξότης, -ου (1 W.?)	Bogenschütze

Adjektiva

δεξιός, -ά, -όν (dexter)	der rechte (Ggs.: der linke)
ἡ δεξιά (erg. χείρ)	die Rechte
ἀριστερός, -ά, -όν	der linke
ἐπι-τάφιος, -ον (2 W.?)	zum Grab gehörig
λόγος ἐπιτάφιος	Grabrede
πλήρης, πλῆρες (1 W.? plē-nus; τινός)	voll (von etw.)

Pronomina

τὰ ἄλλα (= τἄλλα) (Beziehungsakk.)	im übrigen, sonst
τοιόσδε[1], τοιάδε, τοιόνδε	ein solcher, so beschaffen, derart

Verba

ἀπ-έχω (τινός)	abhalten (von etw.); intrans.: entfernt sein (von etw.)
ἀπ-έχεσθαι M. (τινός)	sich enthalten (einer Sache)
ἀπο-κόπτω (Wr.?)	abschlagen, abhauen
γέμω (τινός)	voll sein (von etw.)
δέρω (Epi-dermis[2])	abhäuten, schinden

XXVIII. [1] τοιόσδε : τοσοῦτος = ὅδε : οὗτος. — [2] τὸ δέρμα, -ατος Haut.

δια-σπείρω (Wr.?)	zerstreuen; intr. P. sich zerstreuen
δι-ηγέομαι D. M. (Wr.?)	erzählen, beschreiben (eig.: [erzählend] durchführen)
ἐκ-πλήττομαι P. (Wr.?)	(durch e. Schlag) außer sich geraten, sich entsetzen, erschrecken (intr.)
κατα-σφάττω	hinschlachten, niedermetzeln
σφάττω	schlachten
κατα-φρονέω[3] (τινός) (Wr.?)	verachten (jem.)
λείπεσθαί τινος P.	zurückbleiben, zurückstehen hinter jem.
μαίνομαι D. P. (Manie)	wahnsinnig sein, rasen; Aor.: wahnsinnig werden
μέλει μοί τινος (Wr.?)	mir liegt an etw., ich kümmere m. um etw.
ἐπι-μελέομαί / ἐπι-μέλομαί — τινος D. P.	Sorge tragen, sorgen für jem. od. etw.
μέτ-εστί μοί τινος	ich habe teil an etw.
ὁμῑλέω (τινί) (1 W.?)	verkehren, umgehen (mit jem.)
παρα-κελεύομαι M. (τινί)	zureden, auffordern, ermahnen (jem.)
περι-γίγνομαι D. M. (τινός)	überlegen sein (jem.)
πλέκω (com-plecti)	flechten
τήκω	schmelzen (trans.); P. auch intrans.: schmelzen
τοξεύω (Wr.?)	(Bogen) schießen

Adverbia

πώς (vgl. πῶς)	(irgend) wie, etwa, wohl
ὧδε (zu ὅδε)	auf diese Weise, auf folgende Weise, so

Präposition

ἀμφί (b. Akk.) (ἀμφότεροι, Amphi-theater)	um (.. herum) (eig.: zu beiden Seiten)
οἱ ἀμφὶ Κῦρον (w.?)	die Begleiter (das Gefolge) des K.

Konjunktion

ὥσ-τε[4] (konsekutiv)	(so) daß (s. Spr. XXXVII)

XXIX. Kapitel

Substantiva

ἡ θήκη (Theke, Apo-theke)	Behälter, Kasten, Sarg
Καῖσαρ[1], -αρος	Cäsar, Kaiser
Πῡθαγόρᾱς, -ου	Pythagoras, griech. Philos. (6. Jh. v. Chr.)
ὁ χιτών, -ῶνος (semit. Lehnwort; Kattun)	hemdartiges Untergewand, Hemd, Rock

---

XXVIII. [3] eig.: von oben herab gegen (d. i. über) jem. denken; der Genetiv ist durch κατά bestimmt. — [4] ὥστε = ὡς + anknüpfendes τε, urspr. „wie".

XXIX. [1] Das Wort zeigt, wie die Römer lange Zeit das **c** aussprachen.

Adjektiva

ἐπι-σφαλής, -ές (Wr.? Ggs.?)	hinfällig, wankend, unsicher, gefährlich
λυπηρός, -ᾱ́, -όν (1 W.?)	schmerzlich, traurig
μακάριος, -ᾱ, -ον (1 W.?)	glückselig, selig
μοχθηρός, -ᾱ́, -όν	elend, schlecht, verworfen
φίλτατος, -η, -ον	Superlativ von φίλος

Verba

δίδωμι (do, dare)	geben, schenken, verleihen, gewähren
δίκην δίδωμι	Buße zollen, büßen, bestraft werden
ἀπο-δίδωμι (reddo)	zurückgeben, abstatten (χάριν); M. verkaufen (eig.: für sich weggeben)
δια-δίδωμι	verteilen (eig.?)
μετα-δίδωμι (τινί τινος)	Anteil geben (jem. an), teilen (etw. mit jem.)
παρα-δίδωμι (tra-do)	übergeben, ausliefern, überliefern
προ-δίδωμι (pro-do)	preisgeben, verraten (eig.: vor die Öffentlichkeit bringen)
εὐ-εργετέω (τινά) (Wr.?)	wohltun, eine Wohltat erweisen (jem.); P. e. Wohltat empfangen
ἰσχῡ́ω (2 W.?)	stark (kräftig) sein, vermögen
μέμνημαι (med. Pf. vom Stamm μνη, Wr.? τινός)	eingedenk sein, gedenken (jemdes.)

XXX. Kapitel

Substantiva

τὸ αἷμα, -ατος (Hämato-gen, An-ämie[1])	Blut
τὸ ἀνά-θημα, -ατος (ἀνα-τίθημι)	Weihgeschenk (eig.: das Aufgestellte)
Ἀναξαγόρᾱς, -ου	Anaxagoras, ionischer Naturforscher (um 450 v. Chr.)
τὸ βῆμα, -ατος (βαίνω)	Schritt
Δράκων, -οντος	Drakon, athen. Gesetzgeber (7. Jh. v. Chr.)
ἡ Λάκαινα, -ης (Wr.?)	Lak(edaim)onierin, Spartanerin
τὸ μέλαν, -ανος	Tinte (eig.?)
ὁ νεκρός (Nekro-log, necare)	der Tote, Leichnam
ὁ νομο-θέτης, -ου (1 W.? τίθημι)	Gesetzgeber
τὸ ξίφος, -ους	Schwert (lang und gerade, vgl. μάχαιρα)
ὁ οἰκέτης, -ου (Wr.?)	Hausgenosse, Diener, Sklave
τὸ ὀφείλημα, -ατος (1 W.?)	Schuld
τὸ ποίημα, -ατος (Wr.? Poem)	Gedicht
(ἡ) Σαμο-θρᾴκη	Samothrake, Insel an der thrakischen Küste
ἡ σελήνη (Selen)	Mond

XXX. [1] ἡ ἀν-αιμίᾱ Blutleere.

τὸ στόμα, -ατος	Mund
τὸ φῶς, φωτός (Phos-phor, Photo-graph)	Licht

Adjektiva

ἄ-γραφος, -ον (Wr.?)	ungeschrieben
ἀ-φανής, -ές (Wr.?)	unsichtbar, unklar, dunkel
ἐλεύθερος, -ᾱ, -ον (2 W.?)	frei
σφοδρός, -ά, -όν (1 W.?)	heftig, gewaltig

Verba

ἐκ-μανθάνω (Wr.?)	auswendig lernen
ἵημι (iacio)	in Bewegung setzen, werfen, senden, schicken; M. sich stürzen, eilen
ἀφ-ίημι	(los)lassen, entlassen, freilassen, freisprechen, erlassen, vergeben; M. ablassen (τινός von einer Sache)
ἐφ-ίημι	(hin)zulassen, erlauben; M.[2] verlangen, begehren, streben (τινός)
συν-ίημι	zusammenschicken; vernehmen, verstehen[3], begreifen
κεῖμαι für das Pf. Pass. von τίθημι	liegen, bestehen (fest)gesetzt, (gestellt, gegeben) sein
κρατέω (τινός) (Wr.? Fr.?)	stark sein, stärker sein; (be)herrschen (jem.); Aor.: Herr werden, besiegen, sich bemächtigen
τίθημι (facio, These, Thema, Theke)	setzen, stellen, legen; machen (τινά τι jem. zu), annehmen (= den Fall setzen)
νόμους τίθημι	Gesetze geben; M. für sich g. (vom Volke)
ἀνα-τίθημι	aufstellen (bes. im Tempel), weihen, stiften
ἐν-τίθημι	hineinlegen, (ein)geben, einflößen
ἐπι-τίθημι (Epi-theton = Beiwort)	auf(er)legen; M. sich heranmachen (an), anfallen, angreifen (τινί)
κατα-τίθημι (de-pono)	niederlegen, (hin)legen (εἰς), verwahren; M. (für sich) hinterlegen
παρα-τίθημι	danebenlegen, vorsetzen, vorlegen
προσ-τίθημι (addo)	hinzusetzen, hinzufügen, hinzugeben
ὑπ-εσχόμην (st. Aor. von ὑπ-ισχ-νέ-ομαι[4] des Futurs)	ich nahm auf mich, versprach (meist mit Inf. oder AcI

Adverbia

τῇδε (adv. Dat. f. zu ὅδε, erg. τῇ ὁδῷ)	hier, da (vgl. Adv. hāc, eā)

XXX. [2] eig.: sich auf etw. hinbewegen, nach etw. langen. — [3] d. i. seine Gedanken sammeln, vgl. cogitare (aus co + agitare), conicere vermuten. — [4] Präsensstamm ἰσχ aus σι-σχ (σι Präsensreduplikation; hieraus lautgesetzlich ἱσχ, das zu ἰσχ dissimiliert wurde).

πολλῷ (adv. Dat.) πολύ (adv. Akk.)	um vieles, vor Komp. viel,	(bei) weit(em)

Konjunktionen

ἐπειδάν (= ἐπειδή + ἄν) mit Konjunktiv ἐπειδή mit Indikativ bzw. Optativ (opt. obliquus oder iterativus)	nachdem (nun), wenn (einmal), sobald als

XXXI. Kapitel

Substantiva

(ἡ) Ἀνάγκη (vgl. Necessitas)	(Personifikation der) Notwendigkeit, Schicksal
Ἀρχι-μήδης, -ους	Archimedes (aus Syrakus), griech. Mathematiker (gest. 212 v. Chr.)
Ζήνων, -ωνος	Zenon, griech. Philosoph (um 460 v. Chr.)
ὁ κλῆρος (1 W.? Klerus[1])	Los, Landlos, Grundstück, Erbteil
Λυκοῦργος	Lykurg(os), sagenhafter spartanischer Gesetzgeber
τὸ μέσον (Wr.?)	Mitte
ἡ οἰκίᾱ (Wr.?)	Haus
ὁ οἰστός	Pfeil
ἡ πολιτείᾱ (Wr.?) (vgl. civitas)	Bürgerrecht; (Staats-) Verfassung, Staat
(αἱ) Σάρδεις, -εων (Plw.)	Sardes, Hauptstadt Lydiens
ἡ Σικελίᾱ	Sizilien
ὁ σύμ-μαχος (Wr.?)	Mitkämpfer, Bundesgenosse, Verbündeter

Adjektiva

ἐπιστήμων, -ον (τινός, vgl. peritus)	wissend, kundig, erfahren (in etw.)
ἐπι-τήδειος, (-ᾱ,) -ον	geeignet, passend, erforderlich
Ἰωνικός, -ή, -όν	ionisch, Ioniens
συν-εχής, -ές (Wr.?) (Adv. auch συνεχές, vgl. continenter)	zusammenhängend, ununterbrochen, fortwährend

Verba

ἀριστάω	frühstücken
τὸ ἄριστον[2]	Frühstück
ἡλιόομαι D. P. (1 W.?)	sich sonnen
ἵστημι (sisto)	stellen, aufstellen: trans. M. für sich (auf-)stellen; intr. M. sich stellen, stehen bleiben, treten; Pf.: stehen

---

XXXI. [1] eig.: der das Erbe Christi verwaltende Stand. — [2] Aus ἄρι-δ-τον: ἄρι in der Früh, δ Schwundstufe zu ἐδ (ĕdere, essen), also: das in der Früh Gegessene.

ἀνθ-ίστημι	entgegenstellen; intr. M. entgegentreten, sich widersetzen, widerstehen
ἀν-ίστημι	aufstehen lassen, aufjagen; intr. M. aufstehen, sich erheben
ἀφ-ίστημι (Apo-stat)	wegstellen, zum Abfall bringen (τινός von jem.); intr. M. wegtreten, abfallen (τινός von jem.)
ἐφ-ίστημι	darüberstellen, an die Spitze stellen (τινά τινι); intr. M. hinzu-(heran-)treten (τινί zu jem.); Pf.: an der Spitze stehen
καθ-ίστημι	hinstellen, bestellen, einsetzen, einrichten (tr. M. für sich); intr. M. sich (hin)stellen, antreten (εἰς τὴν ἀρχήν); Pf.: bestehen
μεθ-ίστημι	umstellen, ändern; intr. M. sich umstellen, wegtreten
παρ-ίστημι	zur Seite stellen; intr. M. zur Seite treten, beistehen
περι-ίστημι	herumstellen; M. umstellen, umringen; Pf.: umstehen
προ-ίστημι	voranstellen, an die Spitze stellen (τινά τινος); intr. M. an die Spitze treten (τινός); Pf.: an der Spitze stehen
συν-ίστημι (Sy-stem)	zusammenstellen, vorstellen (= bekannt machen)
κῑνέω (Kino)	bewegen, rütteln an (τι), ändern
λέγεται (λέγονται) mit Nom. c. Inf. (auch AcI) = dicitur (dicuntur)	man sagt (es heißt), daß er (sie); er soll (sie sollen)
φέρομαι P. (intr.)	sich (schnell) bewegen, fallen, fliegen u. a.
φοβοῦμαι, μή (μὴ οὐ) mit Konj. (bzw. opt. obl.); vgl. timeo, ne (ne non)	ich fürchte, daß (daß nicht)

XXXII. Kapitel

Substantivum

Ἀρίστ-ιππος (Wr. ?)	Aristipp(os), griech. Philosoph, Sokrates' Schüler

Adjektiva

λοιπός, -ή, -όν (λείπω)	übrig (eig.: zurückgelassen, vgl. reliquus)
λοιπόν ἐστι(ν)	es bleibt übrig
σπάνιος, -ᾱ́, -ον	selten, spärlich
τίμιος, -ᾱ, -ον	geehrt, geschätzt, wertvoll, kostbar

Verba

ἄγαμαι D. P.	bewundern
γεω-μετρέω (Wr. ? Fr. ?)	Land vermessen; Geometrie (Mathematik) betreiben (studieren)
δέδοικα (δέδια) (Pf.; Präs. δείδω)	(sich) fürchten (μή daß, μὴ οὐ daß nicht)

δουλεύω (Wr.?)	Sklave (Knecht) sein, (als Sklave) dienen
δύναμαι (3 W.? Fr.?)	können, vermögen, imstande sein
(ἐμ-)πίμπλημι	(an)füllen (mit etw.)
(τινός; πλήρης, plē-nus, com-ple-o)	
(ἐμ-)πίμπρημι	anzünden
ἐπίσταμαι (2 W.?)	verstehen, wissen, können
ἐ-πριάμην (Aorist, Inf. πρίασθαι)	kaufen (πολλοῦ um viel [Geld], teuer)
κάθ-ημαι[1] (καθ-έζομαι)	sitzen
κρέμασθαι D.	hangen, (ab)hängen
ὀνίνημί τινα	nützen, fördern (jem.)
φημί (fa-ri, προ-φή-της) (Nbf. φάσκω)	sagen, behaupten; ja sagen, zugeben
οὔ φημι	nein sagen, verneinen, leugnen, sich weigern

Konjunktion

ἄρα[2] (nachgestellt; vgl. ἆρα)	also, so (. . denn)

XXXIII. Kapitel

Substantiva

Ἀδάμ (undekl.)	Adam
τὸ ἴχνος, -ους	Fußspur, Spur
ἡ καρδία	Herz (cor)
ὁ κοσμο-πολίτης, -ου (Wr.?)	Weltbürger, Kosmopolit
ὁ λύχνος (lux)	Leuchte, Lampe
ἡ παλαίστρᾱ	Ringschule, Turnplatz
τὸ σπήλαιον (spelunca)	Höhle

Adjektiva

ἔσχατος, -η, -ον Sup. zu Adv. ἔξω	äußerster, letzter außen
πολυ-μαθής, -ές (Wr.?)	viel wissend, kenntnisreich
φιλο-μαθής, -ές (Wr.?)	lern- (wiß-) begierig

Verba

ἅπτω	anzünden
δαιμονάω (Wr.?)	(vom bösen Geist) besessen sein
εἰμί, εἶναι (esse)	sein
ἄπ-ειμι, -εἶναι	abwesend sein, fern sein, fehlen
πάρ-ειμι, -εἶναι	anwesend sein, zugegen sein, da(bei) sein
πρόσ-ειμι, -εἶναι	dabei sein, verbunden sein (mit: τινί)
εἶμι, ἰέναι (ire)	gehen (Indik.: ich werde, will gehen)
ἄπ-ειμι, -ιέναι	weggehen, fortgehen, (da)hingehen
εἴσ-ειμι, -ιέναι	hineingehen, eintreten
ἔξ-ειμι, -ιέναι	heraus- (hinaus-) gehen

XXXII. [1] Kathete gehört nicht zu κάθημαι, sondern zu καθ-ίημι: ἡ καθ-ετή (γραμμή) die (senkrecht) herabgelassene Linie, die Senkrechte. — [2] Wurzel ἀρ fügen; ἄρα also eig.: füglich. Es bezeichnet eine selbstverständliche Folgerung aus dem vorhergehenden Gedanken.

πάρ-εἰμι -ιέναι	vorübergehen, hin-(zu)gehen, hinkommen
περί-ειμι -ιέναι	herumgehen
σύν-ειμι -ιέναι	zusammengehen, zusammenkommen, zusammentreffen
ἐπι-γράφω (Wr.?)	daraufschreiben
οἴχομαι[1] D.	weg sein, fort sein
οἴχομαι ἀπιών	auf und davon gehen, eiligst weggehen
φροντίζω (Wr.?)	bedenken, erwägen (τι); sorgen für (τινός)
χρῆν (ἐχρῆν) (Impf. zu χρή)	es war (wäre) notwendig (gewesen), man sollte (hätte sollen)

Adverbia

ἐκεῖ-σε (1 W.?)	dorthin, dahin
ὄντως (zu ὤν) (Onto-logie)	wirklich, wahrhaft, in der Tat
πόθεν[2] (fragend)	woher? von wo?
πῶς γὰρ οὔ;	wie denn nicht? selbstverständlich!

Fragepartikel

οὐκ-οῦν (fragend) (Wr.?)	nicht (also)? nicht wahr? (nonne)

Negation

οὔ (alleinstehend)	nein

XXXIV. Kapitel

Substantiva

ἡ ἀρά	Gebet, Bitte, Wunsch, Verwünschung, Fluch
ὁ ἀσκός	Schlauch (eig.: abgezogene Tierhaut)
ἡ εἴσ-οδος (1 W.?)	Eingang, Eintritt, Zutritt, Besuch
Ἱερο-κλῆς, -έους (Wr.?)	Hierokles, griech. Männername
ἡ Ἰωνική (erg γυνή)	Ionierin
Μένων, -ωνος	Menon, griech. Männername
Πύῤῥος	Pyrrhos, König von Epiros (um 280 v. Chr.)
ὁ ταῦρος (taurus)	Stier
ἡ φρήν, φρενός (s. Wk. X, Anm. 5; Wr.?)	Zwerchfell; gew. Pl.: Denken, Sinn, Verstand, Geist

Adjektiva

ἀν-ώμοτος, -ον (ὄμνῡμι)	einer, der nicht geschworen hat
πικρός, -ά, -όν (πίσσα[1], Pikrin)	(stechend) scharf, spitz, bitter, herb

Verba

ἀμφι-έννῡμί[2] τινά τι (vestis)	anziehen (jem. etw.), bekleiden
ἀπ-όλλῡμι (vgl. perdo u. pereo)	verderben, vernichten, zugrunde richten, verlieren; intr. M.

XXXIII. [1] Zeitformenbildung abweichend. — [2] Was heißt ὁπόθεν und ποθεν?
XXXIV. [1] πίσσα aus πίκjα. — [2] eig. ἀμφι-Ϝέσ-νῡμι.

	verderben, zugrunde gehen, umkommen, verlorengehen; st. Pf.: verloren sein
δείκνῡμι	zeigen, (er)weisen, beweisen
ἀντι-δείκνῡμι	(dagegen)zeigen
ζεύγνῡμι (1 W.?) (iungo, iugum) συ-ζεύγνῡμι	(zusammen)jochen, verbinden, vereinigen
κατ-ᾱ́γνῡμι	zerbrechen
κρεμάννῡμι (1 W.?)	aufhängen
κεράννῡμι μείγνῡμι (misceo, mische)	(ver)mischen, (ver-)mengen (τινί mit etw.)
μάχην[3] νῑκάω	in einer Schlacht siegen
ὄμνῡμι (θεούς) (oft mit Inf. oder AcI des Futurs, vgl. iuro)	schwören (bei den G.)
ὁμο-νοέω (Wr.?)	eines Sinnes sein, einträchtig sein
ἡ ὁμό-νοια	Eintracht
πετάννῡμι	ausbreiten
πήγνῡμι	festmachen, befestigen
πονέω (Wr.?)	arbeiten, sich abmühen, sich plagen
ῥήγνῡμι[4] (Wrack, e. wreck)	zerreißen, zerbrechen (trans.); intr. P. zerbrechen, bersten, platzen
δια-ρρήγνυμαι	intr. P. (zer)bersten, zerspringen, zerplatzen
ῥώννυμι (ῥώ-μη)	stärken
Pf. ἔρρωμαι	stark sein, gesund sein
Imper. ἔρρωσο	lebe wohl (vale)
σκεδάννῡμι	zerstreuen
συμ-βάλλω (Wr.?)	zusammenwerfen, intr.: zusammenstoßen (τινί mit jem.)
φυσάω	(auf)blasen, aufblähen
τῷ φίλῳ χαίρειν (λέγει)[5] (Formel am Briefanfang)	er entbietet dem Fr. seinen Gruß, er grüßt den Fr.
χωρίζω	sondern, trennen

Adverbia

μάτην (adv. Akk. f.)	vergeblich, umsonst
πανταχοῦ (1 W.?)	überall, überallhin

XXXV. Kapitel

Substantiva

(ὁ) Ἅλυς, -υος	Halys, Fluß in Kleinasien
ὁ βωμός (βαίνω, βῆ-μα)	Altar (eig. [Altar-]Stufe)
ἡ γέρανος (grus)	Kranich
τὸ δίκτυον	Fangnetz, Netz
ὁ ἔλεος (1 W.?)	Mitleid, Erbarmen
Ἡρόδοτος	Herodot(os), ion. Geschichtschreiber (um 440 v. Chr.)

XXXIV. [3] Inneres Akkusativobjekt; eig.: eine Schlacht siegreich auskämpfen. — [4] eig. Ϝρήγ-νυμι. — [5] w.: er sagt dem Fr., er solle gegrüßt sein (eig. sich freuen).

ὁ θήρ, θηρός (2 W.? fĕrus)	Tier
Ἴβυκος	Ibykos, lyrischer Dichter (6. Jh. v. Chr.)
Κροῖσος	Kroisos, König von Lydien (6. Jh. v. Chr.)
Μίδᾱς, -ου	Midas, sagenhafter phrygischer König
Σειληνός	Seilenos, Silén, Erzieher und Begleiter des Bakchos
Φίλιπποι, -ων (Plw.)	Philippi, Stadt in Makedonien
ὁ φονεύς, -έως (1 W.?)	Mörder

Adjektiva

ἀνθρώπινος, -η, -ον (1 W.?)	menschlich
εὔ-βουλος, -ον (Wr.?)	wohlberaten, besonnen
νήπιος, -ᾱ, -ον	unerfahren, töricht
οἰκεῖος, -ᾱ, -ον (Wr.?)	häuslich, verwandt, eigen

Zahlwort

ἄμφω, ἀμφοῖν (2 W.? ambo)	beide
ἄμφω τὼ υἱώ	beide Söhne

Verba

αἰσχύνομαι D. P. (τινά, 1 W.?)	sich schämen (vor jem.)
ἁλίσκομαι	gefangen werden, erobert werden
ἀλλάττομαι M. (τί τινι)	vertauschen, eintauschen (etw. gegen etw.)
ἀπο-διδράσκω (τινά)	entlaufen (jem.)
ἀφ-αιρέω u. M. (Wr.?)	(weg)nehmen, (be-)rauben
βαίνω	s. Wk. I
δια-βαίνω	überschreiten (w.?)
ἐκ-βαίνω (Ecbasis cuiusdam captivi)	herausschreiten, aussteigen, hervorgehen, werden, ausgehen
ἐπι-βαίνω	darauftreten, betreten (τινός oder τι)
γιγνώσκω (Gnostik)	s. Wk. II
ἀνα-γιγνώσκω	wiedererkennen; lesen
συγ-γιγνώσκω[1] (1 W.?)	verzeihen, vergeben
δίκην δικάζω	einen Rechtsstreit entscheiden
δύω	(unter)tauchen (transit.); M. untertauchen (intr.), untergehen
ἀνα-δύομαι M.	auftauchen, aufgehen
κατα-δύομαι M.	untertauchen, untergehen, versinken
οὐκ ἔστι (= οὐκ ἔξεστι)	es ist nicht möglich, man kann nicht
παρα-πέτομαι D. M. (Wr.?)	vorbeifliegen
συμ-φιλέω (Wr.?)	mitlieben
συν-έχθω (1 W.?)	mithassen
τρέχω	laufen, eilen
παρα-τρέχω	vorbeilaufen, vorbeieilen (τινά an jem.)
φέρω	s. Wk. I, XXXI (P.)
ἀνα-φέρομαι (intr. P.)	emporkommen
ἀπο-φέρω	wegtragen, zurücktragen, -bringen
εἰσ-φέρω	hin(ein)tragen, hin(ein)bringen
κατα-φέρω	hinunterbringen; intr. P. herab- (hinab-) fallen, -stürzen

---

XXXV. [1] Vgl. Wk. XIX, Anm. 1.

συμ-φέρω (συμ-φορά)	zusammentragen, -bringen; unpers.: zuträglich sein, nützen, helfen
φῠ́ω (φύσις, fu-i)	hervorbringen, wachsen lassen; M. (geboren) werden, entstehen, wachsen
ἔφῡν	ich bin geschaffen (eig.?), bin (dazu da)

Adverbium

ἀρχήν (adv. Akk.)	von vornherein, überhaupt (eig.: im Anfang)

Präpositionen

παρά (b. Akk.) (par-allel)	neben . . hin, vorbei an; gegen, wider
παρὰ δόξαν (F.?)	wider Erwarten
ὑπό (b. Akk.)	unter (. . hin)

Konjunktion

πρίν (πρὶν ἄν mit Konj.)	ehe, bevor (nicht)

Negation

οὔ-τοι (= οὐ + τοί)	gewiß nicht, wahrlich nicht, doch nicht

XXXVI. Kapitel

Substantiva

ὁ ἀγρός (ἄγω, ager)	Acker, Feld, Land (= rus) (eig.: Trift)
Αἰσχύλος	Aischylos, athen. Tragödiendichter (um 480 v. Chr.)
ἡ ἅλωσις, -εως (1 W.?)	Einnahme, Eroberung
τὸ βέλος, -ους (βάλλω)	(Wurf-)Geschoß, Pfeil
τὸ δάκρυον (lacrima[1], Zähre)	Träne
ὁ Δαναός	Danaer, alter Gesamtname der Griechen
Δᾱρεῖος	Dareios, Perserkönig (um 500 v. Chr.)
τὸ δεῖπνον	Mahlzeit, Mahl
καλεῖν ἐπὶ δεῖπνον	zum Mahle laden
ὁ θεράπων, -οντος	Diener (Wr.?)
ὁ κλέπτης, -ου (1 W.?)	Dieb
ὁ Σάμιος	Samier, Bewohner der Insel Samos
ἡ Σάμος	Samos
Τῑμο-κρέων, -οντος	Timokreon, ionischer Dichter (um 480 v. Chr.)
τύχῃ ἀγαθῇ	zum guten Glück, in Gottes Namen

Adjektivum

Ῥόδιος, -ᾱ, -ον	rhodisch, aus Rhodos

Verba

ἀνα-βαίνω (Wr.? Anabasis)	(hin)aufsteigen, besteigen, hinaufziehen
ἀν-ᾱλίσκω	aufwenden, verbrauchen
(ἀνα-)μιμνῄσκω (τινά τι oder τινά τινος) (Wr.? Fr.?)	erinnern (jem. an); P. sich erinnern, denken an (τινός oder τι)
ἀρέσκω	gefallen

XXXVI. [1] Altlateinisch dacruma.

ἐλαύνω (elastisch)	treiben, ziehen, schlagen; intr.[2]; fahren, reiten, marschieren, ziehen
ἐπι-ορκέω (1 W.?)	falsch schwören, einen Meineid schwören
ἔρδω (dichterisch)	machen, tun, betreiben
κακὰ λέγω τινά[3]	jem. Böses nachsagen, jem. schmähen
μακρο-λογέω (Wr.?)	weitschweifig reden
οἶδα[4] (video)	wissen, verstehen, kennen
τί̆νω (Tisi-phone = Mordrächerin)	büßen, bezahlen; M. rächen, strafen (eig.: sich büßen lassen)
τυγχάνω mit doppeltem persönl. Gen.	jem. erlangen (finden) als, in jem. finden

Adverbium

ταύτῃ (erg. τῇ ὁδῷ)	auf diese Weise, so

Partikeln

ἆρα μή (Wr.?) (= num; Spr. XXXVI)	etwa? doch wohl nicht?
δή (meist nachgestellt; vgl. ἤ-δη)	eben, nun, (al)so, ja, so . . denn
ἦ (fragend = -ne)	etwa? wohl?
καί-περ (beim konzessiven Partizip)[5]	auch noch so sehr, wie sehr auch

καίπερ mit Partizip = Konzessivsatz (wenn auch, obwohl)

XXXVII. Kapitel

Substantiva

Ἐπί-κτητος (eig.?)	Epiktet(os), griech. Philosoph (1. Jahrh. n. Chr.)
ἡ κραυγή	Geschrei
Ξανθ-ίππη (eig.?)	Xanthippe, Frau des Sokrates
ξανθός, -ή, -όν	gelb, blond
ὁ ὄροφος = ἡ ὀροφή	Dach
τὸ τόξευμα, -ατος (Wr.?)	Pfeil, Geschoß

Adjektiva

ἀ-σαφής, -ές	unklar, undeutlich, ungewiß, unsicher
σαφής, -ές	klar, deutlich, gewiß, sicher
οἷός τέ ἐστι(ν)	er ist imstande (vgl. Spr. XXXVII)
οἷόν τέ ἐστι(ν)	es ist möglich (vgl. Spr. XXXVII)
Περσικός, -ή, -όν (1 W.?)	persisch

XXXVI. [2] Hiebei ist zu ergänzen τὸ ἅρμα (Wagen) oder τὸν ἵππον, τὸ στράτευμα usw. — [3] Akkusativ wie bei nützen, schaden, Gutes (Böses) tun. — [4] Aus Ϝοῖδα. — [5] καίπερ (aus καί + πέρ sehr, auch) tritt zur Verdeutlichung als Supplement zum konzessiven Partizip hinzu.

Pronomen

ὁ-πότερος, -ᾱ, -ον (1 W.?)	wer (welcher) [auch immer] von beiden

(verallgemeinernd relativ und indirekt fragend)

Verba

αἰδέομαι D. P. (τινά)	sich scheuen (vor jem.)
ἀπ-αγορεύω	versagen: 1. verbieten; 2. ermüden
ἀπ-εχθάνομαι D. M. (1 W.?)	verhaßt werden
βοη-θέω[1] (vgl. βοάω)	zu Hilfe eilen, helfen
βροντάω	donnern
ἡ βροντή	Donner
γαμέω (1 W.? Fr.?)	heiraten (τινά, vom Mann); M. sich verheiraten mit, heiraten (τινί, von der Frau = nubo)
δέον (Partizip von δεῖ, abs. Akk.)	wann (weil, wenn, obwohl) es notwendig ist
δοκεῖ μοι	es scheint mir (gut), ich glaube, meine, beschließe, entschließe mich
ἐξ-όν (Partizip von ἔξ-εστιν, abs. Akk.)	wann (weil, wenn, obwohl) es freisteht
ἐπι-σκιάζω (Wr.?)	beschatten, verdunkeln
καίω (auch κάω) (καῦμα)	verbrennen
κατα-ρρεῖν (Wr.?) (Katarrh)	herabfließen, herabrinnen
λέγω (als Fachausdruck)	beantragen
λοιδορέω	schelten, (be)schimpfen, schmähen
σπάω	ziehen (trans.)
συμ-βαίνω (Wr.?)	zusammenkommen, -treffen; intransit.: sich ereignen, zustoßen, widerfahren
τελέω (3 W.?)	beend(ig)en, vollbringen, verwirklichen, erfüllen
χέω	(ver)gießen, (aus-)schütten
περι-χέω τινί τι	herumgießen; überschütten (jem. mit)
συγ-χέω (vgl. confundo)	zusammengießen; vermengen, verwirren, (zer)stören

Präpositionen

καθ' ἡμᾶς (zeitl.)	zu unserer Zeit
μέχρι τοῦ (= τίνος);	bis wann?

Konjunktionen

γοῦν (γέ + οὖν)	wenigstens (also), ja doch, allerdings
ὅπως (ὅπως μή)	daß (daß nicht)

mit Ind. des Futurs nach sorgen u. ä.

Interjektion

οὐαί (= vae)	wehe

XXXVII. [1] Aus βοή (ἡ) Ruf, Hilferuf und θέω laufen, eilen; also eig.: auf den Hilferuf herbeieilen.

Anhang

Substantiva

τὸ αἴνιγμα, -ατος	Rätsel
ἡ ἀνα-δενδράς, -άδος (erg. ἄμπελος) (Wr.?)	an einem Baume gezogene Weinrebe
ὁ ἄρτος	Brot
ὁ βότρῦς, -υος	Weintraube, Traube
ὁ βουλευτής, -οῦ (Wr.?)	Ratsherr
τὸ γραφεῖον (Wr.?)	Griffel
ὁ δάκτυλος (Daktylo-skopie)	Finger, Zehe
Δᾱ́μων, -ωνος	Damon, Syrakusaner
ὁ δεσμός (1 W.?)	Band, Fessel; Pl.: Kerker
ἡ δι-ᾱκονίᾱ (F.?)	Dienst(leistung)
Διονῡ́σιος	Dionysios (d. Jüngere), Tyrann von Syrakus (um 350 v. Chr.)
ἡ δορᾱ́ (δέρω)	Haut, Fell
ὁ ἐγγυητής, -οῦ	Bürge (für: τινός)
ὁ ἑκατόντ-αρχος (ἑκατοντ-άρχης, -ου) (Wr.?)	Zenturio, „Hauptmann" (eig.?)
ὁ ἐλέφᾱς, -αντος	Elefant, Elfenbein
ἡ ἐπ-ῳδή (Wr.?)	Zauberlied, Zauberspruch
τὸ εὐ-αγγέλιον (Wr.?)	gute (frohe) Botschaft, Evangelium
ἡ εὐ-δοκίᾱ (Wr.?)	Wohlmeinung, Wohlgefallen, guter Wille
Εὐ-κράτης, -ους (Wr.?)	Eukrates, griech. Männername
τὸ θεώρημα, -ατος	Lehrsatz (Theorie)
Καλλί-μαχος (Wr.?)	Kallimachos, alexandrinischer Gelehrter und Dichter (um 260 v. Chr.)
ὁ κατά-σκοπος (Wr.?)	Späher, Kundschafter, Aufklärer

Καφαρναούμ (indekl.)	Kapharnaum
ὁ κροκόδειλος	Krokodil
τὸ κύμβαλον	Zimbel, hohles metallenes Musikinstrument
ἡ λεοντῆ, -ῆς (1 W.?) (Adj., erg. δορᾱ́)	Löwenfell
Λουκιανός	Lukian(os), griech. Schriftsteller (2. Jh. n. Chr.)
τὸ μειράκιον	Knabe, Junge
τὸ μέλος, -ους (Mel-odie)	Glied, Stück; Lied
ὁ Μεμφίτης, -ου (von ἡ Μέμφις, -ιδος)	Einwohner von Memphis; Adj.: aus Memphis
ὁ μοχλός	Hebel; Türquerbalken = Riegel
ἡ μυῖα	Fliege (vgl. Mücke)
ἡ μωρίᾱ (1 W.?)	Torheit, Dummheit
ἡ ὄμφαξ, -ακος	unreife Weintraube, Her(b)ling
ὁ ὀφειλέτης, -ου (Wr.?)	Schuldner
Παγ-κράτης, -ους (Wr.?)	Pankrates, griech. Männername
ἡ παλάμη (palma)	(flache) Hand
ὁ πειρασμός (Wr.?)	Versuchung
τὸ περίσσευμα, -ατος	Überfluß, Fülle
τὸ ῥόπαλον	Keule, Knüttel
ἡ στέγη	Decke, Dach
ὁ στίχος (Di-stichon; 1 W.?)	Reihe, Zeile, Vers
(αἱ) Συρᾱ́κουσαι, -ῶν (Plw.)	Syrakus
τὸ τρι-ώβολον (Wr.?)	Dreiobolenstück

ὁ ὑδρο-φόρος (Wr.?)	Wasserträger
Φιντίᾱς, -ου	Phintias, Syrakusaner
τὸ φρούριον	(fester) Platz, Festung, Burg
τὸ χρῡσίον (Dem. zu χρυσός)	Goldstück, Goldgeld, Geld
τὸ ᾠόν[1] (ovum)	Ei

Adjektiva

ἀν-άλωτος, -ον (1 W.?)	uneinnehmbar
ἄ-νους, ἄνουν (Wr.?)	unverständig, töricht
γνώριμος, -ον (Wr.?)	bekannt, befreundet
ὁ γνώριμος	Bekannter, Freund
δρομαῖος, -ᾱ, -ον	laufend, im Laufe
ὁ δρόμος (vgl. ἔδραμον; Hippodrom)	Lauf
ἐπ-ιούσιος, -ον	für den folgenden Tag bestimmt
ἡ ἐπ-ιοῦσα (ἡμέρᾱ)	der folgende Tag
ἔπ-ειμι, -ιέναι	herangehen, herannahen
ἐπι-τύμβιος, -ον	zum Grab gehörig
τὸ ἐπι-τύμβιον	Grabgedicht
ὁ τύμβος (tumulus)	Grabhügel, Grab
θαυμαστός, -ή, -όν (Wr.?)	wunderbar
ἱερός, -ά, -όν (s. Wk. X)	auch: übernatürlich, zauberhaft
ὀρθός, -ή, -όν (Ortho-graphie, ortho-dox)	aufrecht, gerade; recht, richtig
ὀχυρός, -ά, -όν (ἔχω)	haltbar, fest
παρα-λυτικός, -ή, -όν (Wr.? F.?)	(einseitig) gelähmt

πλέον ἐστί μοι	ich habe einen Vorteil, habe etwas davon
Πῡθαγόρειος, -ᾱ, -ον	pythagoreisch
ὁ Πῡθαγόρειος	Pythagoreer
ὕψιστος, -η, -ον (Wr.?)	höchster
τὰ ὕψιστα	Höhe (= Himmel)
χαλεπός, -ή, -όν (s. Wk. II)	auch: schwer zugänglich

Verba

ἁγιάζω (1 W.?)	heiligen
ἀ-γνοέω (Wr.?)	nicht kennen, nicht wissen
ἀλαλάζω[2]	den Schlachtruf erheben, laut schreien; laut (er)tönen
ἀ-μηχανέω	in Verlegenheit sein, hilflos (ratlos) sein
ἡ μηχανή (Mechanik, machina)	Maschine; Mittel, Hilfsmittel
ἀπ-άγω (Wr.?)	(hin)wegführen
ἀπο-γιγνώσκω (Wr.?)	den Gedanken (die Hoffnung) aufgeben
βασανίζω	prüfen, foltern, quälen
δακρῡ́ω (1 W.?)	weinen
δι-ᾱκονέω (Diakon)	dienen, bedienen
δια-κόπτω (Wr.?)	zerhauen, (zer)spalten
δια-τελέω (Wr.?) mit präd. Part. wiederzugeben durch: unablässig, fortwährend	vollenden; intr.: ausharren
δια-τίθημι (δια-θήκη, Wr.?)	zurechtlegen, (an)ordnen (eig.: auseinanderlegen)
ἐν-δῡ́ομαί τι M. (Wr.?)	hineinschlüpfen, anlegen, anziehen
ἐπι-γιγνώσκω (Wr.?)	(genau) erkennen, verstehen

[1] eig. ὤϝιον. — [2] eig. ἀλαλά (hurra) rufen.

ἐπι-τῑμάω τινί	jem. Vorwürfe machen, vorwerfen, tadeln
ἐπι-τρέχω (Wr.?)	herbeilaufen, -eilen
ζῳο-ποιέω (Wr.?)	lebendigmachen
ἠχέω (Echo)	tönen, schallen, hallen
κατα-πίνω (Wr.?)	hinuntertrinken, verschlucken, verschlingen
κατα-σκευάζω (1 W.?)	(zu)bereiten, zurichten, beschaffen
κερδαίνω (1 W.?)	gewinnen, Gewinn (Vorteil) haben
κοιμάω (vgl. κεῖμαι)	zur Ruhe betten (bringen); intr. P. zur Ruhe gehen, ruhen, schlafen
νέω	schwimmen

(Stamm νευ, νεϝ; Zeitformen: νεύσομαι, ἔνευσα, νένευκα)

συν-νέω (τινί)	mitschwimmen (mit jem.)
ὁρμίζω (ὁ ὅρμος Ankerplatz, Hafen)	in den Hafen einlaufen lassen, vor Anker legen
ὀχέομαι[3] M. (P.) (vehor)	sich bewegen, fahren, reiten
παίω	schlagen, hauen
περι-αιρέω (Wr.?)	(rings) wegnehmen, wegraffen
προ-καλέω u. M. (Wr.?)	(für sich) hervorrufen, auffordern
προσ-δοκάω	erwarten
προσ-λαμβάνω (Wr.?)	hinzunehmen (M. zu sich), beiziehen
προσ-φέρω (Wr.?)	herbeitragen, herbeibringen
ῥύομαι D. M.	schützen, bewahren
συμ-πλέω (τινί) (Wr.?)	mitfahren (zu Schiff) (mit jem.)
συν-τρέχω (Wr.?)	zusammenlaufen
τυραννεύω (τινός) (τύραννος)	(als Tyrann) herrschen (über jem.)
ὑδρο-φορέω (Wr.?)	Wasser tragen
ὑπ-άγω (Wr.?)	darunterführen; intr.: sich hinwegbegeben, hin(weg)gehen
φοιτάω oft auch:	hin und her gehen; zu einem Lehrer (τινί)
εἰς διδασκάλου φ. (vgl. εἰς Ἅιδου)	in die Schule gehen

Adverbia

αὔριον	morgen (cras)
εἰς αὔριον	auf morgen
πάλαι (1 W.?)	in alter Zeit, ehemals, einst
παντά-πασιν (eig.?)	ganz und gar, völlig

Präposition

ἐν τούτῳ (zeitlich)	unterdessen

Konjunktion

ὥσπερ ἂν εἰ	wie wenn, als ob

(eig.: ὥσπερ ἂν ἐποίει, εἰ . .)

[3] eig. ϝοχέομαι.

Zur Geschichte der Sprichwörter, der Fabel und der Quellen

I. Sprichwörter

Die *Gemeinschaft* eines Volkes legt ihre Lebenserfahrungen und Deutung des Geschehens in der Bildung des *Wortschatzes* und in faßbarer Weise in ihren *Sprichwörtern* nieder. Das *Individuum* formuliert seine Erkenntnisse in Sätzen oder Aussprüchen, die als *Sentenzen*, *Aphorismen*, *Zitate* von anderen aufgenommen und gesammelt werden können. Die Sammlung solcher Sprüche reicht bei den Griechen bis in das 7. Jh. v. Chr. zurück und ist mit dem Namen eines *Hesiod*, denen der sog. *Sieben Weisen*, *Theognis* u. a. verbunden. Seit dem 4. Jh. werden in immer stärkerem Maße auch die Sprichwörter der einzelnen Stämme gesammelt. Vor allem in den Kreisen der verschiedenen philosophischen Schulen legte man Wert auf die Feststellung der ursprünglichen Worte des Gründers, die infolge der unterschiedlichen Auslegungen oft nicht mehr deutlich erkennbar waren. Dieses Bemühen um möglichst vollständige Anlegung von Sammlungen, Syllogai, übernahmen auch die *Römer*; in diesem Zusammenhang erhielten die sog. *Dicta Catonis* im Mittelalter eine besondere Bedeutung. Vor allem aber waren es die *Christen*, die sich um die Sammlung der Worte Christi, der Sprüche der Weisheitsbücher und später der Sprüche der Ordensgründer kümmerten.

Außerhalb des griechisch-römischen Raumes geht jedoch die Sammlung von Sprüchen und Lehrtexten, die zum Zweck der allgemeinen Bildung verfaßt wurden und die Anweisungen für die rechte Lebensführung enthalten, zeitlich viel weiter zurück. So stammen die Anweisungen des *Kagemni* und die des *Ptahhotep* an sozial hochgestellte Beamte aus der 5. Dynastie Ägyptens (2466 bis 2315 v. Chr.), gehören die Mahnungen an König *Merikare* und seinen Nachfolger *Amenemhet* in die Zeit um 2040. In eine etwas spätere Zeit, aber noch vor 1650 fallen die Mahnungen des *Cheti* an seinen Sohn vor dessen Eintritt in die Schule. Das Weisheitsbuch des *Amenemope* aus dem späteren Neuen Reich weist teilweise Übereinstimmungen mit den Sprüchen Salomons im Alten Testament auf. In *Indien* sind es die im Anschluß an die Veden verfaßten *Grhya-Sūtras* (zum Haus gehörigen Regeln) und die *Dharma-Sūtras* (zum Recht gehörigen Regeln), welche die privaten, religiösen und weltlichen Bereiche ordnen. Ähnliche Sammlungen sind aus dem antiken Iran, aus China, Tibet und Hinterindien bekannt.

Im Mittelalter und in der beginnenden Neuzeit sind es vor allem folgende Sammlungen, die sich an jeweils andere Kreise wenden, um deren Lebensführung zu leiten:

1. Die *Regulae* und die *Consuetudines monasticae*, die das Leben der Mönche bestimmen; sie haben ihre lateinische Grundform in der Regula Benedicti.
2. Die sog. „*Fürstenspiegel*", die sich vor allem an den Adel bzw. die herrschenden Kreise wenden. Ihr Urbild ist in der Auseinandersetzung

zwischen sophistischer und platonischer Staatslehre gelegen — Macchiavelli zitiert in seinem „Il principe" direkt die Worte des Kallikles als Norm. Zu diesen Schriften gehört auch das *Oraculo manual* des Spaniers *Balthasar Gracian* (1653), der in 300 Lebensregeln als Ideal den „Menschen mit sicherem Geschmack, der seine natürlichen Fähigkeiten entwickelt und vergeistigt", hinstellt und damit für die führenden Kreise der folgenden Jahrhunderte mitbestimmend war.

3. Die „*Spruchdichtung*", welche sich praktisch an die einfachen Menschen wendet, wenn auch theoretisch die in ihr niedergelegten Grundsätze allgemeine Gültigkeit beanspruchen können. Das Charakteristische ihrer Lehren ist, daß sie fast kaum konfessionell gebunden sind: christliche und vorchristliche Gedanken sind zu einer natürlichen Ethik vereint.

Literatur: Lex. der Alten Welt (1965), s. vv. Apophthegma, Gnomai, Paroimiographie, Spruchsammlung. *M. Pieper*, Die ägyptische Literatur (1928) v. l. *W. Helck-E. Otto*, Kleines Wb. der Ägyptologie (1956). *Balthasar Gracian*, Handorakel und Kunst der Weltklugheit, übers. von A. Schopenhauer (1862, Ausg. Jos. Spieler 1942). *A. Menzel*, Kallikles, 1922. *B. Schneider*, Citeaux und die benediktinische Tradition, 1960, vgl. auch S. 240.

II. Fabeln

1. Bezeichnungen: *fabula, fabella* ist jede erdichtete Erzählung, oft mit dem Zusatz ficta, composita, poetica, deren tieferer Sinn die Schilderung menschlichen Verhaltens in verschiedenen Situationen und der Charaktere ist. Im weiteren Sinn wird allerdings mit fabula jedes Gespräch bezeichnet, also Tages- und Tischgespräch, Erzählung, Märchen, Sage, Mythos, auch der Gegenstand einer Dichtung und diese, vor allem ein Drama, selbst.
   apologus: meint besonders die Fabel mit moralisch lehrreichem Inhalt und ihre Nutzanwendung.
   imago: ist die Fabel als Gleichnis.
   aenigma: Rätsel betont mehr ihren oft nicht sofort erkennbaren Sinn. Eine scharfe Trennung zwischen Fabel, Parabel (Gleichnis) und doppelter Bedeutung (Allegorie) ist jedoch weder für die Griechen noch die Römer als gegeben anzunehmen, sie stammt erst von Lessing.
2. Die Entstehung der Fabel läßt sich nicht mehr feststellen: Wortschatz und Metaphern aller Sprachen weisen auf eine bereits sehr alte vorliterarische Epoche, in der die Erscheinungen und Vorgänge der Außenwelt mit dem Körper und dem Erleben des Menschen verglichen werden; man vergleiche nur die Bedeutungen folgender Worte in einem Lexikon: caput, coma, supercilium, fauces, collum, ala, bracchium, ulna, latus (Seite), costa, tergum, nervus. (Ausführlich: *Erdmann-Struck*, Bedeutungslehre, 1940, 37 ff.)
3. Eine literarische Sammlung von Fabeln, wie sie in den Spruchsammlungen vorliegt (vgl. I.), ist aus den orientalischen und ägyptischen

Schriften nicht bekannt, obwohl sich Spuren von Fabeln bereits im Sumerischen nachweisen lassen, deutlicher bei den Babyloniern und Assyrern, im Alten Testament und bei den Ägyptern, hier allerdings mehr in ausführlicher Märchenform. In diesen Fabeln treten Steine, Pflanzen, Tiere, Menschen und Götter auf, wobei es sich zumeist um einen Streit über Rang- und Wertordnung dreht. Hingegen hat der Brahmane Visnuśarman in seinem „Fünfbuch", dem Pancatantra, im 1. Jh. n. Chr. eine Sammlung von Fabeln angelegt, die unbegabten Prinzen die Hauptlehren der Staatskunst vermitteln soll. Diese Sammlung gehört zu den verbreitetsten Büchern der indischen Literatur: von über 200 Versionen liegen Übersetzungen in mehr als 50 Sprachen vor. Über die Araber wurde sie im 11. Jh. auch durch eine lateinische Übersetzung wahrscheinlich aus dem Arabischen, die ihrerseits vielleicht auf eine Pahlavi- (Mittelpersisch-) Fassung zurückgeht, bekannt und 1480 von Anton von Pforr ins Deutsche übertragen. Lit.: *B. Meissner*, Die babylonische Literatur, 1930, 82. *H. v. Glasenapp*, Die Literaturen Indiens, 1929, 178 ff. *Dorothea Forstner*, Die Welt der Symbole, 1961, 163—440 (für das Alte Testament und das Christentum).

4. In der griechischen Literatur finden sich Fabeln vereinzelt bei den Dichtern des 7. und 6. Jh.s, wie *Hesiod*, *Archilochos*, *Semonides*, *Stesichoros* und *Alkman*. Der eigentliche Begründer der griechischen Fabeldichtung ist jedoch *Aisopos*, ein phrygischer oder thrakischer Sklave, der um 550 v. Chr. lebte. Zunächst Sklave eines Iadmon oder Xanthos auf Samos, macht er wie die 7 Weisen, mit denen er nach einer aus dem 4. Jh. n. Chr. stammenden Lebensbeschreibung, Vita, zusammengekommen sei, eine Reise in den Orient. In Delphi soll er durch habgierige Tempelpriester, die mit der Verteilung von Geschenken, welche Aisopos durchführte, nicht einverstanden waren, ermordet worden sein. Unter seinem Namen sind 426 Fabeln überliefert. Auch wenn sie nicht alle von ihm stammen, so zeigte sich doch bereits im 5. Jh. die Wirkung, welche sie ausüben: Sophisten und Sokrates beschäftigen sich mit ihnen. Seit dem 4. Jh. werden die Fabeln in steigendem Maße als „Lehre durch Beispiele" sowohl für die Jugenderziehung als auch von den Philosophen, besonders den Kynikern, herangezogen. Übertragungen in Hinkjamben versuchen *Kallimachos* (3. Jh. v. Chr.) und *Babrios* (3. Jh. n. Chr.). Die rege Anteilnahme dauert auch in byzantinischer Zeit an: im 9. Jh. versifiziert sie *Ignatios*, im 12. Jh. Maximos *Planudes*. Sie sind auch heute noch im griechischen Raum eines der verbreitetsten Bücher.
5. In die lateinische Literatur wurde die Fabel durch *Ennius* (3./2. Jh. v. Chr.) eingeführt, auch *Lucilius* und *Horaz* bedienen sich ihrer, bei Livius II 32, 8 steht die berühmte Fabel von dem Streit der Glieder mit dem Magen; doch entscheidend für die Aufnahme der Fabel, wenn auch zunächst nur mittelbar, wurde die Übersetzung des Aisopos durch *Phaedrus* (um die Wende des 1. Jh.s v. Chr. zum 1. Jh. n. Chr.), einen Sklaven aus Makedonien, der von Augustus die Freilassung erhielt,

unter Tiberius durch Sejanus wegen Verleumdung verurteilt wurde, doch trotzdem unbehelligt ein hohes Alter erreichte. Außer Übertragungen des Aisopos enthalten die 5 Bücher „Fabulae" und ihr Appendix auch eigene Geschichten, Zeitgenössisches und Autobiographisches. Phaedrus verwendet den jambischen Senar, *Avianus* (4./5. Jh. n. Chr.) das elegische Versmaß. Allerdings blieben sowohl Phaedrus als auch Avianus zunächst völlig unbeachtet. Für die Tradierung der Fabeln in das Mittelalter und die beginnende Neuzeit war die unter dem Namen „Romulus" oder „Aesopus Latinus" stehende Sammlung, welche zwischen 350 und 500 n. Chr. Fabeln des Aisopos und des Phaedrus in Prosa erzählte, ohne jedoch den Namen Phaedrus zu erwähnen, entscheidend. Erst 1596 wurden die Fabeln des Phaedrus wieder gefunden. Kurz zuvor, 1593, war Äsop ins Japanische übertragen worden und blieb lange Zeit die Lieblingslektüre des einfachen japanischen Volkes (*Chiaki Matsudaira*, Classical studies in Japan. Romanitas V, Rio de Janeiro 1962). Auf Äsop hatte auch *Luther* 1530 zurückgegriffen, während Phaedrus wohl die Anregung bildete für Lafontaine, Gellert, Lessing, Glein, Lichtwer, Pfeffel, Hey (*W. Kühlhorn*, RL d. dt. Lit. III [1929], 360 f.). Übersetzungen des Aisopos bzw. Phaedrus sind in sämtliche europäische Sprachen erfolgt und stehen in den Lesebüchern aller Schulgattungen.

Zur politischen Geschichte

I. Siedlungsraum der Griechen

A. Die landschaftliche Gliederung des Festlandes:

Durch den Korinthischen Meerbusen wird das Festland geteilt in

1. das nördliche und mittlere Griechenland:
   (Hellas außerhalb des Isthmos); hierzu gehören die Landschaften Epiros, Thessalia, Achaia, Akarnania, Aitolia, Phokis, das westliche (ozolische) und das östliche (opuntische) Lokris, Boiotia, Attike, Megaris.
2. Peloponnes (Hellas innerhalb des Isthmos):
   hierzu gehören Argolis, Lakonia, Messene, Arkadia, Elis, Achaia.

B. Die Inseln:

1. die westgriechischen oder ionischen Inseln:
   Kerkyra, Leukas, Ithaka, Kephallenia, Zakynthos
2. die südgriechischen Inseln:
   Kythera, Kreta, Aigina, Salamis
3. die Inseln des Ägäischen Meeres:
   Euboia, die nördlichen Sporaden, die Kykladen (Delos, Keos, Paros, Naxos, Seriphos, Melos, Ios, Thera), die südlichen Sporaden (Patmos, Kos und Rhodos)
4. die Inseln vor der thrakischen Küste:
   Thasos, Samothrake

5. die Inseln vor der nördlichen Küste Kleinasiens:
   Lemnos, Tenedos, Lesbos, Chios, Samos

C. Kleinasiatische Küste:

1. Aiolis: Troas, Smyrna
2. Ionie: Phokaia, Ephesos, Kolophon, Milet
3. Doris: Knidos, Halikarnaß

D. Kolonialgebiete vom 8. bis 4. Jh.:

die Küsten des Schwarzen Meeres, der Propontis und des Hellespont, des nördlichen ägäischen Meeres, des ionischen und adriatischen Meeres, auf Sizilien, in Unteritalien, Spanien, Südgallien, Libyen.

E. Ausbreitung im Zeitalter des Hellenismus:

1. unter Alexander: das gesamte Perserreich
2. ab 301 v. Chr. Diadochenreiche: Makedonien unter den Antigoniden (bis 168), Syrien, Babylonien, Persien unter den Seleukiden (bis 63), Ägypten unter den Ptolemäern (bis 30), Pergamon unter den Attaliden (bis 133), in Griechenland bilden sich der Ätolische und Achäische Bund (bis 146).

II. Übersichten über Verfassungen und Bündnissysteme

A. Sparta von Mitte des 6. bis 4. Jh. v. Chr.

Lykurg (Zeit zwischen 11. und 8. Jh.) regelte durch die „Große Rhetra“ den großen Vertrag (ῥῆ-τρα), das Zusammenwirken von Doppelkönigtum, Rat der Alten (Gerusia) und Heeresversammlung (Apella). Im 6. Jh. wurde die eigentliche Staatsregierung den Ephoren übertragen.

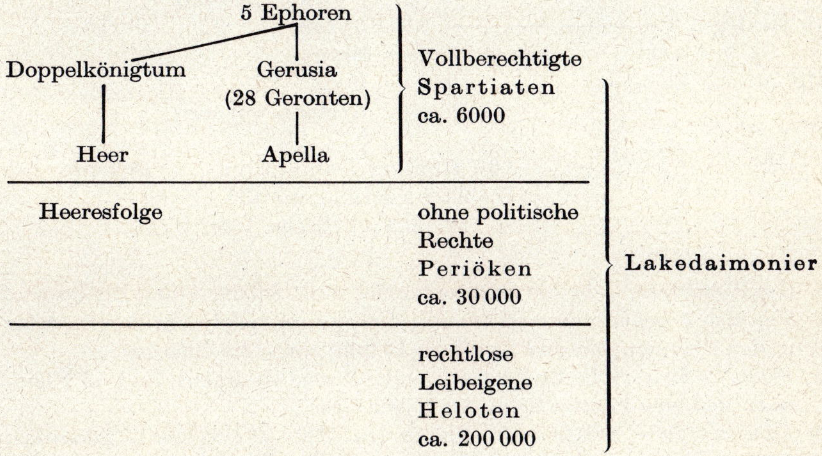

B. Athen im 5. Jh.

Von 752/51 (Tod des Königs Kodros) bis 682 Beschränkung der Herrschergewalt auf 10 Jahre. 681/81 bis 632 9 Prytanen an der Spitze des Staates, jährlich gewählt, mit einem Rat von 60 Epheten. 632—624 Unruhen. 624 Drakon: Abschaffung der Blutrache, staatliche Gerichtsbarkeit. 594—506 Verfassung Solons, allerdings stark eingeschränkt durch die Alleinherrschaft des Peisistratos und seiner Söhne (561—510). 506 Verfassung des Kleisthenes, die im Verlauf des 5. Jh.s mehrfache Veränderungen zur Verstärkung der Volksversammlung erfuhr.

Die vermutliche Einwohnerzahl Attikas kurz vor dem Peloponesischen Krieg betrug 172 000 Bürger (Athen 23 000), 25 000 Metöken, 100 000 bis 140 000 Sklaven (in Athen etwa 35 000).

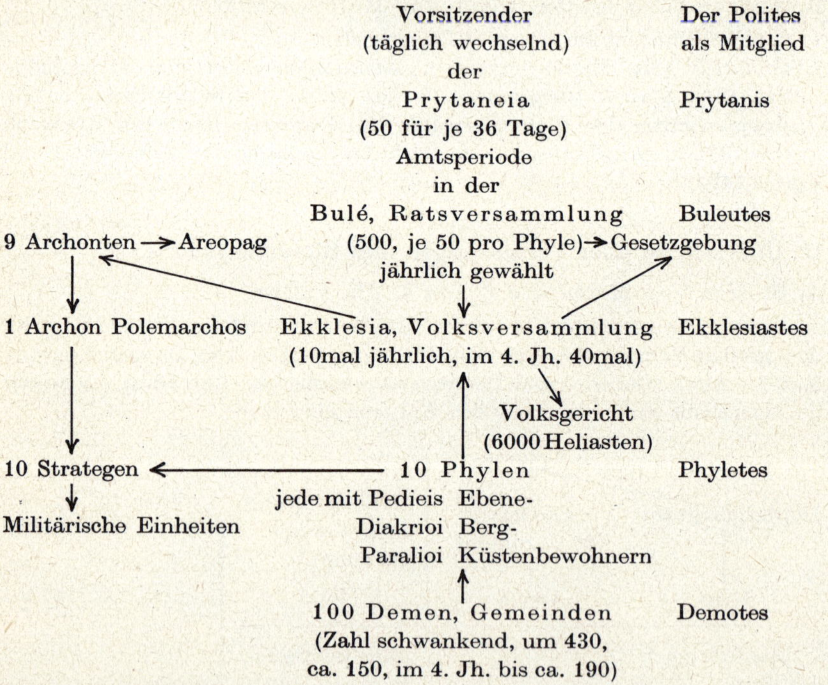

C. Staatenbünde

1. *Amphiktyonien*, religiöse Staatenbünde, zum Schutz eines Heiligtums. Von den 4 bekannten sind wichtig die pyläisch-delphische A. (Demeter in den Thermopylen und Apollo in Delphi) sowie die delische.
2. *Städtebünde:* ionische Dodekapolis und dorische Hexapolis, beide in Kleinasien und eine Pentapolis in der Kyrenaika.
3. *Landschaftliche Städtebünde:* Epirus (ca. 300—167 v. Chr.), Thessalien (6. Jh. v. Chr. bis in die Kaiserzeit), Akarnanien (230—146 v. Chr.), Arkadien

(300—250 v. Chr.), Chalkidike (432—348 v. Chr.). Von kurzer Dauer in Phokis, Lokris, auf Kreta und Bund der Inselbewohner.

4. *Staatenbünde:* Böotische Bund (6. Jh. bis 146 v. Chr.), Adäische Bund (280—146 v. Chr.), Ätolische Bund (314 bis in die Kaiserzeit).
5. *Bundesgenossenschaften:* Panhellenischer Bund (481—460), Delisch-attischer Seebund (477—404, 377—338), Peloponnesischer Bund (476—362)
6. *Monarchien:* Sizilien (verschiedentlich ab 6. Jh.—212 v. Chr.), Bosporanisches Reich (436 v. Chr. bis 6. Jh. n. Chr.), Makedonien und die Diadochenreiche (vgl. Siedlungsraum).

III. Heerwesen im 5. Jh. v. Chr.

A. Sparta

I. Schwerbewaffnete, ὁπλῖται: Nur Spartiaten

1. Bewaffnung
   Schutzwaffen: κράνος Helm aus Erz, θόραξ Brustpanzer aus Erz, αἰγίς aus Linnen, σκολάς Lederkoller, κνημῖδες Beinschienen, ἀσπίς Schild, φοινικίς purpurner Waffenrock
   Angriffswaffen: δόρυ Speer, ξίφος Schwert, μαχαίριον kurzer Säbel
2. Gliederung: Gesamtstärke 6000 Mann eingeteilt nach den Wohnbezirken in 12 Lochoi à 500 Mann oder 6 Tausendschaften davon 5 im Feld, 1 als Reserve. Mit weiteren Unterteilungen in Pentekostyes und Enomotien. Im Verlauf des 5. Jh. Neueinteilung in Moren zwischen 400 und 100 Mann.

II. Reiterei: erst ab 424 v. Chr. zunächst 400, dann 600 Mann.

III. Leichtbewaffnete, ψιλοί oder γυμνῆτες: Bogenschützen, Schleuderer, Speerschützen, Peltasten mit der πέλτη, einem kleinen, halbmondförmigen Schild. Ferner der Troß ὁ ὄχλος, τὰ σκεύη.

B. Athen

I. Gesamtstärke zu Beginn des Peloponnesischen Krieges: 29 000 Hopliten, davon 13 000 als Feldtruppe, 16 000 in den Festungen, 1200 Reiter, 400 Trieren, davon 250 mit voller Besatzung ca. 42 500 Mann.

II. Gliederung nach den 10 Phylen in 10 Taxeis à 1000 Mann unter 10 Taxiarchen zu je 3 Lochoi mit ca. 300 Mann unter einem Lochagen mit weiteren Untergruppen bis zu 10 und 5 Mann.

Die Reiterei untersteht 2 Hipparchen bzw. 10 Phylarchen.

Über die Gliederung der Flotte ist nichts bekannt, sie untersteht den Befehlshabern der Schiffswerften.

Die Sonderabteilungen umfassen Trompeter, Techniker, Handwerker, Ärzte, Priester und Wahrsager. Außerhalb des Heeres, aber für dessen Unterhalt wichtig, ist der Troß der Kaufleute.

In hellenistischer Zeit wird der Bau von Kriegsmaschinen und Geschützen sowie der Festungsbau entscheidend für die Weiterentwicklung des Kriegswesens.

Die Hauptvertreter der abendländischen Bildungsidee

(nach Th. Ballauff, Pädagogik I, 1969, S. 18)

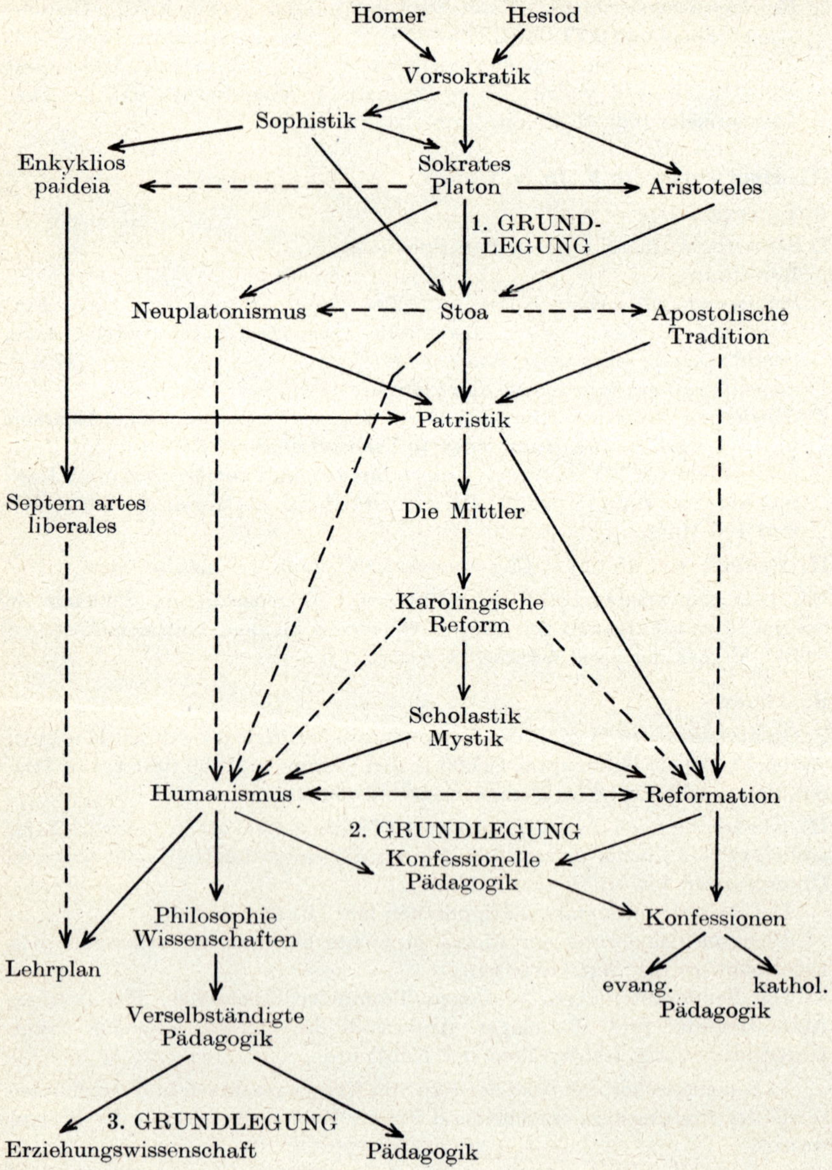

Übersicht über die erwähnten oder zitierten Autoren

Jhdt.	Epik	Lyrik	Drama	Prosa	Philosophie	Wissenschaft	genannte Personen
8.	Homer						Lykurg Midas
7.	Hesiod						Drakon Psammetich
6.		Solon Sappho Theognis Ibykos Alkaios Pindar Phokylides			Thales Pythagoras Anacharsis Chiron Kleobulos Pittakos Epicharm Heraklit		Kroisos Aristogeiton Harmodios
5.		Simonides	Aischylos Sophokles Euripides Eupolis Aristophanes	Herodot Thukydides Xenophon	Anaxagoras Sokrates Kriton Phaidon Phaidros Demokrit	Hippokrates	Dareios Xerxes Artaxerxes Kyros d. J. Miltiades Themistokles Leonidas Ephialtes Perikles Theramenes Xanthippe Anytos Meletos
4.			Diphilos	Isokrates Isaios Demosthenes	Antisthenes Aristipp Platon Aristoteles Diogenes	Menaichmos Eukleides	Philipp II. Alexander Dioxippos
3.		Chares Kallimachos	Menander		Epikur	Archimedes	
2.			Terenz				Cato m.
1.		Publilius Syrus Horaz		Diodor			Pompeius Caesar Cicero Herodes
1. n. Chr.					Epiktet Petrus Paulus		Jesus
2.		Diogenianus		Athenaios Pausanias Aelius Aisteides Plutarch	Dion von Prusa Demonax Lukian Mark Aurel		Pankrates
3.					Plotin Diogenes Laertios		

Als Quellen sind zu erwähnen:
um 500 Iohannes Stobaios, Wende 7./8. Jh. Maximos und Johannes Damscenus im 11. Jh. Theodoros Prodromos und Johannes Sikeliotes, im 13. Jh. Gregorius Cyprius, im 15. Jh. Michael Apostolios und Makarios.

Quellen der direkten und indirekten Zitate der Übungsstücke

Die im folgenden Abschnitt gegebenen Erläuterungen sollen die Möglichkeit erleichtern, den Zusammenhang der Übungssätze, die zum größten Teil Originalsätze aus der griechischen Literatur darstellen, festzustellen. In vielen Fällen ist allerdings nur ein Hinweis auf eine der zumeist byzantinischen Sammlungen gegeben, wenn die Feststellung des antiken Autors nicht erfolgte, in anderen Fällen sind Parallelstellen mit ähnlicher Formulierung angeführt, auch da und dort antike oder mittelalterliche Interpretationen bzw. ebenfalls sprichwörtlich gewordene lateinische Fassungen. Bei einigen Sätzen sind außer dem Quellennachweis auch Anregungen für kulturhistorische Exkurse gegeben. AT und NT stehen bereits in den Anmerkungen. Die Abkürzungen der Autoren ist die im allgemeinen übliche, ferner CPA = Corpus Paroemiographorum Graecorum ed. E. L. Leutsch 1839 (1958), Philogelos = Hierokles und Philagrios, Philogelos, ed. A. Thierfelder 1968, Opsimathes = Gnomai sive Thesaurus sententiarum et apophthegmatum ex scriptoribus Graecis praecipue poetis, 1884.

Für die Monostichoi Menanders wurde zugrunde gelegt: Menandri sententiae ed. Siegfried Jaekel, 1964, TB.

Paradoxographorum Graecorum reliquiae ed. Al. Giannini, Milano 1965.

I. Stück

1. Als „Nike" vgl. z. B. die Nike des Paionios in Olympia 420 v. Chr. — **2.** Für Olympioniken: Zweig des Ölbaumes, Palmzweig, Ausrufung seines Namens, Aufstellung einer Statue, Siegeslied, Befreiung von öffentlichen Dienstleistungen, Teilnahme an öffentlichen Mahlzeiten. — **3.** Die sog. Epinikia. — **4.** Septuaginta Prov. 1,4 ἀρχὴ σοφίας φόβος θεοῦ. — **5.** Plat. Rep. p. 444E. — **6.** Das Bild seit Homer Il. I 304. Symbolisch trägt am Glockenturm von Florenz die „Rhetorik" Schwert und Schild. — **7.** Gewöhnlich jedoch κατέχειν τῆν γλῶτταν also das Bild von einem Zaum wie Hippokrates Hippodemia 5,50, so auch ὀργήν Soph. El. 1011 θυμόν Oed. Col. 874. — **9.** Hom. Od. 6,100. — **10.** Vgl. Aelius Aristeides Panathenaikos 95f., 166f. — **11.** Vgl. Isokrates Panegyrikos 50e dazu G. Reutern, Hellas 67. — „*Die Wahrheit*": Hier ist eine spätantike Verbindung von ägyptischen Anachoreten, die in die Wüste, Eremia, gehen, indischen Gymnosophisten, die sich in den Wald zurückziehen, und dem Mythos von Herakles am Scheideweg. Vgl. auch Lactanius div. inst. III 175 über Epikur frg. 571 Usener fugienti turbam solitudo laudatur.

II. Stück

2. Soph. Aias 866: Die Mühe (des Suchens) bringt Mühe über Mühe. — **3.** Hom. Od. 17,218; vgl. auch Plat. Symp. 195B, Cic. Cato M. 3,7: pares cum paribus facillime congregantur. — **6.** Demokrit Diels frg. 145 II 171. — **7.** Vgl. Menander Monost. 412 . . . . . οἱ κακοὶ φίλοι. — **8.** Menander Monost. 682. — **9.** Johannes Damascenus Excerpta 280. — **10.** Menander, Monost. 16. — **11.** Herodot II 5,1. — **12.** Mittelpunkt der Kykladen, Kult der Leto, Apollos und der Artemis. Hom. Hymn. 33. — **13.** Platon Sophistes 228 D, Phaidros 244 D, νόσος φρενῶν Aisch. Pers. 736. — **14.** Hingegen die Anth. Palatina XI 176. Über einen Dieb, der eine Hermesstatue stahl „πολλοὶ μαθηταὶ κρείσσονες διδασκάλων". — **15.** Vgl. Platon Gorgias p. 523 C ff. — **16.** Vgl. Xen. Verf. der Laked. — **17.** Solon frg. 3 Diehl Anth. Gr. — **18.** Diphilos Comicus (4./3. Jh.) CAF E. Kock II 117, Stob. Flor. 124 25. Cic. ad fam. IV 5,6 vulgo audio dici diem adimere aegritudinem hominibus Terenz Heaut. III 1,13: nullus dolor est, quem non longinquitas temporis minuat ac molliat. — *Fabel I:* Aesop Halm 359, Hausrath 229 (andere Fassung) Horaz ser. II 3,339. — *Fabel II:* Aesop Halm 98 a, b Hausrath 42 I—III.

III. Stück

1. Plat. rep. 497 D. — **2.** Pythagoras bei Diogenes Laertios 8,10 oder Diogenes in einem Syllogismus bei Diog. Laert. 6,37 und 6,72, parodiert bei Libanios or. I. § 113. — **3.** Vgl. Soph. Aias 665, Eur. Medea 618 Vergil Aen. II 49 timeo Danaos et dona ferentes. — **4.** Diels I 64. Pittakos frg. 10. — **5.** Z. B. Sokrates, Platon, Aristoteles, Plutarch, Plotin (vgl. G. Pfanmüller, Tod, Jenseits und Unsterblichkeit bei den Griechen und Römern, 1953). — **6.** Die Griechen zogen das Baden in Seen und im Meer dem in geschlossenen Badeanstalten vor, wie auch aus einem vor einigen Jahren in Paestum aus dem 5. Jh. stammenden Fresko hervorgeht, das einen Taucher darstellt. Ein Sprichwort über einen völlig Unfähigen lautet οὔτε νεῖν οὔτε γράμματα, vgl. S. 254. Den Ausbau großer Thermen führten erst die Römer durch. — **7.** Nach Xen. Anab. I. 8,8. — **8.** Das Wort δημοκρατίη steht zuerst bei Her. VI 43, ebenso δημοκρατέομαι; in III 81 ff. vergleicht er Demokratie, Aristokratie und Monarchie. πολιτεύω und πολιτεύομαι erst seit Thuk. I 19 und Aristoph. Equites 1365 bekannt. — **10.** Zenobius 3,43 (CPG II 68). — **11.** Die literarische Ausbildung erfolgte durch folgende verschiedene Lehrer: Elementarlehrer, γραμματιστής, Grammatiklehrer, γραμματικός, Redner, ῥήτωρ oder σοφιστής. Sie bilden die Anfänge des mittelalterlichen Triviums Grammatik, Dialektik und Rhetorik, dessen Erweiterung das Quadrivium (Arithmetik, Geometrie, Astronomie und Musik) bildet: alle zusammen sind sie Ausdruck des auf die Sophistik, vor allem Hippias, zurückgehenden Ideals von der ἐγκύκλιος παιδεία. Seine Verwirklichung erfolgte durch verschiedene Schulrichtungen, die entweder nach ihrem Begründer oder dem Ort der Lehrtätigkeit benannt werden. Der Unterricht selbst stand auf privater, nicht öffentlicher Basis, nur der Elementarunterricht war schon in vorhellenistischer Zeit von einzelnen Gemeinden wenigstens für alle Freien geregelt und der διδάσκαλος sowie die Schule, διδασκαλεῖον von diesen erhalten (Schulgesetze z. B. von Milet und Teos). Auch der Mädchenunterricht war miteingeschlossen, der auch einen höheren Unterricht vorsah (Marrou, Geschichte der Erziehung, 1957); vgl. S. 238. — **12.** Menander, Monostichoi 822. — *Dioxippos:* Olympionike und Begleiter Alexanders d. Großen (Diodorus Siculus 17,100). Die Anekdote mit dem Mädchen berichtet Aelian var. hist. 12,58. — *Rhodopis:* Aelian var. hist. 13,33. Die von ihr in Delphi gestifteten Obelisken hießen Ῥοδώπιδος ἀνάθημα Plut. Pyth. or. 14.

IV. Stück

2. In den sog. Philippika, besonders der 3. Phil. 342/1. — **3.** Vgl. Eur. Medea 1271. — **4.** Plat. Apol. p. 32B. — **6.** Xen. Anab. I 8,24—37. — **7.** Die Verbindung [τῆς νόσου] παύειν inschriftl. belegt z. B. Epidauros IG. 4^2 (1) 121.71, Collitz-Bechtel, Griech. Dial. Inschr. III 1, S. 153,71. — *Scholastikos:* Philogelos 29.

V. Stück

4. ἰητρικὴ τέχνη zuerst Herod. II 84 über die ägyptischen Fachärzte. Im sog. Hippokratischen Eid wird diese Techne sittlich verankert. — **5.** Die ἀπιστία Menschen gegenüber ist eine wesentliche Grundhaltung der Griechen und findet von Homer an immer wieder ihren Ausdruck, kurz z. B. μὴ πᾶσι πίστευε Thales Diels Frg. I 64,19, Eur. Hel. 1617f. Daher die hohe Verehrung echter Freundschaft oder das Bewußtsein der Sicherheit, wenn die Christen ihren Glauben als Pistis und nicht als Nomos, ihre Haltung mit πιστεύομεν (z. B. H. Denzinger, Enchiridion symbolorum) bezeichnen und nicht mit νομίζομεν dem Festhalten an der Tradition. — **6.** πράττειν und λέγειν werden häufig verbunden, entweder in Übereinstimmung wie εὖ, κακῶς πρ. λέγ. oder Epiktet bei Stobaios I 52: εἰ βούλει καλῶς ἀκούειν, μάθε καλῶς λέγειν, μαθὼν δὲ καλῶς λέγειν, πειρῶ καλῶς πράττειν meist jedoch antithetisch, indem auf den Unterschied zwischen Wort und Tat hingewiesen wird, z. B. Eur. Heraclid. 692. δρᾶν μὲν σύγ' οὐχ' οἷόστε, βούλεσθαι δ' ἴσως. — **7.** Vgl. z. B. die Täuschung des Philoktet durch Neoptolemos und Odysseus. — **8.** Die teleologische Betrachtung der Sinnesorgane ist Gegenstand der philosophischen Literatur seit Heraklits Vergleich über die größere Zuverlässigkeit der Augen gegenüber den Ohren (Diels frg. 101), wobei von Anfang an zwischen der körperlichen und geistigen Wahrnehmung unterschieden wird. Aisch. Agam. 1623 οὐχ ὁρᾷς ὁρῶν τάδε oder ein byzant. Sprichwort bei Ioannides no 27 (Strömberg, Greek proverbs 15) πολλοὶ ἔχουν ὀρθαλμούς, ἀλλ' ὀλίγοι βλέπουν. — **9.** Über die strenge Schulzucht in der Antike vgl. Marrou 8 in Ägypten, 42 Sparta, 229 in hellenistischer Zeit. — **10.** Menander comp. III 58f., vgl. auch Sallust Cat. 2. — **11.** Vgl. IV 2. — *Der Holzträger:* Aesop Halm 90, Hausrath 60, Hunger 296. Vgl. auch Eur. Alkestis 671.

VI. Stück

1. Plutarch Demosthenes 11 ἡ ὗς τ. 'A. Theokr. V 23 Cic. Academ. I 5,18 sus Minervam. — **2.** Apostolios IX 18 (CPG II 466): ἐπὶ τῶν ἐπιστάτας φαύλους ἐχόντων. — **3.** Gregorius Cyprius II 31 (CPG II 72): ἐπὶ διδασκόντων, ἃ ἐπίστανται. — **4.** Plutarch nach Johannes Damascenus Flor. 132: οὔτ' ἐν ἰχθύσι φωνὴν οὔτ' ἐν ἀπαιδεύτοις ἀρετὴν δεῖ ζητεῖν. — **5.** Diogenianus VII 77a. — **6.** Vgl. die Schilderung des nordarkadischen Gebirges bei Pausanias VIII 23,8. — **7.** Das Epos Batrachomyomachia sprach die Tradition Homer zu, doch gibt es auch eine Fabel Äsops μῦς καὶ βατρ. Hahn 298, Hausrath. 302 Im 12. Jh. n. Chr. verfaßte Theodoros Prodromos einen ,,Katzenmäusekrieg'', in dem ein herabfallender Balken die bereits siegreiche Katze erschlägt und so als eine Art deus ex machina die Mäuse rettet (K. Krumbacher, Byz. Lit. 751). Diese Fabel ist bereits kurz darauf auf einem Fresko dargestellt, das sich in der Johanneskapelle zu Pürgg bei Liezen, Steiermark, befindet; die Abb. bei Reclam, Kunstführer Österreich II 503 zeigt nur den Innenraum. — *Die Wanderer:* Aisop. Halm 313, Hausrath 185.

VII. Stück

1. Nach Aristotel. Phys. 9,2,6 greifen die Raben die Augen der Ochsen und Esel an, aber nicht sich selbst. — κόραξ heißt aber auch der unterste Rang der Mysten, welche in die Mithrasmysterien eingeweiht sind (Hdb. der Orientalistik VIII 2,52), wodurch der Satz einen anderen Sinn gewinnt. — **2.** Aristoph. Aves 301, Antiphon 175, 2. Cic. ad fam. 6,3,4. — **3.** Apostolios XII 66 (CPG II 558), vgl. Matth. 7,15, Aisop. Halm 374, Hausrath 276, Sueton, Vespasian 16: vulpes pilum mutat, non mores. — **4.** Schol. ad Aistoph. Vespae 284 über vergebliche Versuche: τὸ λίθον ἕψεις, τὸ πλίνθον πλύνεις, χύτραν ποικίλλεις, εἰς ὕδωρ γράφεις, Αἰθ. λευκ., κατὰ θάλατταν σπείρεις, bei Lukian adv. indoctum 28: Αἰθίοπα σμήχειν. — **5.** Nach Xen. de vectigalibus I 6. — **7.** Demokrit frg. 206 Diels: ἄλογοι τῶν ἀξυνέτων αἱ ἐλπίδες. — **8.** Nach Aisch. Choeph. 697: ἔξω κομίζων ὀλεθρίου πηλοῦ πόδα. — **9.** Athenaios Deipnosophistai V 214A. — **10.** Kleobulos Diels I 63 frg. 3. — **11.** Menander frg. 17, vgl. auch Theognis 230f. — **12.** Diogenes Laertios Bion 4,48. — **13.** Platon rep. IV 424A: τροφὴ καὶ παίδευσις χρηστὴ σωζομένη φύσεις ἀγαθὰς ἐμποιεῖ. — **14.** Makarios Hieromonachos VIII 44 (CPG II 220): ἐπὶ τῶν ἐν κινδύνῳ καθεστώτων. Terenz Phorm. II 2,91: auribus teneo lupum, Suet. Tiberius 25. — **15.** Vgl. Platon Definitiones p. 413C. — **16.** Makarios III 95 (CPG II 165). Nach Lukian Hermotimos 54 über Phidias, nach Plutarch de def. orac. von Alkaios: d. h. aus einem Glied auf die ganze Gestalt schließen; lat. ex ungue leonem (pinguo), worüber H. Reichert, Urban und Human, 467. — **18.** Hesiod Erga 346. — **19.** Apostolios X 96b (CPG II 513): ἐπὶ τῶν μετὰ σχήματος φιλικοῦ ἐπιβουλευόντων. — **20.** Makarios V 36 (CPG II 181): ἐπὶ τῶν τοὺς ὁμοίους φυλαττομένων. — **21.** Nach Diogenes Laertios VIII 76 Empedokles, IX 19 Xenophanes, VIII 25 Pythagoreer, I 10 die Ägypter. — **22.** Epicharm Diels frg. I 203, 30. — **23.** Vgl. Xen.

Anab. IV 3,39. — **24.** Plat. Apol. 25 C. — **26.** Thuk. I 129. — **27.** Vgl. Plotin I 1,7: ἔνθα δὴ ἡμεῖς μάλιστα. — **28.** Anacharsis nach Stobaios II 73; vgl. Platon Prot. p. 322 B und Hobbes de cive 1,2 bellum omnium in omnes. — **29.** Nach Diogenes Laertios VII 124 von Zenon (nicht wörtlich), nach Hermias Alexandrinus Scholia in Plat. Phaedr. zu p. 266 A (166 A) von Pythagoras. Cic. fam. 2,15 alter ego. — **30.** Euklid I comm. an. conceptiones VII. — *Hunde:* Aisop. Halm 219, Hausrath 335.

VIII. Stück

1. Plutarch Moralia nach Opsimathes 233. — **2.** Menander Monost. 288. — **4.** Stobaios 105,51 tragikon epeisodion 3. — **6.** Menander Monost. 721. — **7.** ib. 808 zitiert von Paulus 1. Kor. 15,33. — **8.** Menander frg. 501 K. στερρῶς . . . — **9.** Apostolios XII 49 (CPG II 554). — **10.** Menander monostichoi 187, Eurip. fr. 208. — **11.** Soph. Ant. 277 στέργει γὰρ οὐδεὶς ἄγγελον κ. ἐ. — **12.** Eurip. frg. 289,3 (Nauck). — **13.** Der Vergleich berühmter Persönlichkeiten ist ein Thema der griechischen Literatur seit ihren Anfängen, wobei für jedes Gebiet im Lauf der Zeit bestimmte Vertreter als die Vorbilder, die Paradeigmata, aufgestellt wurden, nach denen sich die Regeln der Technai oder artes richteten. Solche artes wurden für fast sämtliche Gebiete verfaßt. Die Vorbilder selbst wurden bereits in alexandrinischer Zeit in eine Art allgemeingültiges Maß, einen Kanon der zu lesenden Literatur, zusammengefaßt, der mitbestimmend wurde für die Überlieferung. — **14.** Platon rep. p. 606 E. — *Anekdota:* Sokrates: Stobaios 90, 12; die gleiche Anekdote wird auch von anderen erzählt. Diogenes: Diogenes Laertios VI 37. Menander: Eine ähnliche Arbeitsweise hatte Goethe, vgl. z. B. Nausikaa-Fragment.

IX. Stück

1. Sprichw. nach Opsimathes 232, hier auch Galen ἐπικτητοὶ φύσεις τὰ ἤθη (nicht im CMG). — **2.** Apostolios XVII 49 (CPG II 697: ὕβρις ὕβριν ἔτικτε καὶ ψόγος ψόγον. — **3.** Mark Aurel IV 5. — **4.** Aristoteles Politeia p. 1253 a, 3 f. — **5.** Plat. Phaidros p. 230 D. — **6.** Vgl. die Akropolis von Athen, S. 274. — **7.** Daraus erklären sich die verschiedenen Staatsformen in den griechischen Staaten in vorhellenistischer Zeit, vgl. die Übersicht bei W. Krause, Die Griechen, 108—150 und S. 235 f. — **8.** Hippokrates Aphorismoi I 1, ὁ δὲ καιρὸς ὀξύς, ἡ δὲ πεῖρα σφαλερή, ἡ δὲ κρίσις χαλεπή ed. E. Littre IV (1844/1962) 458, vita brevis, ars longa. Goethe, Wilhelm Meisters Lehrbrief: „Die Kunst ist lang, das Leben kurz, das Urteil schwierig, die Gelegenheit flüchtig" (vgl. Reichert, Urban und Human, 329). — **9.** Eurip. Erechth. fr. 20, Stob. Flor. 3,18,23. — **10.** Eur. Orestes 234: Elektra zu dem kranken Bruder μεταβολὴ πάντων γλυκύ Arist. rhet. 1,11,20 τὸ μεταβάλλειν ἡδύ. In der Rhetorik hat die varietas (Quintilian 10,2,1) oder variatio (carmen de figuris 91,169) als Stilmittel vielfältige Ausbildung erfahren, deren Niederschlag die Stilwörterbücher der Gegenwart sind. — **11.** Soph. Oed. R. 617 φρονεῖ γὰρ ... — **12.** Sinngemäß z. B. Sokrates von seinem Tod Platon Phaidon, p. 117 A. — **14.** Maximus Confessor Serm. I, p. 533, vgl. auch Apostolios XVIII 50a (CPG II 731). — **15.** Epiktet Diss. II 7, in der Liturgie seit dem 5. Jh., J. Jungmann, Missarum sollemnia I 430. — **18.** Pittakos Diels I 64,12. — *Immergrün und Rose:* Aisop. Halm 384.

X. Stück

1. Plutarch Alexander 15,4. — **2.** Herodot I 114 „Augen und Ohren des Königs" war ein Beamtentitel in Persien, Indien und China. — **3.** Phokylides bei Stobaios 118,91: πάντες ἴσον νέκυες, ψυχῶν δὲ θεὸς βασιλεύει κοινὸς χῶρος ἅπασι· πένησί τε καὶ βασιλεῦσι. — **4.** Pittakos nach C. Orelli, Opsc. Graec. vet., 1821, I 148 (nicht bei Diels I 64) nach Stobaios 77, 41 sagte Pittakos: εἰ μὲν ἀδικώτερα μέλλεις λέγειν τοῦ πατρός, κατακριθήσῃ· εἰ δὲ δικαιότερα, διὰ τοῦτο αὐτὸ ἄξιος εἶ κατακριθῆναι. — **5.** Diehl Anth. Lyr. I 106,16, schon Her. II 135 nennt sie μουσοποιός. — **6.** Aristot. Metap. A 1. — **7.** Diogenianus I 83 (CPG II 13), angeblich von Pythagoras nach Jamblichus vit. Pyth. 29, p. 342 oder nach Opsimathes 152 sprichwörtlich; vgl. Aristotel. pol. 4, p. 1303, A 29, ἡ μὲν γὰρ ἀρχὴ παντὸς ἔργου μέγιστον· ἥμισυ γάρ· — **8.** Menander Monost. 783. — **10.** Thales, Diels I 64,19, vgl. Menander Monost. 460: μὴ πάντα πειρῶ πᾶσι πιστεύειν ἀεί. — **11.** Hippokrates nach Opsimathes 219. — **12.** Soph. frg. 688, Dindorf. — *Alexander in Troia:* Plutarch Alexander 15,4.

XI. Stück

1. bis 4. Ähnliche Sorgen werden immer wieder in Briefen hellenistischer Papyri geäußert: wie die Menschen in den zeitgenössischen Portraits, vgl. z. B. E. Pfuhl, Meisterwerke griechischer Zeichnung und Malerei, Taf. 143—148, so treten sie auch in den Briefen des 2. und 3. Jhs. n. Chr. mit all ihren Gefühlen unmittelbar an uns heran, vgl. z. B. B. R. Helbing, Auswahl aus griechischen Papyri. — **5.** Platon Kriton, p. 49 E. — *Über des Esels Schatten:* Bereits sprichwörtlich bei Aristoph. Vespae 191 Platon Phaidros, p. 260 C. Die Fabel bei Halm Aisop. 339, von Plutarch über Demosthenes erzählt.

XII. Stück

1. Menander frgm. 556. — **2.** Solon Diels I 63,1. Über die Sprüche, welche am Tempel des Apollon in Delphi angebracht waren, vgl. auch Plat. Charm. 164 D. Die älteste Sammlung dieser Sprüche — ohne Namen der Weisen — findet sich auf einem wohl zu Schulzwecken hergerichteten Stein des 3. Jhs. v. Chr., vgl. Dittenberger Sylloge inscr. gr. III^3 n. 1268 (Diels I 62 unten). — **3.** Epicharm Diels frg. 44 I 204,15: οὐδὲ εἷς μετ' ὀργῆς κατὰ τρόπον βουλεύεται. — **4.** Gellius X 11,4, Ausspruch des Augustus, festina lente. — **6.** Plat. Apol. 25 C. — **8.** Demosth. de lib. Rhod. or. XV. — **9.** Menander monost. 806. —

10. Soph. Fr. 773, Dindorf. — **11.** Diehl Anth. lyr. I p. 40,22,8. — **12.** Aristoteles, vgl. Florilegium Monacense 50. — **13.** Chilon Diels I 63,7. — *Das Daimonion:* Plat. Apolog., p. 40 A.

XIII. Stück

1. Ähnlich Gregorius Cyprius IV 89 (CPG II 127) παρὰ κωφῷ διαλέγῃ Apostolios X 36 (CPG II 495) κωφῷ ὁμιλεῖς. Plutarch prov. 43. — **4.** Diogenes Laertios VII 124 Zenon. — **5.** Xen. Anab. I 1,6. — **6.** Vgl. Grabdistichon Stück XXVII. — **7.** Xenoph. Anab. I 1,4 u. ö. — **8.** Demokrit Diels frg. 62 II 158. — **10.** Menander Monost. 810. — **11.** Platon Protagor. p. 345 D. — **12.** Menander Monost. 528. — *Alexander und der Mathematiker:* Joannes Damascenus bei Meineke Stobaios IV, p. 205,115.

XIV. Stück

5. Demokrit frg. 249 Diels II 195. — **6.** Eurip. frg. 292, Belleroph. 23. — **8.** Thuk. II 40,1. — **9.** Mark Aurel IX 4. — **10.** Periander Diels I 65,8. — **11.** Chares frg. 1 Diehl Anth. lyr. I 109 = Menandri sent. Jaekel, p. 30 III. — **12.** Plutarch, de gloria Atheniensium. Hierzu Lessing, Laokoon Vorrede, ed. K. Macke, Lessings Werke, 297: „Die blendende Antithese des griechischen Voltaire, daß die Malerei eine stumme Poesie und die Poesie eine redende Malerei sei, stand wohl in keinem Lehrbuch. Es war ein Einfall, wie ihn Simonides mehrere hatte; dessen wahrer Teil so einleuchtend ist, daß man das Unbestimmte und Falsche, welches er mit sich führet, übersehen zu müssen glaubet.“ — **13.** Menander Monost. 275 ζήλου τὸν ἐσθλὸν ἄνδρα. — **14.** ib. 786. — **15.** Das Bild ist vom Zweikampf genommen. — **18.** Vgl. Demosthenes 2. Olynth. 15. — *Der Arzt:* Philogelos 185. — *Die Grille:* Aisop. Halm 401 a, b, Hausrath 114.

XV. Stück

1. Plutarch Themistokles 3,3. — **2.** Platon rep. V 18, p. 473 C. — **3.** Pythagoras nach Demophilos (Opsimathes 316, nicht bei Diels), vgl. Florilegium Monacense 55. — **4.** Nach Plutarch Themistokles. — **5.** Nach Diogenes Laertios X 149. Seneca epist 4,10 Usener frg. 477 — **6.** Pythagoras (Opsimathes 137, nicht bei Diels). — **7.** Über den Musikunterricht mit eigenen Instrumenten, vgl. die Vasenbilder des 5. Jhs., worüber J.-H. Marrou, Geschichte der Erziehung 199. — **8.** Die Formulierung πάντα ῥεῖ ist bei Simplikios Kommentar zu Aristoteles Physik VIII 8,265 a 2 überliefert, sinngemäß Diogenes Laertios IX 8 γίνεσθαί τε πάντα κατ' ἐναντιότητα καὶ τὰ ὅλα ποταμοῦ δίκην. Platon Theaitet p. 181 A nennt die Anhänger Heraklits τοὺς ῥέοντας. — *Der Greis:* Plutarch apophth. Laconica 231 A 6 von Agesilaos. — *Schiffahrt:* Plutarch Pompeius 50,1. — *Rhodos:* nach Aisop. Halm 203, Hausrath 33.

XVI. Stück

1. Homer in der Ilias 13mal, in der Odyssee 3mal. — **2.** Mark Aurel V 7. — **3.** Alkaios frg. 46 A: ναΐ, φορήμεθα σὺν μελαίνᾳ χειμῶνι μοχθέντες μεγάλῳ μάλα. Der κυβερνήτης σοφός Bacchylides frg. 12 Snell[6]. Über den Einfluß des Meeres und der Schiffahrt auf die Wortbedeutungen H. Struck, Bedeutungslehre 49 ff., H. Rahner, Griechische Mythen in christlicher Deutung, 414 ff. Auf das Lebensschiff bezogen z. B. Stobaios III 40 von Aristonymos (CAF 1,668), κυβερνήτου μὲν ἔργον ἀγαθοῦ εἰς τὰς τῶν μεταβολὰς ἁρμόσασθαι· ἀνδρὸς δὲ σοφοῦ πρὸς τὰς τῆς τύχης. — **8.** Plutarch Apophthegmata Lac. 208 D von Agesilaos (im Plural). Der Satz wird entweder in dieser Form Sg. oder Pl. oder mit anderem Objekt verschiedenen Männern zugeschrieben. — **9.** Menander Monost. 27. — **10.** ib. IV 363. — **11.** Soph. Aias 295. — *Helena:* vgl. Homer Od. 4. Gesang.

XVII. Stück

1. Philogelos 101. — **2.** Demosthenes (nicht wörtlich, mehrmals ähnliche Wendungen). — **3.** Isokrates Nikokl. p. 39, Stob. Flor. 5,56. — **6.** Isaios or. p. 168, Schoem Stob. Flor. 46,15: ὅσοι τοὺς ἀδικοῦντας κολάζουσι, οὗτοι τοὺς ἄλλους ἀδικεῖσθαι κωλύουσι· — **7.** Überliefert von Joannes Sikeliotes (Zeit vielleicht 12. Jh., K. Krumbacher, Byz. Lit. 386 f.) zu Hermog. VI Rhet. Gr. S. 95, καὶ γὰρ ὁ Σωκράτης εἰώθει λέγειν, οἷος ὁ βίος. Seneca Epist. 114 talis hominibus fuit oratio qualis vita. Arist. Rhet. II 99: οἷος ὁ τρόπος. — **8.** Diese Formulierung ist aus Terenz Phormio 454 erschlossen, die von Cic. de fin. I 5,15 quot homines tot sententiae übernommen wurde. Abgewandelt von Hor. sat. II 1 27 f. quot capitum vivunt, totidem studiorum milia. Bereits Hom. Il. III 237 weist auf die Verschiedenheit der Zwillingsbrüder Kastor und Polydeukes hin, von denen der eine das Reiten, der andere den Faustkampf vorzieht. — **9.** Stob. 116, 48: Metrokles, 3./2. Jh. v. Chr., der nach Diogenes Laertios VI 95 als erster eine Sammlung gelehrter Aussprüche als χρεῖα, praktische Lebensweisheiten, angelegt habe.

XVIII. Stück

1. Apostolios XIII 60 (CPG II 591), Diogenianus VII 16 (CPG I 289) erklärt: ἡ Κόρινθος πολλὰς εἶχεν ἑταίρας, αἱ ἀφικνομένους ἐδασμολόγουν. Stob. Flor. 14,7,26 parodiert: οὐ παντὸς ἀνδρὸς ἐπὶ τράπεζαν ἐσθ'ὁ πλοῦς. — **2.** Vgl. Eur. Phoen. 469: ἁπλοῦς ὁ μῦθος τῆς ἀληθείας ἔφυ. Aisch. frg. 162 Dindorf: ἁπλᾶ γάρ ἐστι τῆς ἀληθείας τἄπη. — **3.** Athen. VI 270 B. — **4.** Pittakos Diels I 64 frg. 4. — **5.** Plutarch Apophth. regum 190 C 1, als Ausspruch des Königs Agis. — **6.** Hippokrates Aphorismoi VII 87: ὁπόσα φάρμακα οὐκ ἰῆται . . . Büchmann 200 verweist auf das Motto von Schillers „Die Räuber": quae medicamenta non sanant, ferrum sanat, quae ferrum non sanat, ignis sanat. Durch das folgende Drama erhält der Satz einen völlig anderen Sinn: „mit Feuer und Schwert"! — **7.** Isokrates nach Opsimathes 85, Isokr. verwendet allerdings häufiger αὐτόνομος z. B. Panath. 97,257 Epikur 476 Usener. πλουσιώτατον αὐτάρκεα πάντων nach Clem. Alex. strom. VI 2 p. 266, 38. — **8.** Bei Chaironeia, 2. Aug. 338 v. Chr. — *Der Holzsammler:* Aisop. Halm 30 8a, b, Hausrath 183 I—III.

XIX. Stück

1. Sprichw. (Opsimathes 151), vgl. inhaltlich die Ansichten der 7 Weisen über das Wesen der Demokratie bei Plutarch, Sept. Sap. conv. 154E, vor allem Pittakor ὅπου τοῖς πονηροῖς οὐκ ἔξεστιν ἄρχειν καὶ τοῖς ἀγαθοῖς οὐκ ἔξεστιν μὴ ἄρχειν. — **2.** Vgl. Plat. Apolog. p. 21A. Die Worte des Orakels werden entweder in der erweiterten Form wie hier oder nur mit dem zweiten Vers überliefert, so Diogenes Laertios II 37. — **3.** Vgl. Heraklit Diels frg. 101a (I 173,15): ἀκριβέστεροι. Her. I 8 ὦτα γὰρ τυγχάνει ἀνθρώποισι ἐόντα ἀπιστότεροι ὀφθαλμῶν. — **4.** Chilon Diels I 63,8. — **5.** Aischylos frg. 82. — **6.** Stobaios 105,51 Tragikon Epeisodion: 6. — **7.** Demokrit Diels frg. 45 (II 156,2). — **8.** Apostolios V 90n (CPG II 259): δ. λ. Makarios VI 8 (CPG II 189) μ. πρ., vgl. dazu Aristot. hist. animal. IX 3: τὸ γὰρ τῶν προβάτων ἦθος . . εὔηθες καὶ ἀνόητον, einen ähnlichen Gedanken vgl. Xenoph. Kyrup. I 1,2 über die Viehherden. Zu λ. χ. Hom. Il. X 234 vgl. Tzetzes (12. Jh. n. Chr.) Antehomerica 115f. (Bekker) in der Beschreibung der Helena: ἡ γὰρ ἔην λευκή . . . . λευκῷ δηριόωσα καὶ ἀργέννης χιόνεσσιν μ. π. Hom. Il. IV 277 γλ. μελ., vgl. Hom. Il. I 249. — **9.** Epikur. — **10.** Sokrates bei Xen. Symp. 2,2. — **11.** Menander Monost. 384. — **15.** Gregorius Cyprius IV 42 (CPG II 123) μωμώσεται μᾶλλον ἢ μιμήσεται, vgl. auch Gorgias, laus Helenae Diels frg. 11 II 288,5: ἐπαίνῳ τιμᾶν — μῶμον ἐπιτιθέναι. — **16.** Diogenes Laertios I 60. — **17.** Makarios I 31 (CPG II 137). — **18.** Diogenes Laertios I 76: Pittakos (nicht bei Diels). — **19.** Kleobulos Diels I 63,1, darnach Phokylides Sent. 36 Diehl Anth. lyr., vgl. auch Hesiod Erga 694. — **20.** Menander frg. 421. — **21.** Platon Apol. p. 19B. — **22.** Platon rep. 474B. — **23.** Euripid. Hel. 1213. — **24.** Hesiod Erga 266. — **25.** Demokrit Diels frg. 45 (II 156,9). — **26.** Stobaios 106,14 von einem Aristonymos-Komödiendichter CAF I 668. Über den Begriff des Welttheaters von der Antike bis zur Gegenwart, vgl. Joh. Sofer, Maske und Kothurn II, 1956, 256—268. — **27.** Apostolios XVII (CPG II 697); vgl. Platon legg. I 627A. — **28.** Euripid. frg. 576 Nauck. — **29.** Apostolios VII 7a (CPG II 396): τοὺς μὲν γὰρ ἐχθροὺς δεδιότες φυλάσσονται . . nach Orelli Op. vet. Graec. 11,146 von Demonax, 2. Jh. n. Chr., über ihn Lukian II 195 (Jakobitz), p. 374ff. — **31.** Makarios VI 4; vgl. Platon Alkibiades I 131D. — **32.** Menander Monost. 347. — **33.** Aisop. Vgl. Plutarch quaest. conviv. 708A ff.

XX. Stück

1. Dio Chrysost. or. 48,241 Reisk, dazu Diogenianus II 52: παρόσον ὑφ'ἑνὸς ἀνδρὸς οὐδὲν κατορθοῦται. — **2.** Heraklit Diels 49 I 161: εἷς ἐμοὶ μύριοι, ἐὰν ἄριστος ᾖ; dazu die Inschrift auf Heraklit bei Diogenes Laertios IX 16: εἷς ἐμοὶ ἄνθρωπος τρισμύριοι, οἱ δ'ἀνάριθμοι οὐδείς. — **3.** Aristot. Nikom. Ethik I 6 nach Aisop. Halm 304 Hausrath 179. — **6.** Antiphanes (4. Jh. v. Chr.) Meineke III 148. — **7.** Aristoteles: φιλία ἐστὶ μία ψυχὴ ἐν δύο σώμασι ἐνοικουμένη u. a. 1168 B 7 (Bekker). — **8.** Siehe Abschnitt Geldwesen. — **10.** Sokrates 469—399, Alexander d. Große 356—323. — **13.** Apostolios VI 26 (CPG II 369). — *Apophthegmata:* I. Ein Weiser: nach Apostolios V 53e (CPG II 347) Epiktet (diat. II 24,12 nur sinngemäß); II. Thales (nicht bei Diels); III. 1. Philogelos 12, 2. ib. 39.

XXI. Stück

3. Thuk. I 1,1. — **5.** Platon Apolog., vgl. p. 37E. — **6.** Menander monostichoi 161. — **7.** Phokylides Sent. 11 Diehl Anth. lyr. — **8.** Xen. Anab. III 1,10. — **10.** Vgl. z. B. zu Beginn des Peloponnesischen Krieges Thuk. I, 1,1. — **12.** Vgl. Plan. — **13.** Ein Teil der Anklage auch gegen Sokrates, Plat. Apol. p. 19B. — **16.** Vgl. Plat. 7. Brief, p. 325C. — **20.** Plat. Apolog. p. 23C. — I. Wolf: Aisop. 275a, b, c, Hausrath 163 I, II, III; II. Vorwand: Philogelos 17a; III. Geizhals: Philogelos 105.

XXII. Stück

3. Alea iacta est Sueton Caesar 32. Nach Plut. Pompeius 60 sagt Caesar die Worte auf Griechisch. — **4.** Nach Thuk. II 34,5 war der Staatsfriedhof der äußere Kerameikos im NW, durch den auch die Straßen nach Eleusis und zur Akademie führten. Daran schließt sich unmittelbar der sog. Dipylonfriedhof an, von dem noch berühmte Stelen erhalten sind, vgl. z. B. das Grabmal der Hegeso Abb. „Wie in anderen griechischen Städten stehen in Athen die Friedhöfe in enger Beziehung zu den von den Toren auslaufenden Landstraßen" (Judeich, Topographie Athens 356). — **5.** An die Perserkriege erinnerten in Athen die Jahresfeste, welche zum Gedenken an die Schlacht von Marathon am 6. Boedromion und von Plataiai am 3. desselben Monats (Aug./Sept.) abgehalten wurden. — **6.** Daher die vor allem in hellenistisch-römischer Zeit bis zur Sinnlosigkeit geforderte Übung des Auswendiglernens, wie sie aus Schulbüchern dieser Zeit ersichtlich wird. (Darüber H.-I. Marrou, Geschichte der Erziehung im klassischen Altertum 221ff.) — **7.** Demosthenes vor allem 342/1 v. Chr. — I. Plutarch apophth. regum 191D 12 und Laconica 215F 79; II. id. Laconica 210E 29; III. ib. 232F 9.

XXIII. Stück

4. Soph. frg. 513 Dindorf: θάρσει . . . . — **5.** Platon Apologie p. 18A. Der Eid selbst bei Demosth. c. Timocr. 746, vgl. auch W. Krause, Die Griechen, S. 289 und 33 Anm. 37. — **6.** Apostolios VIII 71 (CPG II 451) ἡ τύχη καθάπερ τοξότης ποτὲ μὲν ἐπιτυγχάνει βάλλουσα ἐφ'ἡμᾶς ὥσπερ ἐπί τινα σκοπόν. — **8.** Diogenianus II 78 (CPG II 31). — **9.** Mark Aurel IV 7. — **12.** *Ende des Pelop. Krieges:* nach Xen. Hellen. II 2,3—23.

XXIV. Stück

1. Eine knappe Definition gibt Platon in den Horoi, p. 416: παίδευσις παιδείας παράδοσις. — **2.** Plat. Kriton, p. 48,8. — **3.** Plat. Apolog. p. 28E weist auf den Ephebeneid, über dessen Wortlaut vgl. Krause, Die Griechen, 289 und 332 Anm. 18. — **4.** Plutarch. — **5.** Thales Diels I 64,17. vgl. Men. App. 12,27. — **6.** Vgl. Plat. rep. X 613A. — **7.** Menander comparatio I 23. — *Die Erziehung:* Plat. Apol. p. 23Cff., p. 29D.

XXV. Stück

1. Vgl. Eurip. Io 1551 ποῖ φεύγωμεν, Heracl. 440 ποῖ τρεψόμεσθα. — **2.** Stobaios III 41,5. — **3.** Menander frg. 516. — **4.** Apostolios XV 28 (CPG II 635): ἐπὶ τῶν κυδαινόντων τινάς, Publilius Syrus Sent. 690 quae defloruerit, ne iterum quaeratur rosa. — **7.** Mark Aurel IV 17. — **8.** Stobaios IV 280, Meineke Florilegium Monacense 171: Bias. — **9.** Makarios VIII 48 (CPG II 220), Apostolios XVI 93 (CPG II 684). — **10.** Stobaios 14,17, Ἀντισθένης αἱρετώτερόν φησι εἰς κόρακας ἐμπεσεῖν ἢ εἰς κόλακας, οἱ μὲν ἀποθανόντος τὸ σῶμα, οἱ δὲ ζῶντος τὴν ψυχὴν λυμαίνονται. — **11.** Menander Monost. 185, Publilius Syrus 52: arbore deiecta ligna quivis colligit. — **13.** Plutarch Agesil. 36, Atenaios XIV 616d . . Ζεῦς δ'ἐφοβεῖτο . ., Horaz ars poetica 139. — **14.** Apostolios VIII 16 (CPG II 429). — **15.** Soph. frg. 962 (Pearson). — **16.** Eupolis 12,3D ed. Koch CAF, p. 258. — *Alkibiades:* Plutarch Alkibiades 7,1.

XXVI. Stück

1. Vgl. Eurip. Kressai frg. 464 Nauck: οὐκ'ἂν δύναιο μὴ καμὼν εὐδαιμονεῖν. — **2.** Nach Plutarch Apophth. Laconica 225C 11. — **3.** Theognis I 665f. — **4.** Vgl. Hesiod Erga 216 παθὼν δέ τε νήπιος ἔγνω. — **5.** Menander monost. 180: διπλῶς . . . — **6.** Epikur frg. 551 Usener. — **7.** Eurip. Hek. 721. — **8.** Philogelos 148. — **9.** Eurip. 758. — **11.** Vgl. Theognis I 159: μήποτε, Κύρν', ἀγορᾶσθαι ἔπος μέγα, Soph. Aias 386: μηδὲν μέγ'εἴπῃς.

XXVII. Stück

2. Nach Plat. 7. Brief, p. 325C. — **3.** Mark Aurel VIII 59. — **5.** ib. VI 56. — **6.** Stobaios 111,12 Meineke: Pindar; nach Gnomologion Vat. 375: Anakreon, nach Aelian XXII. Platon nach Diog. Laert. V 1,18 Aristoteles. — **7.** Von Plinius nat. hist. 35,84 dem Apelles zugeschrieben, nulla dies sine linea. — **10.** Diogenes Laertios VI 32, die Anekdote ἀποσκότησόν μου ib. 38. — **11.** Plat. Apologie 25, p. 36A. — *Apophthegmata:* Plutarch Themistokles 18,3 bzw. Apophth. 185C 7; Plut. Apophthegm. Philipp 1; *Epigramm:* Plut. Demosthenes 305. Das Epigramm befand sich auf der 280 v. Chr. auf Antrag des Neffen Demochares errichteten Statue des Demosthenes.

XXVIII. Stück

1. Thuk. II 39. — **2.** Z. B. Plat. Gorgias, p. 509 B. — **3.** Plat. Phaidon 80 D. — **4.** Antisthenes: Diogenes Laertios VI 3. — **5.** Menander Monost. 578. — **6.** id. 116. — **7.** Soph. Aias 550f. — *Der Bogenschütze:* Diogenes Laertios VI 68; *Tod des Kyros:* Xen. Anab. I 8,25 ff.

XXIX. Stück

1. Vgl. Publilius Syrus Sent. 234 (Spengel): inopi beneficium bis dat, qui dat celeriter. — **3.** Vgl. Il. IV 320. Lucilius V 218 (Marx) non omnia possumus omnes, ähnlich 1. Kor. 12—14. — **4.** Auf Hochverrat und Gefährdung des Staates stand Todesstrafe (προδοσία, κατάλυσις τῆς πόλεως). — **9.** Apostolios VIII 89i (CDG II 456) fügt noch hinzu: καὶ μὴ διδόντος, οὐδὲν ἴσχύει κόπος, wodurch eine fatalistische Grundhaltung sichtbar wird. — **10.** Xen. Anabasis I, 1,6ff. — **11.** Vgl. Hesiod Erga 286ff. — **16.** Stob. 2,40: Jamblichos. — **17.** Menander monost. 827. — **18.** Menander monost. 872. — **20.** Philipp, vgl. Cic. ad. Att. I 16,12. Plut. apophth. regurn 191 E2 von Agis. — **21.** Bei Diels unter Demokrit II 222, nr. 186.

XXX. Stück

1. Vgl. attische Verfassung. — **2.** Platon Protag. 338 D. — **3.** Anaxagoras Diels frg. 18 II 47,7. — **4.** Philipp übernahm die Taktik von Epaminondas Plut. Pelopidas 26. — **5.** Appian. — **6.** Aristoph. Ranae 140; das Fährgeld für Charon hieß δανάκη Suidas s. v. — **7.** Plutarch Solon 17. — **8.** Diogenes Laertios VI 59. — **9.** Philogelos 25. — **10.** Platon Apologie, p. 37 E. — **11.** Vgl. Diogenes Laertios VI 38. — **12.** Plutarch Apophth. Lacaenarum 241 F 18. — **14.** Theognis I 577, ῥῆδιον . . . — **15.** Menander Monost. 20. — **16.** Euklid Elementa I Communes conceptiones 2. — **17.** Vgl. Soph. Antig. 454f., Oed. Col. 1381, Plat. leg. 793 Af. — **18.** Homer Ilias XVII 514. — *Epigramm:* Herodot VII 228,2.

XXXI. Stück

1. Xenoph. Mem. I 2,9. — **2.** Darüber Thuk. I 99. — **3.** Z. B. Thuk. II 92. Die Tropaia wurden aus Holz, Stein oder Bronze errichtet. Älteste Erwähnung das Tropaion von Marathon (490), älteste Darstellungen auf dem Fries des Niketempels (ca. 430) und dem Heroon von Trysa (ca. 405). — **4.** Plutarch Lykurg 19,3. — **5.** Xen. Anab. III 1,4 und 9. — **6.** Soph. frg. 234 Dindorf. — **7.** Vgl. Menander monost. 335, θεὸς δὲ τοῖς ἀργοῦσι οὐ παρίσταται; Simonides frg. 3, τοὐπὶ πλεῖστον ἄριστοι, τούς κε θεοὶ φιλέωνται; Cic. Tusc. II 4,11 fortes fortuna adiuvat. — **9.** Pappos von Alexandrien Synagoge 8, p. 1060, Hultsch. — **10.** Thuk. VIII 1,2. — **11.** Diogenes Laertios VI 61. — **12.** Zenon Eleat. Diels frg. I 253,38. — **13.** Xen. Anab. I 1,6. — **15.** Diogenes Laertios VI 61.

XXXII. Stück

1. Schol. Aristoph. Nubes 196: αὐτὸς ἔφα. Cic. de nat. deor. I 5,10 ipse dixit, womit die Schüler des Pythagoras sich auf ihren Lehrer bezogen, vgl. iurare in verba magistri Horaz epist. I 1,14. — **2.** Apostolios XV 60 (CPG II 644): σπάνιον εἴσαγε σὸν πόδα πρὸς σὸν φίλον, ἵνα μὴ πλησθείς σου μισήσῃ σέ. — **4.** Platon Gorgias 508A. — **5.** Apostolios XV 8 (CPG II 629): ἐπὶ τῶν ἀπλήστων. — **7.** Xen. Anab. I 1,4. — **8.** Plutarch Apophth. Laconica 234B 37, Gnomologium Vaticanum ed. L. Sternbach 570, p. 202, erzählt dies von einer γυνὴ Λάκαινα. — **9.** Euripides Ion 650. — **10.** Ps. Homer Margites EGF I 64. — **11.** Dionysios Laertios II 72. — **12.** Platon Apologie, vgl. p. 37E. — **13.** Philogelos 183. — **14.** Makarios VIII 14 (CPG II 215): ἐπὶ τῶν σφόδρα δειλῶν.

XXXIII. Stück

1. Vgl. Platon Lysis I, p. 204. — **2.** Aisop. Halm 246, Hausrath-Hunger Dositheus 6 II, p. 123; vgl. Plat. Alkibiades I, p. 123A, Horaz Epist. I 1,74 quia me vestigia terrent. — **4.** Diogenes Laertios VI 39. — Vgl. Aristophanes Equit. 1120 παρὼν ἀδημεῖς. — **10.** Diogenes Laertios VI 63. — **11.** Periander Diels I 65,12: φίλος . . . — **13.** Platon Sophistes, p. 263D. — **14.** Eurip. Herakl. 731. — **16.** Isokrates I 18.

XXXIV. Stück

1. Diogenes Laertios I 77: Pittakos, vgl. dazu Plat. Prot. 345D. Menander Monost. 824: χρόνος δίκαιον ἄνδρα δείκνυσιν μόνος. — **2.** Xenoph. Apomn. IV 4,16. — **4.** Die Mischungsverhältnisse Wein : Wasser waren verschieden und werden jeweils von dem Symposiarchen bestimmt: 1 : 3, 1 : 2, 2 : 3, seltener 1 : 1 und 1 : 4. — **5.** Menander Monost. 592. — **6.** Nach Plutarch apophth. Lacaenarum 241D 9 (stark verändert). — **7.** Euklid Elementa: am Schluß einer jeden Beweisführung. — **8.** Platon Gorgias, p. 495A. — **9.** Trag. Adesp. 513TGF ed. Nauck. — **11.** Vgl. Phaedrus I 24. — **13.** Menander Monost. 245. — **14.** ib. 659. — **15.** Stob. XV 8: Sokrates über einen Dichter, der gegen Bezahlung Lobgedichte verfaßte. — **16.** Pyrrhus nach der Schlacht von Asculum 279 v. Chr. Plutarch Pyrrhus 21,9: . . . ἀπολούμεθα παντελῶς. — **17.** Xen. Anab. III 3. — **18.** Eur. Hippol. 612. — **19.** Vgl. Lat. S.T.V.B. E.N.V.; vgl. St. Witkowski, Epistulae privatae Graecae, 1906, p. 84, Μένων Ἑρμοκράτει (2. Jh. n. Chr.).

XXXV. Stück

1. Palladas (4. Jh. n. Chr.) Anth. Palat. X 58. — **2.** Heraklit Diels frg. 91 I 171,10. — **3.** Diodor IX 31, übersetzt Cic. div. 2,56,115. Bei Her. I 91 mit Bezug auf I 55 ist das Orakel nur in schwer verständlicher Umschreibung gehalten. — **4.** Nach Menander Monost. 383: κακοῖς . . . κακός. — **5.** Hesiod Erga 216, Gregorius Cyprius II 98. — **6.** Entweder Chilon, Diels frg. I 63,1 oder Thales ib. I 64,9. Cic. Tusc. 1,22,52. Diese Mahnung wurde das ganze Mittelalter immer wieder ausgesprochen, wobei zahlreiche Veränderungen erfolgten, wie z. B. Deutsche Inschriften I 17 Tauberbischofsheim, Sebastianskapelle: gnotosolidos (15. Jh.). — **7.** Vgl. Mark Aurel VII 26. — **9.** Makarios IV 36 (CPG II 170): ἐπὶ τῶν ἀμαθῶν; wahrscheinlich aus einer Komödie; vgl. auch Eurip. Hippol. 612, ἡ γλῶττ᾽ὀμώμοχ᾽ ἡ δὲ φρὴν ἀνώμοτος. — **10.** Simonides Amorginus Stobaios III 231 Meineke. — **11.** Makarios III 85 (CPG II 163): ἐπὶ τῶν ὑπὸ τῶν ἰδίων πανουργιῶν ἁλισκομένων, vgl. Aisch. Choeph. 221. — **12.** Soph. Antig. 516. — **13.** Vgl. Theognis 425, Herod. I 31 über Kleobis und Biton, dazu Abb. 13. — **14.** Vgl. Theokrit I 102 als Frage; bei Livius 39,26,9: nondum omnium dierum solem occidisse, ebenso Diodor. — **15.** Theognis 329. — **16.** Stobaios I 31 Phokion. — **17.** Menander Monost. 540. — **19.** Vgl. Platon, rep. p. 614B. — **20.** Platon Apol., p. 22B. — **21.** Demosthenes. — **22.** Her. VII 152,5. — **23.** Mark Aurel IX 17. — **24.** Plutarch Caesar 50,2. — **25.** Antipater Sidonios (2. Jh. v. Chr.) Anth. Pal. VII 745. — **26.** Plutarch Caesar 69,7. — **27.** Phokylides Sent. 87 Diehl Anth. lyr. 2,98.

XXXVI. Stück

1. Platon Apol. 21D. — **2.** Homer Od. 4,468. — **3.** Aischylos Choeph. 480. — **4.** Aristophanes Vespae 1431. — **5.** Stobaios III 21,1, Philemon frg. 101, Menander Monost. 8, vgl. frg. 9: ἄνθρωπος ὢν μέμνησο τῆς κοινῆς τύχης. — **6.** Demosthenes Stobaios 13,52 (Hense) = frg. 59 Sauppe. — **7.** Auf Xenophons Angaben stützte sich z. B. auch Alexander, ebenso Sulla. — **8.** Homer Ilias I 42. — **9.** Simonides frg. 99: da Sim. bereits 466 starb, Timokreon aber erst 464, muß das Epigramm entweder früher verfaßt worden sein oder ist unecht. — **10.** Die Bedeutung der Landwirtschaft und der Vergleich der Tätigkeit des Bauern mit der des Lehrers werden in der griechischen Literatur immer erwähnt und besonders in hellenistischer Zeit ausführlichst behandelt, wie z. B. von Dion Chrysostomus (von Prusa) oder Menander: ἄρ ἐστιν ἀρετῆς καὶ βίου διδάσκαλος ἐλευθέρου τοῖς πᾶσιν ἀνθρώποις ἀγρός. — **11.** Herodot V 105,2. — **13.** Mantissae prov. II 28 (CPG II 762): Achill heilte den von ihm verwundeten Myser Telephos, der dafür den Griechen den Weg nach Troia zeigte, vgl. Horaz ep. 17,8. — **14.** Philogelos 4. — **15.** ib. 32. — **16.** Opsimathes 90 „prov.". — **17.** Vgl. Epicharm δός τι καὶ λάβοις τι (Opsimathes 90). — **18.** Menander monostichoi 347. — **19.** Plutarch Apophth. Laconica 232D 6. — **20.** Menander Monost. 188. — **21.** P lat. Kriton, p. 43D.

XXXVII. Stück

1. Markos Aurelios III 3. — **2.** Diogenes Laertios II 36. — **3.** Menander Appendix 1,44. — **5.** Stobaios Flor. 110,1 (von Linos) erweitert den Satz, vgl. Ilias I 212. — **7.** Plutarch apophth. Laconica 231D von Pleistoanax. — **8.** Epiktet. — **9.** Archimedes bei Vitruv IX 11,216. — **11.** Vgl. Herod.

I 137. Über Elternmord durch unterschobene Kinder, ἀναζητεόμενα ταῦτα εὑρεθῆναι. — **12.** Sokrates wird auch von anderen überliefert vgl. Stobaios περὶ γαμου. — **13.** Antisthenes. — **14.** Nach Her. VII 226, vgl. Cic. Tusc. I 42,101. — **15.** Plutarch de proverbiis Alexandrinorum ed. O. Crusius 1887, p. 20. — **16.** Menander frg. 467. — **17.** Z. B. Platon Phaidon 107C. — **18.** Menander Monost. 238. — **20.** Demosthenes 3. Phil., 342 v. Chr. — **21.** Platon Kriton p. 49D. — **22.** Xenoph. Ap. 3,9,8.

Anhang

Fuchs und die Trauben: Aisopos Halm 33, Hausrath 15. — Esel und das Löwenfell: Halm 333, Hausrath 199 I—III. — Damon: Diodor. Sic. X 6. — Zauberlehrling: nach Lukian Incred. 33—36 (stark verkürzt). — Apophthegmata: Philipp: vgl. Plutarch, Aemilios Paulus 12,6: ἐρρέθη γοῦν ὅτι τὰς πόλεις αἱρεῖ τῶν Ἑλλήνων οὐ Φίλιππος, ἀλλὰ τὸ Φιλίππου χρυσίον. Vgl auch Diogenianus II 81

Euklid

Antisthenes

Epigramme:

Ratsherr

Rätsel

Grab: Kallimachos, Anth. Pal. VII 451.

Menander monost. 852

Sprichwörter:

Elefant, Luk. musc. enk. 12

Krokodilstränen: nach Kluge, Etym. Wb. der deutschen Sprache ist der Ausdruck erst im 12. Jh. geprägt worden durch Übertragung von den Harpyien auf das Krokodil. Vgl. jedsch. Aelian n.an. XII 15 Apostolius X 17

Krähe: Zynobius IV 32; nach manchen Erklärern über Tisias, den Schüler des Korax, des ersten Rhetoriklehrers in Syrakus

Finger: Apostolios VIII 10 (CPG II 427)

Schwimmen vgl. St. III. zu 6 Apostolios XI 53 (CPG II 528)

Morgen

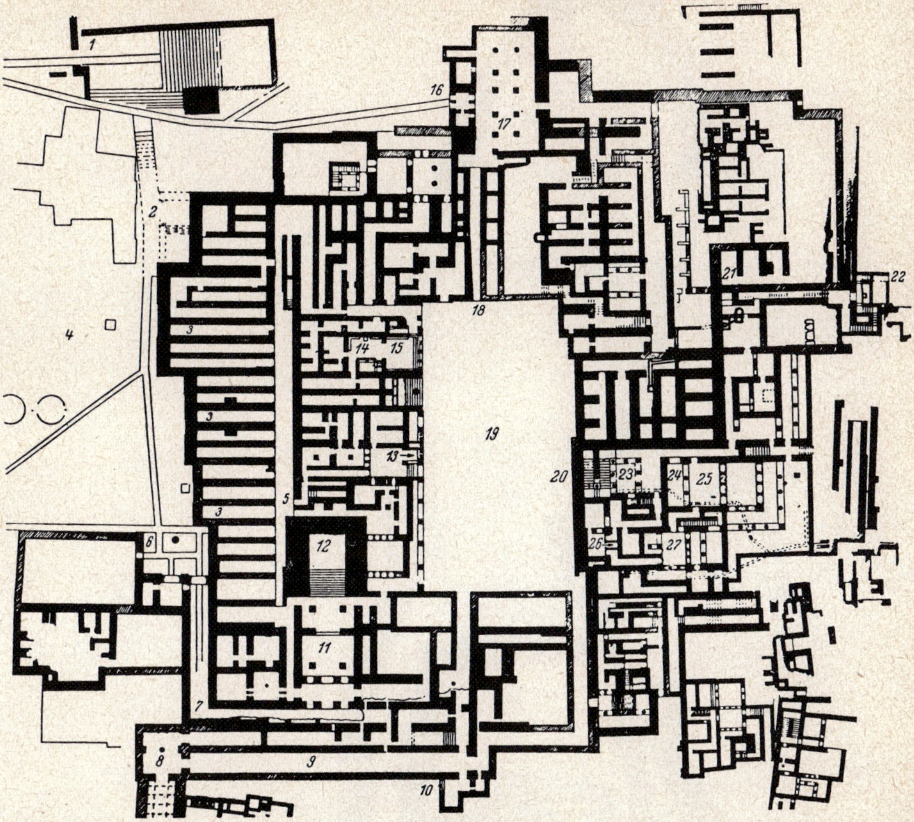

Knossos, Plan des Palastes

1 Schautreppe, 2 Nordwest-Freitreppe, 3 Magazine, 4 Westhof, 5 Korridor der Magazine, 6 Eingangshalle, 7 Korridor mit Prozessionsfresko, 8 Südwesteingang, 9 Südkorridor, 10 Südeingang, 11 Vestibül zum Großen Treppenhaus, 12 Haupttreppe, 13 Kapelle, 14 Thronsaal, 15 Vorraum, 16 Nordeingang, 17 Pfeilerhalle, 18 Durchgang zum Mittelhof, 19 Mittelhof, 20 Treppenhaus für die Wohnräume, 21 Magazine mit großen Tonkrügen (Pithoi), 22 Ostbastion, 23 Säulenhof, 24 Lichthof, 25 Halle der Doppeläxte, 26 WC, 27 Gemach der Königin

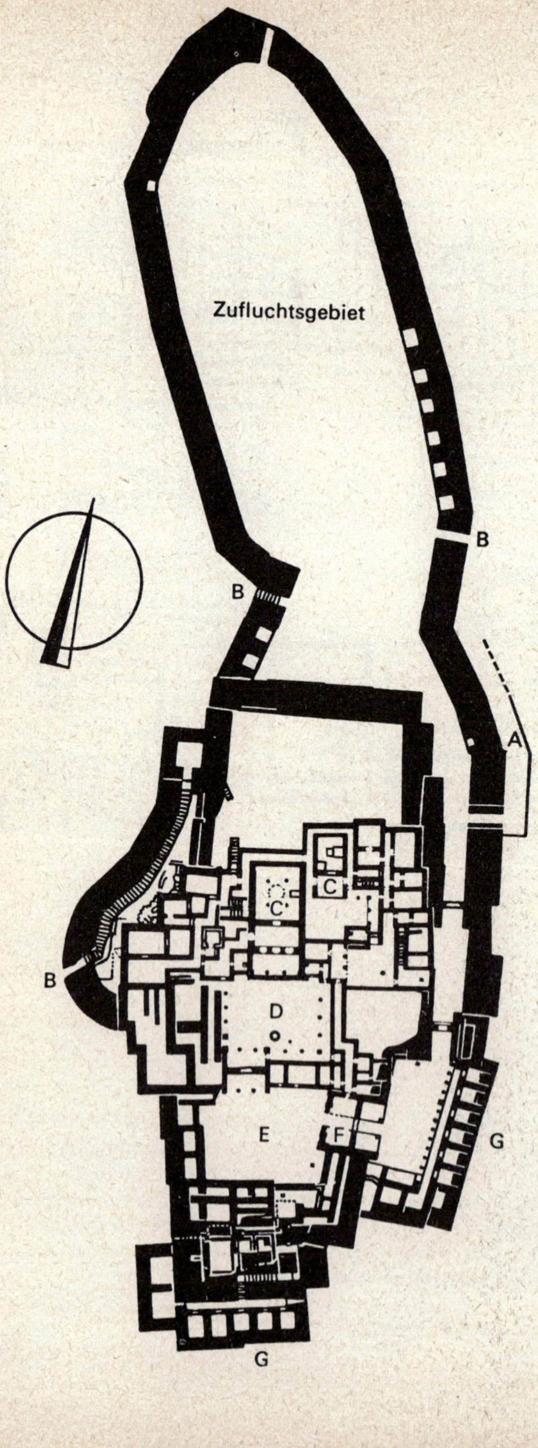

Tiryns. Plan der Burg

A Tor
B Ausfallspforten
C Megaron
D Innenhof
E Äußerer Hof
F Vorhalle
G Kasematten

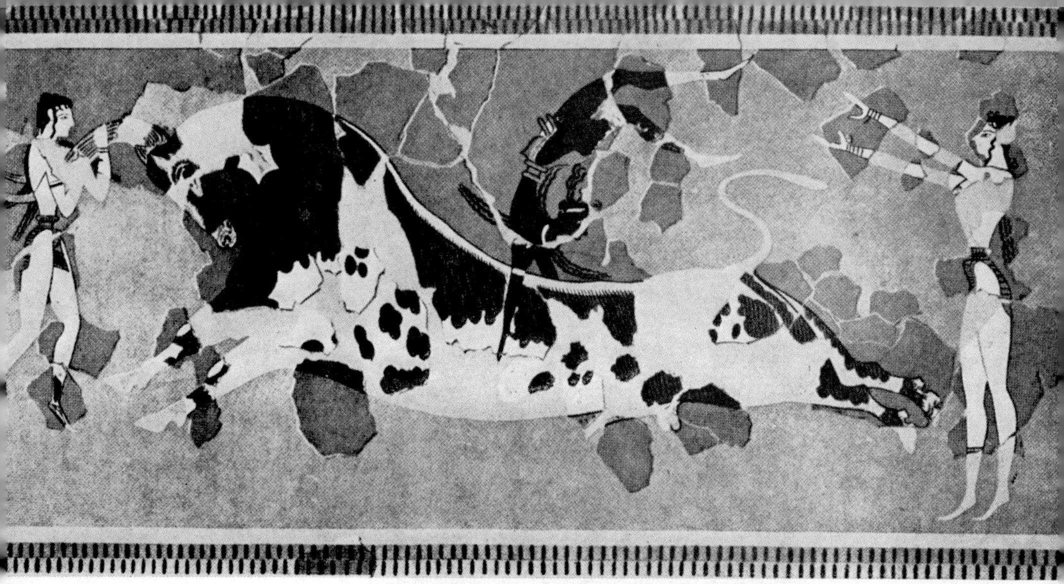

1. Knossos, „Stierspiele“, ergänztes Fresko

2. Knossos, „Der Prinz mit der Federkrone“, Stuckrelief

3. Goldbecher aus Vaphio. Szenische Darstellung: Einfangen eines wilden Stieres, gezähmte Rinder

4. Tyrins, Rekonstruktion

5. Goldene Gesichtsmaske aus einem Schachtgrab in Mykene

6. Attisch-reifgeometrische Bauchhenkelamphora (um 770): Totenklage (Athen)

7. Bauchamphora des Exekias (um 530): Achilleus und Aias beim Brettspiel (Rom, Vatikan)

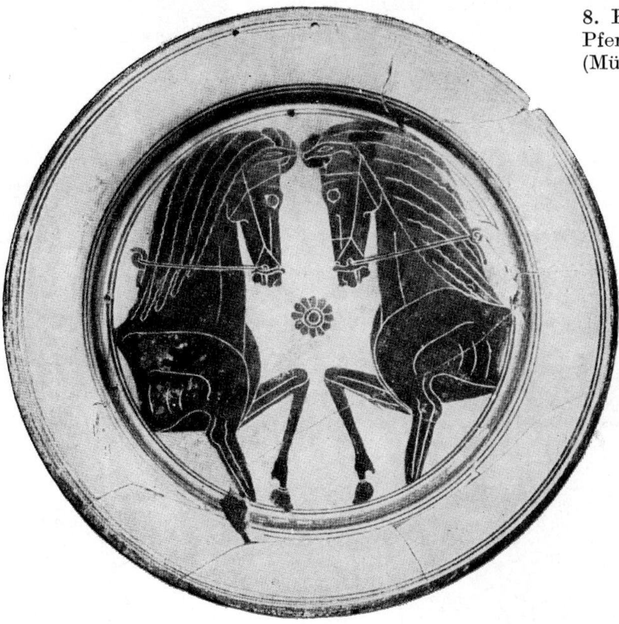

8. Korinthischer Teller (6. Jh.): Pferde in heraldischer Darstellung (München)

9. Augenschale des Exekias (um 530): Meerfahrt des Dionysos (München)

Unten 10. Kalbträger, 1,65 m (um 570, Athen, Akropolis)

Rechts oben 11. Kopf einer stehenden Göttin aus Attika (um 580, Berlin)

Rechts unten 12. Weihestatuette von Kreta, 65 cm ohne Basis (Mitte 7. Jh., Paris)

Rechte Seite 13. Kleobis und Biton (vgl. Herodot I 30), ohne Basen 2,16 und 2,18 m (um 590, Delphi)

14. Wagenlenker,
gestiftet von Polyzalos von Gela,
Bronze, 1,80 m (um 470, Delphi)

15, 16. Ludovisischer Thron (nach der Villa Ludovisi, dem Fundort).
Linke Seite: Flötenspielerin, 83,5 cm.
Rechte Seite: Verhüllte weibliche Gestalt, 86 cm (um 460, Rom)

17. Basrelief: Ringer (um 510, Athen)

18. Poseidon, von Kalamis oder Onates, Bronze, 2,09 m (um 460/50, Athen)

19. Olympia, Zeustempel, Metope Herakles und Atlas (um 430, Olympia)

20. Athen, Parthenon, Metope von der Südseite: Kentaur und Lapith, 1,34 m (um 440, London)

21. Athen, Parthenon, Panathenäenfries: Reiter, 1,06 m (um 440, London)

ΗΓΗΣΩ ΠΡΟΞΕΝΟ

24. Faustkämpfer, Bronze, 1,28 m (Rom)

23. Athlet aus Ephesos,
römische Kopie eines peloponnesischen
Originals, Bronze, 1,92 m
(um 350/40, Wien)

Linke Seite 22. Athen,
Dipylon-Friedhof:
Grabmal der Hegeso, 1,49 m
(um 410/400)

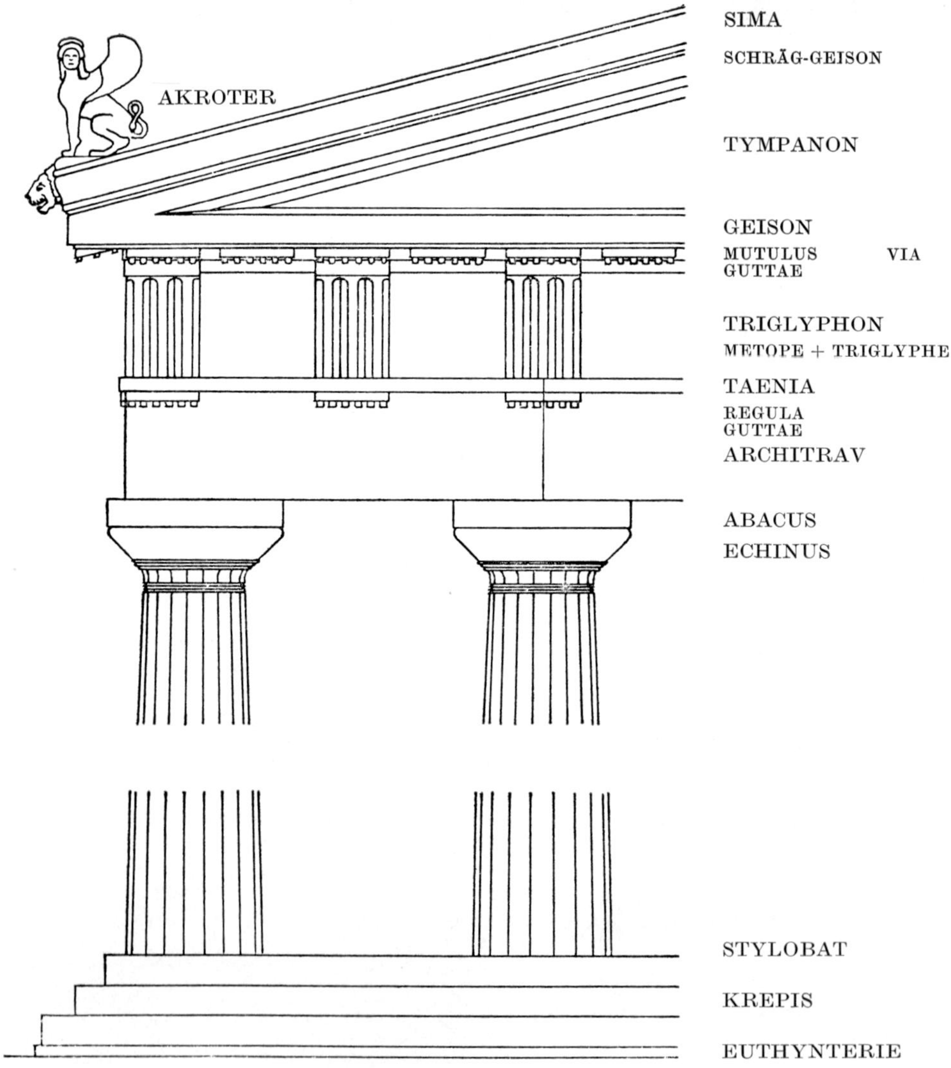

25. Dorische Ordnung

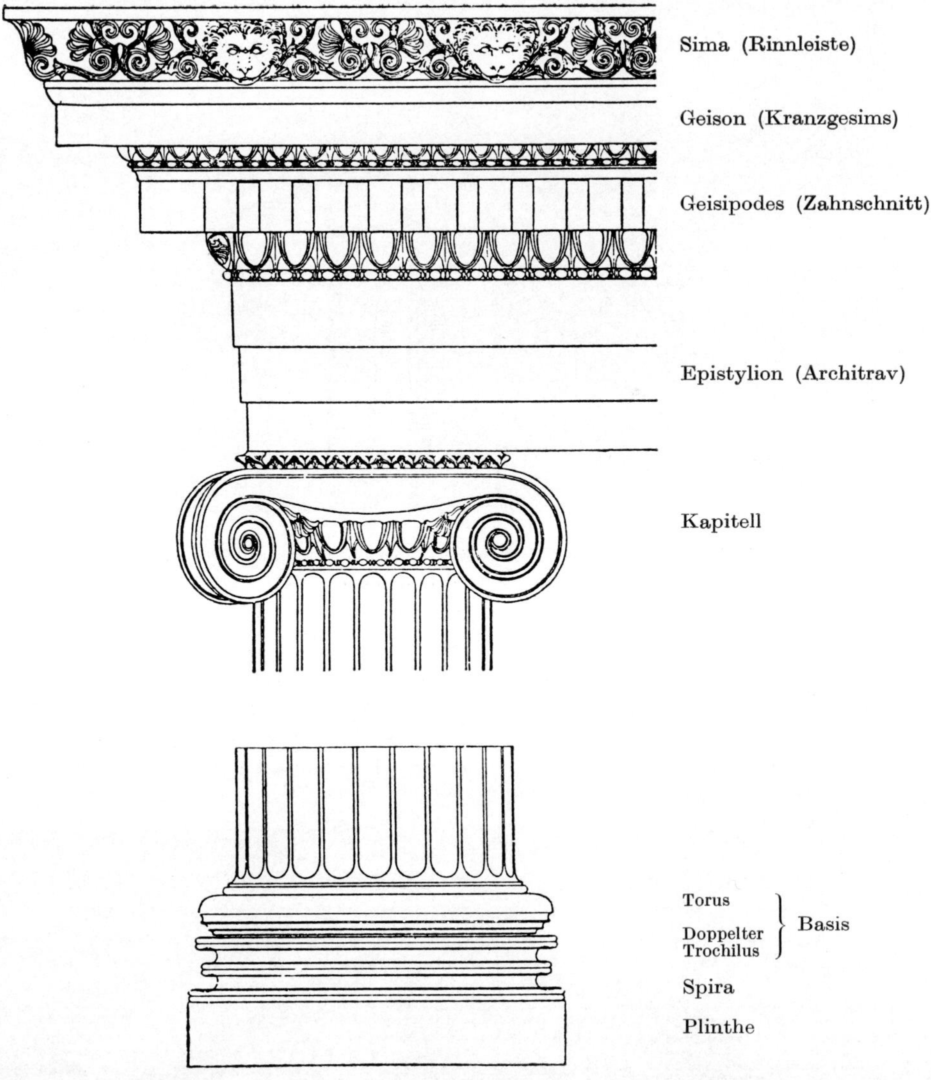

26. Ionische Ordnung

27. Athen, Akropolis, Propyläen, dorisches Kapitell der Ostfront, Säulenhöhe 5,47 m (437–431)

28. Athen, Akropolis, Propyläen, ionisches Kapitell des Mittelganges, Säulenhöhe 10,29 m (437–431)

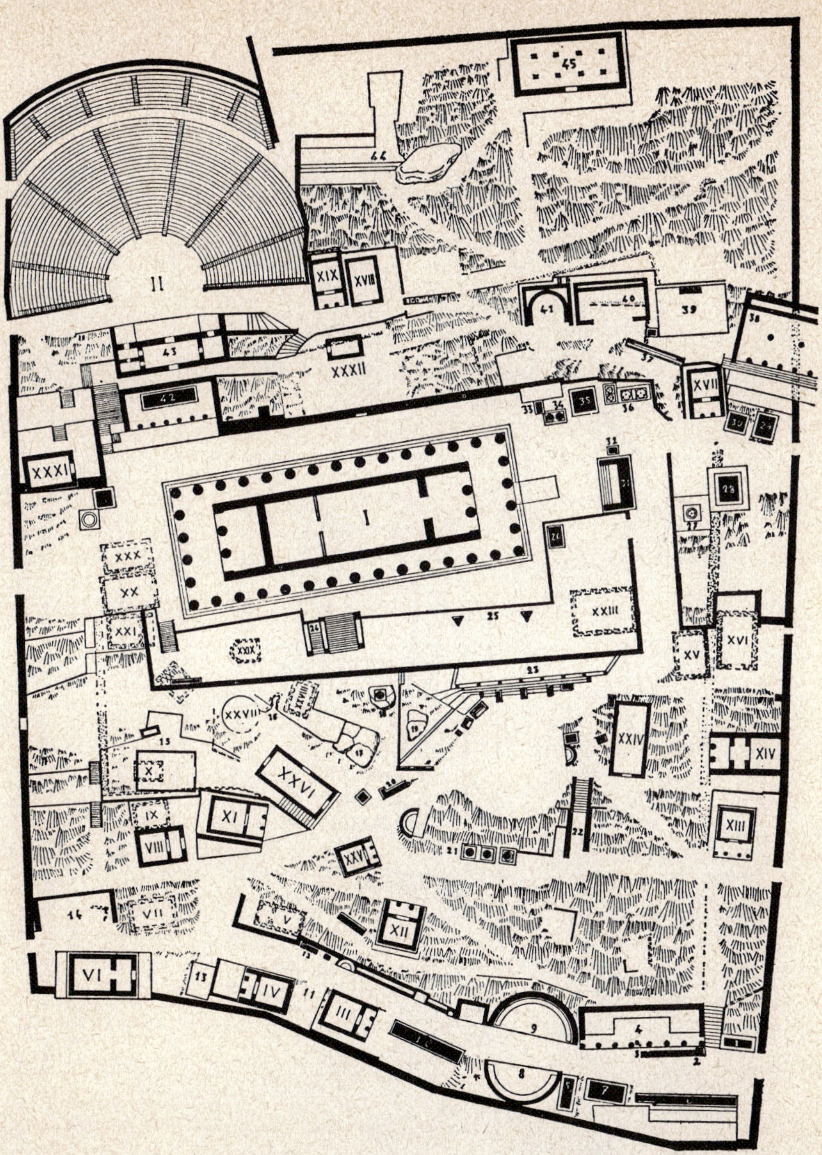

Delphi: Das Apollon-Heiligtum um 150 v. Chr.

Gebäude: I Apollon-Tempel, II Theater mit 43: Bühnengebäude, III bis XXXII Schatzhäuser, Naiskoi und Verwaltungsgebäude, davon benennbar: III Schatzhaus von Sikyon, IV von Siphnos, VI von Theben, VIII von Potidea (?), XI von Athen, XII „Aeolisches Schatzhaus", XIII von Kyrene, XVII von Akanthos, XXV von Knidos, V, IX (Athen?), XV, XX—XXIII und XXVIII—XXX archaische, später zerstörte Schatzhäuser und Naiskoi, XXIV Schatzhaus von Korinth, XIV Prytaneion, XXVI Buleuterion — *Weihegeschenke und Orte:* 1 Stier von Korkyra, 2 Arkader-Basis, 4 Lysander-Monument, 6 Marathon-Basis, 8 Die Epigonen, und 9 Die Könige von Argos, 15 Temenos der Musen (?), 16 Temenos der Ge, 17 „Felsen der Sybille", 18 Naxier-Säule, 19 Felsen der Leto (?), 23 Halle der Athener, 27 Dreifuß aus der Beute von Plataä, 31 Apollon-Altar von Chios, 33 Reiterstandbild des Prusias II. von Bithynien, 36 Die vier goldenen Dreifüße der Deinomeniden von Syrakus, 38 Säulenhalle des Königs Attalos II. von Pergamon, 40 Gruppe des Daochos von Thessalien, 45 Lesche der Knidier

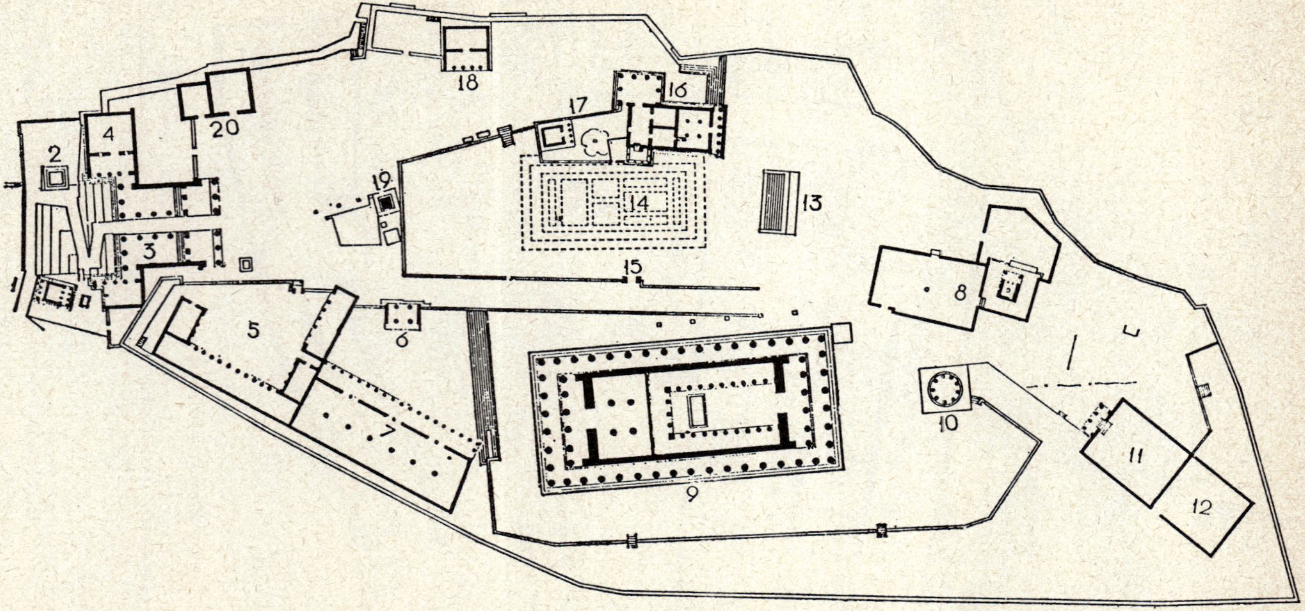

Athen, Akropolis, Gesamtplan

1 Tempel der Athena Nike, 2 Agrippa-Monument, 3 Propyläen und Pinakothek (4), 5 Bezirk der Artemis Brauronia, 7 Chalkothek mit Propylon (6), 8 Bezirk des Zeus Polieus, 9 Parthenon, 10 Rundtempel der Roma, 11 Heroon des Pandion, 13 Athena-Altar, 14 Alter Athena-Tempel, 16 Erechtheion, 17 Pandroseion, 18 Haus der Arrhephoren, 19 Standbild der Athena Promachos des Pheidias

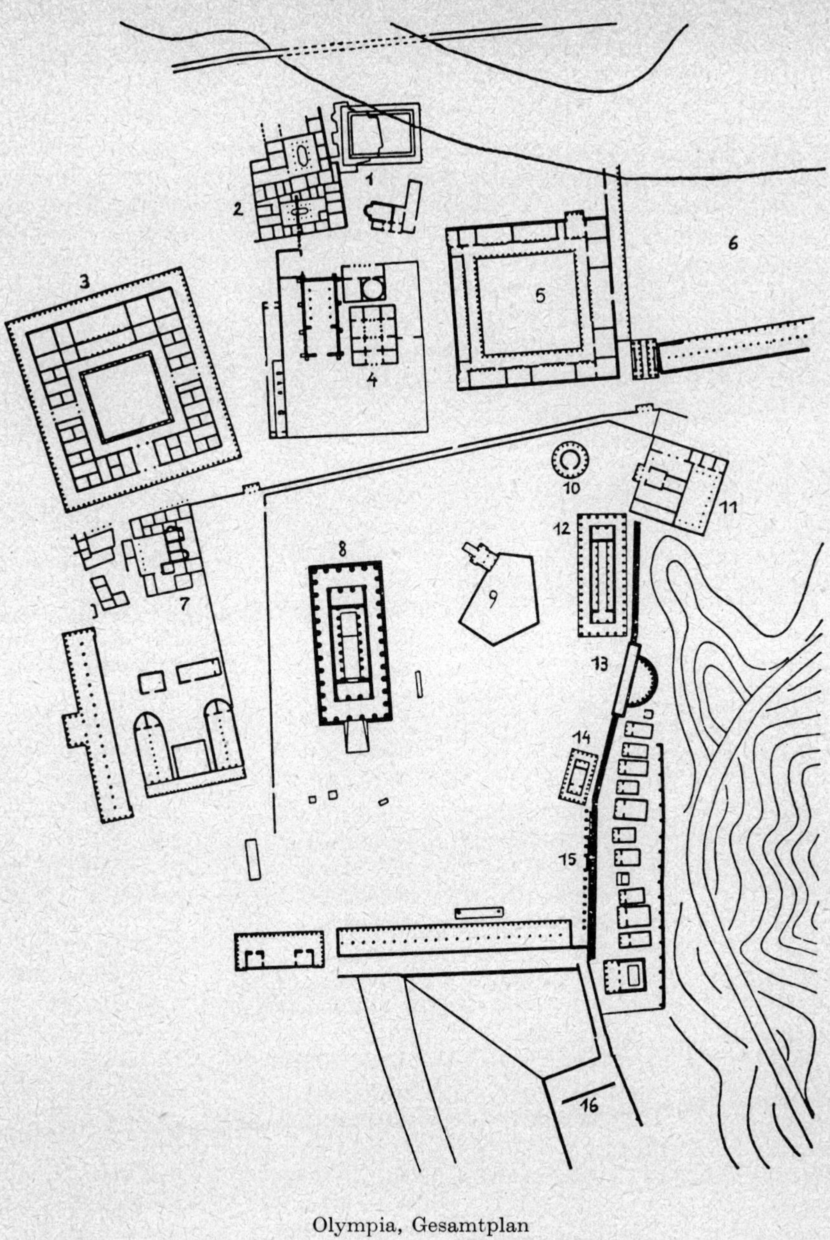

Olympia, Gesamtplan

1 Bäder, 2 Röm. Gästehäuser, 3 Leonidaion, 4 Theokoleon, 5 Palästra, 6 Gymnasion, 7 Südthermen, 8 Zeustempel, 9 Pelopion, 10 Philippeion, 11 Prytaneion, 12 Heratempel, 13 Nymphäum, 14 Metroon, 15 Schatzhausterrasse, 16 Ziel

Griechisches Wörterverzeichnis

In den beiden alphabetischen Wörterverzeichnissen bezeichnen die arabischen Zahlen die entsprechenden Abschnitte der Wortkunde, eingeklammerte arabische Zahlen bezeichnen die Übungsstücke, bei denen die betreffenden Wörter in Fußnoten angegeben sind. Römische Zahlen verweisen auf die entsprechenden Abschnitte der Sprachlehre. Die Abkürzung A. bezeichnet die zu dem Anhang der Lesestücke gehörigen Vokabel, die Abkürzung Ü. die Formenübersicht S. 153ff.

Nicht aufgenommen sind die meisten Zahlwörter, für die auf die Sprachlehre verwiesen wird (S. 100f., 142f.).

Deutsches Wörterverzeichnis

Stoffübersicht nach Abschnitten geordnet

[1] Die durchwegs aus Einzelsätzen bestehenden deutschen Übersetzungsstücke werden nicht angeführt.

Sachlich geordnete Inhaltsübersicht der Sprachlehre

LAUTLEHRE

FORMENLEHRE

SATZLEHRE

Inhaltsverzeichnis